“十二五”职业教育国家规划教材
经全国职业教育教材审定委员会审定

汽车新结构与新技术

第2版

主　编　邢忠义
副主编　王智兴　马富康
参　编　代绍军　陈　原　杨宏进　杨　莉
主　审　杨　莉

机械工业出版社

本书内容主要包括：可变配气相位与气门升程、电子节气门、缸内汽油直喷发动机、复合火花点火发动机、稀燃发动机、可变压缩比技术、转子发动机、柴油机共轨直喷技术、发动机增压技术、对置式发动机、HEMI发动机、四驱技术、变速器新技术、转向系统新技术、悬架新技术、制动系统新技术、传动系统新技术、汽车总线与网络技术、车辆导航系统、车灯新技术、汽车娱乐系统新技术、自动空调、电池线路切断装置、第二代车载诊断系统、定速巡航系统、显示新技术、汽车行驶记录仪、电子稳定程序、防撞安全新技术、轿车安全车身结构技术、报警系统、丰田混合动力系统、激光前照灯技术、车联网技术、德尔福IVT传感器、福特创新式LCD仪表板、欧宝电子眼技术、宝马夜视及远光灯辅助系统、人车交互技术、2012年中国新车安全评价体系、ESP测试技术、新能源汽车的类型及发展状态、混合动力汽车及车型、燃料电池汽车及车型、纯电动汽车及车型、代用燃料汽车及车型以及智能车技术等。

本书注重理论与实践的紧密结合，主要面向高职高专教育编写。为了便于组织教学，进一步提高教学效果，全书使用了大量实物图片，每一章均有“学习目标”“本章小结”“习题”和“深度阅读”等内容。

本书既可作为高职高专汽车运用技术、汽车检测与维修技术等相关专业的教学用书，也可作为成人高等教育相关课程的辅助教材，还可供汽车维修技术人员、汽车行业工程技术人员阅读参考。

图书在版编目(CIP)数据

汽车新结构与新技术/邢忠义主编. —2版. —北京：机械工业出版社，2014.9（2024.8重印）
“十二五”职业教育国家规划教材
ISBN 978-7-111-47366-4

Ⅰ.①汽… Ⅱ.①邢… Ⅲ.①汽车—结构—高等职业教育—教材 Ⅳ.①U463

中国版本图书馆CIP数据核字(2014)第155224号

机械工业出版社(北京市百万庄大街22号 邮政编码100037)
策划编辑：徐 巍 责任编辑：徐 巍 责任校对：樊钟英
封面设计：鞠 杨 责任印制：邓 博
北京盛通数码印刷有限公司印刷
2024年8月第2版第19次印刷
184mm×260mm · 19印张 · 8插页 · 457千字
标准书号：ISBN 978-7-111-47366-4
定价：49.00元

凡购本书，如有缺页、倒页、脱页，由本社发行部调换

电话服务
服务咨询热线：010-88379833
读者购书热线：010-88379649

网络服务
机 工 官 网：www.cmpbook.com
机 工 官 博：weibo.com/cmp1952
教育服务网：www.cmpedu.com
金 书 网：www.golden-book.com

第2版前言

本书自出版以来，受到国内职业院校汽车类相关专业学生的热烈欢迎，重印多次。但随着汽车技术的飞速发展，不论汽车结构还是汽车电子及控制技术，都发生了颠覆性的革新与变化。因此，本次修改紧跟汽车技术的发展和各新技术在车型上的应用，增加了第6章：新能源技术车辆。并且，调整了其他章节的内容和部分结构，对全文内容认真做了详细修改，确保文字表达更专业和准确。

本次修改新增加内容主要有激光前照灯技术、车联网技术、德尔福IVT传感器、福特创新式LCD仪表板、欧宝电子眼技术、宝马夜视及远光辅助系统、人车交互技术、2012年中国新车安全评价体系、ESP测试技术、新能源汽车的类型及发展状态、混合动力汽车及车型、燃料电池汽车及车型、纯电动汽车及车型、代用燃料汽车及车型以及智能车技术等。

本书修订版特色主要有：

1）教材内容紧扣汽车最新技术及结构发展步伐。

2）教材结构体系新颖，便于读者查找和阅读相关内容。

3）对于重要章节，明确提示需要重点掌握的内容。

4）每一章均有“学习目标”“本章小结”“习题”和“深度阅读”等内容。

5）合理的结构体系便于教师、学生随时进行相关内容的更新。

本次修订由云南交通职业技术学院邢忠义担任主编，中北大学王智兴(编写第1章)、马富康(编写第2章)担任副主编，参加本书编写的人员还有云南交通职业技术学院代绍军(编写第3章)、陈原(编写第4章)、杨宏进(编写第5、7章)，天津科技大学杨莉(编写第6章)。本书由天津科技大学杨莉担任主审。

限于编者水平，本书难免有错误和不足之处，恳请广大读者谅解。

编　者

第1版前言

现代汽车已经是电子技术、液压及机械等完美结合的体现。每一款新上市的车型，都能展示出世界各汽车公司的最新智慧结晶。因此，通过对不同车型新结构、新技术的了解，我们就能掌握当今汽车技术的发展及动态，进一步做好汽车技术培训，牢固掌握汽车新结构、新技术，做好汽车的维护与保养，更合理地选购与使用车辆并做好汽车后市场服务。

为使读者系统学习，本书按照汽车发动机、底盘、电气和安全等层次组织材料进行编写。并且，在介绍每一种新结构或新技术时，力求做到紧密联系实际车型，并加以对比分析。另外，为了突出特色，本书尽量使用实物图片，力求做到通俗易懂。

本书主要内容有可变配气相位与气门升程、电子节气门、缸内汽油直喷发动机、复合火花点火发动机、稀燃发动机、可变压缩比技术、转子发动机、柴油机共轨直喷技术、发动机增压技术、对置式发动机、HEMI发动机、四驱技术、变速器新技术、转向系统新技术、悬架新技术、制动系统新技术、传动系统新技术、汽车总线与网络技术、车辆导航系统、车灯新技术、汽车娱乐系统新技术、自动空调、电池线路切断装置、第二代车载诊断系统、定速巡航系统、显示新技术、汽车行驶记录仪、电子稳定程序、防撞安全新技术、轿车安全车身结构技术、报警系统和丰田混合动力系统等。

本书主要适用于希望进一步了解和学习汽车结构与维修服务的人员。因此，需要有一定的汽车构造基础知识。

本书由云南交通职业技术学院邢忠义（编写第1章）担任主编，参加本书编写的人员还有云南交通职业技术学院李晓华（编写第2章）、代绍军（编写第3章）、陈原（编写第4章）、杨宏进（编写第5、6章）。本书由湖南交通职业技术学院张葵葵担任主审。

限于编者经历及水平，本书内容难免有不妥和错误之处，恳请读者提出宝贵意见。

编　者

目　　录

第1章 发动机新技术

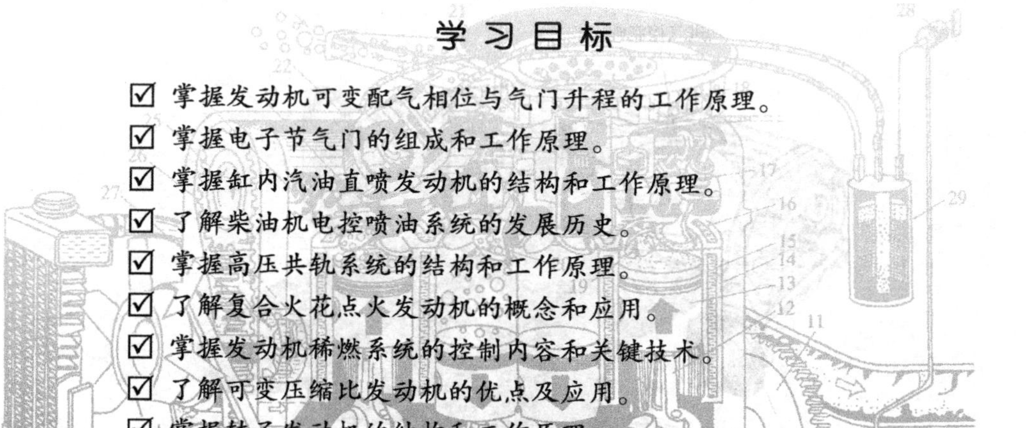

学习目标

☑ 掌握发动机可变配气相位与气门升程的工作原理。
☑ 掌握电子节气门的组成和工作原理。
☑ 掌握缸内汽油直喷发动机的结构和工作原理。
☑ 了解柴油机电控喷油系统的发展历史。
☑ 掌握高压共轨系统的结构和工作原理。
☑ 了解复合火花点火发动机的概念和应用。
☑ 掌握发动机稀燃系统的控制内容和关键技术。
☑ 了解可变压缩比发动机的优点及应用。
☑ 掌握转子发动机的结构和工作原理。
☑ 掌握机械增压器的结构和工作原理。
☑ 掌握涡轮增压器的结构和工作原理。
☑ 掌握对置式发动机的结构和工作原理。
☑ 了解 W12 发动机的特点和控制系统。
☑ 掌握 HEMI 发动机多段式排气量调节系统的结构和工作原理。
☑ 了解雪铁龙 C3 无空转系统的工作原理。
☑ 了解柴汽混燃发动机技术。

1.1 可变配气相位与气门升程

重点掌握

- 可变进气系统的作用
- 可变进气系统的种类及工作情况
- 各主要汽车公司可变气门正时系统的工作情况

1.1.1 可变进气系统

汽车的动力性是汽车性能指标中十分重要的一项，要提高汽车的动力性，就必须从提高发动机的充气系数入手。在提高发动机充气系数的措施中，除了采用发动机增压以外，合理选择配气相位且能随发动机转速不同而变化，以及利用进气的惯性及谐振效应等都是提高充气系数的重要途径。

进气惯性及谐振效应是随着发动机转速、进气管长度及管径大小的变化而发生变化的。在不同转速下，参与工作的进气管长度应有所不同，才能获得理想的进气惯性效应。另外，只有采用可变配气相位和可变进气系统才能适应不同发动机转速的要求，以便更好地提高发动机的动力输出。

可变进气系统及配气相位改善发动机的性能，主要体现在以下几方面：

1）能兼顾高速及低速不同工况，提高发动机的动力输出和降低燃油消耗。

2）降低发动机的排放污染。

3）改善发动机怠速及低速时的性能及稳定性。

图 1-1 所示为可变进气系统原理图。

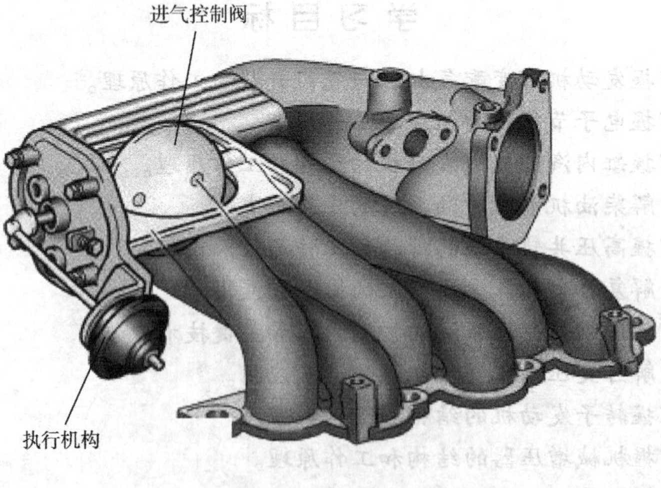

图 1-1 可变进气系统

可变进气系统分为两类：多气门分别投入工作和可变进气道系统。其目的都是为了改变进气涡流强度、提高充气效率；或者为了形成谐振及进气脉冲惯性效应，以使发动机在低速及中高速工况都能输出理想的动力。

1. 多气门分别投入工作

实现多气门分别投入工作的结构方案有两种：

1）通过凸轮或摇臂控制气门在设定的工况下开或关。

2）在进气道上设置旋转阀门，根据设定工况打开或关闭该气门的进气通道，这种结构比用凸轮、摇臂控制简单。

2. 可变进气道系统

可变进气道系统可根据发动机转速，使用不同长度及容积的进气管向气缸内充气，以便能形成惯性充气效应及谐振脉冲效应，从而提高充气效率，使发动机输出功率增加。

（1）双脉冲进气系统 双脉冲进气系统由空气室及两根脉冲进气管组成。空气室的入口处设置节气门，并与两根直径较大的进气管相连接，其目的在于防止两组进气管中谐振空气柱的互相干扰。每根脉冲管形成谐振空气波的通道，分别连接两组气缸。

将六缸机的进气道分成前后两组，这就相当于两个三缸机的进气管，每个气缸都有240°的进气行程，各气缸之间不会有进气脉冲波的互相干扰。上述可变进气系统的效果在于：每个气缸都会产生空气谐振波的动力效应，而直径较大的空气室、中间产生谐振空气波的通道同进气歧管一起，形成脉冲波谐振循环系统。

（2）四气门二阶段进气系统 该进气系统由弯曲的长进气管和短的直进气管与空气室相连接，并分别连接到缸盖的两个进气门上。在发动机低、中速工况时由长的弯曲管向发动机供气；而在高速时，短进气管也同时供气，提高了发动机功率。

在发动机低、中速工况时，动力阀关闭短进气管的通道，空气通过长的弯曲气道，使气流速度增加，并且形成较强的涡流，促进良好混合气的形成。此外，进气管的长度能够在进气门即将关闭时，形成较强的反射压力波峰，使进入气缸的空气增加。这些都有助于提高发动机低速时的转矩输出。

在发动机高速工况时，动力阀打开，额外的空气从空气室经过短进气道进入气缸，改善了容积效率，并且由另一气门进入气缸的这股气流，将低、中速工况形成的涡流改变成滚流运动，更能满足高速、高负荷时发动机燃烧的需要。

（3）三阶段进气系统 该进气系统由末端连在一起的两根空气室管组成，并布置成V形。每根空气室通过三根单独的脉冲管连接到左侧或者右侧的气缸上。每一侧气缸形成独立的三缸机，各缸的进气行程相位为均匀隔开的240°。两根空气室的入口处有各自的节流阀，在两根空气室中部有用阀门控制的连接通道，在空气室末端U形连接管处布置有两个蝶式阀门。

在发动机处于低速工况时，两空气室管之间的阀及高速工况阀关闭。每根空气室管及与其相连接的三根脉冲进气管形成完整的谐振系统，在一定转速工况下，将惯性及谐波效应综合在一起，从而使充气效率及转矩达到峰值。当发动机转速高于设定数值时，谐振压力波的波幅值变小，因此可变系统的效果也变差，相应的每个气缸的充气效率也变小。

在发动机处于中速工况时，连接两根空气室的阀门打开，因此部分损坏了低速工况谐振压力波频率。然而，却在转速为4500r/min的工况下，形成新的谐振压力波峰，从而使更多的空气或混合气进入气缸。

当发动机转速进一步提高，如达到5000r/min以上，短进气道中蝶阀打开，在两个空气室之间的短的及直接通道的空气流动，影响了第二阶段的惯性及脉冲效应。然而，在高速范围内，通过各缸进气管的脉冲及谐振作用，建立了新的脉冲压力波。于是，三阶段的可变进气系统在三段转速范围内都能形成一个高的转矩峰值，从而提高了整个转速范围内的转矩，使转矩特性更平坦，数值更高。

1.1.2 可变气门正时和升程控制系统

为了使发动机获得高速、大负荷时的高功率，要求进、排气门开启角度大，气门开启持续时间长，气门升程大，特别是进气迟闭角β要大，以充分利用高速气流惯性大量进气。为了使发动机在低速时获得大转矩，要求进气迟闭角β要适当减小，防止低转速时气流倒流。为了获得中小负荷良好的经济性，要求气门重叠角$\alpha+\delta$(α为进气早开角,δ为排气迟闭角)要适当减小。图 1-2 所示为发动机在不同工况下的最佳配气相位。

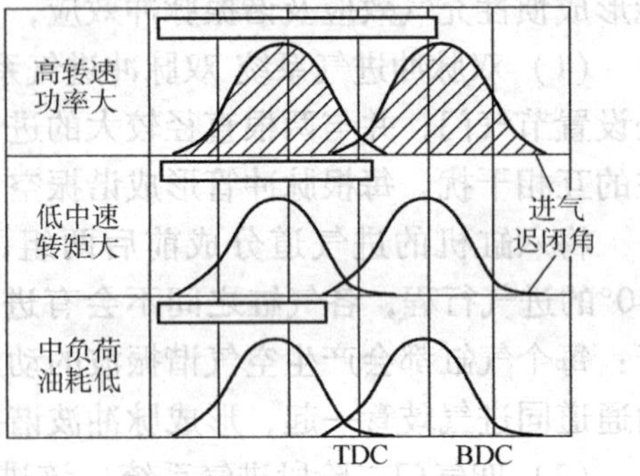

图 1-2 发动机在不同工况下的最佳配气相位

要满足发动机在不同工况下都有一个最佳的配气相位，就需要依靠发动机可变配气相位来实现。各汽车公司常见的可变气门正时系统有：丰田汽车公司的 VVT-i 技术，如丰田新皇冠、花冠、锐志和威驰等；本田公司的 VTEC 和 i-VTEC 技术，如本田雅阁；日产公司的 VTC 技术；宝马汽车公司的 VANOS 技术；三菱公司的 MIVEC 技术等。

1. 本田汽车公司 VTEC 技术

本田 VTEC(Variable Valve Timing & Lift Electronic Control)称为电子控制可变气门正时与升程系统，当改变气门升程时，气门正时与气门重叠角随之改变。

20 世纪 80 年代中期，本田汽车公司最早开发成功可变气门正时系统。现在，本田在车上使用的可变气门正时系统形式主要有单顶置凸轮轴 VTEC、双顶置凸轮轴 VTEC 和单顶置凸轮轴三阶段 VTEC 等。

可变气门正时和升程电子控制系统在一根凸轮轴上布置高速、低速两种不同夹角和升程的凸轮，控制系统能根据发动机的转速利用油压自动地使气门切换到不同凸轮以改变气门的升程。因此，VTEC 机构又称为双可变配气相位控制机构。

(1) VTEC 结构　VTEC 配气机构采用摇臂驱动四个气门。一般采用三个摇臂，即中间摇臂，主、副摇臂。中间摇臂上装有两个可左右运动的液压活塞(同步活塞 A、B)，并在凸轮轴上设有三种不同的凸轮 A、B、C，分别为主凸轮、中间凸轮及副凸轮。如图 1-3 所示，中间摇臂在高速时使用，前后摇臂在低速时使用。

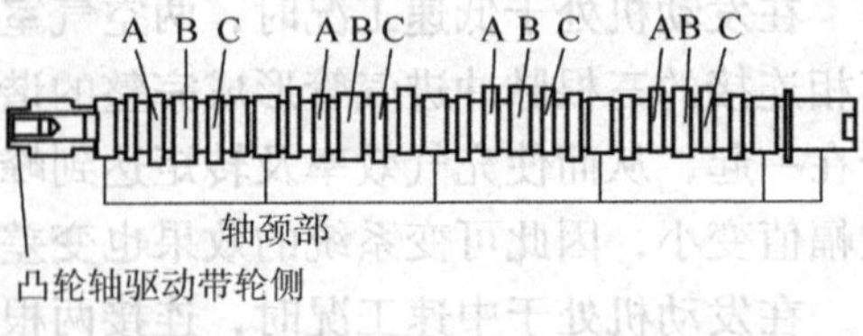

图 1-3 VTEC 结构

(2) VTEC 工作原理　当发动机在中低速工作时，控制系统使主、副摇臂与中间摇臂分离，利用两侧的低速凸轮 A、C 驱动主、副摇臂，压动气门开启。中间摇臂在弹簧的作用下与中间凸轮(高速凸轮)一起转动，但此时由于没有油压作用于同步活塞，所以中间摇臂与气门的开闭无关，如图 1-4 所示。

当发动机高速运转时，控制系统使摇臂内部的液压活塞沿箭头方向移动。此时主、副及中间摇臂在同步活塞的作用下连成一体，均由中间凸轮(高速凸轮 B)来驱动，从而获得高功率所需的配气正时和气门升程。

发动机 ECU 根据转速、负荷、冷却液温度及车速传感器等信号，经过计算、处理后，将信号输出到电磁阀来控制油压，从而实现摇臂在高速、低速凸轮之间的切换操作。

本田 ZC 型发动机在高、低速时的配气相位如图 1-5 所示。

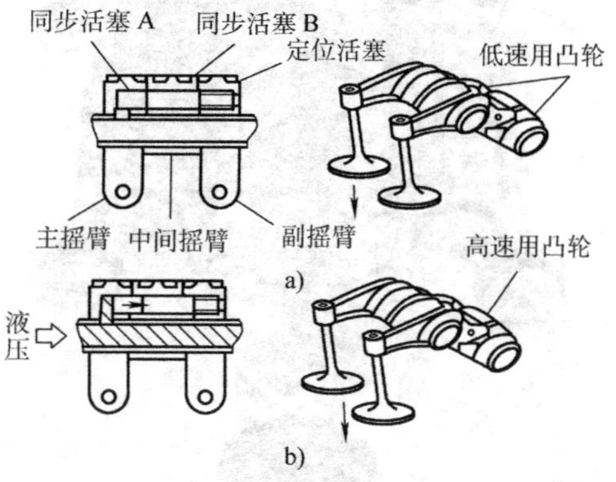

图 1-4　VTEC 工作原理

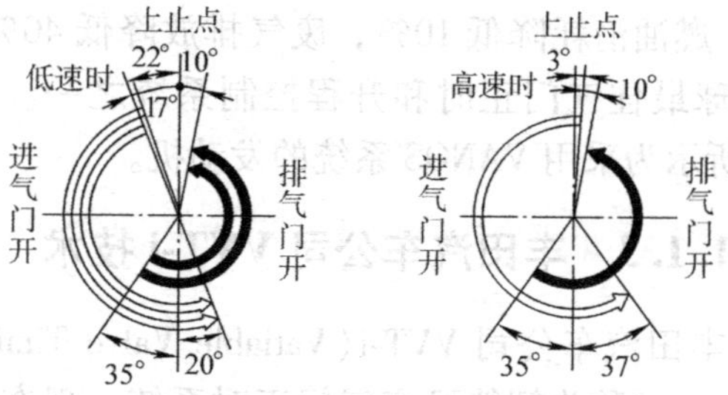

图 1-5　本田 ZC 型发动机在高、低速时的配气相位图

在 VTEC 发动机中，低转速时使两侧摇臂与中间摇臂分离，燃烧室内形成混合气的涡流强，以获得稳定燃烧，特别是在冷起动暖机过程中。在一般发动机中，如果空燃比大于 13，则不能获得稳定的燃烧，从而使排出的 HC 量增加。在 VTEC 发动机中，即使在冷机状态空燃比稀薄状态下，也能实现稳定燃烧，从而减少 HC 排放。

可控气门正时和升程技术的使用使发动机不仅具有高功率输出，同时可获得较低的燃油消耗。这种系统在发动机低速运转时，可获得高的燃烧效率和低油耗，而在高速时维持了传统 4 气门发动机高功率输出。在低速运转时，通过进气门之间的升程差，创造了一个合理的涡流比，实现了良好的发动机性能。

（3）i-VTEC 发动机　由于 VTEC 系统对于配气相位的改变是阶段性的，也就是说其改变配气相位只是在某一转速下的跳跃，而不是在一段转速范围内连续可变。为了改善 VTEC 系统的性能，本田推出了 i-VTEC 系统。

i-VTEC 系统是在 VTEC 系统的基础上，增加了一个称为 VTC（Variable Timing Control，可变正时控制）的装置——一组进气门凸轮轴正时可变控制机构，即 i-VTEC = VTEC + VTC。

i-VTEC 发动机采用进气歧管在前，排气歧管在后的布置。缩短了排气歧管的长度，也就是缩短了与三元催化转化器之间的距离，使三元催化转化器更快进入适当的工作温度，能有效控制废气排放。由于发动机起动后 i-VTEC 系统就进入状态，不论低转速或者高转速，VTC 都在工作，也就消除了原来 VTEC 系统存在的缺陷。

综上所述，由于 i-VTEC 系统中 VTC 机构的导入，使得发动机的配气相位能够柔性地与发动机的负荷相匹配，在发动机的任何工况下，都能找到最佳的配气相位，以最佳的气门重叠角，实现中、低速时低油耗、低排放，高速时高功率、大转矩。这就像按照人类大脑的要求那样进行控制，因此被形象地称之为“智能化”VTEC。

2. 宝马汽车公司 VANOS 系统

宝马汽车公司 VANOS（Variable Camshaft Control）称为可变凸轮轴控制系统，它属于气门正时连续可变系统，但一般只是进气门正时可变。如果进排气门正时都可变，则采用双可变凸轮轴控制(Double VANOS)。

为了解决VANOS系统不能改变气门升程的问题，宝马汽车公司开发了Valvetronic可变气门正时和升程控制系统。该系统可用于所有四缸汽油机，它是由Vanos系统和可变气门升程控制系统结合而成的，可使发动机输出转矩提高6%，燃油消耗降低10%，废气排放降低40%，是全球最佳气门正时和升程控制系统之一。图1-6所示为采用VANOS系统的发动机。

图1-6 采用VANOS系统的发动机

1.1.3 丰田汽车公司VVT-i技术

丰田汽车公司VVT-i(Vatiable Valve Timing intelligent)称为智能可变气门正时系统，现在已经广泛应用在丰田车上，连丰田低端车型威驰也采用了VVT-i发动机。VVT-i系统用于控制进气门凸轮轴在50°范围内调整凸轮轴转角，使配气正时满足优化控制发动机工作状态的要求，从而提高发动机在所有转速范围内的动力性、经济性和降低尾气的排放。

(1) VVT-i的结构　VVT-i系统由VVT-i控制器、凸轮轴正时机油控制阀和传感器三部分组成，如图1-7所示。其中传感器有曲轴位置传感器、凸轮轴位置传感器和VVT传感器。

图1-7　VVT-i的结构

VVT-i控制器的结构如图1-8所示，主要包括正时带驱动的外齿轮和与进气凸轮轴刚性连接的内齿轮，以及一个内齿轮、外齿轮之间的可动活塞。活塞的内、外表面上有螺旋形花键。活塞沿轴向的移动，会改变内、外齿轮的相对位置，从而产生配气相位的连续改变。

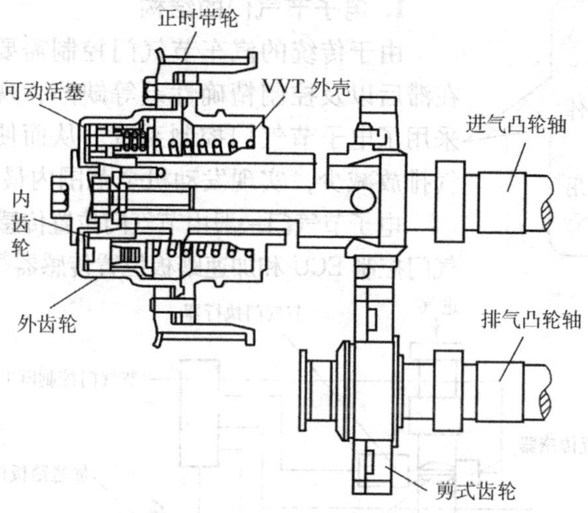

图 1-8　VVT-i 控制器的结构

（2）工作原理　凸轮轴正时控制阀根据 ECU 的指令控制阀轴的位置，从而将油压施加给凸轮轴正时带轮以提前或推迟配气正时。发动机停机时，凸轮轴正时控制阀处于最延迟的位置，如图 1-9b 所示。

根据发动机 ECU 的指令，当凸轮轴正时控制阀位于图 1-9a 所示位置时，机油压力施加在活塞的左侧，使得活塞向右移动。由于活塞上旋转花键的作用，进气凸轮轴相对于凸轮轴正时带轮提前某一角度。

当凸轮轴正时控制阀位于图 1-9b 所示位置时，活塞向左移动，并向延迟的方向旋转。进而，凸轮轴正时控制阀关闭油道，保持活塞两侧的压力平衡，从而保持配气相位，由此得到理想的配气正时。

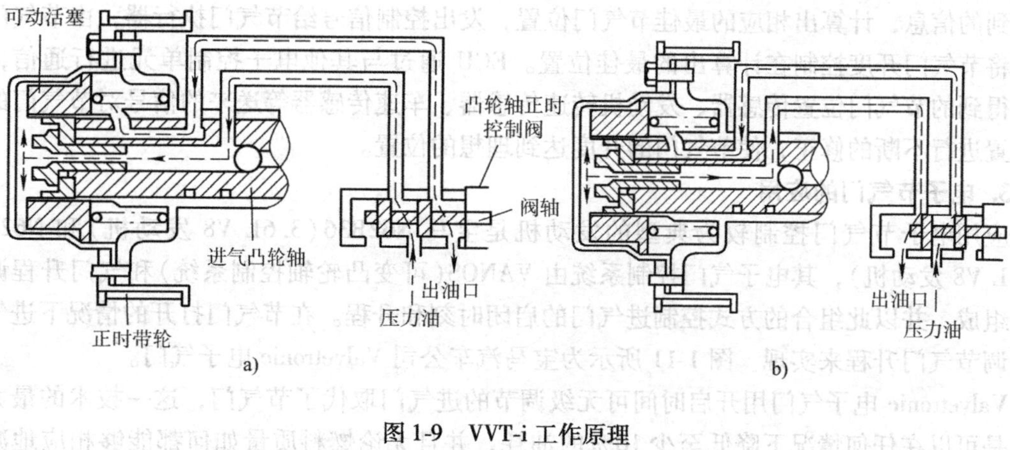

图 1-9　VVT-i 工作原理

1.2 电子节气门

重点掌握
- 电子节气门的组成
- 电子节气门的工作原理
- 电子节气门的应用实例

1. 电子节气门的结构

由于传统的汽车节气门控制需要拉索，实际运作时存在滞后以及控制精确性差等缺陷，现在汽车上越来越多地采用了电子节气门控制系统。从而使汽车的油耗降低、废气排放减少，实现发动机全范围内最佳转矩的输出。

电子节气门一般由节气门位置传感器、节气门执行器、节气门控制 ECU 和加速踏板位置传感器等组成，如图 1-10 所示。

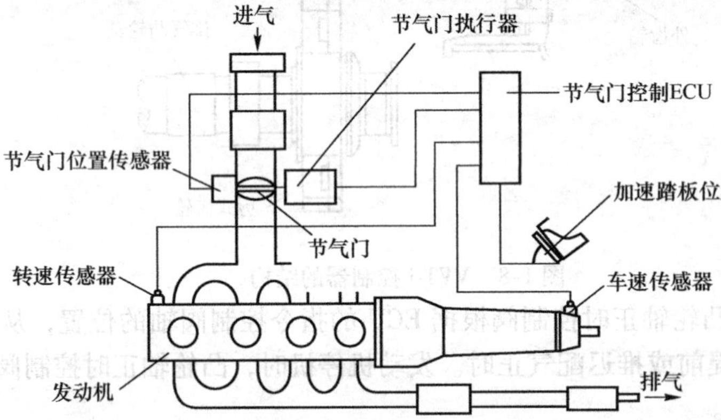

图 1-10 电子节气门的组成

其中转速传感器也可以用曲轴位置传感器或者凸轮轴位置传感器来代替。节气门执行器是一个步进电动机，由它来推动节气门以控制节气门的开度。加速踏板位置传感器的构造及工作原理和节气门位置传感器的构造及工作原理是一样的。节气门控制 ECU 一般和发动机控制 ECU 集成在一起。

2. 电子节气门的工作原理

加速踏板位置传感器将驾驶人需要加速或减速的信息传递给节气门控制 ECU，ECU 根据得到的信息，计算出相应的最佳节气门位置，发出控制信号给节气门执行器，由节气门执行器将节气门开度控制在计算出的最佳位置。ECU 通过与其他电子控制单元进行通信，并根据得到的节气门位置传感器、发动机转速传感器、车速传感器等送来的信号对节气门的最佳位置进行不断的修正，使节气门的开度达到理想的位置。

3. 电子节气门的应用

应用电子节气门控制较为典型的发动机是宝马 N62B36（3. 6L V8 发动机）和 N62B44（4. 4L V8 发动机），其电子气门控制系统由 VANOS（可变凸轮轴控制系统）和气门升程调节系统组成，并以此组合的方式控制进气门的启闭时刻和升程。在节气门打开的情况下进气量通过调节气门升程来实现。图 1-11 所示为宝马汽车公司 Valvetronic 电子气门。

Valvetronic 电子气门用开启时间可无级调节的进气门取代了节气门，这一技术的最大优点就是可以在任何情况下降低至少 10% 的油耗，并且无论燃料质量如何都能够相应地减少尾气排放。Valvetronic 电子气门的另一大优点就是对机油没有特殊要求。

此外，可无级调节的气门升程还允许对进气门上的“有效凸轮轴”进行调整。其调整工作原理是：通过一个由电动机控制的附加偏心轴，无级改变曲轴和每个进气门之间的控制杆相对于曲轴的位置。根据控制杆位置无级调节，凸轮轴提升被转化成一个变化的角度，而无论多少，凸轮轴提升都是由控制杆的位置决定的。由于凸轮轴提升的变化，气门开启的时间也相应变化，从而取代了传统的节气门，对发动机动力进行控制。需要注意的是，Valvetronic 电子气门并不是把进气瓶颈从节气门转移到进气门，而是完全打破了这一瓶颈，彻底摆脱了节气门的影响，从根本上对进气量进行控制。

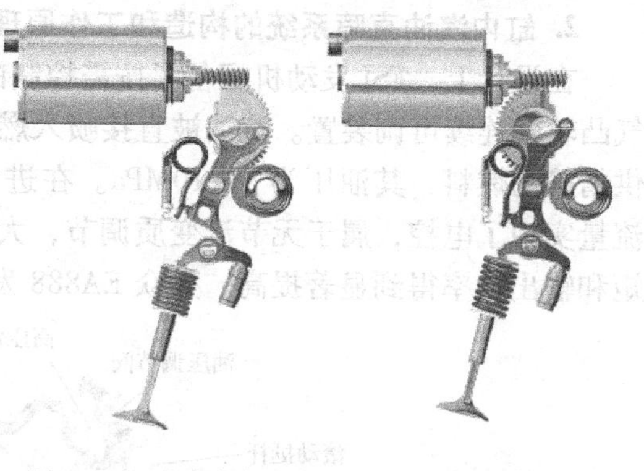
图 1-11　宝马汽车公司 Valvetronic 电子气门

1.3　缸内汽油直喷发动机

重点掌握
- 缸内汽油直喷发动机的结构
- 缸内汽油直喷发动机的工作原理
- 缸内汽油直喷发动机的应用

1. 缸内汽油直喷系统概述

缸内汽油直喷发动机的概念最早由日本三菱汽车公司提出，即有名的 GDI(Gasoline Direct Injection)汽油直接喷射发动机。现在，世界各生产厂家逐渐采用缸内汽油直喷发动机，如丰田的 D-4 发动机、日产的 Di 发动机。奥迪缸内汽油直喷发动机如图 1-12(见书后彩插)所示，其喷射原理示意图如图 1-13(见书后彩插)所示。

缸内汽油直喷发动机一般简称 FSI 发动机，FSI(Fuel Stratified Injection)字面意思为燃油分层喷射，是汽油直喷式发动机的一项创新技术。将燃油直接喷入气缸的 FSI 发动机相比燃油喷射到进气管的发动机，其优点是在动力性显著提高的同时可降低燃油消耗 15% 左右。

三菱 GDI、日产 Di 和丰田 D-4 缸内直喷发动机性能参数对比见表 1-1。

表 1-1　三菱 GDI、日产 Di 和丰田 D-4 缸内直喷发动机性能参数对比

	三菱 GDI 发动机	日产 Di 发动机	丰田 D-4 发动机
喷射压力	4.9MPa	6.9～8.8MPa	11.8MPa
活塞顶部形状	深碗形	浅碗形	深碗形
进气涡流	纵涡流	成层燃烧时为横涡流 均质燃烧时为纵涡流	横涡流
燃烧形态时的空燃比	超稀薄燃烧模式 30～40:1 高输出模式 12～15:1	成层燃烧 40:1 均质燃烧 14.7:1	成层燃烧 25～50:1 弱成层燃烧 20～30:1 稀薄均匀燃烧 15～23:1 正常均匀燃烧 12～15:1
与原有相同形式喷射发动机比较	油耗降低 35% CO_2 降低 35% 最大功率增加 10% 最大转矩增加 10%	油耗降低 20%～30% CO_2 降低 20%～30% 最大功率增加 5%～7%	油耗降低 30% CO_2 降低 30% 最大转矩增加 10%

2. 缸内汽油直喷系统的构造和工作原理

在设计上，FSI 发动机配备了按需控制的燃油系统、每缸 4 气门、可变进气歧管及进排气凸轮轴连续可调装置。汽油被直接喷入燃烧室，单活塞高压泵的共轨高压喷射系统负责提供精确的燃料，其油压为 3 ~ 10MPa。在进气道方面，FSI 发动机采用可变进气歧管，空气流量实现了电控，属于无节流变质调节，大大提高了发动机的充气系数，使发动机的输出转矩和输出功率得到显著提高。大众 EA888 发动机燃油供给系统如图 1-14 所示。

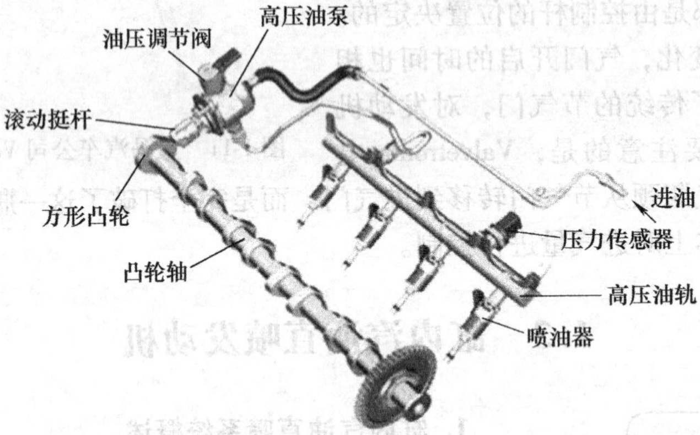

图 1-14　EA888 发动机燃油供给系统

FSI 发动机的工作原理基于分层进气原理。FSI 发动机采用类似于柴油机的供油技术，通过一个活塞泵提供所需的油压，将汽油输送到位于气缸内的电磁喷油器。喷油器将喷射时间控制在千分之一秒内，将燃料在最合适的时刻喷入气缸，通过燃烧室的特殊形状，使气体产生较强的涡流，在火花塞周围的混合气较浓，其他区域混合气相对较稀，保证了在可靠点火情况下实现混合气的稀薄燃烧。

FSI 发动机的特点是采用两种不同的注油模式：分层注油和均匀注油。在节气门半开状态下，分层注油模式可充分发挥燃料的经济性，此时只需要在火花塞周围有适宜点火的可燃混合气。

3. 缸内汽油直喷系统的应用

目前采用缸内汽油直喷的车型及发动机主要有奥迪 A6L 3.2FSI 和 4.2FSI 发动机、凯迪拉克 CTS 3.6L V6 FSI 发动机、大众高尔夫 1.6FSI 和 2.0FSI 发动机、一汽大众迈腾、保时捷卡宴、斯柯达明锐 1.8T FSI 发动机、林肯 MKR 概念车、奥迪 A5 3.2FSI 和奥迪 S5 V8 FSI 发动机、西亚特 Freetrack Prototype 2.0T FSI 发动机以及标致 207Gti 1.6T FSI 发动机等。

4. TSI 发动机与 FSI 发动机比较

TSI 发动机和 FSI 发动机都属于缸内汽油直喷发动机，其工作原理相同，只是在结构上 TSI 发动机增加了一个涡轮增压器，如图 1-15 所示。由于采用了增压技术，因此说 TSI 发动机比 FSI 发动机更先进，属于大功率、低转速、大转矩发动机。同时，该类发动机也需要更加完善的冷却系

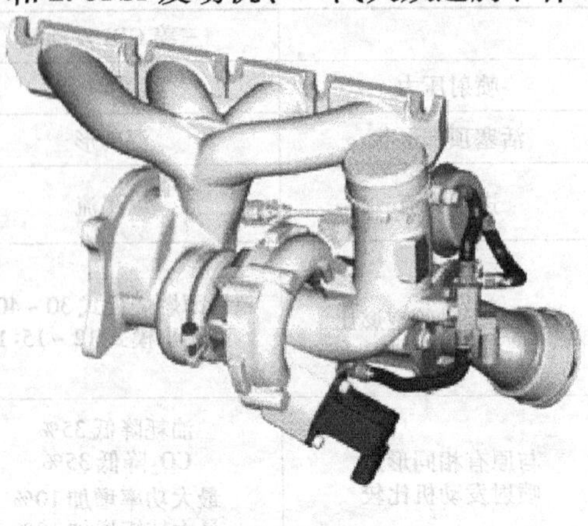

图 1-15　涡轮增压器

统和更精密地进行进气控制，对制造工艺要求很高。

5. 双喷射系统发动机

丰田雷克萨斯 LS460 4.6L V8 发动机采用直接燃油喷射和进气道燃油喷射两个系统。进气道燃油喷射在汽车冷起动和节气门开启角度较小时调节混合气浓度，并消除由于使用多级气流通道和怠速阀引起的限制，实际上就是在进气口位置通过单独的空滤器进行气流分流，即采用了两个空滤器。

6. 奔驰压电直喷发动机 CGI

对于燃油直喷汽油机来说，如果要做到每次喷射都足够精确，就需要一个十分精密的喷油器。从1994年开始，奔驰就开始了这方面的研究，并选择了压电技术作为突破口，该技术基于特制陶瓷和合金，在施加脉冲电流时，其形状在百万分之一秒内发生变化。相比柴油机喷油器，汽油机中的压电模块直接控制针阀，压电的动作直接反映到针阀上。因此，针阀的动作更加精确，整个工作循环可以接近完美。

由于喷油器配置在燃烧室顶部，所以将火花塞安装在排气门附近。火花塞可轻松点燃喷射成雾状的燃料，并且还设置在可直接点燃燃料，不会形成积炭的部位。活塞顶面的形状采用了凹形设计，浓混合气在遇到气缸壁面时就不容易扩散。对于火花塞位置的设计则需要更加精确的计算以及多次试验。为了能够使火焰传播的路线准确而迅速，火花塞需要尽可能延伸到混合气周围，但又不能直接接触到燃料。为了能同时满足这两方面的要求，CGI 发动机的压电式燃料喷油器伸到了燃烧室的中心区域，与传统的发动机相比，位置有了很大的变化。火花塞则出现在靠近排气门的地方，气缸内采用交叉气流冷却，能够保证火花塞和喷油器不至于长时间在过高的温度下工作。奔驰 CLS 装备的 CGI 发动机通过燃烧室顶部的压电式喷油器以20MPa 呈圆锥状高压喷射燃料，而且还在压缩行程中进行多次喷射，以促进燃料和空气的混合。采用 CGI 技术的3.5L V6 发动机，通过改进燃料与空气混合，扩大了可通过稀薄燃烧工作的区域，可凭借稀薄燃烧实现超过120km/h 的燃烧速度。

与进气道燃油喷射相比，CGI 发动机的压缩比从10.7提高到了12.2。油耗在混合模式下达到了11km/L，与采用进气道喷射的老款 CLS350 相比，每升汽油多行驶1.6km。采用 CGI 直喷技术的3.5L V6 发动机最大输出转矩为365N·m，CLS350 从静止加速到100km/h 的时间缩短到只有6.7s。

7. SIDI 缸内直喷技术

SIDI(Spark-Ignition Direct-Injection)即点燃式缸内直喷技术，是通用汽车公司缸内直喷发动机采用的技术。SIDI 发动机在不同运行工况下，分别采用分层稀薄燃烧模式和均质燃烧两种模式以达到提高发动机动力和降低油耗的目的。当发动机处于低转速状态时，ECU 控制喷油器将燃油分层喷入气缸内，有利于燃油与空气充分混合，分层燃烧能够在车辆起步和在城市中走走停停的过程中降低油耗并减少排污。凯迪拉克 CTS 采用的3.6L SIDI 发动机最大输出转矩达到374N·m。据测试，凯迪拉克 SIDI 系列发动机与以往同类发动机相比，在功率提升15%、转矩增大8%的同时，综合路况油耗降低至少3%，CO_2 等污染排放可降低25%。

1.4　复合火花点火发动机

重点掌握
- 复合火花点火发动机的概念
- 复合火花点火发动机的应用

复合火花点火发动机一般指发动机每个气缸采用两个或两个以上火花塞，常见的是每缸采用两个火花塞。

双火花塞一般采用对角布置，以实现顺序相位点火控制。双火花塞的设计使点火效率更高，同时提高了发动机的压缩比，使燃烧效率得到提升，加快缸内混合气的燃烧速率，以改善发动机性能。在车上采用双火花塞技术的车型有1.3L本田飞度、克莱斯勒300C、奔驰AMG G500等。

1. 本田飞度1.3L I-DSI发动机

飞度采用的1.3L I-DSI发动机为4缸8气门、单顶置凸轮轴设计。这也就决定了它的气门驱动臂必须要设计在气缸正上方，而这样就决定了火花塞的位置不能放在气缸的正中央，降低了点火效率。在这种情况下，就设计了双火花塞结构，在提升点火效率的同时，使燃烧更充分，从而使燃油经济性得到改善，如图1-16所示。

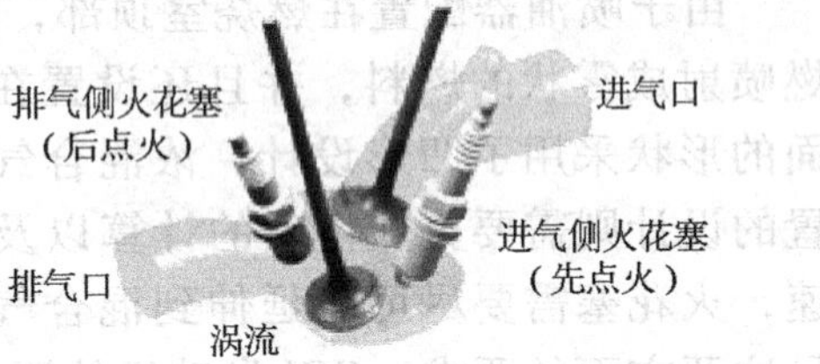

图1-16　本田1.3L I-DSI发动机双火花塞布置

1.3L I-DSI发动机采用双火花塞顺序相位点火控制技术，在低转速下，两个火花塞的点火时间存在一定间隔，以保证燃烧充分，实现了低速时就具备充分转矩的特性。在城市限速或者道路拥堵的状况下，依靠低转速、大转矩就可畅快行驶，而不需要大油门、高转速来获取动力；在高转速下，点火时间趋于一致，更加有利于实现充分燃烧，以提高燃油经济性。另外，I-DSI发动机本身质量较轻，对减少油耗也有一定帮助。

2. 克莱斯勒300C　5.7L HEMI发动机

克莱斯勒300C采用的5.7L HEMI发动机应用了双火花塞点火系统。

双火花塞设计主要得益于HEMI发动机独特的气缸盖结构。对于HEMI发动机的基本特征，可能有些人还不是特别的了解，甚至有人在最新的HEMI发动机推出后认为HEMI代表一半气缸可以关闭。其实，HEMI的真正意思是代表半球状燃烧室结构。半球状燃烧室在早期有很多先天优势，如热效率高和可以布置尺寸更大的进排气门。如今的HEMI发动机继承了前辈的优良传统，两个大尺寸的进、排气门布置在气缸盖两端，中间位置可以放置两个火花塞。两个火花塞可以同时工作，也可以分别点火。双火花塞的好处是可以使燃烧距离变短，燃烧速度加快，因此热效率提升，发动机的动力和燃油经济性都会得到相应的改善。

2012款6.4L HEMI发动机也采用了双火花塞系统。

3. 奔驰AMG G500 5.0L V8发动机

奔驰AMG G500的动力系统是一部5.0L V8发动机，它保留了奔驰传统的3气门技术，但用上了较为先进的双火花塞点火系统。这款发动机最先装备于奔驰S500之上，最大功率296kW，最大转矩456N·m/(2800r/min)。

1.5 稀燃发动机

重点掌握
- 发动机稀燃系统的特点
- 发动机稀燃系统的控制内容
- 汽油机实现稀燃的关键技术

发动机稀薄燃烧技术的发展是随着缸内汽油直喷技术的发展而迅速发展的。一般缸内汽油直喷发动机都采用了稀燃技术，这主要是解决由于CO_2排放过大造成的全球温室效应。对于汽车而言，要限制CO_2排放，其本质就是限制油耗，而要在限制油耗的情况下，保证汽车需要的动力性，发动机必须采用合适的燃烧模式。

1. 发动机稀燃系统的特点

稀燃指发动机可燃混合气的空燃比大于16或过量空气系数α大于1.22。汽车排放的HC、CO与NO_x是一对矛盾，同时，汽车油耗与发动机动力性也是一对矛盾。要降低HC、CO的排放，就需要提高空燃比，但提高空燃比以后，NO_x的排放又会升高。因此，要求发动机稀燃系统必须精确控制空燃比，以达到油耗较低、排放在规定范围、动力性较理想的目标。

发动机稀燃系统的特点主要有：

1）喷油正时对稀燃系统的燃烧速度和燃烧稳定性具有一定的影响。一般来说，延迟喷油可以使燃烧稳定性提高，但相应又会造成较高的NO_x排放。

2）稀燃系统的点火正时需要合理匹配。对于稀燃系统来说，由于混合气较稀，相应的着火延迟期和急燃期都将延长，因此应增大点火提前角。

汽油机实现稀燃的关键技术主要有：

1）提高压缩比。采用紧凑型燃烧室，通过进气口位置改进使缸内形成较强的空气涡流，提高气流速度；将火花塞置于燃烧室中央，缩短火焰传播距离；提高压缩比至13:1左右，促使燃烧速度加快。

2）采用分层燃烧技术。如果稀燃技术的混合比达到25:1以上，按照常规是无法点燃的。因此，必须采用由浓至稀的分层燃烧方式。通过缸内空气的运动在火花塞周围形成易于点火的浓混合气，使混合比达到12:1左右，外层逐渐稀薄。浓混合气点燃后，燃烧迅速波及外层。为了提高燃烧的稳定性，降低氮氧化合物（NO_x）的排放，现在采用燃油喷射定时与分段喷射技术。即将喷油分成两个阶段：进气初期喷油，燃油首先进入缸内下部随后在缸内均匀分布；进气后期喷油，浓混合气在缸内上部聚集，在火花塞四周被点燃，实现分层燃烧。

3）高能点火。高能点火和宽间隙火花塞有利于形成火焰中心，使火焰传播距离缩短，燃烧速度增快，稀燃极限大。有些稀燃发动机采用双火花塞或者多级火花塞装置来达到上述目的。

2. 发动机稀燃系统的控制

（1）空燃比的闭环控制（反馈控制） 发动机稀薄燃烧空燃比（A/F）的闭环控制目标主要由发动机负荷和转速确定。不同的稀燃发动机因其气缸形成涡流方式不同、燃烧室结构不同、气门数量和气门布置不同以及火花塞位置不同等原因，其发动机特性差别也较大。

在发动机工作过程中，ECU根据空燃比传感器送来的信号进行反馈控制，以实现混合气的稀薄燃烧，并根据发动机转速、负荷(节气门开度)等信号进行修正。发动机是否可以实施稀薄燃烧空燃比控制的工作条件有冷却液温度、发动机转速、进气歧管压力及其变化和节气门开度及其变化等，如图1-17和图1-18所示。

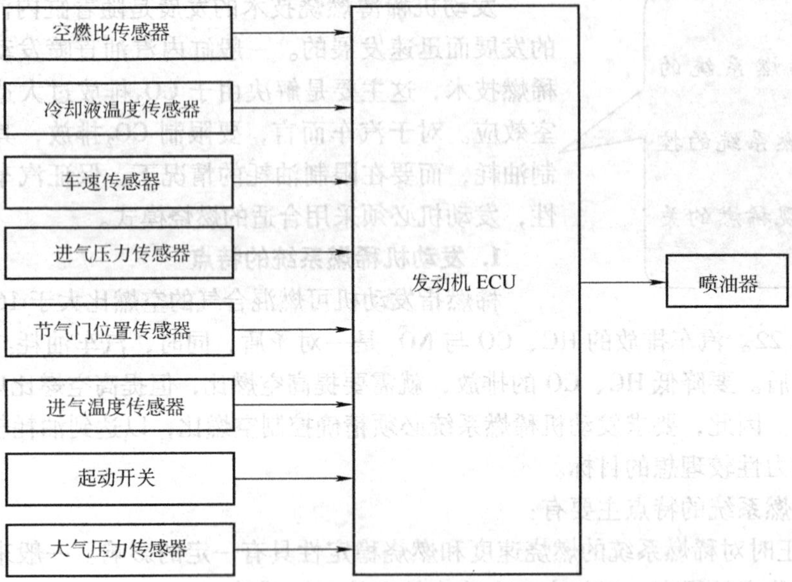

图1-17 稀燃系统空燃比控制原理

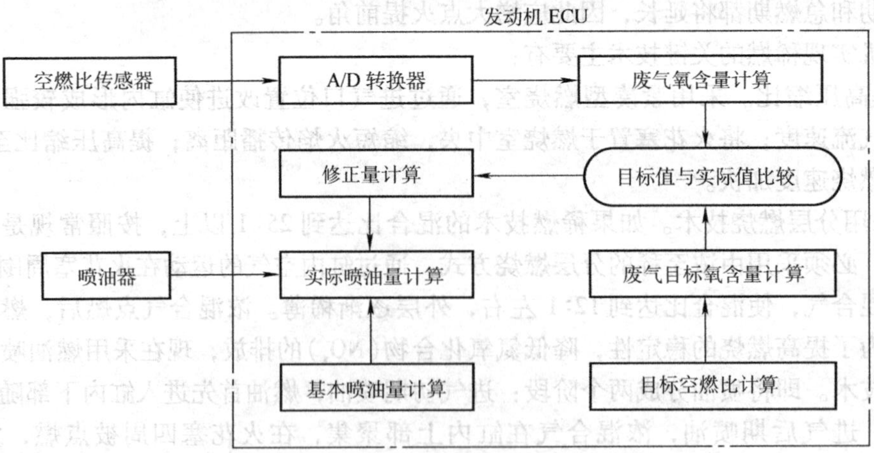

图1-18 稀燃系统空燃比闭环控制原理

(2) 喷油时刻的控制　喷油时刻对稀薄燃烧的燃烧速度和稳定性有较大影响。在形成分层充气的情况下，喷油正时会影响充气分层情况。在发动机的进气行程，相对较迟的喷油可以提高燃烧的稳定性。但是，过分追求燃烧稳定性又会造成废气排放中的 NO_x 过高。因此，喷油正时应根据发动机转速、负荷等信号进行适时合理匹配。

(3) 点火正时的控制　对于稀薄燃烧发动机来说，由于混合气较稀，相应的着火延迟期和急燃期都将延长，所以最佳点火提前角也应该根据过量空气系数、喷油正时等进行适时调整。

1.6 可变压缩比技术

重点掌握

- 可变压缩比发动机的应用
- 可变压缩比发动机的优点

压缩比指气缸总容积与燃烧室容积之比，一般用ε表示。压缩比表示活塞从下止点运动到上止点时，气缸内气体被压缩的程度。轿车的汽油发动机压缩比是9~11，柴油发动机压缩比是18~23。

一般发动机的压缩比是不可变动的。因为，燃烧室容积及气缸工作容积都是固定的参数，在设计中已经定好。不过，为了使现代发动机能在各种变化的工况中发挥更好的效率，以改善发动机的运行性能，其中气门可变驱动技术早已实现，作为重要参数的压缩比也有人尝试由固定不变改为“随机应变”，但由于压缩比的变化必然要涉及整个发动机结构的改变，难度很大，长期没有进展。现在这一难题已被瑞典的萨博工程师克服。

1. 萨博SVC发动机

萨博公司的可变压缩比技术称为SVC(Saab Variable Compression)。它的核心技术就是在缸体与缸盖之间安装楔形滑块，缸体可以沿滑块的斜面运动，使得燃烧室与活塞顶面的相对位置发生变化，改变燃烧室的容积，从而改变压缩比。其压缩比范围可在8∶1至14∶1之间变化。在发动机小负荷时采用高压缩比以节约燃油；在发动机大负荷时采用低压缩比，并辅以机械增压器以实现大功率和高转矩输出。萨博SVC发动机是1.6L 5缸发动机，每缸缸径68mm，活塞行程88mm，最大功率166kW，最大转矩305N·m，综合油耗比常规发动机降低了30%，并且满足欧洲Ⅳ号排放标准。

SVC具有的一个突出优点是，它不必对已经经过实践考验的四气门技术的燃烧室进行改造，就能够实现可变压缩比。燃烧室的设计对于燃烧过程具有重要意义。而燃烧过程又对废气排放、燃油消耗以及发动机功率具有直接的影响。因此，SVC技术能够与已有的技术兼容，这一点对于生产企业来说十分重要。此外，在开发SVC发动机的过程中从传统的动力总成中继承了尽可能多的基本零部件。

SVC发动机跟传统发动机的主要差别在于，它分割成了上、下两部分。可以通过液压调节装置使上部相对于下部转过一个角度，从而调节压缩比。上部叫做整体气缸盖，包含气缸盖和做成一体的气缸体，下部就是曲轴箱。上、下两部分之间通过橡胶密封件和曲轴箱隔开，所以不会有机油喷出。

2. 可变压缩比带来的好处

(1) 适合于多元燃料　可变压缩比使得汽油机在所用燃料种类方面非常机动灵活，因为可变压缩比汽油机总是以最适合于所选用燃料的压缩比工作。如果可变压缩比汽油机采用辛烷值超过汽油的燃料工作，那么上述优点就会变得更大。例如，甲醇是一种经常被用来代替汽油的代用燃料，其马达法辛烷值为88，而研究法辛烷值为108。因此，在高转速下，甲醇达到了实际上跟汽油相同的抗爆性；而在低转速下则相反，它的抗爆性远远超过汽油。

(2) 有利于降低排放　为了使催化转化过程能够顺利进行，三元催化转化器必须达到400℃左右的工作温度才开始起作用。采用可变压缩比汽油机，与推迟点火一样，能够降低热效率进而提高单位排量的废气热流量，迅速地加热三元催化转化器，就可以缩短三元催化转化器起作用的时间，明显地降低冷起动和暖机阶段的废气排放。

(3) 提高运行稳定性　传统的固定压缩比汽油机在冷机怠速阶段为了加热三元催化转化器，要大幅度地减小点火提前角以降低热效率。这样一来就会明显地降低转矩，有可能使得发动机运行不稳定。在全负荷工况，为了减少增压汽油机的爆燃倾向，也要减小点火提前角。但是，过多地减小点火提前角会导致转矩过多下降，使得发动机运行不稳定。

可变压缩比汽油机可以先减小压缩比，在一定程度上降低热效率。然后，根据实际的转速变动情况在较小范围内调节点火提前角，使得发动机在冷机怠速和全负荷时平稳地运行。另外，通过提高压缩比可以提高转矩，抵消废气再循环(EGR)给发动机运行带来的负面效应。

1.7 转子发动机

重点掌握

- 转子发动机的结构和工作原理
- 转子发动机的优缺点

1.7.1 转子发动机的发展历史

转子发动机(Wankel Engine 或 Rotary Engine)又称米勒循环发动机。它采用三角转子旋转运动来控制压缩和排放，与传统的活塞往复式发动机的往复直线运动有较大区别。转子发动机由德国人菲力斯·汪克尔(Felix Wankel)发明。

汪克尔于1902年出生在德国，1921年到1926年受雇于海德堡一家科技出版社的销售部。在1924年，汪克尔在海德堡建立了自己的公司，他花费了大量的时间在那里进行转子发动机的研制，在1927年，诸如气密性和润滑等的一系列技术问题的攻克终于使研制有了眉目。1960年初在德国生产出第一辆装配了转子发动机的小跑车。当时业内人士认为这种发动机的结构紧凑轻巧，运转宁静畅顺，也许会取代传统的活塞式发动机。

1964年，日内瓦的德法合资企业COMOBIL公司，首次把转子发动机装在轿车上，成为正式产品。1967年，日本人也将转子发动机装在马自达轿车上开始成批生产。

一向对新技术情有独钟的马自达公司投巨资从汪克尔公司买下了这项技术。由于这是一项高新技术，懂得这项技术的人寥寥无几，发动机坏了无人会修，而且耗油大，汽车界有人对这种发动机的市场前景产生了怀疑。20世纪70年代石油危机爆发，各国忙于应付各方面的困难而无暇顾及发展转子发动机，唯有马自达公司仍然深信转子发动机的潜力，独自研究和生产转子发动机，并为此付出了相当大的代价。他们逐步克服了转子发动机的缺陷，成功地由试验性生产过渡到商业性生产，并将安装了转子发动机的RX7和RX8型跑车打入了美国市场，令人刮目相看。

在世界环保意识日益增强，石油资源日渐枯竭的今天，以氢气做动力源的研究已成为一大课题。当年马自达坚持下来的转子发动机从结构上讲最适合燃烧氢气，因为氢燃烧完后排出的是水蒸气，对环境没有任何污染。马自达公司改制了RX7型跑车的转子发动机，使它可以用氢做燃料。这种发动机装配在马自达HR-X汽车上，1m^3的燃料箱储存了相当于43 m^3的压缩氢，以60km/h的车速可行驶230km，引起了各界人士的关注。

转子发动机如图1-19所示，转子如图1-20所示。

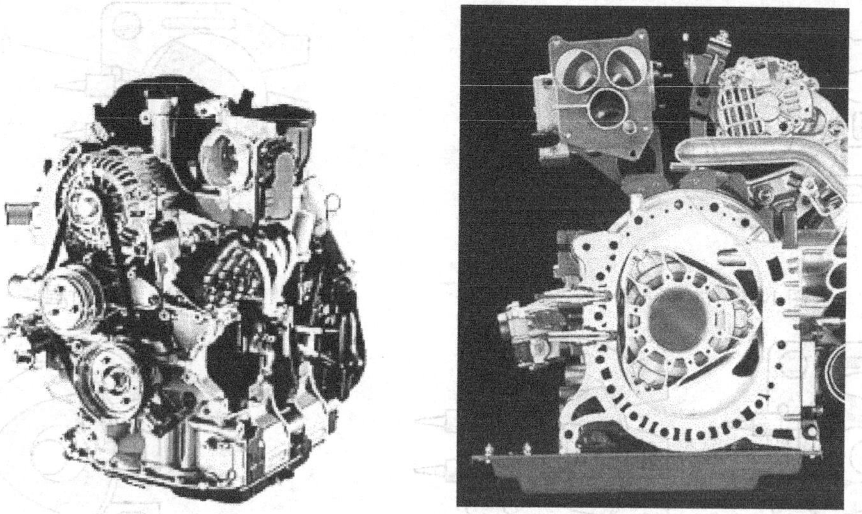

图1-19 转子发动机

1.7.2 转子发动机的结构和工作原理

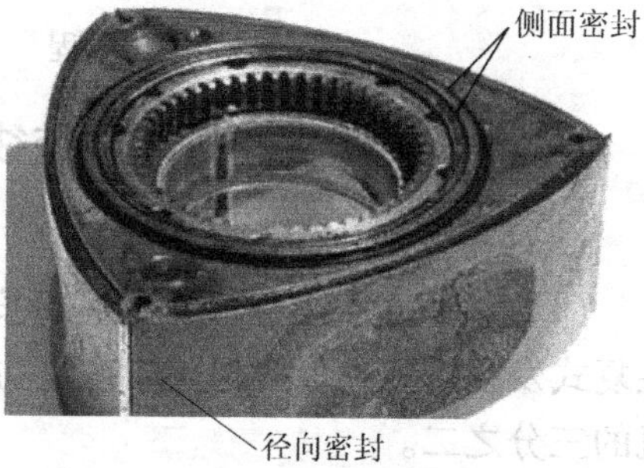

图1-20 转子

一般发动机是往复运动式发动机，工作过程中活塞在气缸中作往复直线运动。为了把活塞的往复直线运动转化为曲轴的旋转运动，必须使用曲柄连杆机构。转子发动机则不同，它直接将可燃气的燃烧膨胀力转化为驱动转矩。与往复式发动机相比，转子发动机取消了无用的直线运动，因而同样功率的转子发动机尺寸较小、重量较轻，而且振动和噪声较低，具有较大优势。

转子发动机的运动特点是：三角转子的中心绕输出轴中心公转的同时，三角转子本身又绕其中心自转。在三角转子转动时，以三角转子中心为中心的内齿圈与以输出轴中心为中心的齿轮啮合，齿轮固定在缸体上不转动，内齿圈与齿轮的齿数之比为3∶2。上述运动关系使得三角转子顶点的运动轨迹(即气缸壁的形状)似“8”字形。三角转子把气缸分成三个独立空间，三个空间各自先后完成进气、压缩、做功和排气，三角转子自转一周，发动机点火做功三次。由于以上运动关系，输出轴的转速是转子自转速度的3倍，这与往复运动式发动机的活塞与曲轴1∶1的运动关系完全不同。

转子为顺时针方向旋转，当扫气条扫过进气口之前，随着转子的运动，气缸的容积会越来越大，此时正好产生负压进气(图1-21)，当扫气条扫过进气口以后，进气停止；随着转子的继续运动，气缸内的体积会越来越小，此时进行的就是压缩行程(图1-22)；当气缸容积小到接近临界值时，火花塞点火，点燃缸内可燃混合气，气体急速膨胀，推动转子继续顺时针方向转动，随后气缸容积变大，当扫气条运动到排气口时，做功完成(图1-23)；当扫气条扫过排气口以后，排气口与气缸相通，此时开始排气行程，转子仍然顺时针方向运动，气缸容积变小，将缸内废气排出(图1-24)。如此循环下去。

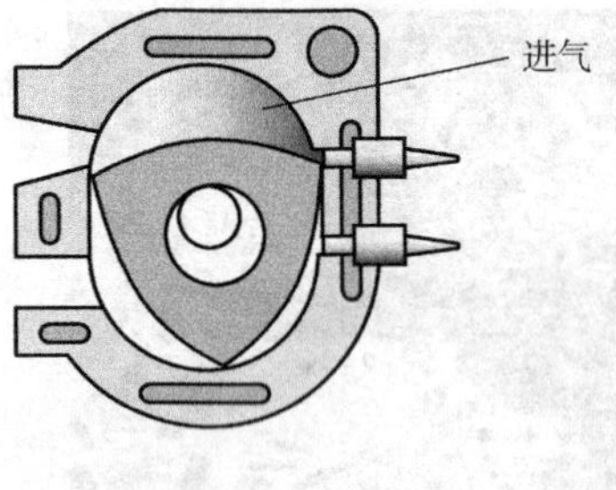

图 1-21　进气行程

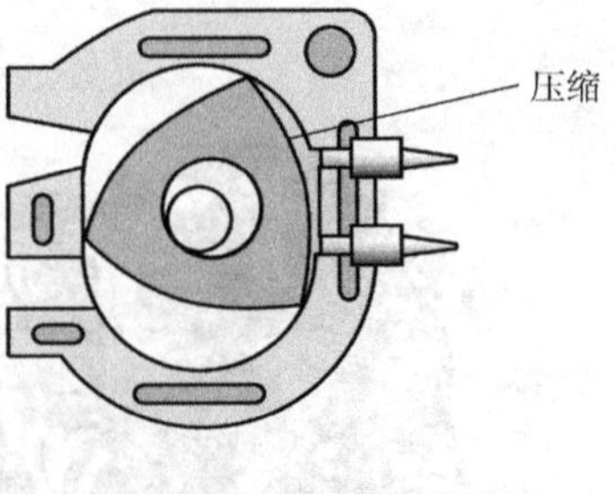

图 1-22　压缩行程

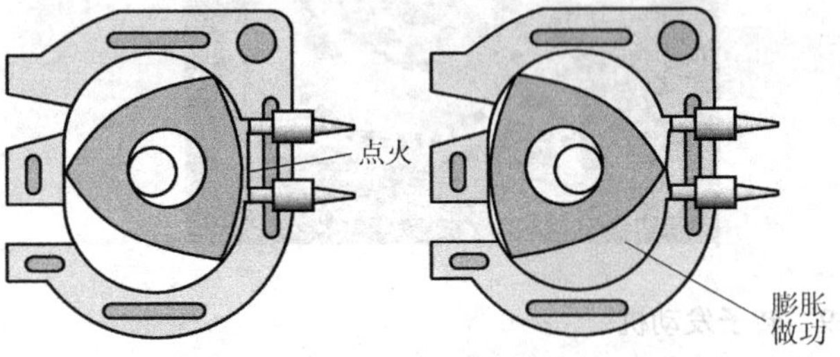

图 1-23　做功行程

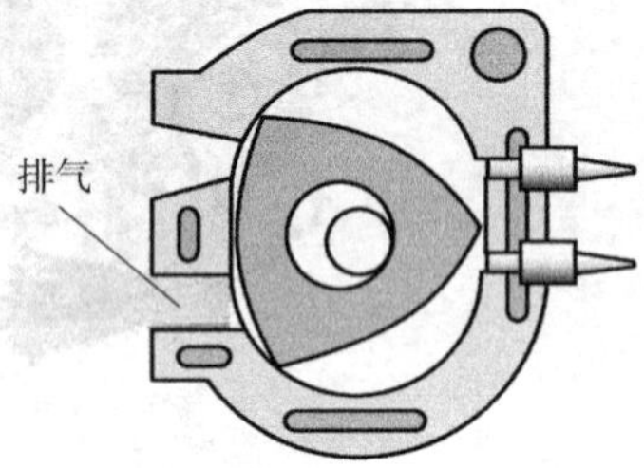

图 1-24　排气行程

1.7.3　转子发动机与传统往复式发动机的比较

1. 转子发动机的优缺点

（1）体积小、重量轻　在运行安静性和平稳性两方面，双转子发动机相当于直列六缸往复式发动机。在保证相同的输出功率的前提下，转子发动机的设计重量是活塞往复式发动机的三分之二。

（2）结构简单　由于转子发动机将可燃混合气燃烧产生的膨胀压力直接转化为三角形转子和偏心轴的转动力，所以不需要设置连杆，进气口和排气口依靠转子本身的运动来打开和关闭。不再需要配气机构，包括正时带、凸轮轴、摇臂、气门和气门弹簧等，而这在往复式发动机中是必不可少的一部分。

（3）理想的转矩输出特性　转子发动机在整个速度范围内有相当均匀的转矩曲线，即使是在两转子的设计中，运行中的转矩波动也与直列六缸往复式发动机具有相同的水平，三转子的布置则要小于 V 形八缸往复式发动机。

（4）运转平稳，噪声小　对于往复式发动机，活塞运动本身就是一个振动源，同时配气机构也会产生较大的机械噪声。转子发动机平稳的转动运动产生的振动相当小，而且没有配气机构，因此能够更平稳和更安静地运行。

（5）可靠性和耐久性提高　由于转子的转速是发动机转速的三分之一，因此，在转子发动机以 9000 r/min 的转速运转时，转子的转速仅为 3000 r/min。另外，由于转子发动机没有那些高转速运动部件，如摇臂和连杆，所以在高负荷运动中，更可靠和更耐久。

（6）油耗大　这主要是转子发动机燃烧室的形状不太有利于完全燃烧，火焰传播路径较长，使得燃油和机油的消耗增加。而且转子发动机只能用点燃式，不能用压燃式，也就是不能采用柴油。且其功率输出轴位置比较高，令整车布置安排不便。另外，转子发动机的加工制造技术高，成本比较贵，推广困难。

2. 转子发动机与传统活塞往复式发动机的比较

1）燃料燃烧产生的热能转化为机械能的途径不一样。活塞往复式发动机必须通过活塞连杆组进行转化，而转子发动机直接由三角转子推动偏心轴旋转。

2）活塞往复式发动机的四个工作行程（进气、压缩、做功和排气）都是在一个气缸内进行，而对于转子发动机来说，在转子的转动过程中，转子与缸壁形成的三个工作室的容积不停变动，在摆线形缸体内相继完成进气、压缩、做功和排气四个行程。每个过程都是在摆线形缸体中的不同位置进行，这明显区别于往复式发动机。

3）转子发动机的排量通常用单位工作室容积（工作室最大容积和最小容积之间的差值）和转子的数量来表示。例如，对于型号为13B的双转子发动机，排量为“654mL×2”。

1.7.4 转子发动机的应用

转子发动机主要应用在马自达RX8和RX9跑车上。如图1-25所示。

图1-25 马自达RX8

马自达RX8采用双转子发动机，排量为1.3L，发动机转速接近9000r/min，功率达到170kW。

1.8 柴油机共轨直喷技术

重点掌握
- 柴油机电控燃油系统的发展历史
- 共轨系统的结构和工作原理

1.8.1 柴油机电控喷油系统概述

采用电子控制技术是当前柴油机技术发展的重要方向之一。早在20世纪70年代，世界上许多技术发达国家就已竞相开发柴油机电子控制技术并研制新产品。到目前为止，已研制并生产出了许多功能各异的柴油机电子控制系统，其中大部分已产品化并投放市场，取得了显著的经济效益。与此同时，也有力地推动了柴油机电子控制系统的进一步发展，控制功能更全、工作更可靠的新产品层出不穷。

柴油机电子控制技术的出现与发展是一个必然趋势，究其原因，主要有以下两个方面：

1）石油能源危机及严重的环境污染，对柴油机这一主要移动式动力装置的燃油经济性和排放指标，提出了几乎是十分苛刻的要求。很久以来，为了降低柴油机的油耗和减少排放，除了对柴油机本身的各个系统进行了研究和改进外，先后出现了各种各样的机械式控制机构。这些控制机构如机械式调速器、喷油提前装置等，实现了对影响发动机经济性和排放的主要参数的控制，曾取得了不容忽视的成果。但由于它们不可能实现更为复杂的调控并存在一些先天缺陷，其控制结果终是不能令人满意。有结果证明：喷油始点改变1°曲轴转角，燃油消耗率会增加2%，HC排放量增加16%，NO_x排放量增加6%。

无论是柴油机的循环供油量（齿杆位移量的控制）还是喷油提前角（喷油始点的控制），实际上均受很多因素的制约，其每一瞬时的最佳值均不同。要想实现发动机的最优运行，必须实现多参量的实时检测与控制。显然，这又是机械式控制无能为力的。因此，当人们对柴油机的经济性和排放提出更高的要求时，传统的机械式控制系统就有可能被别的更好的系统所取代。美国国会通过的“大气污染防治法”，要求将重型载货汽车柴油机的排放污染降低90%，欧盟的排放法规也日趋严格。

要降低柴油机NO_x排放，就要减小柴油机气缸内的最高压力和最高温度，不使气缸内的N_2和O_2在高温高压下变成NO_x。这就要求喷油正时滞后。喷油正时滞后会引起烟度（颗粒）排放上升，经济性和动力性下降。矛盾的统一，除提高压力和速率，缩短喷射持续时间外，主要是通过电子控制方式寻求最优化的喷油正时。废气再循环对降低NO_x大有好处，但会引起颗粒排放量增加，这也需要用电子控制技术来寻求最佳的废气再循环时刻和排量。可变涡流增压、废气催化这些先进技术对排放有利，但也必须采用电子控制技术才能与柴油机运行工况配合起来，达到其应有的效果。为降低燃烧噪声和NO_x排放，柴油机要求喷射系统在主喷射之前，有一个小的预喷射，而且预喷射量、预喷射与主喷射之间的间隔，都能根据不同运行工况有所变化。显然这些只有在柴油机电子控制的某些系统（如共轨系统）才能实现。为降低排放，还要对喷油器喷出的瞬时喷油速率进行控制，以降低NO_x和噪声；喷射结束时又要能快速断油，以降低颗粒和HC；并且也要随着不同工况进行适当调整。这些都只有采用电子控制技术才能应用自如。柴油机采用电子控制技术后，由于其控制精度高、控制自由度大、控制功能齐全，因此能实现整个运行范围内参数优化。不仅能改善排放，改善经济性，还可有效地改善低速性能，改善低温起动和怠速性能，以及改善操作性能，从而也改善了汽车的舒适性。柴油机电子控制技术的发展，明显地提高了使用性能和降低了排放。

2）单片机的出现大大地促进了柴油机控制系统的更新换代，使柴油机电子控制技术的出现与发展成为必然。从20世纪70年代以来，微电子技术有了长足的发展。随着大规模集成电路的出现，微电子产品的成本大幅度下降，在功能强化、功耗降低的情况下，可靠性逐步提高，且性能日臻完善，使柴油机这一特殊设备采用微型计算机控制技术成为可能。特别是当单片机以崭新的面貌出现以后，采用单片机的柴油机数字控制系统异军突起，发展十分迅速。可以说电子模拟控制已比传统的机械控制大大前进了一步。但由于各种内在原因，这种控制仍不能满足更高的要求，而数字控制系统的情形就截然不同了。与模拟控制相比，数字控制系统具有许多优点，如它的线路简单、所需硬件少、功耗低、抗干扰能力强、可靠性高、控制精度高、能实现多功能控制且调试方便等。因此，以单片机为中心配备适当的硬件和软件，足以形成一个功能十分齐全、体积很小的监测、控制、诊断及支撑系统，来完成柴油机所需要的高精度实时控制。微机控制系统的两大显著特点是控制精度高和处理信息的能力强。这两点正是机械式控制系统所不及的，也是微机控制系统之所以能够理所当然地取代柴油机机械控制系统的主要原因所在。

1. 柴油机电控燃油系统的分类

柴油机电控喷油系统的开发研究从20世纪70年代开始，已经经历了三代。

（1）位置控制式　位置控制系统的特点是不仅保留了传统的喷油泵-高压油管-喷油器系统，而且还保留了喷油泵中齿条、齿圈、滑套和柱塞上控油螺旋槽等控制油量的机械传动机构，只是对齿条或滑套的运动位置，由原来的机械调速器控制改为电子控制，使控制精度和响应速度得以提高。柴油机的结构几乎无需改动，故生产继承性好，便于对现有机器进行升级改造。其缺点是控制自由度小，控制精度差，喷油率和喷射压力难于控制，而且不能改变传统喷射系统固有的喷射特性，也很难大幅度地提高喷射压力。位置控制式喷油主要是在直列泵和分配泵上进行改进。在直列泵上，它通过控制喷油泵齿杆位移来控制喷油量，通过控制液压提前器来实现喷油正时控制；在分配泵上，它通过控制滑套位移来控制喷油量，控制VE泵上的提前器或改变凸轮相位来进行喷油正时控制。

（2）时间控制式　所谓时间控制，就是用高速电磁阀直接控制高压燃油的适时喷射。这种系统可以保留原来的喷油泵-高压油管-喷油器系统。也可以采用新型的产生高压的燃油系统。用高速电磁阀直接控制高压燃油的喷射，一般情况下，电磁阀关闭，执行喷油；电磁阀打开，喷油结束。喷油始点取决于电磁阀关闭时刻，喷油量则取决于电磁阀关闭时间的长短。因此，既可实现喷油量控制，又可实现喷油定时的控制。时间控制系统的控制自由度更大。时间控制式电控喷油系统中，喷油泵仍采取传统直列泵、单体泵、分配泵柱塞供油的原理，即通过由柴油机曲轴驱动的喷油泵凸轮轴使柱塞压缩燃油，从而产生高压脉冲，这一脉冲以压力波的形式传至喷油器，并顶开针阀。但传统的喷油泵中，柱塞同时起到建立供油压力与调节供油量的作用。时间控制式喷油系统，采用高速电磁阀泄油调节原理，柱塞只承担供油加压的功能，供油量、供油时刻则由高速电磁阀单独完成。因此，供油加压与供油调节在结构上就互相独立。这样，传统的喷油泵结构得以简化，强度得以提高，而且传统喷油泵中的齿圈、滑套、柱塞上的斜槽、提前器和齿杆等可全部取消，喷油泵的设计自由度提高，高压喷油能力大大加强。但是，这种喷油系统喷油压力依旧利用脉动柱塞供油。因此，其对转速的依赖性很大。在低速、低负荷时，其喷油压力不高，而且难以实现多次喷射，极不利于降低柴油机的噪声和振动。

（3）时间压力控制式（即电控共轨式喷油系统）　这是国外于20世纪90年代中期开始推向市场的一种新型柴油机电控喷油技术。它摒弃了以往传统使用的泵-管-嘴脉动供油的形式，代之用一个高压油泵在柴油机的驱动下，以一定的速比连续将高压燃油输送到共轨（即公共容器）内，高压燃油再由共轨送入各缸喷油器。在这里，高压油泵并不直接控制喷油，而仅仅是向共轨供油以维持所需的共轨压力，并通过连续调节共轨压力来控制喷射压力，采用压力-时间式燃油计量原理，用高速电磁阀控制喷射过程。喷油压力、喷油量及喷油正时由电控单元（ECU）灵活控制。这种系统具有下述优点：

1）可实现高压喷射，喷射压力可比一般直列泵系统高出一倍，最高已达200MPa。

2）喷射压力独立于发动机转速，可以改善发动机低速、低负荷性能。

3）可以实现预喷射，调节喷油速率形状，实现理想喷油规律。

4）喷油正时和喷油量可自由选定。

5）具有良好的喷射特性，可优化燃烧过程，使发动机油耗、烟度、噪声及排放等性能指标得到明显改善，并有利于改进发动机转矩特性。

6）结构简单，可靠性好，适应性强，可在所有新老发动机上应用。

共轨喷油系统可分为高压共轨喷油系统和中压共轨喷油系统。高压共轨喷油系统的特点是高压输油泵直接输出高压燃油到共轨容器，压力可达120MPa以上，因此整个系统从高压输油泵到喷油器均处于高压状态。中压共轨喷油系统中，输油泵输出的燃油是中、低压油，压力为10~30MPa。此压力燃油进入共轨，然后进入喷油器。喷油器中有液压放大结构(即增压器)，燃油在此被加压到120MPa以上，然后再喷入气缸。因此中压共轨喷油系统中，高压区域仅局限在喷油器中。目前已投入使用的共轨喷油系统中，大多数都是高压共轨喷油系统。

目前国外已开发出许多共轨喷油系统，其中比较典型的有：

1）美国BKM公司的Servojet系统。这是一种典型的中压共轨式电控燃油喷射系统（共轨蓄压式电控喷油系统）。

2）美国Caterpillar公司的HEUI系统，属于共轨液压式喷油系统，也属于中压共轨。

3）日本电装公司的ECD-U2高压共轨式喷油系统。

4）德国博世(Bosch)公司的高压共轨式喷油系统。

柴油机电控喷油系统除了上述分类之外，还可以根据其产生高压燃油的机构，分为直列泵电控喷油系统、分配泵电控系统、泵喷嘴电控喷油系统、单体泵电控喷油系统和共轨式电控喷油系统。其中共轨式电控喷油系统是一种新型的电控喷油系统，其他系统都是在原来的喷油系统机构上加上电控系统后形成的。

由于在机械控制时代，柴油机就已经有了直列泵、分配泵、泵喷嘴和单体泵等结构形式完全不同的系统，每个系统都有其特点和适用范围，每种系统又有多种不同结构，因此相应的电控系统也多样化，而且各种电控系统的执行器都比较复杂。执行器也是柴油机电控系统的关键技术和技术难点。

2. 柴油机电控燃油喷射系统的特点

1）柴油机的排放降低，经济性提高。

2）发动机的工作可靠性提高。

3）响应快，控制精确。

4）控制策略灵活多样。

1.8.2 电控共轨系统的组成

高压共轨系统由五部分组成，即高压油泵、共轨腔及高压油管、喷油器、电控单元、各类传感器和执行器。供油泵从油箱将燃油泵入高压油泵的进油口，由发动机驱动的高压油泵将燃油增压后送入共轨腔内，再由电磁阀控制各缸喷油器在相应时刻喷油。如图1-26所示。

1.8.3 典型电控共轨系统的结构和工作原理

1. 供油泵结构和工作原理

供油泵的结构如图1-27所示，其组成包括驱动轴、柱塞、进出油阀、电磁断油阀、压

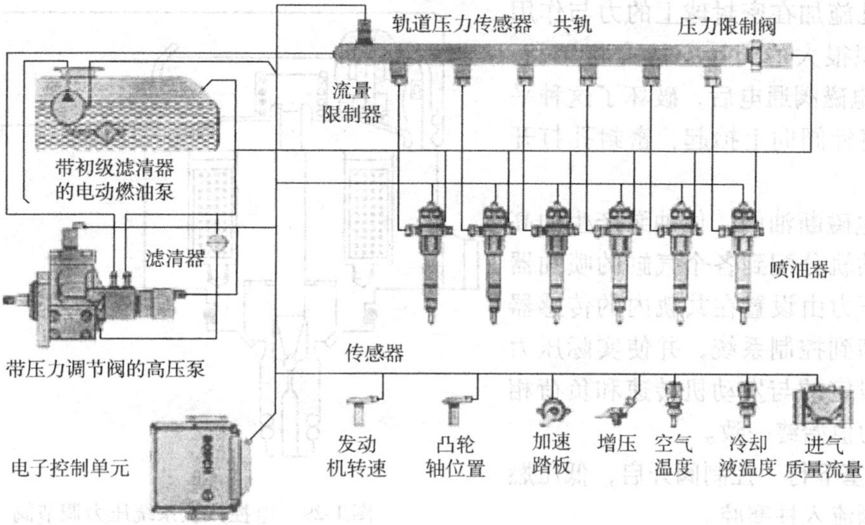

图 1-26　电控共轨系统的组成

力调节阀和机体。

驱动轴由发动机驱动，其偏心凸轮有三个凸轮，分别驱动三组柱塞，驱动轴每转一周，三柱塞分别上下运动一次。

当柱塞下行时，燃油从吸油管经过单向阀、进油阀被吸入，如图 1-28 所示。当柱塞克服弹簧弹力上行时，油压将进油阀关闭，由于柱塞与套的配合精度较高，并且高速压油，能产生很高的压力。高压油顶开出油阀，从高压油管压出。柱塞的复位是靠受压弹簧压动与之镶嵌的弹簧座而实现的。

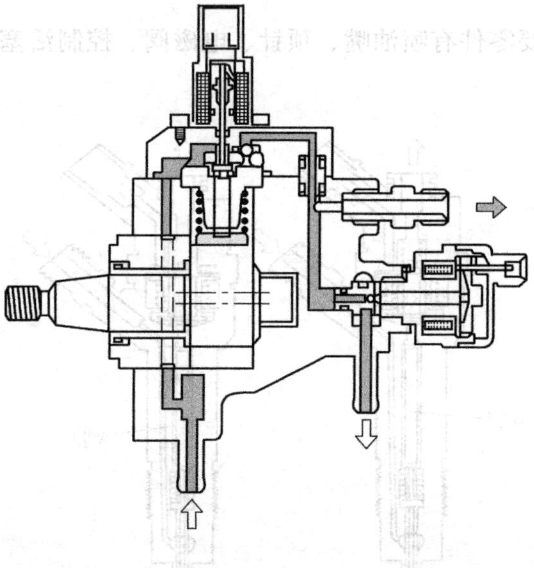

图 1-27　电控共轨系统供油泵的结构

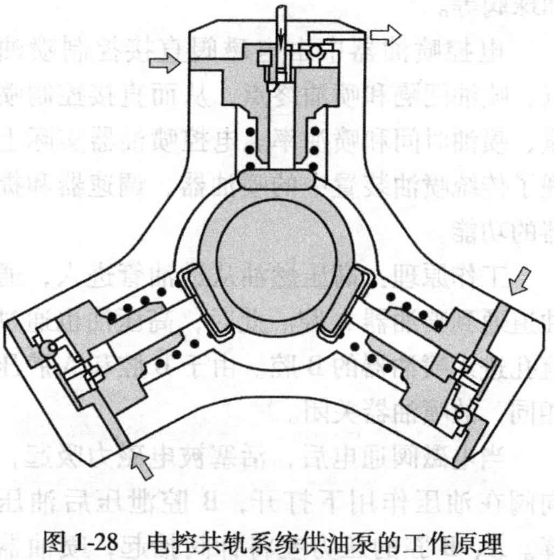

图 1-28　电控共轨系统供油泵的工作原理

（1）压力调节阀　压力调节阀由电磁阀、阀针、密封球和平衡弹簧等组成。共轨上安装有油压传感器，用来检测共轨中的压力，如图 1-29 所示。当油压过高时，ECU 控制压力调节阀打开溢油阀进行泄压。

从小孔施加在密封球上的力与作用在相对面积很大的阀针上的力相平衡，当ECU给电磁阀通电后，破坏了这种平衡，磁力将针阀向上抬起，密封孔打开进行泄压。

（2）电磁断油阀　供油泵产生的高压燃油经共轨分配到各个气缸的喷油器中；燃油压力由设置在共轨内的传感器检出，反馈到控制系统，并使实际压力值和事先设定的与发动机转速和负荷相适应的压力值始终一致。

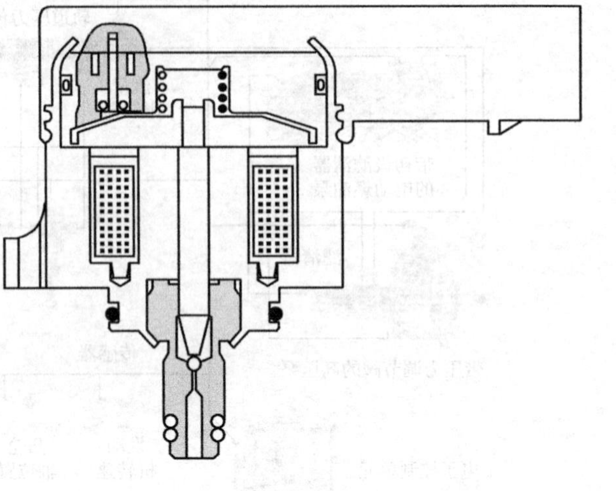

图1-29　电控共轨系统压力调节阀

1）柱塞下行，控制阀开启，低压燃油经控制阀流入柱塞腔。

2）柱塞上行，但控制阀中尚未通电，控制阀仍处于开启状态，吸入的燃油并未升压，燃油经控制阀流回低压腔。

3）ECU计算出满足必要的供油量的时刻，适时地向控制阀供电，并使之开启，切断燃油回流通道，柱塞腔内燃油增压。因此，高压燃油经出油阀（单向阀）压入共轨内；控制阀开启后的柱塞行程与供油量对应。如果使控制阀的开启时间（柱塞的预行程）改变，则供油量随之改变，从而可以控制共轨压力。

4）凸轮越过最大升程后，则柱塞进入下降行程，柱塞腔内的压力降低；这时出油阀关闭，压油停止；控制阀处于停止通电状态，控制阀开启。低压燃油将被吸入柱塞腔内。

2. 喷油器的结构与工作原理

喷油器的结构如图1-30所示。喷油器的主要零件有喷油嘴、顶针、电磁阀、控制活塞和球阀等。

电控喷油器中由电磁阀直接控制喷油始点、喷油间隔和喷油终点，从而直接控制喷油量、喷油时间和喷油率。电控喷油器实际上实现了传统喷油装置中的喷油器、调速器和提前器的功能。

工作原理：高压燃油从进油管进入，通过油道通到喷油器A腔。此时，高压油也通过节流孔进入喷油器的B腔。由于B腔和A腔压力相同，故喷油器关闭。

当电磁阀通电后，活塞被电磁力吸起，单向阀在油压作用下打开，B腔泄压后油压下降。A、B腔的压力差将针阀抬起，喷油器开始喷油。

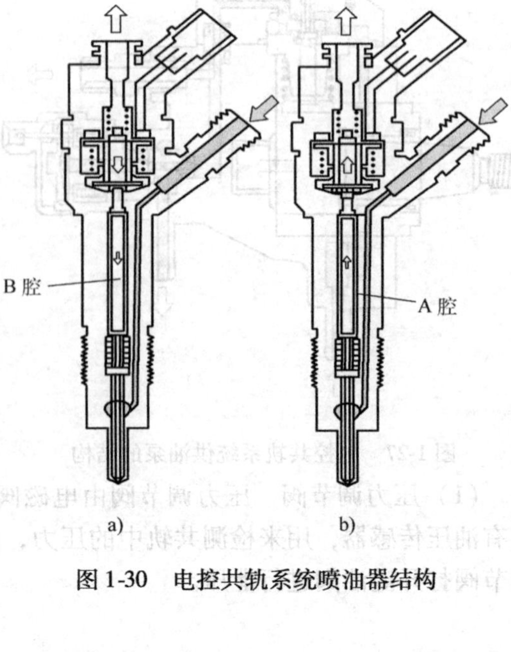

图1-30　电控共轨系统喷油器结构

3. 共轨组件

共轨组件的作用是接受从供油泵送来的高

压燃油，并按照 ECU 的指令向各个气缸分配燃油。共轨组件中还有压力限制器、流动缓冲器和压力传感器等，随时监测有无过剩燃油流出、喷射，监测压力是否正常并进行控制。共轨组件如图 1-31 所示。

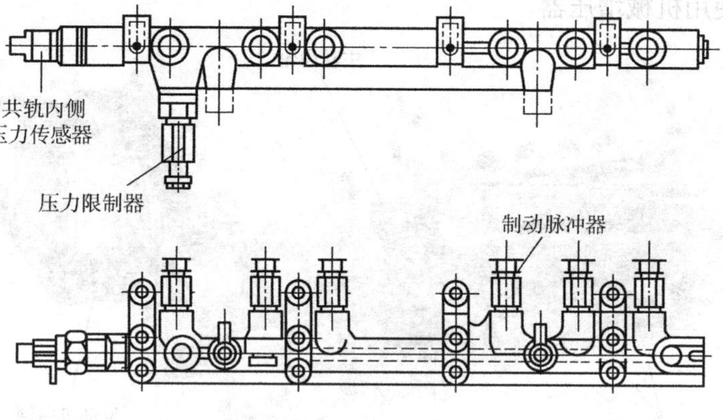

图 1-31　共轨组件

1.8.4　电控共轨系统应用举例

华泰现代特拉卡 2.9L CRDI 采用高压共轨柴油直喷技术，降低了柴油发动机车型的振动和噪声，同时将油耗进一步降低，使排放更加清洁。

哈弗 TC 柴油车是国内第一款拥有自主知识产权、采用电控高压共轨技术柴油发动机的车型。

1.9　发动机增压技术

重点掌握

- 发动机增压系统的种类
- 机械增压器的结构和工作原理
- 涡轮增压器的结构和工作原理

1.9.1　发动机增压系统的特性和种类

对于一般自然进气式发动机，其工作时利用节气门上下方的压力差把空气吸入气缸内。当发动机处于怠速时，进气歧管真空度约为 73kPa；而节气门全开时，进气歧管真空度最小，此时可以认为真空度为零，节气门上下方的压力接近相等。

对于增压发动机而言，在相同转速且有增压作用时，会有更多的混合气或空气进入气缸，以提高发动机的充气效率，从而改善发动机的动力性。这种将额外的混合气压入气缸的措施称为强制进气，采用增压进气可以使发动机的动力提升 35%~60%。

增压发动机并不是工作时一直都需要进气增压。在不需要增压时，发动机的工作情况与一般自然吸气发动机相同。因此，增压发动机可以采用较小的排量，在一般行驶时，可以达到省油的目的；而在大负荷和全负荷工况下，可以满足大功率输出的要求。

发动机增压系统一般分为机械增压、涡轮增压、复合式增压、惯性增压、气波式增压和冲压式增压等。

(1) 机械式增压器　增压器的压气机转子由发动机曲轴通过齿轮、驱动带或链条等传动装置来驱动旋转，从而将空气压缩并送入发动机气缸，达到增压的目的。一般机械增压器的转速为发动机转速的2～3倍。机械增压器如图1-32所示。由于结构简单且易于实现，早期的增压汽车都使用机械增压器。

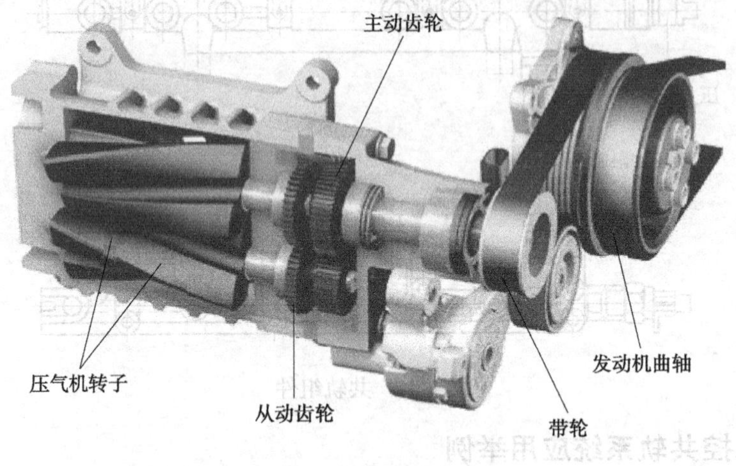

图1-32　机械增压器

机械增压器的优点：①中低转速动力输出平稳、转矩大；②结构简单，安装方便；③容易布置，机械相对独立；④工作温度低，基本不需要额外的润滑和冷却系统。例如，很多V形发动机，可以直接将增压器安装在两个气缸组之间的夹角里，非常方便。

其缺点：①需要消耗发动机功率。目前大多数机械增压会消耗掉发动机输出功率的7%，并且随着转速的上升急剧增加。而提升发动机的功率大概在30%～50%，因此，机械增压发动机的转速往往不能过高，需要平衡增压器带来的负面影响。②机械增压的制造受制于叶片的设计和整体的强度。除了驱动齿轮之外，所有零部件都需要高强度的铝合金一体压铸成形，成本非常高。它的体积和重量也不小，因此，更倾向于在大排量的发动机上使用。

(2) 废气涡轮增压器　废气涡轮增压器利用发动机排出的废气能量来驱动增压器的涡轮，并带动同轴上的压气机叶轮旋转，将空气压缩并送入发动机气缸。由于废气涡轮增压器利用排气能量驱动，与发动机之间没有任何机械传动连接，使得它的机械效率更好。同时，它不需要复杂的传动机构。而且通过不断的技术积累，传统废气涡轮增压器的涡轮迟滞现象也得到了很好的控制，因此成为目前应用最为广泛的发动机增压装置。废气涡轮增压器的缺点是发动机未增压前的动力输出比同排量的自然吸气发动机差，且高温废气使涡轮及外壳等承受相当高的温度。

(3) 复合式增压器　复合式增压器是把机械增压器与废气涡轮增压器联合起来工作的增压装置，主要用于某些二冲程发动机上，以保证发动机起动和低速小负荷时有必要的扫气压力。复合式增压器还适用于排气背压较高的场合(如水下)。但它的结构过于复杂，体积过大，多用于固定式机器，并不适合小型乘用车辆。

(4) 惯性增压器　惯性增压器利用空气在进气歧管中的惯性效应、脉冲波动效应及其综合效应来提高发动机气缸的充气效率。惯性增压器通过特殊几何形状的凸轮轴控制气门的开启角度及时间：气缸在前半个进气行程中，进气门只开启很小的流通截面，使气缸中形成一定的负压；当活塞走过半个进气行程后，进气门迅速开启，很快达到最大流通截面，此时空气以很高的速度冲入气缸。从某种意义上来说，惯性增压器在很大程度上推动了发动机技术的发展，目前的可变进气歧管长度技术及可变气门控制系统均得益于这一原理，如丰田的VVT-i技术。

（5）气波式增压器　气波式增压器通过特殊的转子使废气与空气接触，利用高压废气对低压空气产生的压力波迫使空气压缩，从而提高进气压力。气波式增压器具有充气效率高、低速转矩大、加速性好等优点。但由于它的特殊结构，气波式增压器同样存在体积大、重量大、噪声大等缺点。另外，空气压力波对进、排气阻力过于敏感，要求进气滤清器及排气消声器和管道尽可能地加大尺寸并减小阻力。由于存在许多问题，气波式增压器目前仍处于研究试验阶段。

（6）冲压式增压器　冲压式增压器利用储气筒内的高压诱导空气，通过喷管将周围的空气引射入喷射器中，并在喷射器内混合，然后通过扩压管，把空气压缩到所需的压力进入气缸。虽然冲压式增压器结构简单、工作可靠，但该系统需要高压空气泵、储气筒等部件，由于其连续工作时间较短，因此在应用方面受到限制。

根据增压压力的大小，可分为低增压、中增压和高增压三类，见表1-2。

表1-2　增压系统的种类(按增压压力分类)

	增压压力/MPa	压力比
低增压	0.00～0.05	1.0～1.5
中增压	0.05～0.10	1.5～2.0
高增压	0.10以上	2.0以上

1.9.2　发动机增压技术的发展历史

发动机增压技术首先来自于德国人的创意。1880年，德国人开始着手研究发动机增压技术，并在第一次世界大战期间应用于飞机上，当时采用的是机械式增压器，这项技术的发明使得当时的航空发动机能够尽可能轻量化。1909年，瑞典人Alfred Buchi博士提出采用废气涡轮增压，但在当时这一概念并不被多数人所接受。1911年，苏而寿(Sulzer)兄弟公司在瑞典的Winterthur成立，Alfred Buchi成为该公司的总工程师。1917年，瑞典的萨博公司生产出第一款萨博93，是第一家将涡轮增压运用到汽车发动机上的厂商。不过当时的增压发动机不但造价昂贵，而且还有不少使用上的问题，因此难以大规模推广。

此后又逐渐出现了复合式增压器、惯性增压器以及气波式增压器和冲压式增压器。

1925年，两艘德国船只上首次成功应用了1470kW的涡轮增压柴油机，这也促使博世的废气涡轮增压器很快在欧洲、美国和日本获得了生产权。从20世纪30年代开始，轴流式涡轮增压器被大量运用到船只、有轨机动车及固定式机器。第二次世界大战期间美军也将这种废气涡轮增压器应用于作战飞机。

虽然发动机增压技术的应用能够在不改变发动机工作容积的情况下提高发动机功率及转矩，并降低油耗及排放，但由于当时的技术条件所限，增压技术应用于汽车领域一直未获得更大的进展。

真正使得废气涡轮增压技术发展并逐渐成熟的是美国人。20世纪40年代后期，航空燃气轮机的出现引起了材料技术与设计方面的重大革新。这对涡轮增压的发展产生了意义深远的影响，其中包括耐热材料的发展、开发高温材料的精密铸件技术等，这引发了径流涡轮机的研究，以及径流涡轮增压在小型车用柴油机上的应用。而滑动轴承的发明，也成为废气涡轮增压技术进一步发展的基础，借助滑动轴承，目前的废气涡轮增压器转速普遍能够达到150000～170000r/min，这样高的转速是传统的球轴承所无法达到的。

接下来的20世纪50年代，康明斯、沃尔沃和斯堪尼亚等主要的发动机制造商开始研究在货车上运用废气涡轮增压器技术，这些增压器由Elliot和Eberspacher提供。最初，因增压器自身体积过大，这些早期的设计并未成功。后来，德国工程师Kurt Beirer设计出了一台结构紧凑的废气涡轮增压器。该专利被Indianapolis的Schwitzer认购。

1952年，使用康明斯废气涡轮增压发动机的赛车在Indianapolis赛道的比赛中夺得冠军。1954年，康明斯生产出一系列型号的废气涡轮增压发动机。同年，沃尔沃生产出首台使用废气涡轮增压技术的柴油货车TD96AS，额定功率为136kW，与自然吸气式D96AS相比提高了26kW，同时还有着不错的燃油经济性。

1.9.3 机械增压器的结构和工作原理

机械增压器中最常见的是鲁兹式。鲁兹式机械增压器有两个转子，每个转子上有两个或三个叶片，因此分别称为两叶鲁兹式和三叶鲁兹式机械增压器。三叶鲁兹式机械增压器结构如图1-33所示。

机械增压器是一种强制性容积置换泵，也称容积泵。其工作时，可以增加进气管内的空气压力和密度，往发动机内压入更多的空气，使发动机每个循环可以燃烧更多的燃油，从而提高发动机的升功率和平均有效压力，使汽车动力性、燃油经济性和排放都得到改善。

工作过程中，机械增压器的转子由发动机曲轴通过驱动带驱动，与废气系统不相干。机械增压器跟曲轴之间存在固定的传动比。这两个相向旋转的转子各有若干个凸齿，在工作时互相啮合。扭曲的转子跟特殊设计的进口和出口几何形状相结合，有助于减少压力波动，使

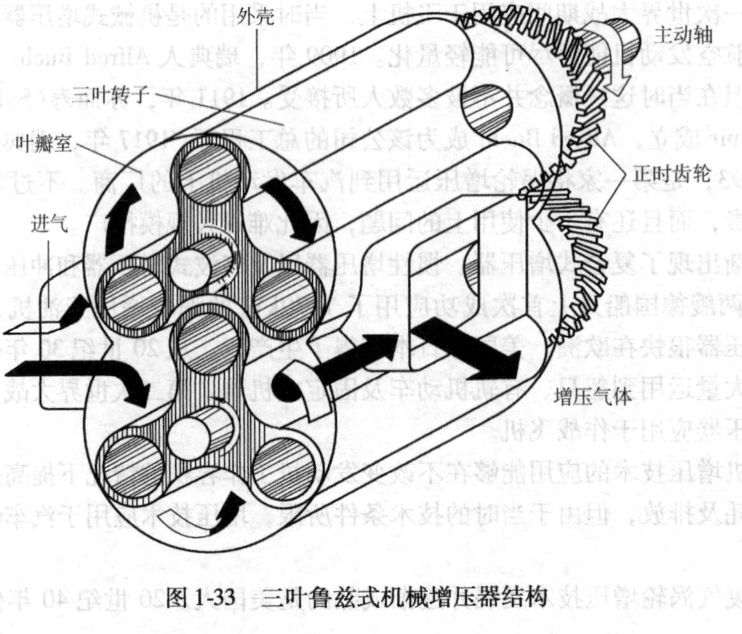

图1-33　三叶鲁兹式机械增压器结构

空气流动平稳，工作时噪声较低。这种带有螺旋式转子和轴向进口的机械增压器可达到14000r/min的转速，从而缩小了体积。它可利用出口法兰直接通过螺栓连接到进气管上。机械增压器通过它的置换体积和驱动带传动比来跟发动机相匹配，同时能够在任何发动机转速下提供过量的空气流。

1.9.4 涡轮增压器的结构和工作原理

废气涡轮增压是目前世界各主要汽车生产厂家广泛采用的发动机增压技术。涡轮增压器的结构和工作原理如图1-34和图1-35(见书后彩插)所示。

发动机工作时，只要符合增压的条件，发动机排出的废气就驱动废气涡轮高速旋转，废气涡轮再带动进气涡轮以同样的速度旋转，进气涡轮将空气压缩送入气缸内燃烧。这种状况下产生的进气压力，要远远高于大气压力。因此，通过涡轮增压器产生的进气量，远远超过了自然吸气产生的进气量。

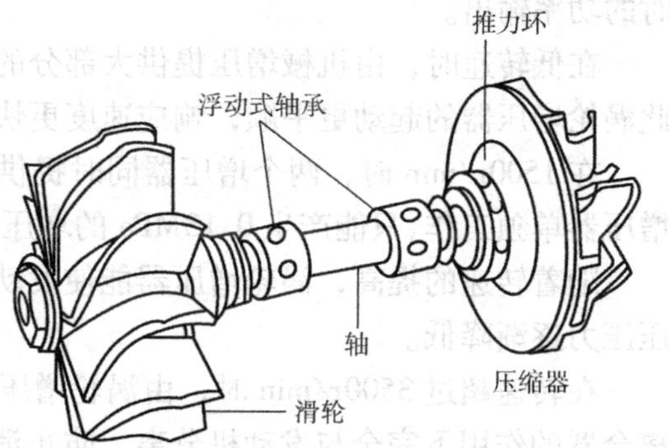

图1-34 涡轮增压器的结构

涡轮的叶轮一般由耐热的镍合金材料制造而成，在发动机大负荷以上工况工作时，其温度可达900℃以上。因此，有的发动机涡轮增压器叶片采用绝热和较轻的陶瓷材料制造。

涡轮轴一般采用浮动式轴承，其转速一般在120000r/min左右，因此对润滑的要求特别高，有的采用机油通过油道进行润滑，有的采用冷却液流经轴承外壳进行冷却。

1.9.5 发动机双增压技术

为了改善发动机性能，有的发动机采用了双增压技术，即一台发动机采用两个涡轮增压器或在采用涡轮增压器的同时又采用机械增压器。

1. 双涡轮增压

对于排量2.5L以上的发动机来说，通常会采用两个较小的涡轮增压器取代一个较大的涡轮增压器。小直径的涡轮增压器拥有更轻的重量和更小的惯性，因此能有效地减小涡轮迟滞。

V形发动机和水平对置发动机更适合使用这种涡轮增压，每一个增压器可以通过一列气缸的排气驱动。与单涡轮增压器相比，双涡轮增压有效减少了进气管的数量，减小了增压器的体积，更重要的是它减小了涡轮迟滞。

双涡轮增压器可以分为两种。一种是并联式的双涡轮，它拥有两个小直径的涡轮增压器，无论涡轮转速高低，两个涡轮都是同时运转的。这种涡轮增压器通过小而轻的涡轮，可以改善发动机的响应性。另一种是串联式双涡轮增压，它由两个不同尺寸的涡轮构成，低转速时只采用小尺寸的涡轮，高转速时才起动大尺寸的涡轮(此时是两个涡轮同时工作)，这种设计的好处是让发动机的输出更线性。

2. 综合运用机械增压和废气涡轮增压

机械增压有助于低转速时的转矩输出，但是高转速时功率输出有限，而废气涡轮增压在高转速时拥有强大的功率输出，但低转速时则力不从心。发动机的设计师们于是设想着把机械增压和涡轮增压结合在一起，来解决两种技术各自的不足，同时解决低速转矩输出的问题和高速功率输出的问题。这项技术在1985年被蓝旗亚S4赛车采用，并获得了巨大的成功。但这种技术仅限于不计成本的赛车，由于其工艺极其复杂，成本非常高，很难运用到量产车型上。

2005年，大众开始将这一套技术装配到量产的民用车型上。高尔夫1.4 TSI车型就装配了这套被称作“双增压”的系统。这种双增压系统实际上是设计师在机械增压技术基础上发展而来的，它是一套结合了机械增压和涡轮增压的系统，兼顾了低速时的转矩输出和高速时的功率输出。

在低转速时，由机械增压提供大部分的增压压力，这些压力也用来驱动涡轮增压器，因此涡轮增压器的起动更平顺，响应速度更快。

在1500r/min时，两个增压器同时提供增压压力，其总增压值达到0.25MPa(如果涡轮增压器单独工作,只能产生0.13MPa的增压压力)。

随着转速的提高，涡轮增压器能使发动机获得更大的功率，与此同时，机械增压器的增压压力逐渐降低。

在转速超过3500r/min时，由涡轮增压器提供所有的增压压力，此时机械增压器在电磁离合器的作用下完全与发动机分离，防止消耗发动机功率。

1.9.6 增压中冷技术

虽然通过增加进气压力提高发动机充气效率的方式可以提升发动机的动力性能，但随着进气压力的增加，压气机出口的气温也会随之增加，在一定程度上影响了空气密度的提高。而进气温度的提高，还会使得发动机排气歧管端的废气温度进一步提升。要解决这一问题，就要通过降低空气温度的方式来提升空气密度，从而提高发动机充气效率，于是发动机增压中冷技术出现了。

大量的试验表明，依靠中冷器，在增压压力保持不变的条件下，增压空气温度每下降10℃，它的密度就增大3%。当空气燃油消耗率都保持不变时，发动机的功率一般能够提高3%。同时，大幅度降低废气中氮氧化物的含量。而发动机工作效率也会随着增压空气温度的下降而上升，进气温度每下降10℃，发动机工作效率会相应提高0.5%左右。因此，在同样的空燃比下，进气温度每下降10℃，发动机功率实际上可提高约3.5%。这项技术不仅可提高发动机的功率，而且还可降低发动机在相同额定功率下的热负荷和排气温度以及最大爆发压力。在热负荷保持不变的情况下，发动机由于增压空气温度下降而提高的功率，较空燃比保持不变时更高。

一般发动机的中冷器采用水冷或风冷的方式工作，如图1-36和图1-37所示。但由于发动机冷却液的温度普遍在90℃以上，因此水冷的方式并不能达到最佳效果。虽然可以依靠独立的冷却系统工作，但独立的散热器安装方式和重量控制的问题却又无法回避。而依靠风冷方式，可以有效地把发动机进气温度降低至60℃左右，增压发动机的机械效率得以显著提升。

1.9.7 TDI与SDI技术

TDI是英文Turbo Direct Injection的缩写，意为涡轮增压直接喷射(柴油发动机)；SDI是

图 1-36　风冷方式的冷却器

图 1-37　水冷方式的冷却器

注：实线表示空气的流动路线，
虚线表示冷却液的流动路线

英文 Suction Direct Injection 的缩写，意为自然吸气直接喷射(柴油发动机)。国内采用这两种技术的发动机主要是捷达 SDI 与宝来 TDI 柴油轿车。

捷达 SDI 柴油轿车在燃烧过程中，柴油机的热损耗和废气损耗都大大降低，热转化效率高出汽油发动机 15%，百公里耗油比汽油机低 30% 以上，90km/h 等速油耗为 4.6L，城市工况下百公里油耗只有 5.3L。由于柴油车气缸燃烧温度比汽油车低，机件磨损程度大大降低，发动机使用寿命高出汽油机至少 20%，零部件损坏及更换频率也随之降低，同时柴油机采取直喷供油方式，维修更为简单方便，可节约维修费用。另外，氮氧化物排放比汽油机降低 5%~32%。

宝来 TDI 发动机采用了泵喷射系统和可调叶片式涡轮增压器。泵喷射系统使柴油与空气混合更充分，燃烧更彻底；同时采用氧化型催化反应器，大大降低了 CO、HC、颗粒的排放，其中 CO_2 排放与同排量汽油车比可降低 30%。另外，采用 EGR 系统，大大降低了 NO_x 的 产生，其排放能满足欧洲严格的标准要求。

泵喷射系统的喷射压力高达 192MPa，是针对燃烧质量直接取决于燃油喷射进入气缸时的绝对压力这一因素研发的。宝来 TDI 发动机每缸一个泵喷嘴，每个气缸做功行程所需的柴油量被分成预喷射和主喷射两部分，主喷射在预喷射开始之后曲轴转过几度之后才进行，它们之间的间隔由一个液压机构控制。喷射时刻、喷油量以及停喷时刻都是由一个电磁阀控制的。采用该技术可使柴油发动机达到平稳、高效燃烧的理想状态，并降低燃烧噪声和尾气中的氮氧化物的含量。

传统的涡轮增压器在发动机低转速时有增压滞后的缺点，而宝来 TDI 采用可调叶片式涡轮增压器，在任何转速下均可产生所需要的充气压力，性能比传统的涡轮增压器大大提高，改善了发动机的适应性，发动机转速较低时也可以保证大功率输出。由于发动机进气压力始终处于最佳状态，从而在整个转速范围内提高了燃烧效率，节约了燃油并改善了排放。

1.9.8　发动机增压技术在车上的应用

1. 涡轮增压器的应用

1）奥迪 1.9 TDi L4、2.5 TDi V6、3.3 TDi V8 柴油增压发动机。

2）宝马2.0 L4，3.0 L6和4.0 V8柴油增压发动机。

3）奔驰2.2 CDI L4、2.7 CDI L5 和3.2 CDi V6柴油增压发动机。

2. 机械增压器的应用

1）阿斯顿·马丁 DB7 3.2 六缸和 Vantage 5.3 V8 发动机。

2）通用3.8 V6发动机。

3）捷豹4.0 V8发动机。

4）奔驰2.0 和2.3 四缸发动机。

5）马自达 Miller Cycle V6发动机。

3. 机械增压+涡轮增压技术的应用

大众高尔夫 GT 1.4TSI 发动机。

1.9.9 宝马可变双涡轮增压柴油机

为了克服传统涡轮增压技术的缺陷——增压迟滞现象，可以采用可变增压，主要是改善发动机低速时的增压效果，即扩大低增压区域。宝马公司采用了可变双涡轮增压器(Variable Twin Turbo,VTT)。

该技术主要由两个尺寸不同的涡轮增压器组成，与大众用于汽油机的双增压方案相同。可变增压系统由特别设计的电子设备控制，根据发动机转速不同，有一个或两个涡轮增压器工作。小涡轮用于提高发动机低速时的转矩特性，另一个涡轮用于提高发动机的最大输出功率。图1-38所示是采用可变双涡轮增压器的发动机。宝马直列4缸和直列6缸发动机广泛应用可变双涡轮增压技术。图1-39所示是不同转速下增压原理。

图1-38 采用可变双涡轮增压器的宝马发动机

1.9.10 保时捷可变涡轮叶片增压技术

保时捷可变涡轮叶片增压技术(Variable Turbine Geometry,VTG)，其工作时可根据转速变化而改变排气侧涡轮叶片的几何形状，从而减小涡轮增压器的迟滞现象。图1-40(见书后彩插)中红色所示为VTG涡轮可变导向叶片。保时捷VTG涡轮工作原理见图1-41(见书后彩插)。

1）可变涡轮叶片并不是涡轮的刚性叶片能够随意改变形状。VTG涡轮的外侧加了一环可通过电子系统控制角度的叶片，把发动机排出的废气导向到排气侧的涡轮叶片上。

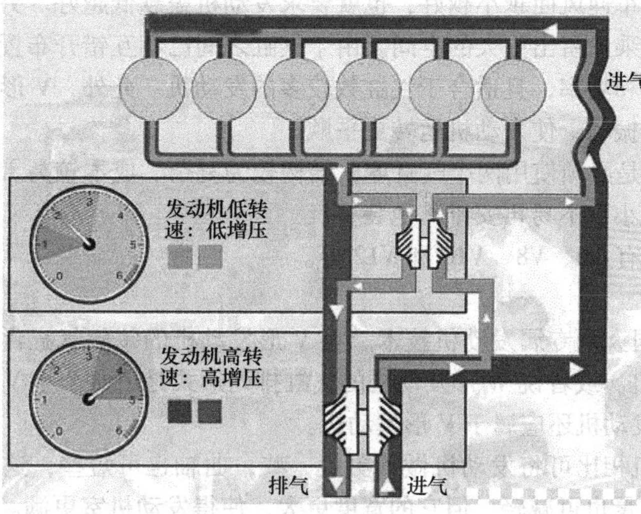

图 1-39 不同转速下可变双涡轮增压原理

2）当发动机转速较低时，废气压力较低，导流叶片打开角度较小，根据流体力学原理，在导向叶片出口处的气流速度会增加，到达涡轮排气侧叶片上的气体压强会增大，从而能够提高发动机低转速下涡轮的转速，减轻涡轮迟滞现象。

3）随着发动机转速的提高，导向叶片的角度逐渐加大。当发动机达到最大负荷的时候，导向叶片完全打开，与排气侧主体涡轮形成一个更大的叶片，达到大涡轮的输出效果。

4）VTG 技术通过导向叶片改变废气作用在排气侧涡轮叶片上的压力，控制涡轮的转速，从而控制涡轮的增压压力。由于涡轮转速得到控制，增压压力也得到了控制，采用 VTG 技术的发动机不再需要传统废气涡轮增压发动机的放气阀。

搭载 VTG 技术的 911 GT2 功率达到 353kW，在 1950～5000r/min 范围可输出高达 620N·m 的转矩。

1.10 对置式发动机

重点掌握
- 发动机的结构形式
- 对置式发动机的结构和工作原理

1.10.1 发动机结构形式概述

1. 直列发动机（Line Engine）

直列发动机所有气缸均按同一角度排成一列，其优点是缸体和曲轴结构简单，而且使用一个气缸盖，制造成本较低，结构紧凑。直列发动机稳定性高，低速转矩特性好并且燃料消耗较少。但缺点是功率较低，并且不适合 6 缸以上的发动机采用。宝马 6 缸发动机采用直列较多。

2. V 形发动机

将所有气缸分成两组，相邻气缸以一定夹角布置在一起，使两组气缸形成有一定夹角的平面，从侧面看气缸呈 V 字形，故称 V 形发动机。

V 形发动机的高度和长度尺寸小，在汽车上布置起来较为方便。尤其是现代汽车比较重视空气动力学，要求汽车迎风面越小越好，也就要求发动机盖越低越好。另外，如果将发动机长度缩短，便能为驾乘舱留出更大的空间。由于气缸之间已相互错开布置，这便于通过增大气缸直径来提高排量和功率，且适合于气缸数较多的发动机。此外，V 形发动机气缸对向布置，还可抵消一部分振动，使发动机运转更平顺。

V 形发动机的缺点是必须使用两个气缸盖，结构较为复杂、成本较高。另外其宽度加大后，发动机两侧空间较小，不易再安排其他装置。

V 形发动机常见的有 V6、V8、V10 和 V12 等。

3. W 形发动机

W 形发动机是德国大众专属发动机技术。将 V 形发动机的每侧气缸再进行小角度的错开就形成了 W 形发动机。或者说 W 形发动机的气缸排列形式是由两个小 V 形组成的一个大 V 形。严格来说 W 形发动机还应属于 V 形发动机。

W 形与 V 形发动机相比可将发动机做得更短一些，曲轴也可短些，这样就能节省发动机所占的空间，同时重量也可减轻，但它的宽度更大，使得发动机室更满。

W 形发动机最大的问题是发动机由一个整体被分割为两个部分，在运作时必然会引起很大的振动。针对这一问题，大众在 W 形发动机上设计了两个反向转动的平衡轴，让两个部分的振动在内部相互抵消。

大众辉腾和奥迪 A8L 6.0 都采用了 W12 发动机。

4. 水平对置发动机

如果将直列发动机看成夹角为0°的 V 形发动机，当两排气缸的夹角扩大为 180°，气缸水平对置排列，就形成了水平对置发动机。

水平对置发动机的最大优点是重心低。由于它的气缸为“平放”，因此降低了汽车的重心，同时又能让车头设计得又扁又低。这些因素都能增强汽车的行驶稳定性。此外，水平对置的气缸布局是一种对称稳定结构，这使得发动机的运转平顺性比 V 形发动机更好，运行时的功率损耗也最小。

水平对置发动机是日本富士重工的专有技术，如斯巴鲁森林人就采用了水平对置发动机。

5. 转子发动机

传统发动机都是通过气缸内活塞的往复运动最终驱动车辆前进，发动机及气缸本身都是相对不动的，而转子发动机则是一种三角活塞旋转式发动机，它采用三角转子旋转运动来控制压缩和排放。转子发动机的优点十分明显，它尺寸较小，重量较轻，功率很大，并且振动和噪声极低。但是由于转子技术的复杂，使其制造成本极其高昂，耐用性也低于传统发动机。

至今为止，将转子发动机技术成熟运用于市场的仅有马自达一家厂家，如马自达 RX-8 跑车。

1.10.2 典型对置式发动机结构和工作原理

目前世界上采用水平对置发动机的汽车生产厂家主要有保时捷和日本富士重工两家。图 1-42 所示是富士斯巴鲁采用的水平对置发动机的气缸排列形式。

斯巴鲁水平对置发动机是整个动力传动系统的基础，它不同于其他发动机的最大特

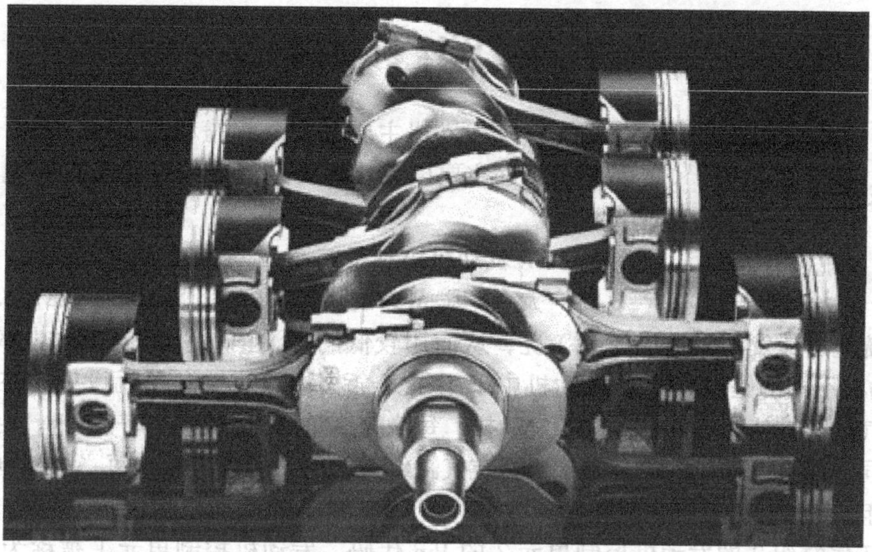

图1-42　富士斯巴鲁水平对置发动机

点在于发动机活塞完全水平对向往复运动，由此将相互的作用力完全抵消。与直列发动机和V形发动机相比，它的运转更加平滑顺畅，高转速动力输出更加流畅。更为重要的是，其体积小、结构紧凑、轻便、强度高，因此安装时可以悬吊在底盘下方，使整车的重心更低。

对置式发动机应用举例：

1）保时捷 Cayman S 发动机，如图1-43所示。

图1-43　保时捷水平对置发动机

2）斯巴鲁2.5L水平对置双顶置凸轮轴（DOHC）涡轮增压发动机。

1.11 W12 发动机

重点掌握
- W12 发动机的控制系统
- W12 发动机的特点

W12 发动机主要在大众辉腾和奥迪 A8 6.0L 车型上应用，下面主要以大众辉腾进行介绍。发动机外观如图 1-44 所示。

1. 发动机控制系统

大众辉腾 W12 形发动机采用 Motronic ME7.1.1 管理系统，该系统能够让发动机适应所有工况，从而用较低的燃油消耗获得较高的功率输出。与 W8 形发动机不同的是，W12 形发动机中采用了完全相同的双控制单元设计。在这种设计中，两个气缸组被认为是两台独立的发动机，每个控制单元只控制一个气缸组。由于两个控制单元相同，而且发动机的控制是基于特定气缸组进行的，所以必须给每一个控制单元指定一个气缸组。PIN 代码是标识代码，J623 是用于气缸组 1 的发动机控制单元 1 的 Pin 代码，J624 是用于气缸组 2 的发动机控制单元 2 的 Pin 代码。发动机控制单元 1 被称为“主控”，发动机控制单元 2 被称为“副控”。控制单元 2 仅通过内部 CAN 数据总线从控制单元 1 中获得已有信息。

图 1-44 辉腾 W12 发动机

由于采用双控制单元设计，W12 形发动机增加了用于发动机管理系统的内部 CAN 总线。内部 CAN 总线只用于交换这两个发动机控制单元之间的信息。数据在动力传动系统 CAN 总线上进行交换。各个单独的控制单元通过总线连接成一个整体系统。

2. W12 发动机的特点

（1）结构紧凑，重量轻 这款发动机的长度仅为 513mm，而宽度为 690mm。发动机采用铝镁合金。安装在汽车前面，可与四轮驱动系统组合在一起。然而，其他类型的 12 缸发动机因体积较大，只能与后轮驱动系统相匹配。因为在汽车前面的发动机下部没有足够的空间容纳前轮驱动部件。

（2）发动机的高度显著降低 该发动机由两组超小型 V6 总成制成。每组都有六个气缸、呈 15°角排列。这种偏置式排列兼备了经典的 V6 4 缸发动机的优点，而其宽度和长度都缩减到最低程度。另外，两排气缸连接成72°也大大降低了发动机的高度，如图1-45所示。

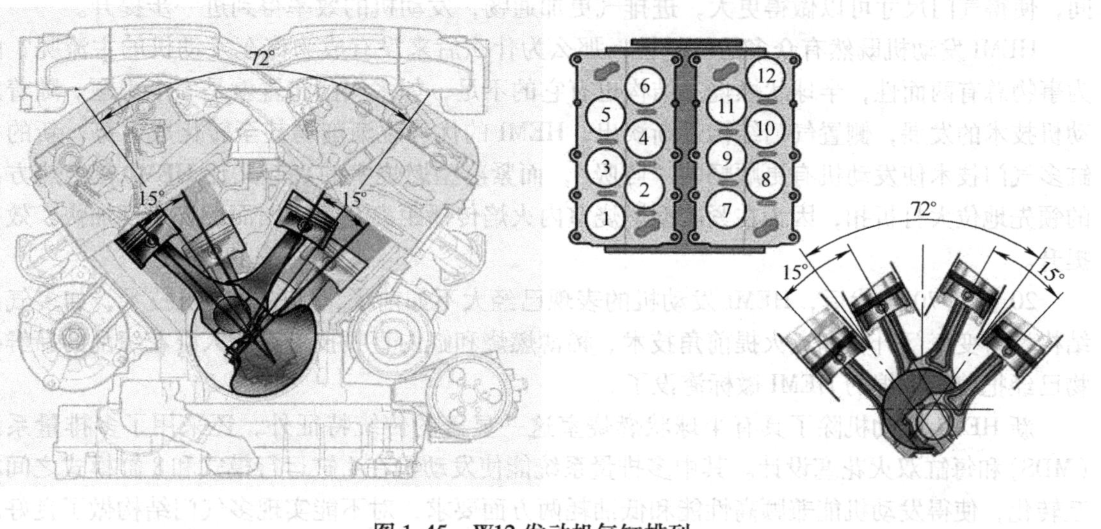

图1-45　W12发动机气缸排列

（3）采用干式润滑系统　W12发动机采用干式润滑系统，它与普通湿式润滑系统不同，油泵从一个单独的油箱向发动机提供润滑油。即使在高度侧向加速的状态下，也可以向发动机以最佳方式提供润滑油。发动机的润滑油油箱位于右前照灯的后面，通过两根软管与发动机连接。油泵由直接与曲轴相连的链条驱动。发动机左侧的水冷却系统可以确保润滑油的充分冷却。

1.12　HEMI发动机

重点掌握

- HEMI发动机的发展历史
- HEMI发动机多段式排气量调节系统的结构和工作原理

1.12.1　HEMI发动机的发展历史

HEMI的意思是半球形燃烧室。半球的英文单词是Hemisphere，HEMI也就由此得名。HEMI发动机最早出现在1948年，当时开发了一款用于捷豹汽车的6缸HEMI发动机，随后在1951年，克莱斯勒汽车公司发布了132kW的V 8 HEMI发动机，排量5.4L（331in^3），因此被命名为“331 HEMI”。

与同时代发动机相比，早期HEMI发动机的最大优势在于燃烧室效率，使得它能产生更强大的功率。HEMI发动机的燃烧室顶部呈半球状，火花塞通常安装在燃烧室的顶部中央，进排气门分列在燃烧室两侧。相对于HEMI的半球缸盖，平顶缸盖发动机是20世纪50年代大多数车型的首选，因为这样的结构制造成本更低。平顶燃烧室发动机的进排气门安排在发动机一侧，由凸轮轴直接驱动而省略了挺杆和摇臂机构。

理论上，气缸表面积越大则散热越快，而贴近气缸壁的部分燃油可能会因为温度偏低导致不能充分燃烧，进而影响燃油经济性。对于普通平顶燃烧室发动机，气缸内表面积相对于燃烧室体积就显得偏大，HEMI发动机在这方面有明显优势，因而提高了绝热和高压的效果。另外，相对于一边侧置气门式发动机，HEMI 的两边分开式气门结构有更充足的气门空间，使得气门尺寸可以做得更大，进排气更加通畅，发动机的效率得到进一步提升。

HEMI 发动机既然有众多的优越性，那么为什么后来没有成为汽车发动机的主流呢？因为事物总有两面性，半球状燃烧室结构也有它的不足，如多气门布置就是一个难题。随着发动机技术的发展，侧置气门结构逐渐淡出，HEMI 的优势逐渐削弱甚至转化成劣势，新的每缸多气门技术使发动机有更顺畅的“呼吸”，而紧凑型燃烧室的兴起又让 HEMI 在绝热方面的领先地位大打折扣，因为在紧凑型燃烧室内火焰传播距离变短，因而燃烧速度加快，效率提升。

20 世纪 70 年代后，HEMI 发动机的表现已经大不如前了，新的发动机技术，如多气门结构、可变气门升程和点火提前角技术、稀薄燃烧和缸内直喷技术等让人眼花缭乱的新鲜事物已经把曾经辉煌的 HEMI 徽标淹没了。

新 HEMI 发动机除了具有半球状燃烧室这一显著的传统特征外，还采用了多排量系统（MDS）和每缸双火花塞设计。其中多排量系统能使发动机在 4 缸运行模式和 8 缸模式之间相互转化，使得发动机能兼顾高性能和低油耗两方面要求，对不能实现多气门结构做了良好的补偿。克莱斯勒认为 MDS 可以使燃油经济性改善 20%。气缸运行模式之间的转换通过收缩液压挺柱，使气门保持关闭，从而关闭气缸。据称，两种模式的转换可在 40ms 内完成，驾驶人对动力系统的转变可能会毫无察觉。双火花塞成纵列布置在气缸中央，作用是使缸内可燃混合气燃烧更完全、速度更快，进而改善燃油经济性和降低尾气排放水平。

HEMI 发动机的出色表现使它成为装车的首选，在美国，43% 的克莱斯勒 300 和同胞兄弟道奇麦加的用户都选择 5.7L HEMI V 8 发动机。

HEMI 发动机如图 1-46 所示。

图 1-46　HEMI 发动机

1.12.2　HEMI 发动机 MDS 系统结构和工作原理

MDS 是英文 Multi Displacement System 的简称，即多段式排气量调节系统。MDS 本来是奔驰特有的发动机技术，随着 1998 年戴姆勒与克莱斯勒的合并，也逐渐被克莱斯勒旗下众多车型所采用，其中就包括装备了 5.7L V 形 8 缸 HEMI 发动机的大切诺基。

HEMI 发动机是一款凸轮轴中置的发动机，因此必须采用气门挺杆，但是与普通中置发动机凸轮轴直接驱动气门顶杆不同的是，它的凸轮轴并非直接驱动所有的气门顶杆，而是左侧两边以及右侧中间这四个气缸的气门顶杆通过一个气门挺柱间接驱动，如图1-47和图1-48所示。

虽然MDS系统的灵魂在于奔驰掌握了如何提高电控装置反应速度以及用于控制系统的更加成熟的算法等先进技术，但气门挺柱却是实现气门开启最重要的机械装置。这种特殊的两件式滚轮挺柱的内部机构和外部套筒并非硬性连接，当发动机处于8缸工作状态的时候，它的内外两部分被两个受到弹簧作用力的连接销锁死，这时挺柱的内外部分都随凸轮轴转动从而可以推动顶杆正常控制

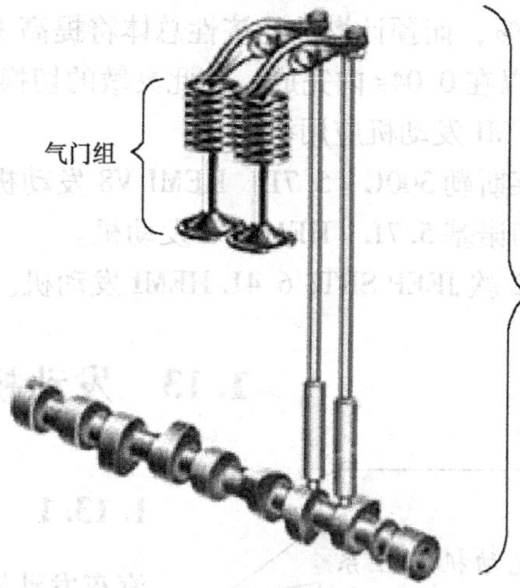

图1-47　普通非顶置凸轮轴的配气机构

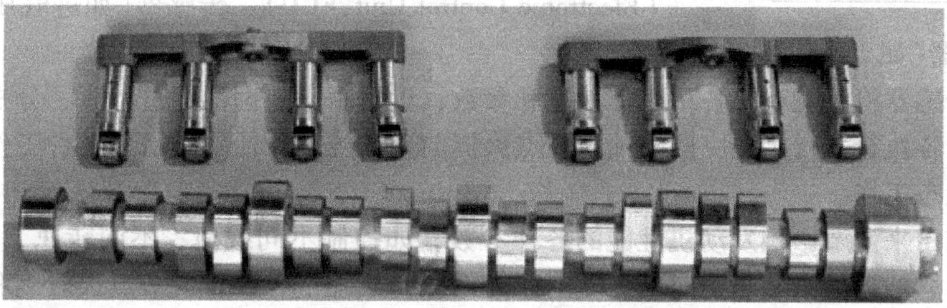

图1-48　HEMI发动机的凸轮轴和挺柱

气门启闭。然而，当机油温度传感器感知发动机处于轻负荷的情况时，ECU会接通电磁阀电源，电磁阀通电后把更高的机油压力传递到与其相对应的挺柱并将连接销推入，从而使挺柱内部与套筒分离，此时外部的套筒随着凸轮轴运转，而内部的推杆已经失去了作用。最终的结果就是顶杆失去了推动力，从而气门的弹簧机构就可以保证气门一直处于关闭状态。气门关闭后，气缸内部的火花塞放电以及燃料注入的工作也将停止，发动机最终处于4缸工作状态。气门挺柱如图1-49和图1-50(见书后彩插)所示。

图1-49　气门挺柱

MDS系统使发动机工作气缸在8缸和4缸之间切换，它最大的好处就是提高了发动机的燃油经济性。克莱斯勒对其进行的长期测试表明，在市区和高速公路行驶时MDS的使用

率分别为17%和48%，总体平均使用率为40%，这样在各种行驶条件下，估算的燃油经济性将提高20%，而预计燃油经济性总体将提高10%。MDS系统的另外一个成功之处就是气缸的切换可以在0.04s内完成，如此灵敏的切换速度使得MDS系统真正具有了实用价值。

典型HEMI发动机应用举例：

1）克莱斯勒300C　5.7L　HEMI V8发动机。

2）大切诺基5.7L　HEMI V8发动机。

3）2012款JEEP SRT8 6.4L HEMI发动机。

1.13　发动机管理系统

重点掌握

- 国内外发动机管理系统生产情况
- 雪铁龙C3无空转系统的工作原理

1.13.1　发动机管理系统概述

汽车发动机管理系统(Engine Management System,EMS)是保证电喷发动机汽车的动力性、经济性、排放指标和驾驶性的关键部件，它由汽车发动机燃油喷射电子控制单元(Electronic Control Unit,ECU)、传感器(如进气压力传感器等)和执行器(如点火线圈等)组成。

通过传感器检测发动机各种工作状态和参数，然后由微处理器经过计算、分析、判断后发出指令给各执行器，主要完成喷油量及点火提前角的控制，使发动机在各种工作状态下都能以最佳状态工作。

该系统用来调节影响发动机性能的各种参数，如控制不同载荷、不同转速下的进气量、进气涡流、燃油喷射量和喷射时间、喷射压力以获得最佳空燃比，调节点火时刻和适量的废气再循环量，抑制NO_x的生成量，在满足使用条件下，获得最佳的动力性、燃油经济性和排放性。发动机管理系统能实现对发动机各系统的精确控制和灵活控制，是改善发动机各项性能指标和排放的主要手段。

汽车发动机管理系统是在汽油机电子点火和电控汽油喷射系统的基础上发展起来的集电子控制喷射、排放控制、电子点火、起动、防盗和诊断等功能于一体的高科技集成系统。

在众多的汽车电子产品中，发动机管理系统以30.5%的市场份额占据了首位，因为它是汽车中最主要的汽车电子产品之一，对改善发动机运行的经济性、提高发动机的动力性，以及减少汽车尾气中有害物质的排放量都起着至关重要的作用。以下将对汽车发动机管理系统的制造商及其产品进行简述。

1. 国外发动机管理系统制造商

在国外汽车发动机管理系统市场，95%的发动机ECU系统由博世、西门子、德尔福、摩托罗拉和日本电装等几家大公司提供。

(1) 德国博世(BOSCH)有限公司　博世汽油发动机管理系统分为电子控制单点汽油喷射系统和电子控制多点汽油喷射系统。单点汽油喷射系统也称为节气门喷射系统或中央喷射系统，它在结构上与化油器式发动机相似，其性能难以满足现在越来越严格的汽车排放法规，已经渐渐退出市场。多点汽油喷射系统有Bosch-D、Bosch-L、Bosch-LH和Bosch-M等类型，其中Bosch-M在我国汽车上应用广泛。Bosch-M的ECU由大规模集成电路组成，采用数字控制技术，同时对汽油喷射系统和点火系统进行控制。Bosch-M 发动机管理系统又分为 M1、M3、M7 和 ME7 等类型，其中 ME7 是最先进的发动机管理系统，目前应用在帕萨特等乘用车上。

（2）西门子威迪欧（Siemens VDO）公司 西门子威迪欧生产能够提高发动机性能及减少排放的动力系统产品、发动机电子控制产品和燃油喷射系统。目前上海汇众汽车制造公司制造的伊思坦纳（ISTANA）商务车的发动机管理系统就是采用 SIEMENS MSE 系统。

（3）美国德尔福（Delphi）公司 德尔福的发动机控制模块（Engine Control Module）主要有 Delhi MT 20、Delphi MT 20U2、DelphiMT 34 和 Delphi MT 38 系列产品。其中 Delphi MT 20 f1、Delphi MT 20 U2 属于16 位微处理器，DelphiMT 34 Cf、Delphi MT 38 属于32 位微处理器。目前 Delphi MT 20 和 Delphi MT 20 U2 在我国主要应用于上海通用汽车有限公司、沈阳华晨金杯汽车有限公司、北京吉普汽车有限公司、比亚迪汽车有限公司和长城汽车股份有限公司的乘用车产品上。

（4）摩托罗拉公司 摩托罗拉 System 100 发动机管理系统使用摩托罗拉的16 位 Star12 微处理器组成的 ECU，可以满足欧 III 排放法规，可选装 EOBD 车载诊断系统。它应用在柳州五菱汽车公司的 GL6460L 微型客车上，该车装备 LJ474QNE3 发动机，排量为1.3 L，额定功率60 kW，最大转矩102 N·m。

（5）日本电装（Denso）株式会社 电装公司在中国主推的柴油发动机管理系统产品 HP-0 型共轨系统主要由4 个部分组成：高压轨道、喷油器、输油泵及 ECU。首先，通过凸轮轴的运转，将燃油压入输油泵内，ECU-4 通过提取燃油压力、温度、发动机转速和加速踏板开度等信号，进行整理分析后，控制输油泵电磁阀在最佳时间进行开启，来调整轨道内部的压力。如果 ECU 检测到发动机系统需要比较大的供油压力，就会控制电磁阀提前动作，从而改变轨道系统的内部燃油压力，再通过喷油器上面的 TWV 阀改变喷油器的喷油时间、喷油量及喷射率，来提升发动机的动力性。

日本电装的发动机管理系统应用于重庆长安铃木汽车有限公司生产的雨燕轿车。

2. 国内发动机管理系统制造商

（1）上海联合汽车电子有限公司 联合汽车电子有限公司（UAES）引进博世公司的汽油发动机控制系统的产品技术，研究、开发和生产适合中国汽车工业发展的发动机管理系统产品及其零部件，目前年生产能力已达200 万套。

联合汽车电子有限公司的发动机管理系统产品包括电子控制器、喷油器、燃油分配管总成、燃油泵支架总成、节气门位置传感器、炭罐控制阀、加速踏板模块、氧传感器、压力传感器、速度传感器、电子燃油泵、爆燃传感器、怠速调节器、压力调节器、电子节气门、点火线圈、空气质量流量传感器、相位传感器、空气温度传感器和冷却液温度传感器等。

（2）北京德尔福万源发动机管理系统有限公司 北京德尔福万源发动机管理系统有限公司主要开发与生产传感器和执行器，其 ECU 芯片采用摩托罗拉、英飞凌等。目前德尔福的汽油发动机管理系统在国内市场占有率为29%，其中在微型车市场为53%，在 SUV 市场中占有60%以上的份额，在轿车方面的占有率约为10%。德尔福轿车市场主要面向通用、欧宝、现代等。

（3）西门子威迪欧汽车电子（长春）有限公司 西门子威迪欧汽车电子（长春）有限公司主要生产汽车用电子产品，包括发动机控制器等，也包括各种传感器、燃油导轨总成、进气歧管总成等机械电子部件。

(4) 长安伟世通汽车发动机控制系统(重庆)有限公司　长安伟世通汽车发动机控制系统(重庆)有限公司的业务涵盖了发动机管理系统的开发、设计、标定和测试，并从事电子控制单元制造、进气系统、进气歧管以及多种动力总成产品的生产。长安伟世通将支持长安福特、长安汽车在微型车和入门级乘用车上实现增长，同时也为中国的汽车和摩托车原装备厂提供服务。

(5) 马瑞利动力系统(上海)有限公司　马瑞利动力系统(上海)有限公司的主要业务是汽车发动机管理系统和汽车尾气排放系统等的开发匹配及其关键零部件的生产制造。

其 IAW49C. J1 发动机管理系统目前配套沈阳华晨金杯汽车有限公司 SY7200 轿车。

(6) 意昂神州科技有限公司　意昂神州科技有限公司提供汽车电子电控产品与技术的开发。其产品技术包括汽油发动机电控系统，LPG/CNG 单燃料发动机电控系统，柴油发动机高压共轨电控系统等。

(7) 北京美加汽车科技公司　北京美加汽车科技公司主要研制汽车电子类产品，主要产品有拥有核心自主知识产权的美加柴油机发动机管理系统。

(8) 北京志阳同光汽车电控软件有限公司　北京志阳同光汽车电控软件有限公司主要生产 2 种型号的发动机 ECU，其中 TG360100008 ECU 为东风汽车有限公司发动机厂的 EQ6100-1 发动机配套，DKHL6102 ECU 为一汽集团公司的 CA6GH1 发动机配套。

(9) 中顺电子(东莞)有限公司　中顺电子(东莞)有限公司专业从事研制生产汽车电子燃油喷射控制系统。公司从 1992 年开始自主开发电子燃油喷射控制系统，现已发展到第 11 代产品(FI-Tech11)，可应用在各型汽车发动机上。

中顺电子(东莞)有限公司发动机管理系统产品已成功应用在北京市的乘用车市场，主要车型有捷达、桑塔纳、夏利、切诺基、北京吉普、金杯轻型客车和解放微型客车等，并达到北京市环保标准。

(10) 康佳汽车电子公司　康佳汽车电子公司于 2006 年 1 月成功研制出汽车发动机电喷控制系统，已获国家检测认证。试验数据表明，康佳电喷控制系统的各项指标均达到国际先进水平。采用该系统后，发动机的能效可得到有效提升。

1.13.2　常见发动机集中控制系统

1. 通用汽车公司发动机控制系统

发动机控制系统的控制内容主要有 L 型电控燃油喷射控制、点火控制、怠速控制、巡航控制、燃油蒸发排放控制、EGR 控制、三元催化转化控制、空燃比反馈控制、冷却风扇控制、故障自诊断控制和失效保护控制等。

2. 丰田电控系统

丰田电控系统(TOYOTA Computer Controlled System，TCCS)主要包括发动机控制系统、底盘控制系统和车身控制系统。其中发动机控制系统的主要控制内容有燃油喷射控制、点火控制、怠速控制、巡航控制、燃油蒸发排放控制、EGR 控制、三元催化转化控制、空燃比反馈控制、谐波增压控制、怠速混合气浓度调节控制、故障自诊断控制和失效保护控制等。

3. 福特汽车公司发动机控制系统

福特发动机控制系统可分为美规福特(Electronic Engine Control，EEC-Ⅳ)、日规福特(MAZDA Engine Control System，MECS)和欧规福特(EEC-IV/Bosch AFC)三种。以上三种发动

机控制系统基本原理类似，其差异主要是自诊断系统。美规福特采用6+1针诊断插座，日规福特采用17+8针诊断插座，欧规福特根据车型不同，其诊断插座也不一样。

4 博世 M-Motronic 控制系统

博世 M-Motronic 控制系统如图1-51所示，其工作情况如下：

1）驾驶人通过加速踏板操纵节气门，控制进气量及输出转矩，怠速执行器控制怠速空气量。

2）确定空气质量流量和每缸循环进气量：采用空气质量流量传感器测量，或根据进气歧管绝对压力、进气温度和发动机转速，用速度密度法计算。

3）根据发动机工况确定基本喷油量和点火提前角，再根据节气门位置、蓄电池电压、变速器档位、冷却液温度、进气温度和爆燃传感器信号等进行修正。

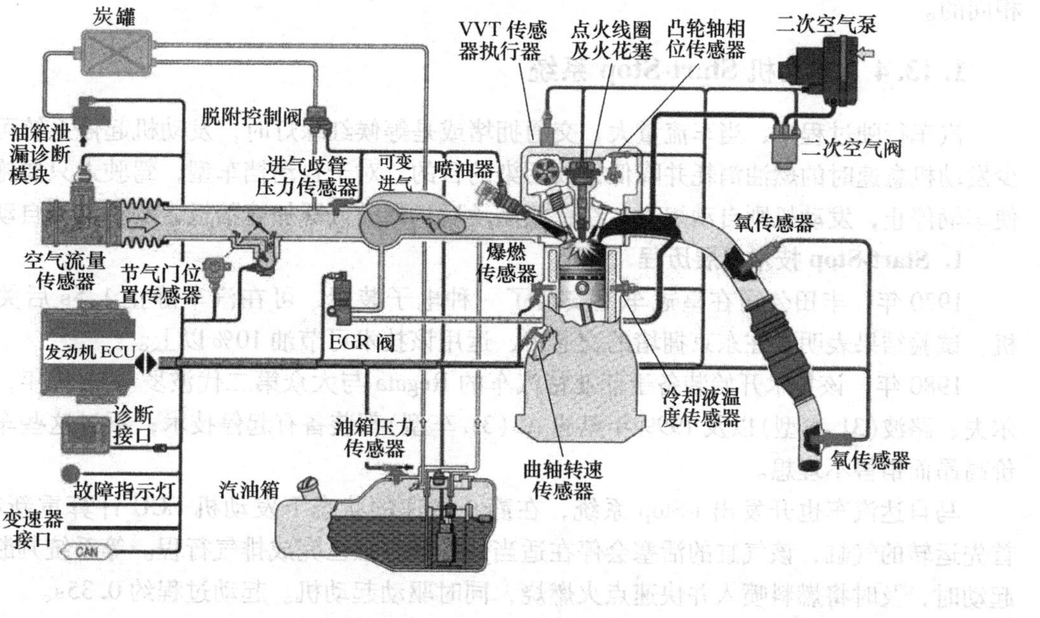

图1-51 博世 M-Motronic 控制系统

1.13.3 雪铁龙 C3 无空转系统

所谓无空转系统，就是在汽车驻车等待时自动关闭发动机，从而达到节省燃油和降低排放的目的。而这套系统需要解决的技术问题关键在于两点：一是要有一套缜密的软件程序自动控制发动机的关闭和起动，二是有能够使发动机在极短的时间内迅速和平稳起动的硬件装置。

雪铁龙 C3 停车起步系统(Stop & Start)是在 C3 原有车型的基础上增加了一套无空转系统(Idling Stop System)。C3 的这套无空转系统并非全时，它靠布置在仪表板上的一个 ECO 键来控制，当驶入市区道路，按下该键，Stop & Start 便开始工作。停车等待的时候，踩下制动踏板并持续超过 3s，发动机就会自动熄火；绿灯亮起或路况好转时，抬起制动踏板，发动机便会迅速地自动起动。在 Stop & Start 系统工作时，不仅免去了拨动变速杆和操作驻车制动的动作，更难得的是，发动机的起动要比一般手动点火来得迅速而平顺。有了这套系统，可以将市区油耗和综合油耗分别降低10%和6%，堵车时则可以降低15%。此外，导致温室效应的二氧化碳的排放也可以减少4%。

C3 Stop & Start 的发动机之所以能够迅速而平顺起动，完全依靠特别设计的电动机。这台电动机将传统汽车上的发电机和起动机结合起来，并且通过传动带与发动机相连，由于传动带相对柔软，因此也降低了起动时的噪声。另外，发电机和起动机的结合也使其反应更加迅速和直接，正常情况下，它只需要0.4s就能让发动机进入工作状态，比传统的电动机少用了0.2s。

在下述情况时系统将停止工作：发动机温度过低、蓄电池电量过低、外界温度高于30℃或低于-10℃使用空调时、风窗玻璃除霜除雾工作时以及挂倒档时。

在2004年，雪铁龙已经将起步停车系统安装到了C3上。对于Stop & Start系统，除了雪铁龙公司外，日产、马自达也在开发着类似的产品，只不过路径和方法不同，而目的都是相同的。

1.13.4 发动机 Start-Stop 系统

汽车行驶过程中，当车流量大，交通拥堵或是等候红绿灯时，发动机起停系统可实现减少发动机怠速时的燃油消耗并降低排放污染的目的。对于自动档车型，驾驶人只要施加制动使车辆停止，发动机则自动熄火。在释放制动后，驾驶人踩加速踏板，发动机将自动起动。

1. Start-Stop 技术发展历程

1970年，丰田公司在皇冠车上安装了一种电子装置，可在汽车静止1.5s后关闭发动机。试验结果表明，在东京拥堵的交通中，运用该技术可节油10%以上。

1980年，该技术开始装备于菲亚特汽车的Regata与大众第二代波罗。1994年，大众高尔夫、路波(3L车型)以及1999年奥迪A2(3L车型)都装备有起停技术，不过这些车型因售价高昂而销售不理想。

马自达汽车也开发出i-Stop系统，在静止怠速的状态下发动机ECU计算重新起动时，首先运转的气缸，该气缸的活塞会停在适当位置且气缸已完成排气行程。等系统判断将重新起动时，及时将燃料喷入并快速点火燃烧，同时驱动起动机。起动过程约0.35s。

本田公司在1999年日本市场销售的第一代Insight车型也装备了该技术。2006年开始，思域混合动力车型也运用了起停技术。

2006年，法国PSA集团的雪铁龙公司开发出名为Start-Stop的怠速熄火系统，搭载于雪铁龙C2和雪铁龙C3上。这套系统也搭载于2011年小改款的标志3008 e-HDi车型上，配合1.6L柴油发动机以及制动能量回收装置，可节省燃油消耗15%。

在2008年末，菲亚特公司引用了博世公司生产的起停系统，搭载在菲亚特500车型上。阿尔法·罗密欧在同年推出MiTo车型也搭载了相同的系统。2009年，沃尔沃也在DRIVe车型上运用起停技术。

德国宝马公司将起停技术应用旗下车型多年，包括2008年后的迷你系列车型。

2. Stop-Start 系统的三种方式

(1) 分离式起动机/发电机起停系统　采用分离式起动机和发电机的起停系统很常见。这种系统的起动机和发电机是独立设计的，发动机起动所需的功率是由起动机提供，而发电机则为起动机提供电能。发动机起停系统结构如图1-52所示。

博世(BOSCH)是这种起停系统的主流供应商，该系统包括高增强型起动机、增强型电

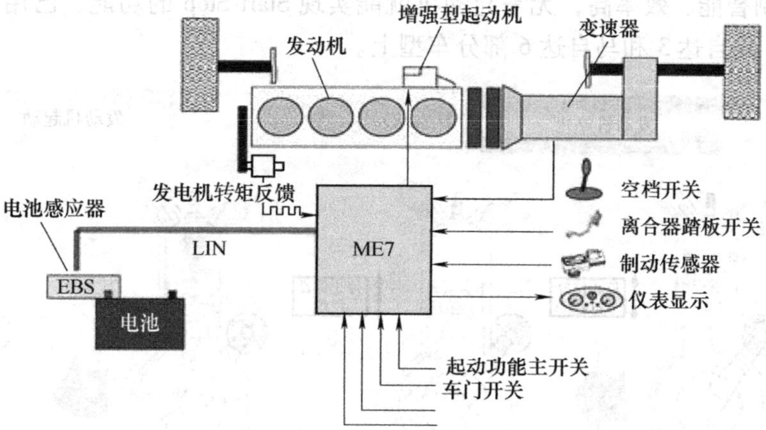

图1-52 发动机起停系统结构

池（一般采用AGM电池）、可控发电机、集成起动/停止协调程序的发动机ECU和传感器等，如图1-53所示。

博世的起动机能快速、安静地自动恢复发动机运转，可降低起动时油耗。这种起停系统零件少，安装方便，可应用于各种车辆上。

目前全球已量产装有博世Stop-Start系统的车型已非常多，包括宝马1系、3系、5系、X3，大众帕萨特、高尔夫，奔驰A、B、C、E系列（部分），奥迪A6、A8，雷诺Megane，欧宝Corsa、Astra等。

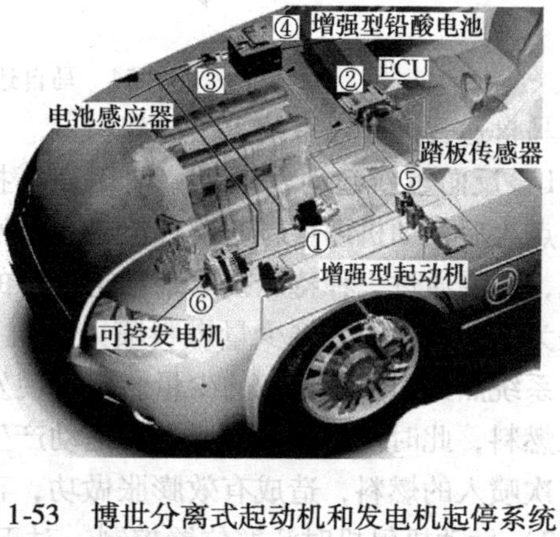

图1-53 博世分离式起动机和发电机起停系统

2009年开始，我国一些汽车厂商也与博世合作匹配Stop-Start系统，2010年上半年上市的长安CX30就匹配该系统。长城、吉利、上汽荣威550、奇瑞等自主品牌也相继推出匹配车型。

（2）集成起动机/发电机起停系统　集成起动机/发电机是一个通过永磁体内转子和单齿定子来激励的同步电动机，能将驱动单元集成到混合动力传动系统中。

法雷奥（Valeo）研发的i-Start系统（i-Stop-Start System）首先应用于PSA集团的e-HDi车型上。i-Start系统的电控装置集成在发电机内部，在遇红灯停车时发动机停转，只要一挂档或松开制动踏板，由蓄电池向发电机供电，发电机带动发动机运转。

法雷奥将为10多个汽车制造商的50款车型配备i-Start系统。到2013年，已有100万辆PSA车型装备此系统。法国PSA集团、奔驰是法雷奥Stop-Start系统的主要客户。

（3）马自达SISS智能起停系统　前两种起停系统是单纯靠起动机来起动发动机的，而马自达的SISS（Smart Idling Stop System）智能起停系统主要通过在气缸内进行燃油直喷，燃油燃烧膨胀做功来重起发动机，发动机上的传统起动机在发动机起动时起到辅助作用。使用SISS技术，发动机在0.35s的时间内就能起动，比单纯使用起动机或发电机的系统要快一倍。其工作过程如图1-54所示。

该系统控制智能、效率高，无需起动机就能实现 Start-Stop 的功能，已用于日本市场销售的马自达2、马自达3 和马自达6 部分车型上。

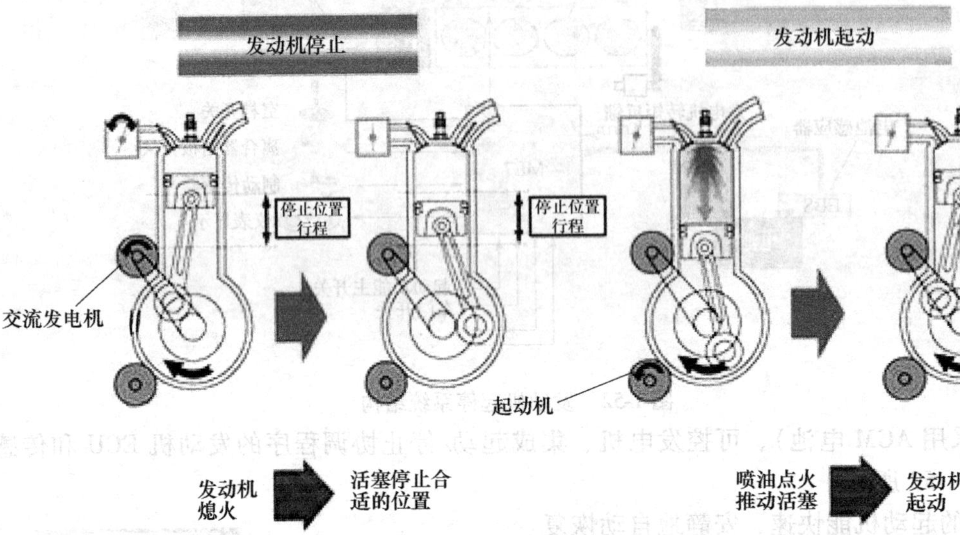

图 1-54　马自达智能起停系统工作过程

马自达智能起停系统工作过程：

1）反向重新起动发动机。使用直喷技术，能够在发动机静止时直接向气缸内喷入燃料，点火后发动机即重新起动。但是，当发动机停机时，气缸会立即回到标准大气压状态。因此，需要通过一种特殊技术来获得足够的推动力，以重新起动发动机。智能起停系统工作流程为：首先，系统将少量燃料喷入气缸内，此时气缸内活塞已进行了部分压缩行程；然后，系统点火引燃已喷入的少量燃料，使发动机反方向运转少许；之后，系统再次向气缸内喷入燃料，此时由于发动机反方向运动产生的动力，气缸已经开始压缩行程；最后，系统点燃再次喷入的燃料，造成有效膨胀做功，正向驱动发动机运转，从而重新起动发动机。

2）发动机停机时活塞位置控制。对于能够以上述反向运转起动的发动机而言，必须要使进行压缩行程的活塞和进行膨胀行程的活塞停留在能使气缸内的气压保持平衡的位置。因此，在发动机停机期间，智能起停系统必须能精确控制活塞的停止位置。

1.14　柴汽混燃发动机技术

重点掌握
- 奔驰 DiesOtto 驱动系统
- 大众柴汽混燃发动机

1.14.1　奔驰均质混合气压燃技术发动机

奔驰 F700 混合概念车采用了均质混合气压燃技术（HCCI）发动机，该发动机结合了汽油动力的力量和柴油动力的效率，从而使行驶里程更长，排污更少。

F700 在起动和加速阶段的工作情况与汽油发动机相同：通过火花塞将燃料和空气的混合物点燃。当进入高速行驶时，发动机切换到 HCCI 模式：通过气缸内的高压和高温使燃料燃烧，此时的工作情况与柴油机相同，都是通过高压从燃料中获取更多的能量。HCCI 发动机能适应汽油、天然气、丙烷、乙醇、柴油和生物燃料等多种燃料。

世界著名汽车生产商都在研究 HCCI 技术，其中奔驰把该技术称为 DiesOtto 驱动系统（柴油、汽油混合动力发动机）。它出色地结合了汽油发动机的低排放和柴油发动机的节油性。这种新式四缸发动机每百公里油耗仅 5.3L，每公里 CO_2 排放量也只有 127g。奔驰 F700 概念车如图 1-55 所示。

图 1-55 奔驰 F700 概念车

奔驰 DiesOtto 的工作情况：

1）在汽车加速时，DiesOtto 靠火花塞点燃可燃混合气，高温高压的火焰传播到整个燃烧室，并推动活塞向下止点运动。为了最大化获取能量，采用了进气涡轮增压和缸内燃油喷射。

2）DiesOtto 驱动系统适用于不需要完全输出动力的场合，如在高速公路巡航时。此时节气门开度大，可以使发动机利用更少的燃料和更多的空气进行工作。发动机通过调节阀门的开度增加燃烧室的压力，并通过一个附在机轴上的链传动装置将活塞推得更高。

3）工作过程中，更大的压力使得燃烧室内多处混合气自燃，因此燃烧室温度更低且燃烧更均匀。低温相对于高温能减少能量流失，并降低排污。

1.14.2 大众混燃式发动机

利用先进的发动机技术——柴汽混燃系统（CCS），大众公司把柴油机和汽油机的优点融合在一起，并把柴汽混燃发动机安装到途安试验车上。

汽油机的工作原理是将已经汽化的燃料与燃烧室内的空气进行均匀混合，再通过火花塞点火。而柴油机通过压缩混合气到高温高压的条件，燃料自燃而对外做功。这一过程相对来说比汽油机慢一些，但却能产生更大的压力，而强大的压力正是柴油机实现驱动的关键。

柴汽混燃系统将均匀的混合过程与无火花自燃二者合一，其原理是：在活塞压缩行程，柴油机采用共轨喷射技术精确地把燃料喷入燃烧室，从而使形成混合气的时间长，混合质量更好，能更快使压力和温度上升，最终实现自燃。为了降低燃烧室温度，使排放降低，燃烧后的废气一部分被引入到燃烧室。

为了保证燃烧过程在不同的条件下能够顺利进行，就需要特殊的高效燃料，以便精确计算燃点和燃烧延迟的时机。一般通过化学方法添加碳氢化合物人工合成燃料，使燃料不再依靠原油。在实验装置中，天然气和生物能量分别被加工成为天然气合成燃料和太阳合成燃料。这两种燃料都不含硫化物和芳香烃，大大降低了排污。

1.15 福特 EcoBoost 动力技术

福特汽车 EcoBoost 动力技术可降低油耗 20%、降低 CO_2 排放 15%，成本只是混合动力发动机的 20%。

福特 EcoBoost 动力技术采用涡轮增压燃油直喷，可应用于 4 缸和 6 缸发动机。采用废气涡轮增压和汽油直喷技术以后，既可以增加发动机功率，还减少了废气排放。例如：福特 3.5L EcoBoost V6 发动机能在 2000～5000r/min 的转速下输出 460N・m 的转矩，而传统的 4.6L V8 自然吸气发动机在同样转速下的转矩输出为 420N・m。与此同时，该 V6 发动机每消耗 1L 燃油可多行驶 0.8km，而 CO_2 排放则减少了 15%。EcoBoost 动力技术减少了 4 缸和 6 缸发动机小型化和增压后的传统弱势；与传统的进气口喷射相比，采用燃油直喷技术能取得更合理、更密集的喷射效果，从而获得更高的燃油经济性和更卓越的性能。

1.16 灵活燃料技术

为了减轻全球变暖的程度，并使能源供应不受国际事件和政治危机的影响，巴西于 1979 年开始了一项具有社会基础和生态概念的计划，称为 PROALCOOL 计划。该计划鼓励人们采用产自甘蔗的酒精作为新能源，并且给燃用酒精的汽车以减税的优惠。与传统燃料相比，酒精燃烧后产生的二氧化碳排放量较低而释放的水蒸气较多，可有效减轻温室效应。在巴西，酒精已占轻型车所使用燃料总量的 45%。

玛涅蒂-马瑞利公司(MAGNETI MARELLI)为适应多燃料化发展，率先开发出灵活燃料(SFS)技术，这项技术允许在同一辆汽车上使用酒精、汽油或这两种燃料以任意比混合的混合燃料，两种燃料的选择可以由驾驶人做主。在玛涅蒂-马瑞利的工程师团队经过 4 年的研究并投入 300 万美元后，这项双燃料技术在 2003 年面市，其对环境的益处是非常显著的，另外成千上万的巴西人也是受益者。

SFS 是一种功能强大的计算软件，置于电控喷射模块中，电控喷射模块也称电控中心(Centraline)或电控单元(CPU)。利用从遍布整个燃油喷射系统中的传感器，如发动机温度、车速、转速和爆燃传感器等收到的信息，SFS 能对油箱中的酒精和汽油混合燃料进行识别和定量。通过这些信息，该软件能确定需要向发动机喷射的燃料的精确定量以及点燃混合气的最佳点火时刻。

率先在巴西推出 SFS 技术后，玛涅蒂-马瑞利公司又发明了新的 TetraFuel 系统。TetraFuel 系统对单一的 ECU 进行了燃油管理的扩展，使其能对 4 种不同类型的燃料进行管理。这样，在同一辆车上既可以选择汽油、汽油醇(混有 22% 酒精的汽油)，也可以选择纯酒精或 CNG(压缩天然气)作为燃料。

TetraFuel 技术可针对各种驾驶情况来自动选择燃料，以在动力性和燃油经济性之间取得最佳的平衡。TetraFuel 技术极大地降低了使用 CNG 燃料的转换/恢复成本。TetraFuel 技术在原有设备中包含了气体燃料的控制功能，这样就不必像现在这样，在改装时增加一系列独立的电子和电气设备。

TetraFuel 系统采用玛涅蒂-马瑞利自己开发的芯片，用单个 ECU 可同时对汽油和天然气进行优化控制。与市场上现有的产品不同，Tetrafuel 不是对发动机进行改装，而是集成了低压系统(Low Pressure System)，可切实提高经济性并降低二氧化碳排放。该系统可根据各种驾驶情况来选择最佳的燃料，在使用时无需切换装置，并且不会造成功率损失。TetraFuel 系统是基于完全集成的低压系统，该系统为汽车制造商提供了一种重要的成本优化手段。

虽然玛涅蒂-马瑞利公司的 TetraFuel 技术是100%在巴西进行研发的，但可以推广到其他在降低汽车整体污染排放水平方面面临巨大环境压力的地区，如北美、中国和欧洲等。

本章小结

- 可变进气系统分为多气门分别投入工作和可变进气道系统两类。
- 各汽车公司常见的可变气门正时系统有丰田汽车公司的 VVT-i 技术、本田公司的 VTEC 和 i-VTEC 技术、日产公司的 VTC 技术、宝马汽车公司的 VANOS 技术和三菱公司的 MIVEC 技术等。
- 电子节气门一般由节气门位置传感器、节气门执行器、节气门控制 ECU 和加速踏板位置传感器等组成。
- FSI 发动机的工作原理基于分层进气原理。
- TSI 发动机和 FSI 发动机都属于缸内汽油直喷发动机，其工作原理相同，只是在结构上 TSI 发动机增加了一个涡轮增压器。
- 复合火花点火发动机一般指发动机每个气缸采用两个或两个以上火花塞，常见的是每缸采用两个火花塞。
- 汽油机实现稀燃的关键技术主要有提高压缩比、分层燃烧技术和高能点火。
- 转子发动机的运动特点是三角转子的中心绕输出轴中心公转的同时，三角转子本身又绕其中心自转。
- 柴油机高压共轨系统由五个部分组成，即高压油泵、共轨腔及高压油管、喷油器、电控单元、各类传感器和执行器。
- 发动机增压系统一般分为机械增压、涡轮增压、复合式增压、惯性增压、气波式增压和冲压式增压等。
- 汽车发动机管理系统是在汽油机电子点火和电控汽油喷射系统的基础上发展起来的集电子控制喷射、排放控制、电子点火、起动、防盗和诊断等功能于一体的高科技集成系统。

习题

1. 为什么说可变进气系统及可变配气相位能改善发动机的性能？
2. 用表格形式对比分析各汽车公司常见的可变气门正时系统。
3. 发动机稀燃系统的特点有哪些？
4. 发动机稀燃系统的控制内容有哪些？
5. 可变压缩比发动机的优点有哪些？
6. 对比分析转子发动机与传统往复式发动机。

7. 对比分析机械增压器和涡轮增压器的工作原理。

8. 简述 HEMI 发动机多段式排气量调节系统的结构和工作原理。

深度阅读 1　沃德十佳发动机年度评选

沃德十佳发动机评选由《Ward's Auto World》主办，每年进行一次。评选结果通过《Ward's Auto World》编辑对参评发动机的技术、油耗、噪声及平顺性等几个方面进行评估得出。参评发动机仅限于装配在美国本土销售车辆上的发动机，只有部分型号发动机引入中国。2012 年沃德十佳发动机评选结果于 2012 年 12 月 12 日出炉，见表 1-3。

表 1-3　2012 年 Ward's Auto World 十佳发动机

获奖发动机	搭载发动机的车型（括号内为国内在售车型）
3. 0L TFSI 机械增压发动机 DOHC V6	奥迪 S5（奥迪 S5、Q7、A8L 等）
2. 0L N20 涡轮增压发动机 DOHC L4	宝马 328i（宝马 320i/320Li、328i/328Li 等车型）
3. 0L N55 涡轮增压发动机 DOHC L6	宝马 135is（宝马 335i/335Li、535Li 等车型）
3. 6L（自然吸气）Pentastar DOHC V6	道奇 RAM 1500
2. 0LEcoBoost 涡轮增压发动机 DOHC L4	福特福克斯 ST/Taurus（蒙迪欧-致胜、锐界等车型）
5. 8L 机械增压发动机 DOHC V8	福特 Shelby GT500
2. 0L 涡轮增压发动机 DOHC L4	凯迪拉克 ATS（凯迪拉克 SLS 赛威）
2. 4L（自然进气）DOHC L4	本田雅阁 Sport
3. 5L（自然进气）DOHC V6	本田雅阁
2. 0L（自然进气）FA 水平对置发动机 DOHC L4	斯巴鲁 BRZ

2012 年沃德十佳发动机（Ward's 10 Best Engines）介绍：

（1）奥迪 3. 0L TFSI 机械增压 DOHC V6 发动机　面对世界各国对发动机越来越苛刻的排放标准和燃油经济性要求，众多汽车厂商普遍选择减少排量和气缸数量，同时提高发动机整体效率。作为老款 V8 发动机的替代者，这款 3. 0L TFSI V6 具有惊人的中低速转矩，同时全铝构造更轻并具有更好的经济性。功率达到 245kW/(5500～7000r/min)，转矩达 441N・m/(2900～5300r/min)。配备在 6 速手动、全轮驱动的 S4 车型上，0～100km/h 加速不到 5s，比老款 V8 发动机快 0. 4s。奥迪 3. 0TFSI 发动机采用缸内直喷技术，机械增压装置完美地融合在 90°的 V6 发动机中，压缩比为 10. 5。

奥迪 S4、S5 敞篷、A6、A7、Q7 等车型都配备了该款 3. 0L TFSI 机械增压 DOHC V6 发动机，国内市场中的 A6L、A8、Q7 等车型也均有配备。

（2）宝马 N20 涡轮增压 2. 0L L4 发动机　宝马 N20 涡轮增压 2. 0L L4 发动机采用单涡轮双涡管增压系统，配备可实时调整进气量的 Valvetronic 电子节气门以及缸内直喷技术。体积小，重量轻，但功率输出强大，能耗较低。在不牺牲车辆动态性能的情况下，此款发动机的升功率达 88kW/ L，转矩约 350N・m。

在北美市场，宝马 N20 涡轮增压 2. 0L L4 发动机被运用到 Z4 以及 528i 等车型，但国内市场中目前只有进口版 Z4 配备了此款发动机。

（3）宝马3.0L N55涡轮增压DOHC L6发动机 在过去的40多年，宝马一直致力于发展高功率直列自然进气发动机，之前便有多达20款直列发动机曾经上榜并获奖。而随着时代的变化，近年来宝马终于也打破传统，逐渐推广带有涡轮增压技术的发动机并应用到其产品中。

该款N55全铝直列6缸发动机沿用N54的设计结构并加入单涡轮双涡管增压系统，产生220kW/(5800r/min)以及高达407N·m/(1200～5000r/min)的输出转矩。然而，成本和重量却有所减少。另外，发动机节气门采用电子控制，可以实时对进气量进行优化调整。在提升动力效率的同时，燃油经济性提高了15%。由于单涡轮增压系统只有一个排气管和三元催化转化器，使车辆更加环保。

宝马3.0L N55涡轮增压DOHC L6发动机出现在135i、335i、535i、640i、740i、Z4等多款车型，并且此款发动机也同时被引入国内。目前，在中国市场的进口335i和国产535i车型上均可见到。

（4）克莱斯勒Pentastar 3.6L DOHC V6发动机 该款发动机拥有结构简单、保养维护费用低等特点，采用全铝合金材料、铸铝活塞和更小的活塞裙部设计使发动机具有重量轻、摩擦力小等优势。

克莱斯勒Pentastar 3.6L DOHC V6发动机可输出210kW的最大功率以及347N·m的最大转矩。即便没有配备直喷技术，多用途的Pentastar仍然在同级别的V6发动机中拥有较好的燃油经济性。在保持强劲动力的同时，油耗仍然可以控制在9.4L/100km左右。

北美市场，此款发动机被装配在克莱斯勒200、300，吉普牧马人、大切诺基，道奇A-venger、Challenger、Charger、Durango、Grand Caravan、Journey等众多车型中。在中国市场，吉普牧马人、大切诺基等车型均配备了此款发动机。

（5）福特EcoBoost涡轮增压2.0L L4发动机。福特在2012年沃德十佳发动机评选中表现较为突出，共有两款发动机同时获奖。此款2.0L EcoBoost涡轮增压发动机与以往福特推出的传统发动机相比，拥有巨大的技术进步和改变。新款发动机加入了当下流行的可变气门正时+缸内直喷+涡轮增压技术，最终以令人惊讶的高效动力表现以及可观的燃油经济性赢得评委们的青睐。

采用博格华纳的K03低惯量转子涡轮使涡轮更容易被带动，在进、排气门可变正时的帮助下，发动机在1750r/min便可输出最大转矩，提高了发动机在低转速时的动力表现。此发动机最大功率为177kW，转矩可达340N·m。

福特的这款2.0L EcoBoost涡轮增压发动机被先后应用在海外版福特S-Max、蒙迪欧、沃尔沃S60、2013款福特Escape和Explorer。目前，国内搭载此款发动机的车型包括福特蒙迪欧致胜、沃尔沃S80L以及路虎揽胜极光。

（6）福特Coyote 5.0L V8发动机 这款福特Coyote 5.0L V8发动机只出现在美版的福特野马Boss 302车型，最大输出功率327kW。

（7）通用涡轮增压2.0L L4发动机 该款发动机采用了萨博的涡轮增压技术，早期以“LNF”型号搭载于美版雪佛兰Cobalt SS车型上，经过调校后配备在国产君威中。其亮点在于可变正时气门技术和缸内直喷技术的结合，在保证高效动力的同时降低了燃油消耗和污染，通过较小的截面加快尾气流速从而尽早驱动涡轮旋转。

该涡轮增压直列四缸发动机最大功率199kW、最大转矩400N·m。装备此款发动机的美版君威 GS 完成 0 ~ 100km/h 加速的时间不到 7s。

(8) 现代 GDi 1.6L L4 发动机　该款发动机应用了缸内直喷技术，使燃料燃烧更加充分，输出更加高效，同时有效降低油耗以及 CO_2 排放量。其最大功率约为 101kW/(6300r/min)，最大转矩为 166N · m/(4850r/min)。

该款发动机用于现代以及起亚的众多入门级车型，例如海外版现代雅绅特、飞思、起亚秀尔等。

(9) 马自达 Skyactiv-G, 2.0L L4 发动机　该款自然进气 4 缸 2.0L Skyactv 发动机，国内称为“创驰蓝天”技术，重点在于提升了动力系统的效率和动力性能。该款马自达 2.0L Skyactiv-G 发动机的亮点之一在于其 14:1 的超高压缩比，虽然后期经过调整有所降低，但仍然达到了 12:1。能够采用如此高的压缩比，与发动机采用独特设计的燃烧室分不开。效率方面，与目前普通马自达 2.0L 发动机相比提高了 15% 以上。

该款发动机主要用于马自达 3 Skyactiv 版本以及 2013 款 CX-5 中。

(10) 英菲尼迪 VQ 3.5L V 6 混合动力发动机　英菲尼迪 3.5L VQ 混合动力发动机改良于英菲尼迪经典而出色的 VQ35HR 发动机，曾获得多届沃德十佳发动机称号，后来被排量更大的 VQ37VHR 3.7L 发动机所取代。VQ 混合动力发动机采用一台可以输出 50kW、270N · m 的 HM34 电机作为辅助动力，可输出超过 265kW 的动力。通过位于电机前后两套离合器的开闭组合来控制动力的流向，电机则身兼二职，既做驱动使用的电动机，又用来做发电机。借助此系统，车辆油耗小于 6L/100km。该发动机主要配备于英菲尼迪 M35h 车型上。

深度阅读 2　宝马发动机型号

1983 年，宝马开始为旗下的发动机产品普及电子管理系统，也就是从这时起，宝马所推出的发动机都会按照产品命名规则进行编号。通过这种系统化的组织编排，使纷繁复杂的产品有了科学合理的规划。对于消费者或者车迷来说，通过读取编号，就可以迅速地对一款发动机的基本结构、性能、年代等做出判断。

根据命名规则，宝马的发动机编号共有 8 位，当然并不是所有的编号都一定要将这 8 位占满，但至少前 6 位是缺一不可的。宝马发动机编号见表 1-4。

表 1-4　宝马发动机编号

序号	含义	解释
第一位	开发者	M = BMW 公司(以前的代次) N = BMW 公司(新的代次) P = BMW Motorsport S = BMW M 部门 W = 其他制造商制造(外购)
第二位	发动机类型	1、4 = 直列 4 缸 2、3、5 = 直列 6 缸 6 = V8 7 = V12 8 = V10

（续）

序号	含义	解释
第三位	标准型发动机基础上的更改方案	0＝标准型发动机 1～9＝更改过，如燃烧方式
第四位	工作方式或使用何种燃料	B＝汽油机 D＝柴油机 H＝氢动力
第五位	排量(L)	1＝1L
第六位	排量(1/10L)	6＝0.6L
第七位	功率等级	K＝最小 U＝下等 M＝中等 O＝上等(标准) T＝顶级 S＝特级
第八位	新开发或改款	0＝新开发 1～9＝改款

特殊情况：M50B20 TU，后面的TU代表技术升级，如果TU后面有数字则表示第几次技术升级。S52B32 US，后面的US代表美规。M57D30 EU3，后面的EU3表示废气的排放标准。同时在编号的第7和第8位上，往往会出现规则里没有的BE、BA、AB等字母，这些编号一般属于BMW内部根据某些情况自定义的，并不具有普遍性。

有了这套命名法则，以下通过产品编号来对宝马的发动机进行解读。

1. 直列6缸——N5X系列

N52B30可谓最能体现宝马在自然进气直列6缸发动机方面的深刻造诣，曾广泛搭载于3系(代号E90)以及5系(代号E60)等车型上。根据命名规则，可以判断这是一台全新的系列，采用直列6缸的排列形式以及3.0L排量的汽油发动机。

在愈加严苛的排放法规面前，宝马于2007年推出了编号为N54的双涡轮增压发动机，它随即也开启了宝马的涡轮增压新时代。虽然这台发动机连续获得了3次沃德十佳发动机称号，但是依然面临着被雪藏的下场，而紧随其后的就是一台N55涡轮增压发动机。

从编号的第3位来看，这三款产品都是基于前一代产品改进升级而来，不过这并不意味着在保持原产品不变的基础上简单增加一些部件。如N54，由于要承受更大的动力输出，缸体由N52的铝镁合金变为铝合金，并且加入了缸内直喷技术，使用两个涡轮增压器，但是取消了Valvetronic电子气门。

相比N54，N55可谓是一个终极进化产物，虽然取消了一个涡轮增压器，但是通过双涡管技术能使涡轮获得更好的动态响应。发动机的进气采用Valvetronic电子气门技术。N55也是宝马第一台将单涡轮双涡管技术、Valvetronic电子气门技术以及缸内直喷技术融合在一起的发动机。

2. 小排量增压发动机N13

随着新1系(F20)的问世，一台编号为N13的发动机也浮出水面。它同样为直列4缸，且拥有与N20相同的技术装备，属于搭载在迷你车型上的N1X系列发动机。N13B16A涡轮增压发动机配置在116i上，最大功率100kW/(4400r/min)，最大转矩220N·m/(1350~4300r/min)，配置在118i上，最大功率125kW/(4400r/min)，最大转矩250N·m/(1700~4500r/min)。如迷你Cooper使用N12B16发动机，迷你Cooper S使用N14B16发动机。

2002年，宝马公司与标致集团签署了一份共同研制小型汽油机的协议，N1X系列就是这个协议的最终成果。目前，N1X系列拥有自然吸气版本的N12、N16以及涡轮增压版本的N14和N18，它们都是1.6L排量，且缸径和行程也都为77mm×85.8mm。

N16可以看做是N12的升级版，它在发动机结构上做了细微的改动。同时，加入了缸内直喷技术。N14则是一台拥有缸内直喷技术的涡轮增压发动机，N18作为N14的替代品，则首次将Valvetronic技术融入其中。N13发动机与N18极为相似，不过在结构上有了一些改动，以适应1系的纵置后驱平台。宝马N13和N18发动机如图1-56所示。

用于横置平台的N18B16

用于纵置平台的N13B16

图1-56 宝马N18和N13发动机

3. 四缸发动机N20

在直列6缸发动机完成增压化之后，宝马开始推出小排量涡轮增压发动机，用以逐步取代经典的N52。编号为N20的4缸机目前已经搭载在X1、Z4以及新3系上。按照命名规则，它应该是一台直列6缸发动机，而在现实中的N20却是一台4缸发动机，或许这也是宝马的迫不得已。因为，采用N4X系列命名的发动机从2001年就开始使用，其中编号为N40B16以及N42B18的发动机应用在当时的316i(代号E46)和318i车型上，更高一级的N43B20则从2007年开始搭载在520i(代号E60)、118i(代号E81)以及320i(代号E90)等车型上。

N20发动机是一代全新的产品，在技术装备上，它就像是被减少两个气缸的N55发动机。从编号第三位的0来看，它作为这个新系列的标准型发动机，不排除日后在此基础上推出改进和性能升级版的产品。

4. 三缸涡轮增压发动机N0X系列

宝马曾经宣布要推出更加节能环保的3缸小排量增压发动机，然而在第2位缸体形式的编号上，只有9和0还未被使用，如果用N9X去命名显然与其定位不太符，而0则是一个更好的选择，所以可以拭目以待采用N0X作为编号的宝马3缸涡轮增压直喷发动机。

5. 宝马赛车运动部(Motorsport)

宝马赛车运动部成立于1972年，是一个专门研究发动机技术的部门，而它的目标就是要将内燃机技术发挥到极致，而最后的研究成果也的确足够令人疯狂。

（1）超过735kW的1.5T发动机　竞赛是很好地展现一个厂商技术实力的舞台，作为赛车运动的最高殿堂，F1又往往令很多厂商趋之若鹜。1980年，宝马开始对编号为M12/13的F1发动机进行开发。这台1.5L的4缸涡轮增压发动机在1983～1987年的大奖赛中，通过0.3～0.32MPa的增压值可以输出588kW的动力（民用车增压值一般低于0.1MPa）。特别在1986年，当工程人员将增压值调整至0.55MPa时，其输出达956kW。

虽然动力惊人，但是它的重量只有90kg。这台发动机帮助布拉汉姆车队的车手皮盖荣获了1983年的车手总冠军，而它自然也成为一台冠军发动机而被载入史册。

（2）动力之王P84　除了这台超增压的1.5T发动机外，真正以P系列命名且成名的则要数P83和P84发动机了。在20世纪90年代中后期，F1进入V10时代，这种形式的发动机在升功率、转矩、功率重量比以及平顺性上，可以说都达到了内燃机的最高技术水准。作为发动机供应商，宝马凭借自身的技术实力打造出被公认为是当时赛场中的动力之王——P84。而搭载于M系上的那台V10发动机的很多设计恰好也源于此。

6. 宝马M部门

作为宝马高性能部门的第一款发动机，M88这个编号同样没有遵循命名规则，但是它却和M1一样深邃而令人难忘。这台发动机历经6年时间的研发，最终搭载在宝马迄今为止唯一的一辆中置后驱的跑车上。宝马M88发动机如图1-57所示。

M88发动机直至1992年才结束自己的使命，虽然它没有大规模的应用，但是作为M-Power的开山之作，它确实为后续M发动机的研发提供了大量数据和经验累积。

后面再有M-Power所开发的产品则开始使用S作为编号，其中不乏搭载于M3（E46）上的S54B32，它可谓达到了自然进气直列6缸发动机的动力巅峰，升功率超过了74kW。宝马M3（E46）如图1-58所示，宝马S54B32发动机如图1-59所示。

图1-57　宝马M88发动机

图1-58　宝马M3（E46）

图1-59　宝马S54B32发动机

还有编号为 S85B50 的发动机，它是迄今宝马唯一量产的民用级 V10 发动机，它在整体结构和电控系统方面都借鉴了 F1 赛车发动机的设计，同时最高转速超过 8000r/min。宝马 S85B50 发动机如图 1-60 所示。

图 1-60　宝马 S85B50

7. 未被量产的 V16 发动机

虽然命名规则里没有 V16 所对应的编号，但是宝马确实研发且制造了 V16 发动机。历史上宝马共有两台 V16 发动机，一台是在编号 M70 的 V12 发动机基础上研发的排量为 6.7L 的 V16 发动机，它采用了 SOHC 以及每缸两气门的设计。从 1987 年起，它搭载在一辆第二代 7 系上(代号 E32)进行试验，但最终也没有正式量产。

另外一台则是排量为 9.0L 的 V16 发动机，宝马欲将其搭载在旗下的劳斯莱斯幻影上，以展现 21 世纪终极豪华车上的终极动力系统。但是出于燃油经济性的考虑，这台发动机被一台 V12 发动机替换掉。宝马 V16 发动机如图 1-61 所示。

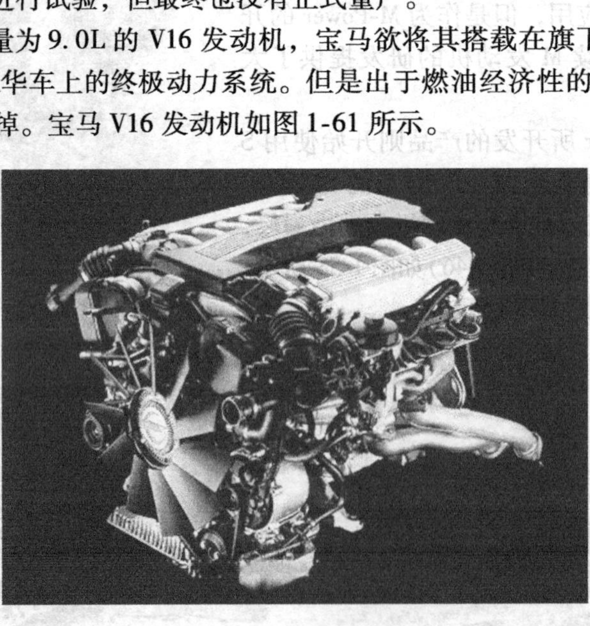

图 1-61　宝马 V16 发动机

第2章 底盘新技术

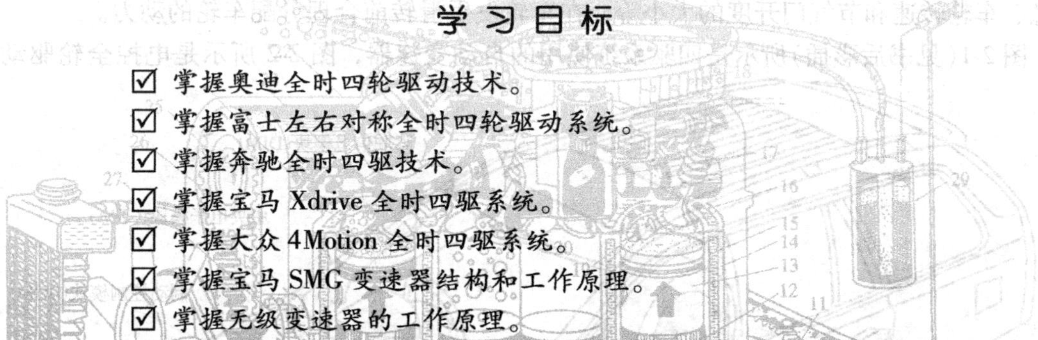

学习目标

☑ 掌握奥迪全时四轮驱动技术。
☑ 掌握富士左右对称全时四轮驱动系统。
☑ 掌握奔驰全时四驱技术。
☑ 掌握宝马 Xdrive 全时四驱系统。
☑ 掌握大众 4Motion 全时四驱系统。
☑ 掌握宝马 SMG 变速器结构和工作原理。
☑ 掌握无级变速器的工作原理。
☑ 掌握手自一体变速器的形式和工作原理。
☑ 掌握奥迪 DSG 变速器的工作过程。
☑ 了解电控液压助力转向系统的组成和工作原理。
☑ 掌握丰田全电动助力转向系统的工作过程。
☑ 了解四轮转向系统和后轮转向系统。
☑ 掌握奔驰 Airmatic 悬架系统的结构和工作模式。
☑ 掌握电控悬架的控制过程。
☑ 了解标致 307 紧急制动辅助装置。
☑ 了解陶瓷制动技术的应用。
☑ 掌握电子制动系统的组成和工作原理。
☑ 掌握轮毂电机驱动技术。

2.1 四驱技术

重点掌握

- 奥迪全时四轮驱动技术原理
- 左右对称全时四轮驱动系统
- 奔驰全时四驱技术
- 宝马 Xdrive 全时四驱系统
- 大众 4Motion 全时四驱系统

2.1.1 概述

1. 四轮驱动的概念及类型

常见的四驱系统主要有分时四驱(Part Time 4WD)和全时四驱(Full Time 4WD)两种。其中分时四驱是四驱车最常见的四驱系统，如三菱帕杰罗、丰田兰德酷路泽、普拉多、吉普、五十铃 RODEO、铃木维特拉、吉姆尼等都使用分时四驱。

分时四驱的使用可分两种状态：一种是两驱，汽车只有两个车轮得到驱动力，与普通汽车没有区别；另一种是四驱，此时汽车前后轴以 50:50 的比例平均分配动力。分时四驱历史悠久，其优点是结构简单、可靠性好，加装自由轮毂(Free Wheel Hub)后更加省油。分时四驱又称为被动四轮驱动，采用机械式分动装置。

全时四驱是使汽车四个车轮一直保持有驱动力的四驱系统。若要细分全时四驱系统，可分成固定转矩分配(前后 50:50 比例分配)和变转矩分配(前后动力分配比例可变)两大类。全时四驱也有很长的历史，可靠性更高，但其耗油量较大。全时四驱又称为主动式四轮驱动，通过中央差速器或粘性联轴器实现，由电控多片离合器介入，车辆随时根据路面的反馈信息、车轮转速和节气门开度的大小等，在车轮发生滑转前合理分配车轮的动力。

图 2-1(见书后彩插)所示是四驱系统使用的自动变速器，图 2-2 所示是电控全轮驱动系

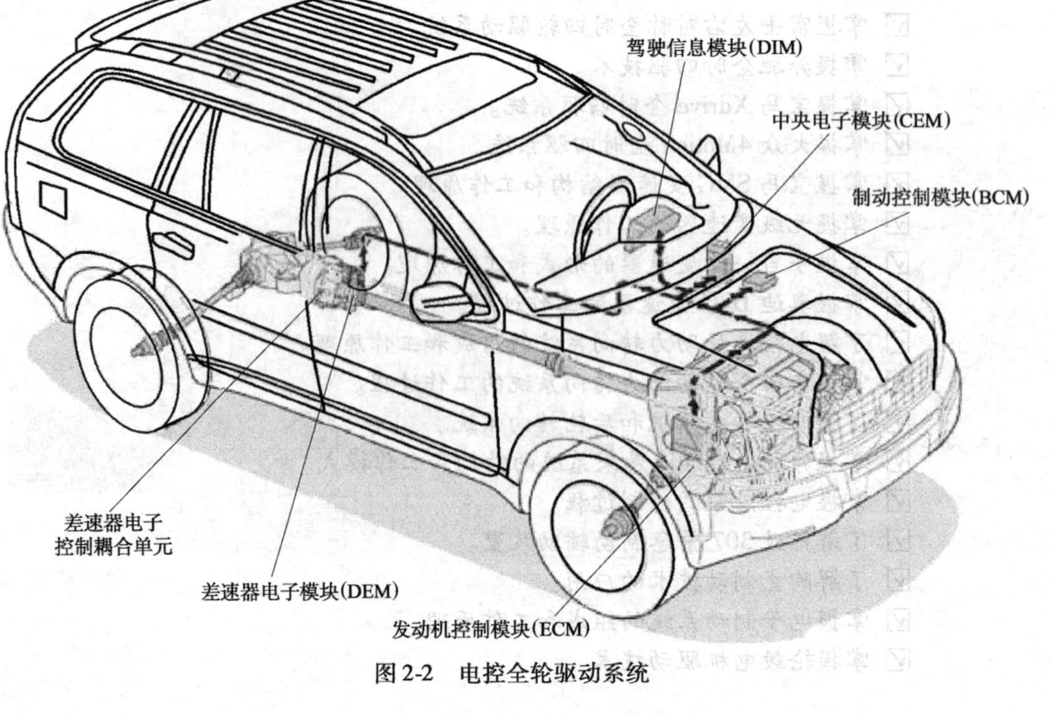

图 2-2 电控全轮驱动系统

统原理。

2. 四轮驱动存在的问题

1）急转弯制动现象。在直接连接的四轮驱动条件下，汽车急转弯时因各轮胎的转弯半径不同，使各轮的运动发生干涉，产生汽车的转弯制动力。

2）前后车轮轮胎直径不同，前进速度一样，直径大的轮胎转速低，直径小的轮胎转速高，因而引起前后驱动轮互相干涉。

3）动力传递效率低。

4）驱动系统的振动和噪声大。

3. 四轮驱动的总体布置

1）以前纵置发动机后轮驱动为原型的四轮驱动。在传动轴前面万向节处布置一个分动器，再在分动器前端布置一个传动轴和前差速器。

2）以前纵置发动机前轮驱动为原型的四轮驱动。前差速器与变速器后端连接，再在变速器和驱动后桥间布置一个传动轴。

3）以前横置发动机前轮驱动为原型的四轮驱动。将分动器与变速器和前差速器布置在一起，使三者一体化，称为变速-分动-差速器。

4）以中置发动机为原型的四轮驱动。采用中部横置发动机，发动机串接变速器，通过锥齿轮传动把轴的旋转方向改变 90°，驱动前后差速器，通过差速器再改变 90°，驱动前后车轮。例：标致 205 增压汽车。

5）后置发动机的四轮驱动。将变速器、分动器和差速器布置在后桥内，后桥直接驱动后轮。后桥前部输出轴直接驱动传动轴，通过传动轴驱动前差速器。前差速器内有一由电控装置控制的多片摩擦离合器，从而控制分配给前差速器的驱动力。

4. 四轮驱动各装置的作用

1）用单向超越离合器避免汽车急转弯制动现象。利用单向超越离合器单向传递动力的特性，在前轮与发动机之间布置单向超越离合器，后轮直接从发动机获得动力，前轮通过单向超越离合器从发动机获得动力。

直线行驶时，发动机动力同时传给前轮和后轮，单向超越离合器没有工作。

转弯时，前轮比后轮转动快，使单向超越离合器空转，前轮动力中断，后轮正常行驶，从而克服急转弯制动现象。

2）用湿式多片离合器控制驱动转矩。ECU 根据各种信号和路面情况，控制湿式多片离合器传递转矩的大小。

3）使用差动限制装置补偿差速器在需要防滑控制时的不足。

4）采用等速万向节降低驱动系统振动和噪声。

5. 四轮驱动车辆布置措施

（1）采用中央、前、后机械差速锁　奔驰 G 级越野车即采用该种布置，在与越野低速档配合的情况下，拥有最强的极限通过能力。其缺点是常规差速器本身不具备防滑功能，在连续变化路面情况下表现不理想，制动干预系统的极限控制能力有限。

（2）手动牙嵌式前、后机械差速锁　采用越野低速档以及前后桥的机械式差速锁，保证了极限越野能力，吉普牧马人采用了该布置形式。由于缺少自动防滑辅助设备，该系统对于混合路面和铺装路面没有优势。

(3) 中央、后液压多摩擦片锁止机构　保时捷卡宴和大众途锐采用该布置形式。中央、后液压多摩擦片都可以预先手动100%锁止，结合越野低速档，具有极高的极限通过性能。对于混合路面和铺装路面，该系统有较大优势。正常行驶时前后动力分配达到理想最佳比例38:62(途锐为50:50)。

(4) 中央转矩感应自锁式差速器　奥迪Q7采用该布置形式。转矩感应自锁式差速器反应迅捷，在混合路面情况表现较好，动力输出可根据情况在前后桥之间以25:75~75:25连续变化。但该系统没有可以预先100%锁止的限滑装置，转矩感应自锁式差速器和制动干预系统的极限辅助能力有限，缺乏越野低速档。

(5) 中央转矩感应自锁式差速器+越野低速档　路虎揽胜采用该布置形式。该系统可保证车辆平稳下坡，爬坡能力更强。但同样不具备可以预先100%锁止的限滑装置，转矩感应自锁式差速器的极限辅助能力有限。

(6) 全时四驱，中央机械差速锁，越野低速档，制动干预系统　丰田兰德酷路泽采用该种布置形式。由于配备一套可接通式四轮驱动，中央机械差速器配装有机械差速锁，所以有极强的极限通过能力和可靠性。但动力分配自动连贯性降低，铺装路面性能及混合路面性能稍逊于路虎揽胜。

(7) 液压多摩擦片式可接通四驱，制动干预系统　宝马X3采用了该布置形式。在前桥发生打滑的一瞬间，多摩擦片锁止，将动力传到后桥，并以制动干预系统辅助。该系统自动化程度高，在混合路面表现出色，主动安全性较高，但越野能力和可靠性不足。

(8) 全时四驱，中央、前、后液压多摩擦机构，越野低速档，制动干预系统　吉普大切诺基采用该布置形式。系统由前、中、后三套液压多摩擦片机构加越野低速档组合而成，三套液压多摩擦片机构都是由电脑根据路面附着力情况自动控制的，可以实现动力理想分配到各个车轮。其缺点是不能手动预先100%锁止，所以其极限性能受到影响。

2.1.2　quattro®全时四驱技术

1. 奥迪quattro®技术发展历史

在1980年3月3日，第一辆quattro®全时四轮驱动技术汽车在瑞士的日内瓦车展上亮相。quattro®全时四轮驱动技术为奥迪在赛车运动领域和民用汽车领域奠定了不可动摇的地位。quattro®不但意味着全时四驱，同时还代表着非凡动力和快速安全的驾驶体验。quattro®技术理念业已成为奥迪品牌成功的主要元素之一，具有重要的市场意义。

奥迪公司继1980年推出第一辆quattro®后，又相继开发了多款车型。1982年起，奥迪推出了五款不同的全时四轮驱动车型：奥迪Coupé、奥迪80/90以及奥迪100/200。

1988年，quattro®系列出现了一款新的领军车型——奥迪V8。最初配备的发动机输出功率为185kW，后来升级至206kW的发动机，并全部配备全时四轮驱动系统。

从20世纪90年代开始，配备quattro®全时四轮驱动系统的奥迪S系列在众多比赛中获得大奖，大大提升了奥迪汽车的动感形象。最有竞争力的车型要数S2 Coupé，它是第一辆quattro®的换代产品。它优雅的特性向世人表明：动感与典雅可以实现和谐统一，这在一年后在奥迪100车型基础上诞生的奥迪S4身上得到延续。

奥迪第一款RS车型也让它的车迷们惊叹不已。RS2 Avant以其卓越的性能震惊业界。该款配以五缸涡轮增压发动机的车型于1994年一进入市场便大获成功。它配备的发动机功率为 262kW。当时有 2881 名客户选购了这款在奥迪 80 Avant 基础上开发的跑车。同时，RS2 也成为奥迪车迷俱乐部长久期待的经典杰作。

奥迪车系中销量最大的是奥迪 A4 和奥迪 A6，这两款车系中装配 quattro®的车型同样销量不俗。截至 2004 年年底，奥迪共生产了 37572 辆装备全时四轮驱动系统的奥迪 A4 和 601204 辆该配置的奥迪 A6。在奥迪 A6 车系中，装备全时四轮驱动系统的奥迪 A6 已占总量的 42%。

从 1999 年开始，紧凑型奥迪 A3、奥迪 TT Coupé 以及奥迪 TT Roadster 也可以选装 quattro®全时四轮驱动系统。由于这些车型配备的是横向发动机，因此采用了电控哈尔德克斯(Haldex)离合器作为中央差速器代替了托森差速器。2004 年售出的 58 % 的 TT Coupé 以及 42 % 的 TT Roadster 均配备了全时四轮驱动系统。

从 1980 年至 2004 年底，奥迪已经生产了 1815396 辆配备全时四轮驱动系统的汽车，占生产总量的 15. 1 %。在中国，一汽 - 大众奥迪生产的全新奥迪 A6L 3. 0 quattro 和 4. 2 quattro，以及奥迪 A4 3. 0 quattro 都配备了 quattro®全时四轮驱动系统。

在国际高档豪华轿车市场上，奥迪在全时四轮驱动领域始终是无可争议的领先者。近几年，配备 quattro®全时四轮驱动系统的车型已超过奥迪总产量的四分之一，2004 年更达到 26. 7 %。目前，共有 75 款配备 quattro®全时四轮驱动系统的奥迪车型。

2. 奥迪 quattro®全时四轮驱动技术原理

装配 quattro®全时四轮驱动系统的汽车同只具有后轮或前轮驱动的车型相比，能够将发动机动力平均分配到四个车轮，因此能够承受更大的侧向力。它的牵引能力以及转向能力比那些传统驱动系统更加出众。

在奥迪公司，编号为 262 的全时四轮驱动项目的研发始于 1977 年春季。最初的骨干是三位年轻的奥迪工程师：行走机构试验部门经理 Jörg Bensinger、项目领导 Walter Treser 以及首席技术执行官 Ferdinand Piëch 博士。样车原型为经过修改、轴距略有加长的奥迪 80，动力装置为直列五缸涡轮增压发动机。该驱动系统可以将动力传至所有车轮上，曾应用于奥迪研发的 VW Iltis 军用越野车上。

1978 年 1 月，在位于奥地利 Styrian 区陡峭的山路上进行试验时，这辆原型车向世人展示了其强劲的牵引能力。但是在急转弯时，它的传动系统受到了明显的冲击力，这是由于当车辆转弯时前轮转过了比后轮略大的曲线而造成前轮不得不加快转速。该原型车无法应对这种情形，因为它前后两根传动轴是连接在一起的。为了解决这一问题，奥迪研发小组开始力图实现两个主要目标：实现全时四轮驱动，同时抛弃单独的中央差速器以及辅助传动轴。

变速器设计部门主管 Franz Tengler 想出了一个绝妙的方案：在变速器内安装一根 26. 3cm 长的二级传动轴，使能量可以在两个方向传送。在尾部，该轴驱动手动锁紧的内轴差速器的行星轮。该设备整合在变速器内可以将发动机 50% 的动力传输至后轴，并具有自己的防滑差速器。剩余的动力沿着空心轴内侧由从动轴传至前轴差速器。这是汽车设计史上的全新创举，该空心轴理念实现了全轮驱动设想，并且重量轻巧、结构紧凑，同时效率出众。此举是具有决定意义的突破创新，它不但可以应用于具有较高离地距离的越野车辆，而且也是运动型轿车的理想之选。

自 1987 年 quattro®车型年伊始，quattro®理念进行了一项新的革新：托森(Torsen)差速器——自锁型蜗杆齿轮单元代替了手动差速器锁紧装置。托森的原义为转矩传感器，该设备可以按需将发动机转矩进行无级分配以实现牵引目的。在某些极限情况下，车轴能够获得的有效转矩高达 75 %。由于托森差速器仅在承载状态下才进行锁紧，在紧急情况下，车辆的防抱死系统仍能够发挥功效。如今，现代化技术如电控差速器锁紧装置已经应用在车轴里了，电子稳定程序(ESP)也实现了对托森差速器的有益补充。

奥迪 quattro 的核心就是位于前后驱动桥之间的负责把动力输出分配的 Torsen 中央差速器。它每时每刻根据前、后桥以及四个车轮上的传感器测得的数据，对前、后桥之间的转矩分配做出自动的持续调节。在正常的路面条件下，前、后桥之间的动力分配大约为 50%:50%；而在极端的条件下，Torsen 中央差速器借助于它的自动锁止装置按照保证最大牵引力输出的原则可以将前、后桥的动力调节到 25%:75%，或者是 75%:25%，也就是每一桥上的扭力输出是在 25%~75% 之间任意可调的，这就充分保证即使当前、后桥中的一个处于极差的路况下，另一个桥也能获得足够大的动力将车辆开出这一区域。

位于前桥和后桥上的电子差速锁(EDL)则借助于每个车轮上 ABS 传感器测得的信号，对测出将要打滑的车轮施加相应的制动力，以防止这个车轮打滑，同时将更多的动力传递到另一侧的车轮。这一装置可实现对前桥或后桥左右两侧车轮的转矩输出在 20% ~80% 的范围内任意调节，以保证每个车轮都获得最佳的动力。

根据物理原理，可以简单地解释奥迪四驱车型相对于单个驱动轴汽车的优越性：在给定条件(轮胎和路面质量等)下，每个车轮只能传输一个有限的合力。这个力包括纵向分力(牵引力)和横向分力。如果汽车的所有车轮都驱动，与传统汽车的双轮驱动相比，每个车轮只传输大约总牵引力的四分之一，因此全时四轮驱动增加了每个车轮和轮胎所能承受的横向力，这就是为什么四驱车能够平稳、连续转向的原因。

奥迪四驱车型的另一特点是发动机的制动力传送给所有车轮。例如，如果驾驶人在湿滑的路上快速行驶，紧急制动和突然松开加速踏板时，四驱车的每个车轮只传输四分之一的相应发动机制动力到路面，安全度相应地提高。因为各车轮上作用力的减少意味着降低了这些情况下车轮旋转侧滑的危险。因此在所有驱动状态下，四驱车型都可提供最理想的牵引力和稳定性，驾驶人能够充分享受和利用其汽车的潜力，同时永远确保其高度的主动安全性。

图 2-3 所示是 Torsen 差速器示意图。

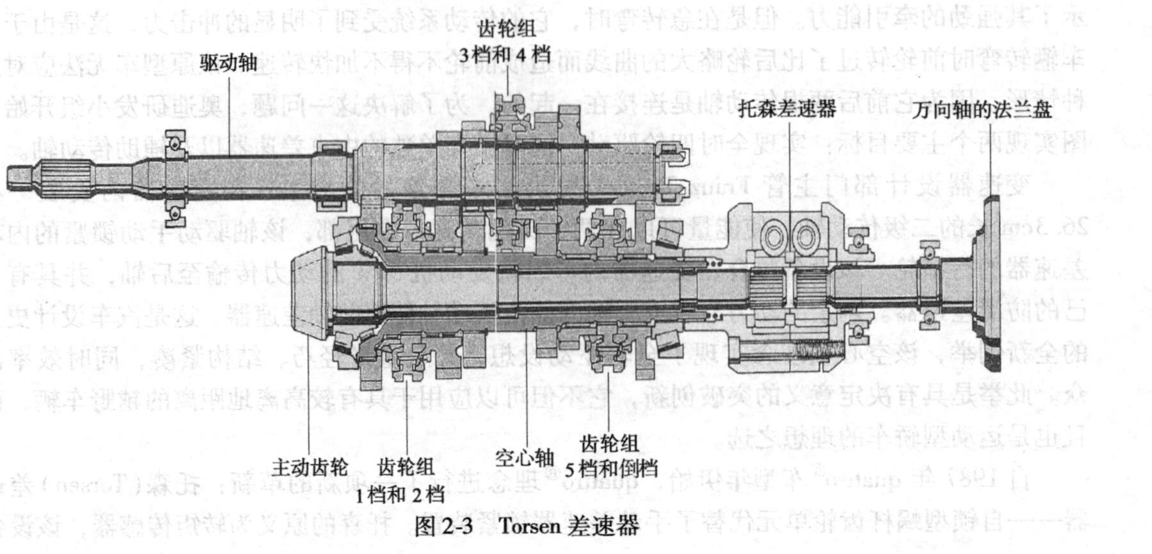

图 2-3 Torsen 差速器

动力传递路线：驱动轴⟶空心轴⟶差速器壳体⟶前后驱动轴。

Torsen差速器差速运转工作过程：前驱动轴⟶蜗杆(前轴)⟶蜗轮(前轴)⟶正齿轮(前轴)⟶正齿轮(后轴)⟶蜗轮(后轴)⟶蜗杆(后轴)⟶后驱动轴，如图2-4所示。

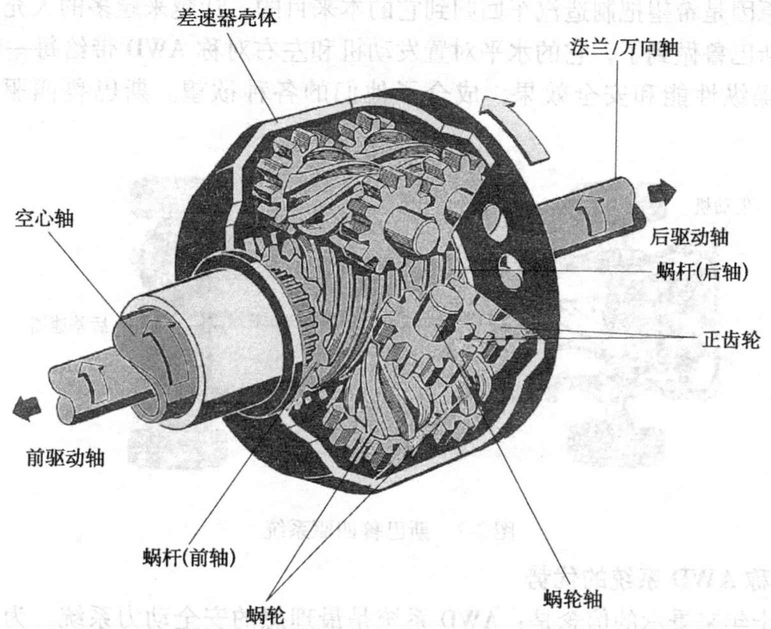

图2-4 Torsen差速器结构

平行轴式Torsen差速器如图2-5所示。在转弯行驶中，经托森差速器的差速调整，前轴驱动轮的转速大于后轴驱动轮的转速，如图2-6所示。

图2-5 平行轴式Torsen差速器

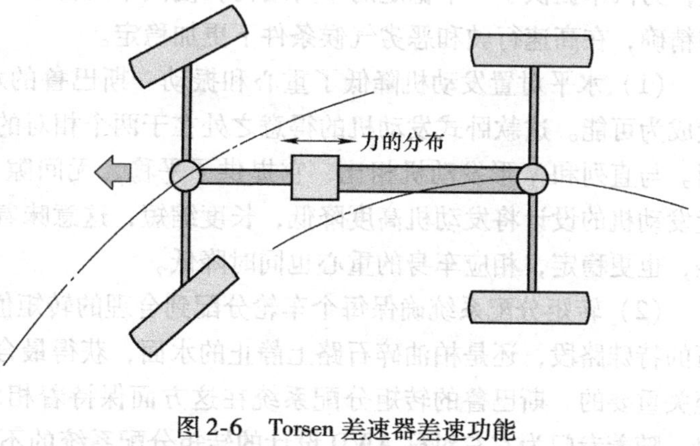

图2-6 Torsen差速器差速功能

3. 奥迪全时四驱的应用

目前，奥迪全时四驱(quattro)已经广泛应用在奥迪A3、A4、A6、A8和TT等。

2.1.3 斯巴鲁四驱系统

1. 斯巴鲁左右对称四驱系统

斯巴鲁有名的技术主要有左右对称全时四轮驱动系统(Symmetrical AWD)和水平对置发

动机(Subaru Boxer)。

自1972年开始生产四轮驱动汽车以来，斯巴鲁把致力于左右对称AWD(全时四轮驱动)系统和新技术的开发作为前进的动力，而如今它也已经成为掌握该技术的佼佼者。斯巴鲁如此全心投入的原因是希望把制造汽车回归到它的本来目的：让越来越多的人充满自信地享受驾驶的乐趣。斯巴鲁做到了，它的水平对置发动机和左右对称AWD带给每一位斯巴鲁拥有者的是一流的操纵性能和安全效果，成全了他们的各种欲望。斯巴鲁四驱系统如图2-7所示。

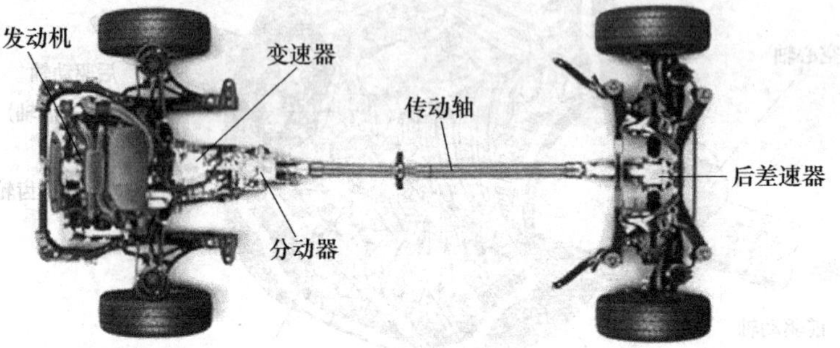

图2-7　斯巴鲁四驱系统

2. 左右对称AWD系统的优势

斯巴鲁几十年来秉承的信念是：AWD系统是最理想的安全动力系统。为什么不是前轮或后轮驱动系统呢？这两种驱动系统虽然在某些方面具有优势，但总体来说，只有将动力传递到4个车轮才能够保证驾驶人在任何条件下，既能享受到驾驶的乐趣，又能有更强的安全感。斯巴鲁将长度缩短、高度降低的水平对置发动机和一台直线型变速器沿汽车中心线放置，为汽车提供了一个稳定的车身结构，使汽车具备了一流的整体性能，在转弯时的反应更加精确，在高速行驶和恶劣气候条件下更加稳定。

(1) 水平对置发动机降低了重心和振动　斯巴鲁的水平对置发动机使动力系统对称布置成为可能。这款卧式发动机的得意之处在于两个相对的活塞可以将各自发出的振动相互抵消。与直列和V形发动机相比，它提供了平稳、无间隙、流畅的动力输出。此外，水平对置发动机的设计将发动机高度降低，长度缩短，这意味着可以使发动机变得更紧凑、重量更轻，也更稳定，相应车身的重心也同时降低。

(2) 转矩分配系统确保每个车轮分配到合理的转矩值　无论是应对WRC赛场上布满沙石的特殊路段，还是柏油碎石路上静止的水面，获得最合适的牵引力对保持车身稳定性都是至关重要的。斯巴鲁的转矩分配系统在这方面保持着相对于传统的四轮驱动装置的技术优势。随着专门为左右对称AWD设计的转矩分配系统的不断改进，它可以灵活地将发动机转矩分配到每一个车轮上，而其他一些系统只能将转矩传到前轮或后轮上。不论是在恶劣路况下，还是日常行驶过程中，智能系统都会随时调整每个车轮上转矩的大小，在任何地点、任何时间为驾驶人提供最佳的车轮附着能力和平稳性。

(3) 对称设计能降低侧滑力矩，使得高速转弯更加容易　汽车无论转多大的弯，都会有离心力作用到车身上，这个力被称为侧滑力或惯性力。该力会使车身向外侧移动或有向外侧倾斜的趋势，并且，这一运动趋势会因车身重心的增高而加强。因此，汽车将会花更长的时间恢复平衡。这就是大家都了解的“钟摆”效应。这也是斯巴鲁鼓励应用水平对置发动机和左右对称 AWD 的另外一个原因。“钟摆”的重量越靠近车身重心，侧滑力矩就会变得越小，汽车转弯就会越容易，车身摇摆程度也就越小，平衡性和稳定性也就会得到极大的提升，如图 2-8 所示。

(4) 动力控制系统优势明显　无论是在正常还是恶劣的条件下，与其他四轮驱动系统相比，斯巴鲁的对称 AWD 系统在汽车的安全操纵性和稳定性方面具有明显的优势。即使是崎岖的路面，牵引阻力也会很容易被化解，并且化险为夷。作为四轮驱动系统的全天候安全装置的辅助设备，动力控制系统仅在必要的时候才会发挥作用，在生死攸关的时刻起到安全网的作用。同时，动力控制系统任何装置的工作不会影响到驾车乐趣。

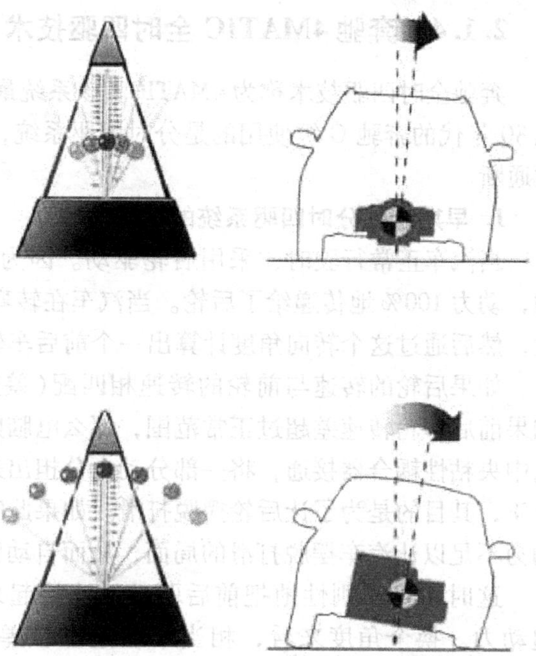

图 2-8　斯巴鲁四驱系统“钟摆”效应示意图

(5) 牵引力分配合理　当车轮转弯时，只有手掌般大小的轮胎面抓牢地面，汽车才会沿着驾驶人希望的方向前进。很显然，斯巴鲁的左右对称 AWD 系统（图 2-9）相对于两轮驱动系统具有明显的优势。同时，左右对称 AWD 系统总是能够实时地改变加在每一个车轮上的转矩，它优于其他的四轮驱动系统。经过比较，不论是前轮驱动系统还是后轮驱动系统，总是有两个轮胎无法获得任何转矩，都会导致动力无法合理地分配。而斯巴鲁先进的左右对称 AWD 系统结合了前轮和后轮两个驱动系统中最优秀的性能，又克服了它们的不足之处，所以性能甚至优于普通的四轮驱动系统。这一点在艰苦的汽车拉力赛得到了考验。

对称不仅仅是一种简单的美，将其运用到技术上往往获得的是更多的实惠。斯巴鲁的左右对称 AWD 系统的优越性能不断在世界上最艰苦的汽车拉力锦标赛中得到证明。虽然斯巴鲁汽车的控制系统永远也不会显露出它的存在，但是它会始终不懈地使驾驶人感到踏实和放心。

3. 工作原理

从结构上分析，斯巴鲁车型显然具备了平衡、重心低这些特点，加上其采取的全轮驱动方式，使得其具备了拥有良好操控性的坚实基础。

4. 应用

斯巴鲁技术水平的代表是翼豹(Impreza)、力狮、傲虎和森林人等。

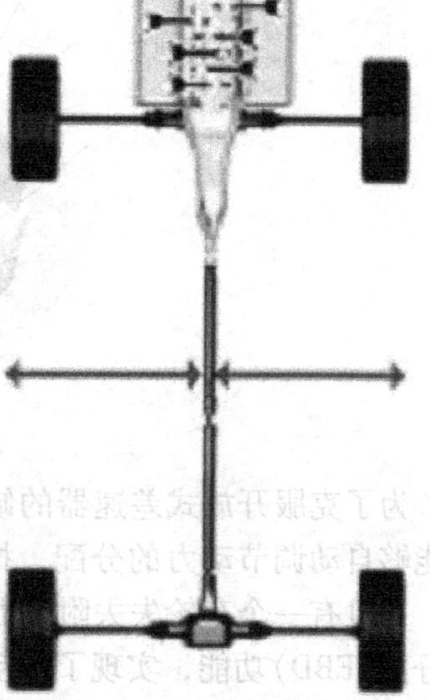

图 2-9　斯巴鲁的左右对称 AWD 系统

2.1.4 奔驰4MATIC全时四驱技术

奔驰全时四驱技术称为4MATIC。该系统最早应用在奔驰的专业越野车上。但是，20世纪80年代的奔驰G级使用的是分时四驱系统，该系统采用多片湿式离合器来控制前桥动力的通断。

1. 早期奔驰分时四驱系统的工作原理

当汽车正常行驶时，采用后轮驱动。因为此时中央耦合器在电脑的控制下是保持断开的，动力100%地传递给了后轮。当汽车在转弯时，电脑会通过转角传感器测得一个转向角度，然后通过这个转向角度计算出一个前后车轮的理论转速。

如果后轮的转速与前轮的转速相匹配(差别在误差允许范围内)，那么视为正常转向。如果前后车轮转速差超过正常范围，那么电脑则会判断此时后轮已经开始打滑，然后自动控制中央粘性耦合器接通，将一部分动力分担出来传递给前轮。这时前轮获得的动力大概只有35%，其目的是为了让后轮摆脱打滑。如果此时后轮仍然打滑，那么电脑则会判断，35%的动力不足以让汽车摆脱打滑的局面，从而自动锁死多片离合器。

这时相当于刚性地把前后驱动桥连接起来，前、后桥按照50%∶50%的固定比例传递动力。换个角度来看，相当于差速器被差速锁锁死。当然这种方式最大也只能实现前后桥50%∶50%的动力分配，如果50%的动力仍然不能把车从泥坑里拉出来，那也只能束手无策了。

2. 全时四驱系统

奔驰第二代4MATIC采用了前、中、后三个开放式差速器的全时四驱系统，其核心技术是差动限制方式，如图2-10和图2-11(见书后彩插)所示。

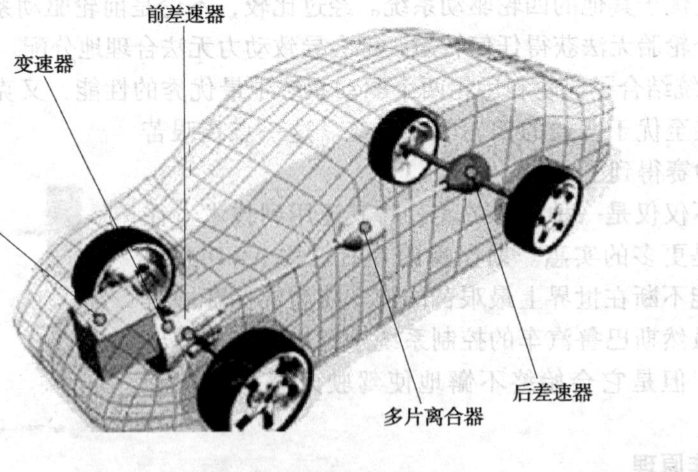

图2-10 奔驰全时四驱系统示意图

为了克服开放式差速器的缺点，奔驰4MATIC采用了“4ETS”技术。虽然开放式差速器能够自动调节动力的分配，把动力自动分配给受阻力小的车轮，但是它的缺点也显而易见，一旦有一个车轮失去附着力，那么车辆将陷入困境。4ETS就是利用了ABS的电子制动力分配(EBD)功能，实现了差动限制。

其工作原理：4传感器4通道ABS能实现制动力自动分配，给需要制动的车轮逐个进行制动，而不是同时给全部车轮制动。每个车轮上的制动器都由一个电磁阀来控制，电磁阀能在电脑的控制下处于三种状态：增压状态、平衡状态和减压状态，从而实现对逐个车轮的单独制动，而这一切都可以由电脑控制制动压力调节器来实现。

因此，当4MATIC全时四驱的车辆有一个车轮打滑时，电脑可以通过控制ABS对这个打滑车轮制动的办法来限制它的空转。这样差速器就不会把动力传递给这个打滑的车轮，转而传递给未打滑的其他三个车轮。如果制动系统把这个打滑的车轮锁死，那么其他三个车轮就能得到所有的动力，也就是说其他每个车轮能得到33%的动力。

如果车辆有三个车轮都在打滑，只有一个车轮能获得附着力的话，同样的道理，4ETS也能给这三个车轮产生制动力限制其打滑，而让动力100%地传递给未打滑的这一个车轮，让车摆脱困境，不过遇到三个车轮都打滑的机会是非常小的。

奔驰4MATIC的另一特点是在高速行驶时能提高汽车的主动安全性能。汽车高速行驶时最危险的是轮胎丧失附着力导致汽车失控，这在湿滑路面上尤为多见。在4MATIC的帮助下能够保证汽车能更好地在安全的驾驶极限内行驶。这跟ESP所起到的作用不同，但原理有些相似。

ESP为了保证汽车在高速行驶时不至于失控的动作是电脑一旦检测出某个车轮有打滑的迹象，就通过减小节气门开度(降低速度)和对这个可能要打滑的车轮进行制动，让它保持在极限范围内。不过这一切都比较被动，因为减小节气门开度来降低速度是需要时间的，这相当于我们在不踩加速踏板的情况下利用发动机制动让车减速。而ESP的制动又会白白损失动力。

对于4MATIC来说，同样是对可能失去附着力的单个车轮进行制动，但情况却不相同。由于采用了三个开放式的差速器，在给这个将要打滑的车轮进行制动时动力并没有被消耗掉，而是通过差速器传递给了其他三个车轮。正因为4MATIC的4ETS技术能把传递到每个车轮的转矩从0～100%进行动态调节，所以极大地优化了驱动力的合理分配，从而保证了车辆高速行驶的主动安全性。而且，转弯的速度和极限也能更高。

当然，这些都是理论上的结论。我们知道频繁地制动会大量消耗动力，而且使制动系统发热。不过试验表明，在速度较低的情况下这种发热并不可怕。但是，如果是在高速行驶的情况，能量损失就不容小觑了。所以，4MATIC低速越野是它的强项。要提高高速性能，我们就需要采用另外的驱动方式。因此，针对4MATIC高速性能的弱点，宝马的Xdrive就应运而生了。

2.1.5 宝马Xdrive全时四驱系统

宝马早期的ADB-X四驱系统采用的也是前、中、后三个开放式差速器，动力通过这三个差速器分配给每个车轮，当有车轮打滑时，也通过ABS的制动来实现差动限制。为了克服ADB-X在高速行驶时的缺陷，宝马推出了Xdrive全时四驱系统，该系统在中央差速器上安装了一套多片离合器，如图2-12和图2-13所示。

对中央差速器的差动限制比较独特，不是采用ABS制动，而是采用多片离合器的分离和接合来实现差动限制。这套多片离合器由一个液压阀控制，液压阀能产生很大的推力，在电脑的控制下实现多片离合器的分离和接合。

当多片离合器分离时，中央差速器按照把动力分配给受阻力小的车轮的原则分配动力，

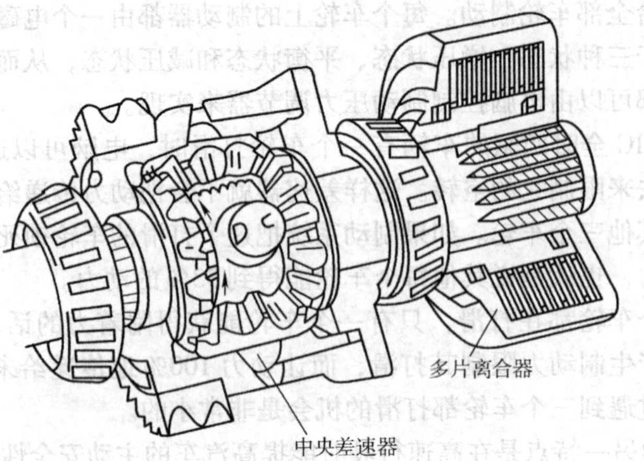

图 2-12　宝马 Xdrive 四驱系统中央差速器

图 2-13　宝马 Xdrive 四驱系统

但当车轮打滑时，多片离合器接合，把动力分配到附着力大的车轮上。

这些都是在分动器里面通过调节多片离合器的接合力度来调节动力分配的。所以，不需要频繁制动就能实现前后车桥的动力的合理分配。这样正好解决了奔驰 4MATIC 在高速行驶时的动力分配损耗问题。有了这套多片离合器，就可以实现一个 4MATIC 很难实现的功能，就是在汽车加速时把更多的动力分配给后轮。

众所周知，汽车加速时，特别是急加速时，由于重心会后移，后轮的负载增大，那么后轮能获得的附着力也就更大。最好的办法就是让后轮获得更大的动力，这样能够在加速时获得更多的有效牵引力。Xdrive 正好能实现这样的功能。而且，在高速行驶和急加速时也不会有制动系统的介入，不会有过多的能量损耗。不过，还有一种全时四驱做得更好，它能主动根据需要分配动力，而这一切都是通过纯机械来完成的，这就是奥迪的 quattro®全时四驱系统。

宝马 Xdrive 系统的应用：宝马 3 系和 5 系。

2.1.6 大众 4Motion 全时四驱系统

奥迪和大众虽然属于同一个集团，但是在四驱技术上并没有实现共享。大众有自己的四驱方式 4Motion，这跟奥迪的 quattro®截然不同。大众 4Motion 并非大众自己开发，而是与瑞典的四轮驱动开发商 Haldex 合作开发的。

首先，大众提供车型设计数据和数字模型给 Haldex，然后由 Haldex 亲自操刀设计匹配，最后生产出总成由大众直接采购。这种模式很常见，Haldex 不但给大众提供这种四驱系统，沃尔沃也是采用 Haldex 提供的类似产品。

大众之所以不能直接应用奥迪成熟的四驱技术，主要与大众的传动方式有关。我们知道奥迪和大众的主打车型虽然都为前驱，但奥迪主要以纵置发动机为主，而大众则是以横置发动机为主。奥迪的 quattro®之所以能够设计得紧凑，主要归功于它的前纵置发动机布置。但大众的横置发动机显然不能满足 quattro®在布置上的需求。而最早为沃尔沃设计四驱系统的瑞典 Haldex 公司提出的解决方案正好对准了大众的口味，因为沃尔沃全系列车也是采用前横置发动机平台设计。大众 4Motion 系统如图 2-14 所示。

图 2-14 大众 4Motion 系统

事实上，大众 4Motion 跟早期的奔驰 4MATIC 非常类似。它并非完全意义上的全时四轮驱动，它与奔驰第一代 4MATIC 最大的区别就是 4MATIC 在正常情况下以后轮驱动为主，而大众 4Motion 则是以前轮驱动为主。正是因为横置发动机的设计，使得大众无法给旗下的车型装配中央差速器(因为结构上不允许)，所以，4Motion 只能从前驱动桥引出一根传动轴把动力分给后轮。

不过，我们知道，刚性地把前后桥动力连接起来是不能的。因为，会产生转向制动。但在这种情况下又不能布置中央差速器，所以，大众的解决方案就是在后传动轴的末端(接近后差速器处)安装了一个电控液压多片离合器，如图 2-15 所示。

多片离合器与输入轴采用花键连接，输出轴与壳体相连，壳体内侧也安装了很多离合器片，在强大的液压作用下，活塞可以横向推动离合器片接合，并产生强大的摩擦力，从而把

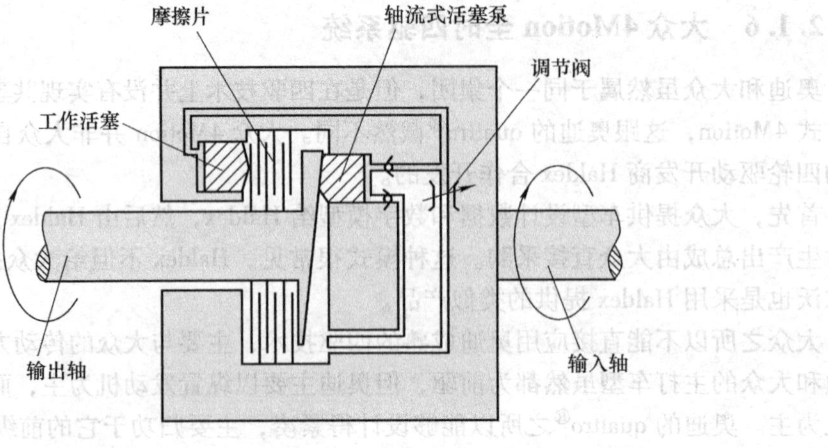

图 2-15　电控液压多片离合器

动力传递给后轮。而液压则是完全通过电脑对电磁阀的控制实现控制的。当四个车轮上与 ABS 共用的转速传感器检测到前轮有打滑倾向时，它会迅速产生一个执行信号通过 CAN 总线传递到控制液压的电磁阀上。一旦电磁阀打开，液压则被接通，那么活塞有了足够的力量推动离合器片接合，从而把动力传递给后轮。

前轮的动力被分给有足够附着力的后轮，那么打滑和失控的危险也就摆脱了。所以，大众 4Motion 是一套很被动的四驱系统。虽然一切都由电脑来完成，在操作上跟全时四驱没什么两样，其本质与分时四驱差不多。

大众使用 4Motion 的车型主要是高尔夫系列，高尔夫是经济型民用 A 级小车，所以牺牲一些行驶性能换来制造成本优势和燃油经济性也都能被人理解。奥迪 A3 和 TT 采用的并不是托森差速器式全时四驱，而是与高尔夫相同的 4Motion 四轮驱动。因为奥迪 A3 和 TT 都是与高尔夫共平台的产物，并非奥迪的纯正血统。发动机与高尔夫一样都为横置，所以四驱系统也就不得不用大众的 4Motion 了。

2.2　变速器新技术

重点掌握
- 宝马 SMG 变速器的结构和工作原理
- 无级变速器的工作原理
- 手自一体变速器的形式和工作原理

2.2.1　宝马 SMG 变速器

宝马 SMG(Sequential Manual Gearbox)变速器称为顺序式半自动变速器。1997 年，宝马的 M3 首先采用 SMG 变速器。其换档控制模式有 S(手动)模式和 A(自动)模式两种，在驾驶过程中两种模式可以随时切换。选用自动模式时，它就是一台自动变速器，可以自动准确地选择换档点，换档过程非常平顺，没有冲击。选用手动模式时，将变速杆向前推一下升一个档，向后拉一下降一个档，如果不动变速杆，即使将加速踏板踩到底，也不会升档。为了方便操控，在方向盘上还设有一套手动换档系统。

1. SMG 变速器的特点

1）驾驶逻辑控制系统会根据驾驶人的驾驶习惯来控制变速器的换档，总共可以记住 11

种不同的换档模式。

2）SMG 变速器没有变矩器，也不需要离合器踏板。

3）在仪表板上有 LED 的换档指示灯，它会根据车速和发动机转速提醒驾驶人在最佳的换档点换入最合适的档位。

4）当驾驶人换档时，发动机会自动改变转速，以使平顺换档。

5）精准的离合器控制和档位选择，可以延长离合器和变速器的使用寿命。

6）传动过程中的能耗损失小，经济性好，变速器的结构简单，价格便宜。

7）SMG 变速器换档快捷。普通手动变速器换档时，需要先退档再挂档，必须来回推动变速杆来完成换档，而 SMG 变速器换档时，只要前推（升档）或后拉（降档）就可以完成换档。

8）和手动变速器相比，操作非常简单，不用记住现在使用的是哪个档位，需要换入哪个档位，只要知道现在需要升档还是降档就够了，简单地将变速杆前推或后拉就可以完成所需的任务。

9）变速杆的设置比手动变速器简单，所占用的空间较小，只要前后移动，不需要左右移动。

10）在 SMG 变速器的操作中，不会发生挂错档位的事件。由于手动变速器的变速杆位置一般布置成“H”形，2 档和 4 档的位置很近，容易发生应该挂 4 档而错挂进 2 档的事件，如果这发生在赛车上，会使发动机转速急剧上升，有可能造成发动机爆缸的事故。

2. SMG 变速器的结构和工作原理

SMG 变速器是由一台普通的齿轮变速器、一套自动换档机构和电子离合器所组成的，如图 2-16 所示。

图 2-16 中左边是普通的平行轴式齿轮变速器，右边是自动换档机构，主要由拨叉伺服器和选位伺服器组成。伺服器一般采用电动机或者液压马达，拨叉伺服器用来推拉拨叉，选位伺服器用来选择工作所需的拨叉。因此，整个 SMG 变速器的结构非常简单。

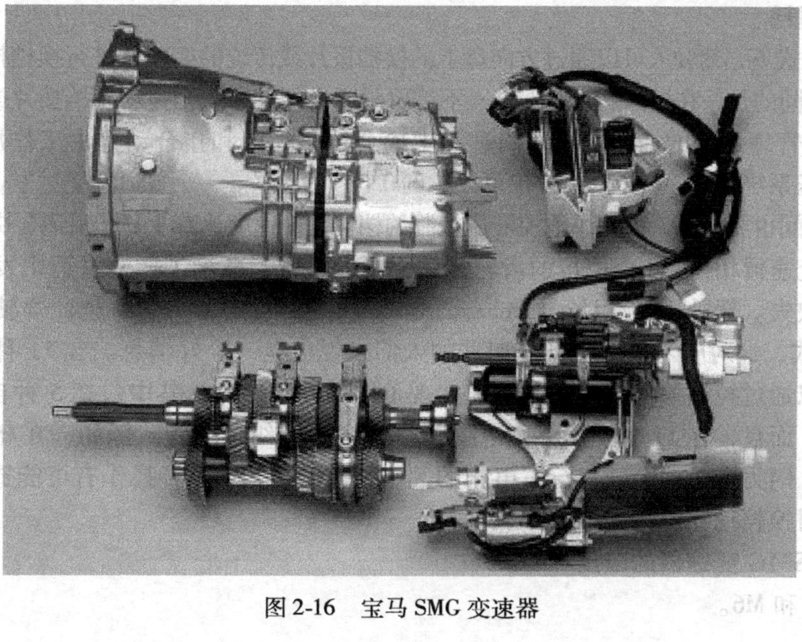

图 2-16　宝马 SMG 变速器

SMG 变速器的工作和手动变速器非常相似，只是把原来人工控制的踩离合器、退档、进档、松离合器的工作都交给计算机控制电子离合器和换档伺服器去工作而已。由于这种工作方式不是非常可靠，所以研发人员很快推出了第二代 SMG 变速器。在 SMG II 变速器上采用了一个换档转换鼓，如图 2-17 所示。换档鼓的前端带有锥齿，用来驱动换档鼓旋转，在换档鼓的外圆周面上刻有三条特殊的槽，分别控制三个拨叉。换档鼓的安装有两种方式：一是紧靠在变速器上直接将三个拨叉分别卡在三条槽里；二是由于空间的限制，无法紧靠在变速器上，需要利用拨叉臂，将三个拨叉臂分别卡在三条槽里。

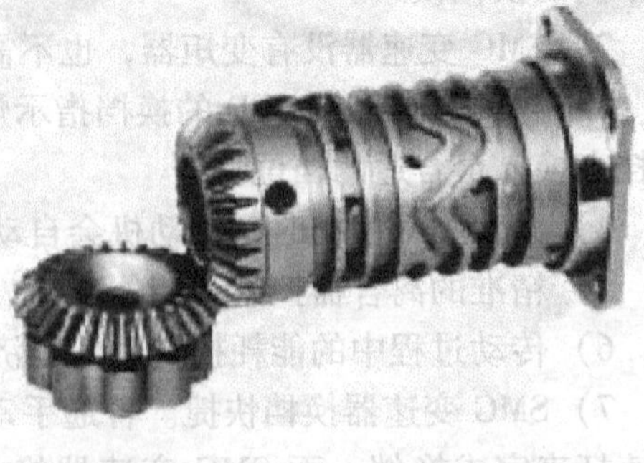
图 2-17　SMG II 变速器换档转换鼓

在换档的时候，只要转动换档鼓，由于三个拨叉卡在特殊的槽里，就会随着换档鼓的转动而同时前后移动，实现退档和进档的任务。所以，换档鼓上槽的设计非常重要。一般当换档鼓转动 50°完成一次换档，并且非常快捷。由于通过换档鼓的旋转进行换档，因此 SMG II 变速器的换档是有顺序地一档一档进行的。比如要从一档换到三档，必须前推变速杆 2 次，使换档鼓转动 2 个 50°，先经过二档再换入三档，降档同样如此。

SMG II 变速器不可以跳跃换档，必须按顺序进行换档，推拉变速杆一次，只能升或降一个档位，所以 SMG II 变速器也被称为顺序换档自动变速器。

宝马的 SMG 顺序式半自动变速器，是根据 F1 赛车的半自动变速器的原理制造的，并且在宝马威廉姆斯赛车上也有应用。其实，半自动变速器的实质还是一个使用齿轮传动的手动变速器，不过其换档系统是由一套液压控制系统去完成离合器的开合、换档等动作的。SMG 变速器具有 7 个档位，档位间的接合是像传统手动变速器一样的齿轮啮合，而不是普通自动变速器的液力变矩器和行星齿轮结构，这样设计的特点就是在动力传递的过程中能够降低发动机的能量损耗。

在手动模式下，驾驶人可以通过方向盘上的换档拨片或传统的变速杆进行换档操作。唯一与手动变速器不同的是，在换档的时候驾驶人不需要踩离合器踏板。当拨动换档拨片或是变速杆的时候，在电脑管理系统的控制下，换档过程中离合器的切断和接合动作由工作压力为 4.5 ~ 8.0MPa 的液压系统控制，这个动作最快可以达到 0.08s 的水平。一个普通的受过专业赛车训练的车手，换档时间也要 0.3s，采用了电控液压控制的档位切换速度比专业赛车手还要快上数倍。

与 6 档变速器相比，7 个档位的齿轮传动比更加紧密，减少了换档过程中发动机的转速下降和动力缺失。驾驶逻辑设计(Drivelogic)是 SMG 变速器的另一个特色，驾驶人可以选择 11 种驾驶模式，这对于习惯了自动变速器的人们来说也是一个好消息。在 11 种模式的选择中，电脑可以通过控制换档的时间和转速实现不同的驾驶感觉，其中包括 5 种自动模式和 6 种手动模式。而且，在 11 个模式下，电脑都具备学习和纠错功能。例如，在高速情况下进行减档操作，因为变速器电脑与行车电脑的关联，电脑会知道这种操作有可能造成侧滑等危险状态，就对换档动作进行必要的修正。

3. 宝马 SMG 变速器的应用

宝马 M5 和 M6。

2.2.2 无级变速器

1. 概述

汽车变速器的类型主要有普通齿轮手动变速器(MT)、自动变速器(AT)和无级变速器(CVT)。其中自动变速器按齿轮变速系统的控制方式，可以分为液控液压自动变速器和电控液压自动变速器；按传动比的变化方式又可分为有级式自动变速器和无级式自动变速器。因此，无级变速器实际上是自动变速器的一种，但它比常见的自动变速器要复杂得多，技术上也更为先进。

无级变速器与常见的液压自动变速器最大的不同是在结构上，后者由液压控制的齿轮变速系统构成，还是有档位的，它所能实现的是在两档之间进行无级变速。而无级变速器则是由两组变速轮盘和一条传动带组成的，比传统自动变速器结构简单，体积更小。另外，它可以自由改变传动比，从而实现全程无级变速，使车速变化更为平稳。

2. 无级变速器的发展历史

在汽车发展的最初阶段，人们就认识到当传动系统与发动机实现无级变速调节时能够使汽车达到理想的行驶工况。甚至在1886年，卡尔·本茨发明的世界上第一辆汽车上，使用的就是V带式无级自动变速传动。但是由于橡胶带式无级变速器存在一系列的缺陷：能传递的功率有限，离合器工作不稳定，液压泵、传动带和夹紧机构的能量损失较大，因而没有被广泛应用于汽车上，取而代之的是齿轮变速器。齿轮变速器以不同的齿轮搭配组成几个固定的传动比，这无法满足内燃机转速与汽车行驶速度连续变化之间的匹配，只有不断地换档或改变内燃机的转速，结果使内燃机脱离了最佳工作区域，动力下降，油耗增加，污染增加。

对于自动变速器，早在1937年，Oldsmobile的汽车上就出现了与现在正在使用的结构相差无几的自动变速器。自动变速器的出现，大大降低了驾驶人的劳动强度，使驾驶成为一种很轻松的过程。但是，自动变速器也有着明显的缺点。目前被广泛使用的自动变速技术是将液力变矩器和行星齿轮系组合的自动变速器技术。在工作过程中也存在着以下问题：传动比不连续，只能实现分段范围内的无级变速；液力传动的效率较低，影响了整车的动力性能与燃料经济性；增加变速器的档位数来扩大无级变速覆盖范围，就必须采用较多的执行元件来控制行星齿轮系的动力传递路线，导致自动变速器零部件数量过多，结构复杂，保养和维护不便。齿轮变速器和自动变速器存在的种种局限使得人们将研究的重心重新回到了无级变速器。

在很长的时间里，无级变速器一直处于比较边缘的状态，但是人们对它的研究并没有停止过。荷兰DAF公司于1958年成功研制了双V带式无级变速器，并装备于他们所生产的小型汽车上，取得了不俗的销量。虽然DAF公司的双V带式无级变速器的性能在一定程度上有所提高，但仍然没有质的飞跃。无级变速器技术真正取得里程碑式的突破出现在20世纪60年代中期，荷兰的VDT公司用金属带取代之前的橡胶带，研制出了能传递功率容量大、效率高、结构紧凑的无级变速器。VDT公司的金属带无级变速器在1987年正式进入商品化阶段，从此也拉开了各国争相开发CVT技术的帷幕。20世纪90年代，CVT技术得到了长足的进步，可用于大转矩发动机的CVT开始投放市场。最新的电子技术和自动控制技术也开始应用于CVT中。从此，CVT告别了只能用于中型以下汽车的历史，开始了大规模应用之路，并成为了汽车发展的大趋势之一。

3. CVT 的基本结构

无级变速器按结构和传动方式可分为电力式、液力式和机械式三种。其中，电力式和液力式无级变速器因为成本高、效率低、结构复杂等原因没有得到广泛的应用。而机械式与前两种相比，具有结构简单紧凑、成本低、操纵方便等优点而成为目前主流的选择。因此，下面所提到的 CVT 都是指金属带传动的机械式无级变速器。

首先，我们先来看看金属带式 CVT 的基本结构。它一般由起步离合器、行星齿轮机构、无级变速机构、控制系统和中间减速机构组成，如图 2-18（见书后彩插）和图 2-19（见书后彩插）所示。

（1）起步离合器　起步离合器的主要功用是使汽车以足够大的牵引力平顺起步，提高驾驶舒适性，必要时切断动力传输。目前用于汽车起步的装置主要有三种：湿式离合器、电磁离合器和液力变矩器。

（2）行星齿轮机构　CVT 的行星齿轮机构用以实现前进档和倒档之间的切换操作。前进档时，太阳轮主动旋转，行星架随太阳轮同速旋转，即整体同步旋转。倒档时，太阳轮主动旋转，齿圈不动，此时行星架与太阳轮反向旋转。

（3）无级变速机构　无级变速机构由金属传动带、主动轮组、从动轮组组成。其中，主动轮组和从动轮组都由可动锥盘和固定锥盘组成。如图 2-20 所示。

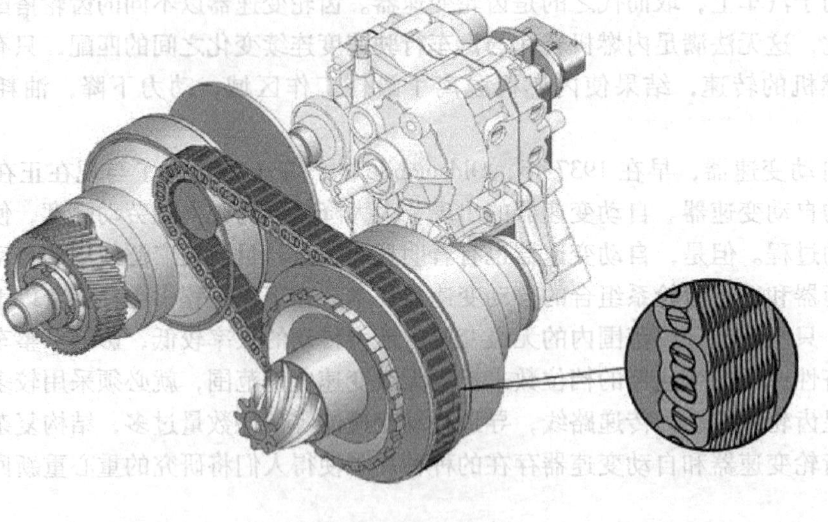

图 2-20　无级变速机构

（4）控制系统　控制系统是用来实现 CVT 传动比无级自动变化的，多采用机-液控制系统或电-液控制系统。机-液控制系统主要由油泵、液压调节阀（用以调节传动比和传动带与轮之间压紧力）、传感器（节气门和发动机转速）、主从动轮的液压缸及管道组成。而电-液控制系统则是在机-液控制系统的基础上加装了一些电子控制单元、电磁阀和传感器组成的，提高了对 CVT 控制的效率和精确度。

（5）中间减速机构　由于 CVT 可以提供的传动比变化范围为 0.445～2.6，不能完全满足整车传动比变化范围的要求，因而设有中间减速机构。经过中间减速机构可以将 CVT 的传动比变化范围调整到 0.8～5.0。

4. CVT 的工作原理

金属带式 CVT 主要通过改变主、从动轮和金属带的接触半径(即工作半径)来实现传动比的连续变化。从结构可知，CVT 主、从动轮组都由可动锥盘和固定锥盘组成，可动锥盘可以在主、从动轴上沿轴向移动。可动锥盘与固定锥盘之间形成的 V 形槽与 V 形金属带相啮合。主动轮组的油缸控制主动轮组的可动锥盘沿轴向移动时，主动轮组一侧的金属带随之沿 V 形槽移动，由于金属带的长度固定，因此从动轮组一侧的金属带则沿 V 形槽向相反的方向移动，从动轮组的油缸此时则控制从动轮组的可动锥盘沿轴向移动，以保持金属带的张紧力，保证来自发动机的动力得到高效可靠的传递。金属带沿 V 形槽方向移动时，其在主动轮组和从动轮组上的回转半径发生变化，从而实现传动比的连续变化。

汽车开始起步时，主动轮的工作半径较小，变速器可以获得较大的传动比，从而保证有足够的转矩来使汽车有较高的加速度。随着车速的增加，主动轮的工作半径逐渐增大，从动轮的工作半径相应减小，CVT 的传动比下降，使得汽车能够以更高的速度行驶。

5. CVT 的特点

1）无级变速器后备功率大，其动力性优于传统手动变速器和自动变速器。

2）经济性好。由于 CVT 在一定范围内可以拥有无数个传动比，能自由控制发动机的工作点，协调汽车外界行驶条件与发动机负载，从而获得传动系与发动机工况的最佳匹配，使汽车按最佳燃料经济特性曲线工作成为可能，提高了整车的燃油经济性。

3）装有 CVT 的汽车行驶平顺性好、乘坐舒适。

4）在变速过程中无须中断动力传输，可以大幅减轻驾驶人的劳动强度，提高了汽车的操纵稳定性。

5）环保。由于 CVT 能够根据需要控制发动机的工作点，使发动机能最大限度地被控制在最佳工作点附近，使得气缸燃烧室内混合气体燃烧充分，大大降低了尾气中有害气体和粉尘的排放。

6. CVT 变速器的应用

国内常见的应用了 CVT 变速器的车型有奥迪 A6、广本飞度、菲亚特的西耶娜与派利奥、吉普指南者、奇瑞旗云等。

2.2.3　手自一体变速器

1. 概述

手自一体变速器也就是手动/自动变速器，即将汽车的手动换档和自动换档结合在一起的变速方式。手动/自动变速器由德国保时捷汽车公司于 911 车型上首先推出，称为 Tiptronic。它可使高性能跑车不必受限于传统的自动档束缚，让驾驶人也能享受手动换档的乐趣。此型车在其档位上设有“+”、“-”选择档位。在 D 位时，可自由变换降档(-)或加档(+)，如同手动档一样。驾驶人可以在入弯前像手动档般地强迫降档减速，出弯时可以低中档加油出弯。现在的自动档汽车的方向盘上又增加了“+”、“-”换档按钮，驾驶人能手不离开方向盘加减档。手自一体变速器实际上是在自动变速器的基础上增加了一个手动换档模式，用以增加驾驶乐趣。在手动模式换档时就像半自动变速器一样是推一下升一档(或降一档)，向后拨一下就降档(或升档)。

手自一体变速器主要有四种不同的形式：

1）以传统自动变速器技术为基础，另外加装电子和液压控制装置。允许手动换档。即便在手动模式时自动变速系统仍然随时处于控制状态，如果驾驶人忘记加档。变速器会自动加档。如果驾驶人在车速很快时挂入低档它会不执行；起步时它会自动地将档位挂入1或2档；当车辆打滑它会自动转到“恶劣天气模式”，防止车轮打滑。保时捷、奥迪所选装的Tiptronic系统、宝马Steptronic系统及阿尔法·罗密欧选用的Q系统都属于这一类，它们之间不同的只是操作方式。如保时捷、奥迪可以利用方向盘上的按键加减档，也可用变速杆手动加减档；宝马Steptronic和阿尔法·罗密欧的Q系统则只能用变速杆加减档。这类变速器造价很高，但手动模式的换档响应不算快。

2）CVT变速器。人为地将无级变速划分出几个区域，允许手动换档。

3）以手动变速器为基础，把离合器的自动控制和电子-液压顺序换档相结合。宝马的SMG及雷诺的BVR都属于此类，法拉利的F355 F1、阿尔法·罗密欧的156“双火花”也有此系统，它们的原理和赛车上所用的一样。所不同的是变速器和离合器总成在设计上不是顺序的，它们是传统的手动变速器与电子选档机构的结合。

4）DSG直接换档变速器。

5）手动+自动，即将普通“H”形换档方式的手动变速器和自动离合器相结合，也可称作半自动。其目的只是使离合器自动化，而不改动普通手动变速器传统的换档机构。如雷诺Easy System、萨博Sensonic、菲亚特Seicento以及奔驰A级车都采用了这种技术。这种变速系统结构简单，就是离合器踏板被一个电动机所取代，它会根据微处理器的命令将液压系统加压，使离合器分离和接合。传感器会感应当时的档位、车辆的速度、节气门位置以及驾驶人是否要换档等。起动的时候驾驶人只需挂上档踩加速踏板就行了，其换档按普通的做法进行，在换档时抬起加速踏板，系统会自动地将离合器分离开。系统一直监测车辆的速度及发动机的转速，ECU可以阻止不合时宜的加档或减档，如果有需要，还会提醒驾驶人选择较低的档位。

2. 奔驰手自一体变速器

梅赛德斯-奔驰全球独创的7速自动变速器(7G-Tronic)是融合众多工程技术的创新成果，其与高性能发动机共同提升了车辆的加速性能和中速功率，并降低了油耗，提高了换档舒适性。7G-Tronic结合了直接换档选择(Direct Select)，变速杆不再安装于中控台的传统换挡位置，而是安装在了方向盘的转向柱一侧。驾驶人轻按Direct Select变速杆，就可以选择位置“P”、“N”、“R”和“D”。奔驰手自一体变速器如图2-21和图2-22所示。

在变速器的控制逻辑方面，当7G-Tronic变速器需要迅速降低几个档位(如强制降档)时，多重降档功能开始发挥作用。7G-Tronic变速器一次可以降低四个档位，而不是按顺序换档(一次降低一档)，从而显著减少了换档时间。

7速自动变速器也装备了液力变矩器及锁止离合器。在可能的情况下，锁止离合器在发动机和变速器轴之间建立了虚拟刚性连接，从而防止泵和涡轮之间的滑动，在广泛的运行状况中防止功率损失。与传统自动变速器在高速档时才能够接合不同，在梅赛德斯-奔驰7速自动变速器中，锁止离合器从第一档就能够接合。为了提高舒适性，液力变矩器锁止离合器具有滑动控制功能，能够极为平顺地接合。

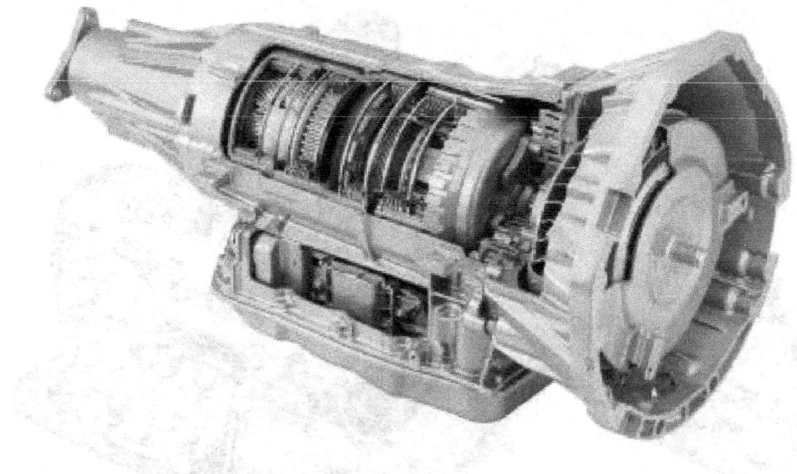

图 2-21 奔驰手自一体变速器 1

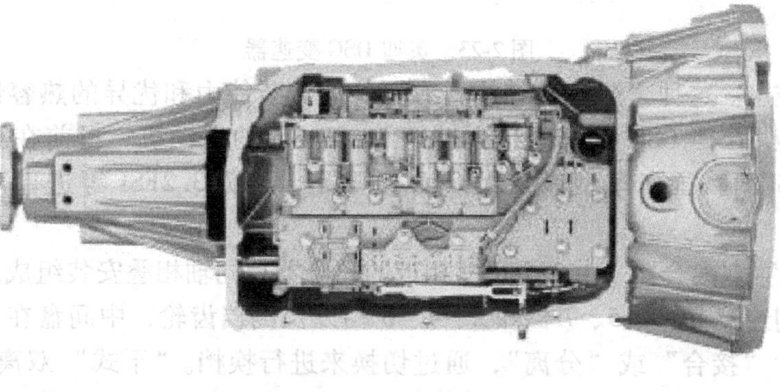

图 2-22 奔驰手自一体变速器 2

2.2.4 DSG 变速器

1. 概述

奥迪汽车公司一直都是汽车变速器技术领域的先驱，1994 年的 Tiptronic 手/自动一体变速器和 1999 年的 Multitronic 无级变速器都是奥迪杰出的代表作，2003 年，奥迪公司将最新一代 DSG 变速器装在 3.2L 的奥迪 TT 和高尔夫 R32 上，开创了奥迪变速器技术又一个新的里程碑。DSG 变速器的技术源于 1985 年奥迪赛车上的双离合器变速器，而新一代 DSG 变速器的性能更趋完美，如图 2-23 所示。

DSG 变速器与一般的变速系统不同，它基于手动变速器，而不是自动变速器。手动变速器要比自动变速器的效率高很多，而 DSG 除了同时拥有手动变速器的灵活和自动变速器的舒适外，更能够提供无间断的动力输出。传统的手动变速器在踩下离合器的时候，动力的输出就出现了中断，而普通的自动变速器也不是没有离合器，而是离合改由电脑控制，在换档的时候也会出现动力中断的问题。

DSG 有两种形式，即“干式”和“湿式”。

（1）“湿式”双离合器　其双离合器为一大一小两组同轴安装在一起的多片式离合器，分别连接 1、3、5 档以及倒档和 2、4、6 档齿轮。“湿式”是指双离合器安装于一个充满液

图 2-23 奥迪 DSG 变速器

压油的封闭油腔里。这种“湿式”结构具有更好的调节能力和优异的热容性，因此能够传递比较大的转矩。6 档 DSG 可匹配最大转矩 350N·m 的发动机。目前在我国市场，迈腾 1.8TSI 和 2.0TSI 两款国产车型以及大众 CC、EOS、迈腾 3.2FSI 等进口车型都装备了 6 档 DSG。

（2）“干式”双离合器　由 3 个尺寸相近的离合器片同轴相叠安装组成。位于两侧的两个离合器片分别连接 1、3、5、7 档和 2、4、6 档以及倒档齿轮，中间盘在其间移动，分别与两个离合器片“接合”或“分离”，通过切换来进行换档。“干式”双离合器结构简单，因而效率更高。但是“干式”离合器自身结构的固有特性使它能够承受的最大转矩比“湿式”离合器要低。7 档 DSG 可匹配最大转矩 250N·m 以下动力输出较小的发动机。

2. DSG 变速器的特点

奥迪新一代 DSG 变速器采用了 2 个离合器和 6 个前进档的传统齿轮变速器作为动力的传送部件，这是目前世界上最先进的、具有革命性的自动变速器。

1）DSG 变速器没有变矩器，也没有离合器踏板。

2）DSG 变速器在传动过程中的能耗损失非常有限，大大提高了车辆的燃油经济性。

3）DSG 变速器的反应非常灵敏，具有很好的驾驶乐趣。

4）车辆在加速过程中不会有动力中断的感觉，使车辆的加速更加强劲、圆滑。百公里加速时间比传统手动变速器还短。

5）DSG 变速器的动力传送部件是一台三轴式 6 前进档的传统齿轮变速器，增加了速比的分配。

6）DSG 变速器的多片湿式双离合器是由电子液压控制系统来操控的。

7）双离合器的使用，可以使变速器同时有两个档位啮合，使换档操作更加快捷。

8）DSG 变速器也有手动和自动 2 种控制模式，除了变速杆可以控制外，方向盘上还配备有手动控制的换档按钮，在行驶中，2 种控制模式之间可以随时切换。

9）选用手动模式时，如果不做升档操作，即使将加速踏板踩到底，DSG 变速器也不会升档。

10）换档逻辑控制可以根据驾驶人的意愿进行换档控制。

11）在手动控制模式下，可以跳跃降档。

3. DSG 变速器的结构

DSG 变速器主要由多片湿式双离合器、三轴式齿轮变速器、自动换档机构和电子控制液压控制系统组成，其中最具创意的核心部分是双离合器和三轴式齿轮箱，如图 2-24（见书后彩插）所示。多片湿式离合器结构如图 2-25（见书后彩插）所示。

DSG 变速器有 2 根同轴的输入轴，输入轴 1 装在输入轴 2 里面。输入轴 1 和离合器 1 相连，输入轴 1 上的齿轮分别和 1 档齿、3 档齿、5 档齿相啮合。输入轴 2 是空心的，和离合器 2 相连，输入轴 2 上的齿轮分别和 2 档齿、4 档齿、6 档齿相啮合。倒档齿轮通过中间轴齿轮和输入轴 1 的齿轮啮合。通俗地讲：离合器 1 控制 1 档、3 档、5 档和倒档，在汽车行驶中一旦用到上述档位中任何一档，离合器 1 是接合的；离合器 2 控制 2 档、4 档和 6 档，当使用 2、4、6 档中的任一档时，离合器 2 接合。

DSG 变速器的多片湿式双离合器的结构和液压式自动变速器中的离合器相似，但是尺寸要大很多。利用液压缸内的油压和活塞压紧离合器，油压的建立是由 ECU 指令电磁阀来控制的，2 个离合器的工作状态是相反的，不会发生 2 个离合器同时接合的情形。

DSG 变速器的档位转换是由档位选择器来操作的，档位选择器实际上是个液压马达，推动拨叉就可以进入相应的档位，由液压控制系统来控制它们的工作。在液压控制系统中有 6 个油压调节电磁阀，用来调节 2 个离合器和 4 个档位选择器中的油压压力，还有 5 个开关电磁阀，分别控制档位选择器和离合器的工作。

4. DSG 变速器的工作

DSG 变速器的工作过程比较特别，在 1 档起步行驶时，离合器 1 接合，通过输入轴 1 到 1 档齿轮，再输出到差速器。变速器进入 2 档后，退出 1 档，同时 3 档预先啮合，如图 2-26（见书后彩插）中动力传递路线所示。所以，在 DSG 变速器的工作过程中总是有 2 个档位是接合的，一个正在工作，另一个则为下一步做好准备。

DSG 变速器在降档时，同样有 2 个档位是接合的，如果 4 档正在工作，则 3 档作为预选档位而接合。DSG 变速器的升档或降档是由 ECU 进行判断的，踩加速踏板时，ECU 判定为升档过程，作好升档准备；踩制动踏板时，ECU 判定为降档过程，作好降档准备。

一般变速器升档总是一档一档进行的，而降档经常会跳跃降档，DSG 变速器在手动控制模式下也可以进行跳跃降档。例如，从 6 档降到 3 档，连续按 3 下降档按钮，变速器就会从 6 档直接降到 3 档，但是如果从 6 档降到 2 档时，变速器会先降到 5 档，再从 5 档直接降到 2 档。在跳跃降档时，如果起始档位和最终档位属于同一个离合器控制，则会通过另一离合器控制的档位转换一下，如果起始档位和最终档位不属于同一个离合器控制，则可以直接跳跃降至所需档位。

2.2.5　马瑞利 AMT 自动变速技术

1986 年，电控机械式自动变速器（AMT）技术第一次应用在 F1 法拉利赛车上，促进了法拉利赛车性能的大步提升。从 1992 到 2007 年，使用马瑞利 AMT 的法拉利赛车总共 15 次赢得 F1 车队冠军，马瑞利 AMT 也伴随着法拉利等车队取得一次次辉煌成就。如今，F1 赛场已经完全是AMT的天下，目前马瑞利是法拉利、雷诺和红牛等车队的供应商，几乎所有的F1赛车和豪华跑车都装载了AMT技术。而AMT技术也正在全球范围内从高水准、竞争性的赛车运动向标准化产品领域扩展。AMT变速器外观和结构如图2-27所示。

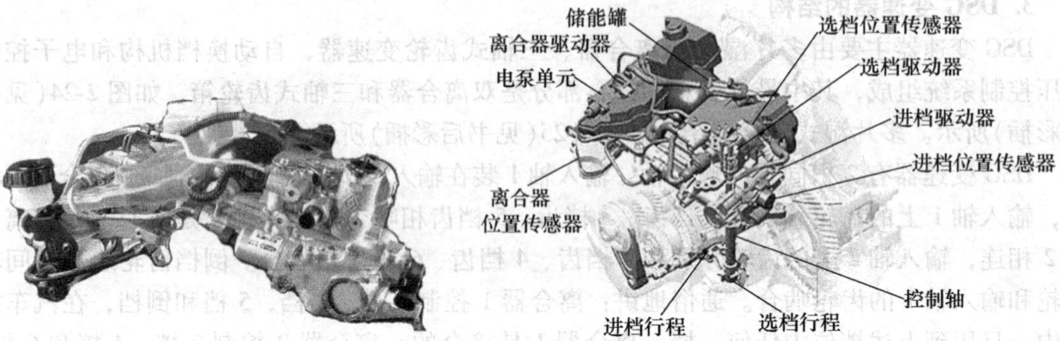

图2-27　AMT变速器

马瑞利AMT技术全称为电控机械式自动变速器(Automated Mechanical Transmission)，该技术是在不改变原车变速器主体结构的基础上，通过加装微电脑控制的电动装置取代原来由人工操作完成的换档动作，实现换档全过程的自动化。换档过程由电子液压阀门来控制，而驾驶人可以在手动和全自动两种换档模式中任选。

AMT变速器主要由传感器、ECU和执行器三部分组成。执行器是电液控制单元，包括油泵、储油罐、电磁阀等部件。其工作过程是：

1）ECU根据传感器信号来确定当前车辆的工作状况。

2）由变速杆的触点得到驾驶人(手动模式下)或ECU计算(自动模式下)给出的换档命令。

3）通过执行器的电液控制变速器中的齿轮啮合。

这样就完成了一整套换档工作。

装配AMT变速器的汽车驾驶简单，驾驶时只需踩加速踏板，变速系统会自动选择换档的最佳时机，大大降低了驾驶的复杂性，且动力损耗低。菲亚特、欧宝、雪铁龙等品牌部分轿车上都安装了马瑞利的AMT。图2-28是装配AMT变速器的法拉利跑车换档控制系统。

由于AMT变速器和MT变速器齿轮机构相同，因此维护费用与手动档变速器相同，且

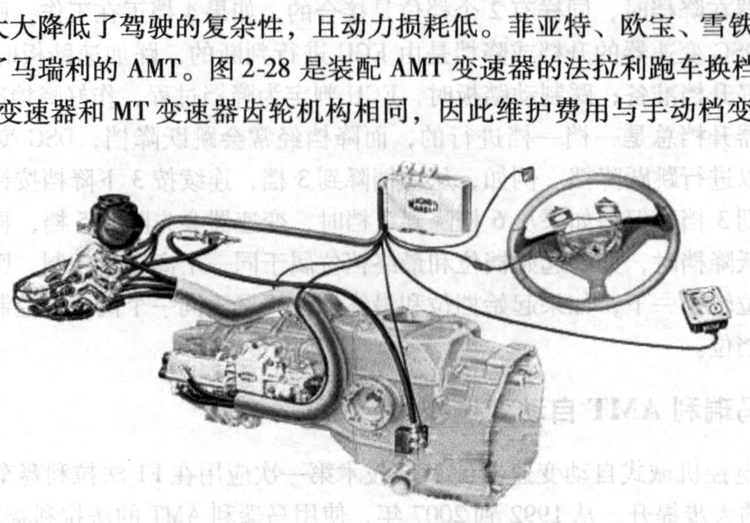

图2-28　法拉利跑车AMT变速器换档控制系统

变速器油也一样，所以使用成本远远低于采用液力变矩器的AT变速器，还有效延长了变速器的使用寿命。AMT只是在MT手动变速器上增加了电控换档装置，因此成本较低。

专家预测，将有更多的MT将被AMT代替，部分AT市场也会被AMT占据。生产AMT的厂家称可以提供很平顺和具有双离合器变速器所有优点的AMT，并且价格要低很多。

2.2.6 宝马M-DCT双离合器变速器

在大众DSG变速器问世后，沃尔沃和宝马也相继投入双离合器变速器阵营，以相似的概念推出各自的变速器产品。宝马7速双离合器变速器M-DCT有别于过去M部门所研发的7速SMG变速器，M-DCT变速器采用双离合器结构，搭配11种换档逻辑选择，提供更胜以往的换档速度和动力传输效率，如图2-29所示。

图2-29 宝马M-DCT 7速双离合变速器

作为一款针对高转矩、高转速发动机所开发的7速双离合器变速器，M-DCT变速器利用两组油冷式离合器，分别控制奇数档位（包括倒档）和偶数档位。在进行换档操作前，一组离合器便已预先啮合下一档位的齿轮，在另一组离合器啮合现行档位齿轮后，便可立即承接下一档位，达到几近无间隙的换档速度。根据官方数据，采用M-DCT变速器的M3 Coupe可在4.6s完成0～100km/h加速，比原先6速手动车型成绩提升0.2s；而平均油耗则为11.9L/100km。

为了配合4.0L V8发动机高达9000r/min的超高转速，M-DCT变速器在冷却系统上也经过特别设计。除了本身具备油冷和空冷两种散热装置外，M-DCT变速器的冷却系统也与发动机冷却系统整合，以在激烈操控下辅助维持适当的操作温度。此外，借由整合两者的冷却系统，也能加速车辆在起动后迅速提升至工作温度，除了减少机件在低温时磨损所造成的动力损失，也降低热车时的燃油耗损。

驾驶时可由传统变速杆选择档位，并进行序列式手动操作。或是利用方向盘后方的铝质拨片，带来类似F1赛车般的操控接口。此外，多达11种的换档逻辑，提供沉稳优雅的行车表现。在D位下，驾驶拥有五种换档逻辑。D5模式下换档时机极为贴近红线转速，让驾驶得以充分发挥发动机潜力；而D1模式则设定以二档起步，避免400N·m的最大转矩在湿滑路面下造成无谓的动力损失。

在序列手动模式下，驾驶拥有六种不同的换档逻辑选择。在S6模式下，驾驶人可以启动 Launch Control(起动控制)功能，体验 0～100km/h 4.6s 的加速能力。此外，原厂也加入陡坡侦测功能，使 M-DCT 变速器在上下坡行驶时能选择适当档位，并有效利用发动机制动达到安全驾驶的效果。

2.2.7　其他双离合器变速器介绍

1. 福特 Powershift 双离合变速器

福特 Powershift 双离合变速器由福特集团与格特拉克(Getrag)变速器厂共同研发并于 2008 年推出。该变速器设计有 6 个前进档，带有手动换档模式，拥有两个相互独立的湿式离合器，最大可以承受 450N·m 的转矩。沃尔沃使用的 PowerShift 双离合变速器由位于瑞典 Koping 的沃尔沃变速器工厂生产。

目前在国内，除了福特新福克斯、蒙迪欧-致胜有几款车型搭载了 Powershift 变速器外，还有沃尔沃的 C30、XC60、S60 等几款车型搭载。相比其他厂家的双离合器变速器，Powershift 最大的特点不是换档速度快，而是拥有堪比 CVT 的换档平顺性。并且，由于可以承受较大的转矩，该变速器可以装配在一些大功率车型上，尤其对于柴油车。福特 Powershift 双离合变速器结构如图 2-30(见书后彩插)所示。

2. 保时捷 PDK 双离合变速器

保时捷双离合变速器(Porsche Doppel Kupplungen,PDK)是目前唯一大批量生产的针对后置后驱形式的双离合变速器。早在 1983 年，保时捷就将 PDK 双离合器变速器用于赛车上。在当时，双离合变速器可以说是技术的革命，不过先进科技的使用成本很高，因此当时只有在为了成绩不计成本的赛车上才有安装它的必要。正因如此，搭载了 PDK 的保时捷 962 赛车在 1984 年与 1985 年获得了极大的成功。

经过技术更新，现款 PDK 产品在结构和技术上已经和 1983 年的 PDK 有了巨大的差别，但其工作原理仍与大众的 DSG 技术基本相同。代号 7DT-45 的首台量产 PDK 双离合变速器于 2009 年配备 Cayman 和 Boxster，这台 PDK 使用了埃孚公司研制的 ND2015 双离合器模块，最高可承受 500N·m 的转矩输出。保时捷以此为基础，换上埃孚提供的 ND2216 双离合器模块又发展出能够承受 780N·m 转矩输出的 7DT-70，用于配备 2010 款保时捷 911 Turbo。此后保时捷又研发了代号为 7DT-75 系列，用于配备 Panamera 车型。这台双离合变速器与 7DT-45/7DT-70 的结构完全不同，输入轴布置在变速器的下部，以此降低 Panamera 的重心。7DT-75 只有一条循环油路，而 7DT-45/7DT-70 使用了两条循环油路。目前保时捷的绝大多数车都配备 7 速 PDK 双离合器变速器，只有卡宴(Cayenne)使用 8 速 Tiptronic 手自一体变速器。

典型 PDK 双离合变速器结构如图 2-31(见书后彩插)所示。

3. 三菱 TC-SST 双离合变速器

三菱 TC-SST(Twin Clutch-Sport Shift Transmission)双离合变速器于 2007 年 7 月在东京发布。TC-SST 变速器由三菱和格特拉克(Getrag)共同开发，格特拉克原厂代号为 6DCT470。该变速器有两个独立的湿式离合器片，变速器具有正常、运动、超级运动三种模式，可以适应不同路面情况。驾驶人既能选择自动换档操作也可选择拨片式变速杆进行手动操作。TC-SST 双离合变速器具有 6 个前进档，最大可承受 450N·m 转矩，虽然布局为横置，但可以支持四轮驱动。TC-SST 变速器在运动与超级运动模式下可大幅延后升档时间。甚至手动模式下，锁定档位能够支撑转速攀升至发动机断油，这明显跟 Powershift 强调经济效能与顺畅度的理念差别巨大。图 2-32 所示为三菱 TC-SST 双离合变速器。

4. 奥迪 S-Tronic 双离合变速器

奥迪 7 速 S-Tronic 双离合变速器主要应用于奥迪纵置发动机车型，包括奥迪 A3、A4 和 A5。其结构如图 2-33（见书后彩插）所示。S-Tronic 双离合变速器的最大特点是传动效率高、换档迅速、燃油经济性好。S-Tronic 可以承受最大 550N · m 的高转矩，可以允许发动机最高转速达到 9000r/min。S-Tronic 利用两个离合器连接和改变档位。S-Tronic 具有不同的模式，如 D 位和 S 位。在正常的 D 位模式下，档位的切换由电脑控制，而 S 位需要更快的换档速度。因此，需要通过选装的方向盘拨片换档模式来实现。

图 2-32　三菱 TC-SST 双离合变速器

2.3 转向系统新技术

重点掌握

- 电控液压助力转向系统的组成和工作原理
- 丰田全电动助力转向系统的工作过程

2.3.1 电控液压转向系统

目前，汽车上常见的助力转向系统根据动力源可以分为两类，即机械助力转向系统和电子控制助力转向系统，即 EPS（Electronic Control Power Steering）。机械助力转向系统中以机械液压助力转向系统最为常见，电子控制助力转向系统可以分为电控液压助力转向系统（液压式 EPS）和电动助力转向系统（电动式 EPS）。

由于助力转向系统具有转向轻便和响应性好等优点，已经在汽车上广泛使用。但是，固定助力效果的助力转向系统具有明显的缺点，虽然这种转向系统的助力效果在车速较低时能够起到很好的作用，但是当车速不断升高时，固定的助力效果会使方向盘过于灵敏，不利于驾驶人对方向进行控制。基于这种原因，设计人员通过电子控制技术在助力转向系统上增加了车速感应式转向功能，以实现车辆低速行驶时助力力矩大和高速行驶时助力力矩小的效果，这就出现了电子控制助力转向系统。但是有些车型配置的助力转向系统并不是通过感应车速来改变助力力矩的大小，而是通过感应发动机转速来改变助力力矩的大小。

电控液压助力转向系统一般可分为两种。一种是为了实现车速感应式转向功能，而在机械液压助力转向系统的基础上增加了控制液体流量的电磁阀、车速传感器以及转向控制单元等，转向控制单元根据车速信号控制电磁阀，从而通过控制液体流量实现了助力作用随车速的变化。另一种助力转向系统是用由电动机驱动的液压泵代替了机械液压助力转向系统中的机械液压泵，而且增加了车速传感器、转向角速度传感器以及转向控制单元等部件。从性能上讲，采用电动液压泵的电控液压助力转向系统具有更好的性能。

1. 系统组成

电控液压助力转向系统简称为EHPAS(Electro-Hydraulic Power Assist Steering)，系统部件主要包括电动机、液压泵、转向机、转向角速度传感器、转向控制单元、EHPAS警告灯以及助力油储液罐等，其中转向控制单元和电动机及液压泵通常安装在一起。

2. 工作原理

在汽车直线行驶时，方向盘不转动，电动泵以很低的速度运转，大部分工作油经过转向阀流回储油罐，少部分经液控阀然后流回储油罐。当驾驶人开始转动方向盘时，ECU根据检测到的转角、车速以及电动机转速的反馈信号等，判断汽车的转向状态，决定提供助力大小，向驱动单元发出控制指令，使电动机产生相应的转速以驱动液压泵，进而输出相应流量和压力的高压油。高压油经转向控制阀进入齿条上的动力缸，推动活塞以产生适当的助力，协助驾驶人进行转向操作，从而获得理想的转向效果。在电动机温度过高或电流过大的情况下，电动机可以停止工作实现自我保护。

2.3.2 全电动助力转向系统

随着汽车的高速化，对汽车操纵的轻便性及灵活性要求越来越高。而现今广泛应用的液压式动力转向系统，存在着结构复杂、价格高、维修保养困难等缺陷，应用范围受到一定的影响，现主要用于中、重型汽车及高级轿车上。而电动助力转向系统可广泛应用于轻型汽车及普通型轿车上，并可提高汽车的操纵灵活性。

电子控制电动助力转向系统是一种直接依靠电动机提供辅助转矩的转向系统。这种转向系统不使用汽车发动机的动力，而依靠汽车上蓄电池作为其电源，它不需要复杂的控制机构，只要控制了电动机电流的幅值和方向，就能实现转向系统的自动控制，如图2-34所示。

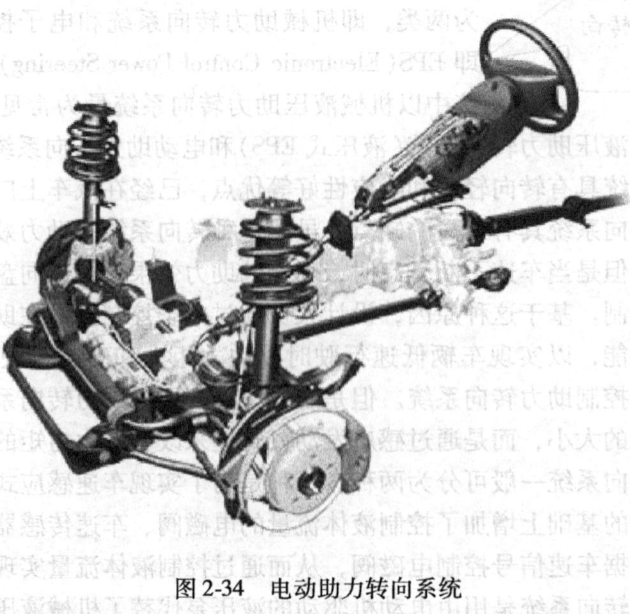

图2-34　电动助力转向系统

1. 电动助力转向系统的组成

电动助力转向系统部件包括电动机、转向机、转向角速度传感器、转向控制单元以及

EPAS警告灯等。

（1）电动机　通常采用免维护无刷电动机。该类型电动机利用电子方式进行整流，而且没有刷的磨损，具有很好的可靠性和较长的使用寿命。当不需要提供转向助力时，电动机在很小的电流驱动下转动，当需要较大的转向助力时，电动机就可以立即提高转速以提供所需要的助力。

（2）液压泵　采用齿轮式液压泵或叶片式液压泵。液压泵体内布置有共鸣室和限压阀，共鸣室的作用是降低液压泵的工作噪声，限压阀可以将液压控制在规定的范围内。当电动机转动时，带动机械液压泵驱动液压油流动。在更换液压油或更换助力转向系统部件导致空气进入液压管路时，电控液压助力转向系统需要执行排气程序，否则会导致转向时产生噪声或振动。

（3）转向角速度传感器　一般采用霍尔传感器，安装在方向盘内或转向机内，持续监测转动角速度，以作为转向控制单元控制助力的参考依据。例如，当车辆高速行驶时，在车速感应式转向功能的作用下，助力转向系统提供的助力作用会减小，但是行驶中有可能出现需要紧急转向的突发情况。当驾驶人猛打方向盘时，转向角速度传感器会感知这一变化并会向转向控制单元发出信号，转向控制单元控制电动机的转速迅速提高，助力作用会瞬间增大，以便车辆顺利完成转向动作。在拆卸和安装转向角速度传感器时，应注意将方向盘置于正中间位置。

（4）转向控制单元　转向控制单元具有接收和处理各个传感器信号、输出执行信号以及监控系统工作状态等多种功能：

1）转向控制单元接收来自发动机控制单元的车速信号或发动机转速信号，以及来自转向角速度传感器的角速度信号，并计算出理想的控制电流输出给电动机，以控制助力力矩的大小和方向。

2）当系统存在故障时，转向控制单元会存储故障码并点亮仪表板上的EHPAS警告灯或EPAS警告灯。当监测到系统内电动机等部件出现严重故障时，转向控制单元会切断助力转向系统，此时机械转向系统仍然正常。

3）为了保护电动机等部件，转向控制单元在适当的时候会启动临界状态控制程序。例如，当转向机转动至极限位置时，由于此时助力转向系统的电动机不能转动，所以通过电动机的电流就会达到最大值，为了避免持续大电流导致电动机和控制单元损坏，所以当较大电流连续通过30s后，转向控制单元就会控制电流逐渐减小。当这种状态消失后，转向控制单元就会根据需要控制电流逐渐增大，直到达到正常工作电流值。

2. 电动助力转向系统的工作原理

当操纵方向盘时，装在方向盘轴上的转矩传感器不断地测量出转向轴上的转矩信号，该信号与车速信号同时输入到电子控制单元。电子控制单元根据这些输入信号，确定助力转矩的大小和方向，即选定电动机的电流和转向，调整转向辅助动力的大小。电动机的转矩由电磁离合器通过减速器减速增矩后，加在汽车的转向机构上，使之得到一个与汽车工况相适应的转向作用力。

3. 电动助力转向系统的特点

1）系统使用电动机，不使用液压泵，因而发动机节省了驱动液压泵所需的动力。

2）系统省去了液压网络的所有部件，减小了转向系统的尺寸与质量，并且降低了成本。

3）系统仅在方向盘转动的情况下使用动力，而传统的动力转向系统则要求提供持续的能量。

4）系统只有直流电动机为主要零件，所使用的其他零件少，因而具有很高的可靠性，转向系统可以做到免维护。

5）由于某种原因致使电子控制助力系统出现故障时，驾驶人还可以很容易地回到手动机械转向。

4. 丰田锐志电动助力转向系统

锐志电动助力转向系统的基本组成如图 2-35 所示。

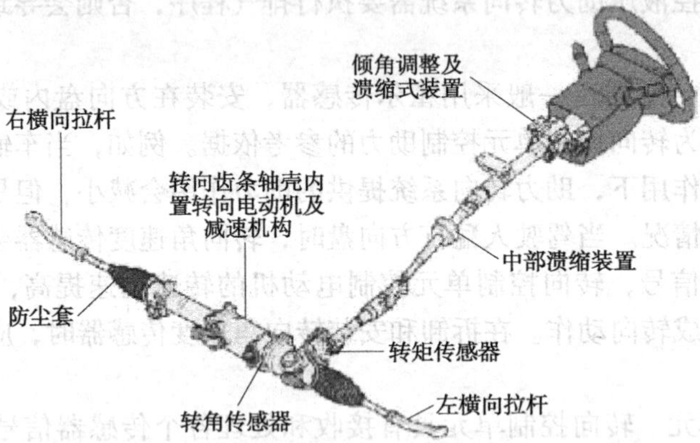

图 2-35　锐志电动助力转向系统的组成

锐志电动助力转向系统主要包括方向盘直接驱动的转矩传感器、转向电动机、减速装置、转角传感器、齿条轴的外壳及左右横拉杆等。其结构如图 2-36 所示。

（1）转向转矩传感器结构与工作原理　转向转矩传感器包括两部分，分别安装在方向盘的输入轴和转向小齿轮的输出轴上。

转子部分由上下两层构成，且均装有转矩传感器，如图 2-37 所示。输入轴和输出轴由一根细金属销连接成一体，转子部分上方有销孔。输入轴和输出轴两者上部是刚性连接，由汽车方向盘的转轴驱动。其下层转子带动小齿轮推动齿条的平移，驱动转向轮左右转向。

转矩传感器的上层部分由方向盘直接驱动，由于下端没有负载，所以它的转动量与方向盘转轴完全同步。但转矩传感器的下层部分带有转向小齿轮（有一定阻力），中间通过细扭杆驱动，导致下层转子的转动量相对较小，这就造成上、下层转子在机械上会产生相对角位移差。当汽车转向时，在不同的道路条件遇到不同的转向阻力时，输入轴与输出轴这两个转轴会产生与转向转矩大小相应的角度差。

定子部分也有上下两层绕组，分别对应转子的上下部。定子绕组部分有两种绕组分布，分别是励磁绕组和检测绕组，如图 2-38 所示。其上共有七根不同颜色的细导线与外界联系。其励磁绕组对转子部分的绕组通过电磁感应起励磁作用；检测绕组则将输入、输出轴的上下角差（转向转矩）检测出来，向电子控制单元输送电信号，这个电信号以定子绕组上的两列正弦波的相位差，反映此时转矩传感器检测到的转矩大小。

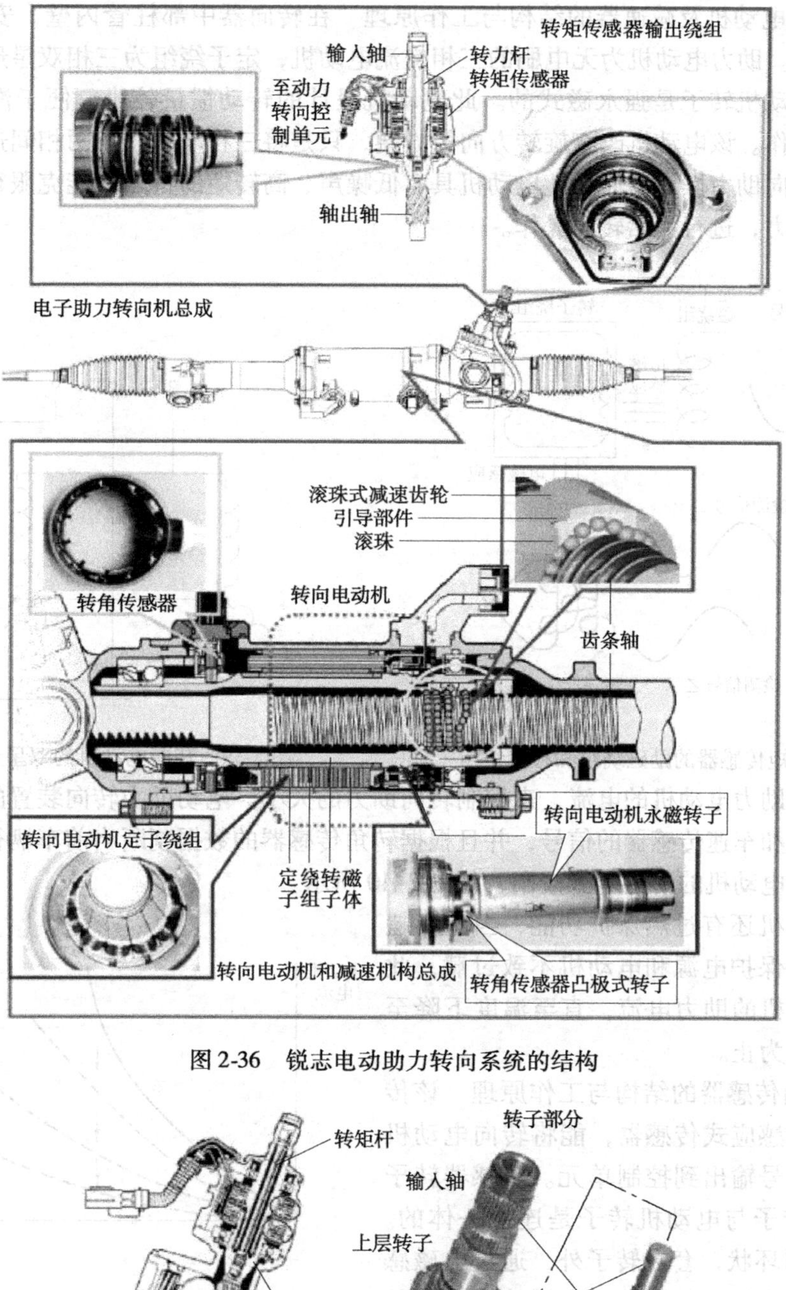

图 2-36 锐志电动助力转向系统的结构

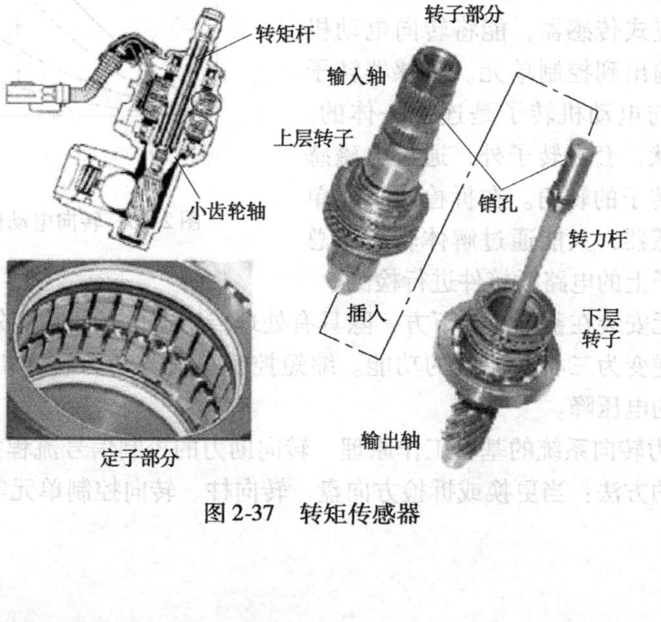

图 2-37 转矩传感器

（2）助力电动机及减速器的结构与工作原理　在转向器中部柱管内壁，安装有助力电动机及减速器。助力电动机为无电刷的三相交流电动机，定子绕组为三相双星形联结，如图2-39所示。电动机转子是强永磁式的。此电动机设计的转动惯量较小，便于汽车行驶时灵活的变转向操作。该电动机改变旋转方向极方便，只是将三相电源任意两相间进行换接即能实现迅速的转向助力操作。而且此电动机具有低噪声、高转矩的特点，能克服行驶在各种道路上的转向阻力，进行灵活转向操作。

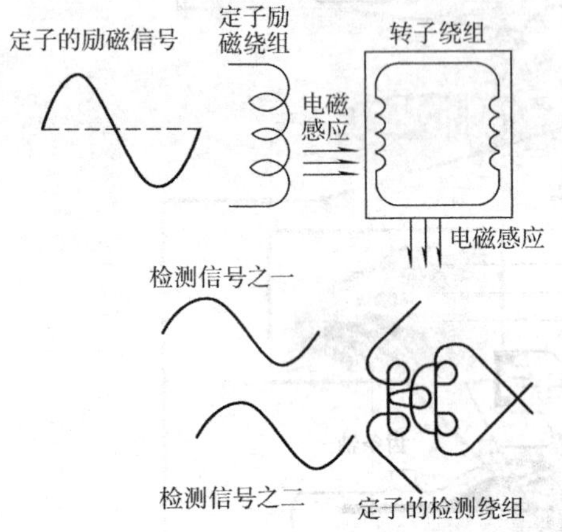

图2-38　转矩传感器的励磁绕组和检测绕组

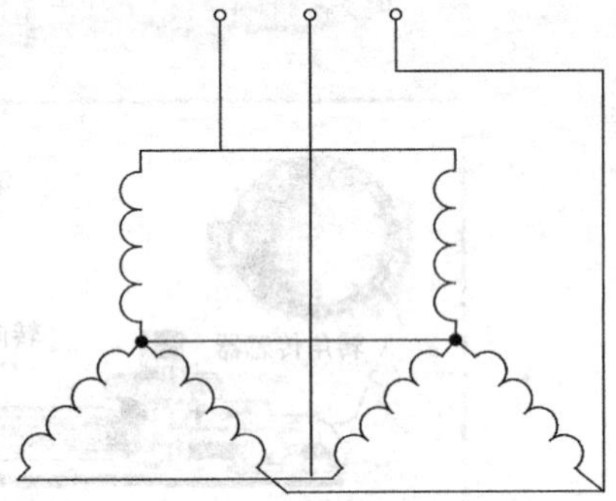
图2-39　转向电动机的双星形绕组

通过控制助力电动机的电流，来控制转向助力的大小。电动助力转向装置的控制单元接收转矩传感器和车速传感器的信号，并且根据转角传感器的数据判断当前车辆行驶状况，决定施加给转向电动机的助力电流大小，如图2-40所示。

转向电动机还有过热保护功能，当温度超过规定值，为保护电源和电动机不致过载，此时应限制电动机的助力电流，直至温度下降至规定的允许值为止。

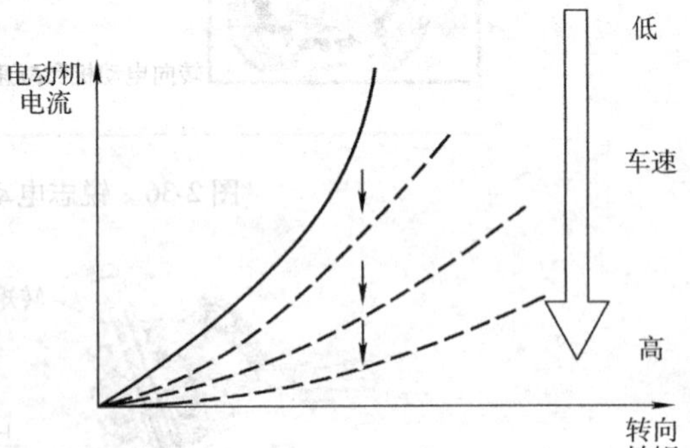

图2-40　转向电动机的电流控制

（3）转角传感器的结构与工作原理　该传感器属于电磁感应式传感器，能将转向电动机的转向角度信号输出到控制单元。传感器转子为凸极式，转子与电动机转子是连成一体的。定子绕组呈圆环状，套在转子外，通过电磁感应原理，检测出转子的转角。在拆检时不能单独取下此转角传感器，只能通过解体转向器总成。但可通过定子上的电路插接件进行检测。

转向控制单元安装在蓄电池的下方，除具有处理传感器信号的功能外，控制单元还有提升蓄电池电压、逆变为三相交流电的功能。缩短控制单元与动力转向机总成之间的电缆长度，可减小线路的电压降。

（4）电动助力转向系统的基本工作原理　转向助力的控制信号流程如图2-41所示。

转向初始化的方法：当更换或拆检方向盘、转向柱、转向控制单元等部件时，应对转向的电气控制系统进行初始化设定，可用检测仪或手工设定。手工初始化的具体方法是：

1）用导线短接 Tc 和底盘的搭铁线 CG 端子。

2）将点火开关置“ON”位置。

3）用导线短接 Ts 和 CG 端子。

4）在 20 s 内断开、连接 Tc 端子 20 次。

5）确认 P/S 警告灯点亮。

6）关闭点火开关，完成电气控制系统初始化工作。

转向初始化时短接的插接器如图 2-42 所示。

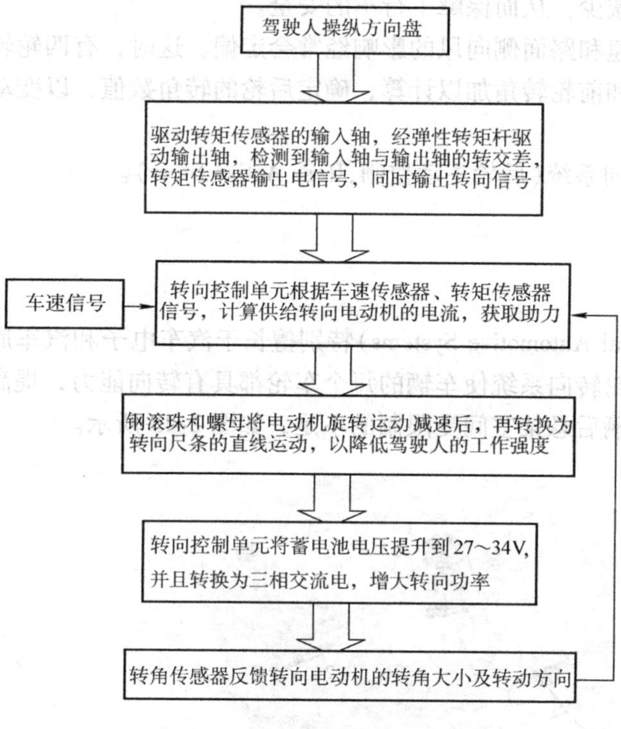

图 2-41　转向控制流程图

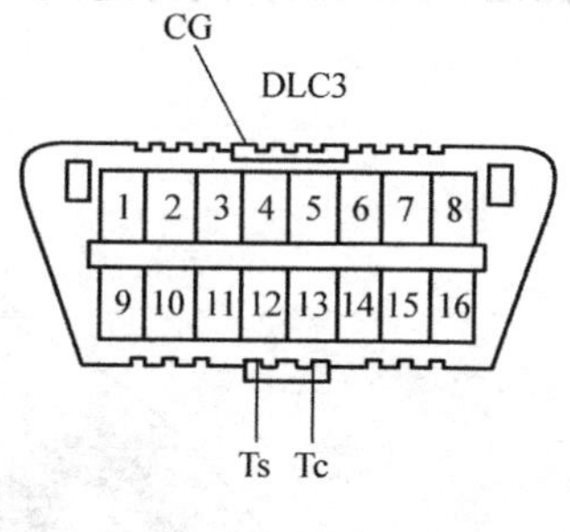

图 2-42　转向初始化时短接的插接器

2.3.3　四轮转向系统

四轮转向 4WS(Four Wheel Steering)是指后轮也和前轮相似，具有一定的转向功能，不仅可以与前轮同方向转向，也可以与前轮反方向转向。其主要目的是增强轿车在高速行驶或者在侧向风力作用下的操纵稳定性，改善低速时的操纵轻便性，在轿车高速行驶时便于由一个车道向另一个车道移动调整，以及减小掉头时的转弯半径。

四轮转向装置按照前后轮的偏转角和车速之间的关系分为两种类型：一种是转角传感型，另一种是车速传感型。转角传感型是指前轮和后轮的偏转角度之间存在着一定的因变关系，即后轮可以按前轮偏转方向做同向偏转，也可以做反向偏转。车速传感型是根据事先设计的程序规定当车速达到某一预定值时（通常为 35 ~ 40km/h），后轮能与前轮同方向偏转，当低于某一预定值时，则与前轮反方向偏转。目前的四轮转向轿车既有采用转角传感型的，也有采用车速传感型的，还有二者兼而用之的。例如，马自达 929 型轿车的四轮转向就具有两种类型的特点。

从汽车转向的基本过程来看，无论采取怎样的转向形式，都是使汽车在转弯时产生重心的平移和绕着重心的转动，这两种运动的结合促使汽车完成了转向的过程。当汽车方向盘的转角和车速都确定下来时，那么前轮转向汽车的行驶状态是单一的，而四轮转向汽车的行驶状态则会随着后轮与前轮之间的角度不同或相同而变得多种多样，这是两轮转向和四轮转向的根本差别所在，也是后者比前者优越的关键之处。汽车前轮在做转向时，会产生一个作用在前轮的侧向力，这时后轮也会产生一种离心力，这种作用力就会使车辆在垂直轴线方向上产生一个转矩，增大了倾翻作用力，使车辆不能稳定。而有四轮转向装置的汽车，前后轮会相互配合，减弱倾翻作用力，侧滑也会减少，从而保障了行车的安全。

汽车在做直线行驶时，由于受到车速和路面侧向风的影响经常会走偏。这时，有四轮转向装置的汽车的控制单元就会根据车速和前轮转角加以计算，确定后轮的转角数值，以变动对变动来保持车辆行驶的稳定性。

日产风雅(Fuga)轿车采用了四轮转向系统(后轮主动控制,Rear Active Steer)。

2.3.4 后轮转向技术

1. 大陆后轮转向技术

大陆公司的汽车系统部门(Continental Automotive Systems)特别擅长于汽车电子和汽车底盘系统。大陆公司研制的带有多连杆后轮转向系统使车辆的每个车轮都具有转向能力，提高了操控性和安全性，同时避免了传统车辆后悬架空间受限制的不足，如图2-43所示。

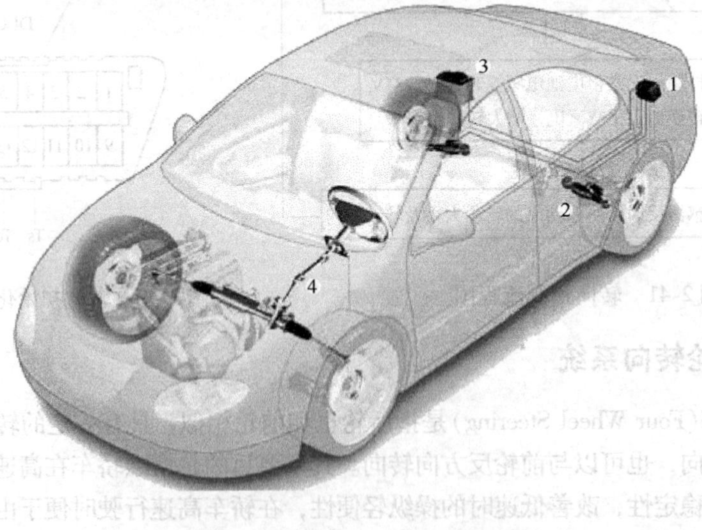

图2-43 大陆公司后轮转向系统

1—电子控制单元 2—带电控电动机的转向拉杆 3—蓄电池 4—方向盘转角传感器

底盘的制动、转向和车轮悬架部件在本质上决定了车辆的操控性能。随着微电子技术的不断发展，上述部件正在逐步增加电子系统以提高安全、操控和舒适性能，并提升了各系统的协调工作能力。今天，各系统已经逐步演变成网络工作，如车身平衡系统已经能够和电子转向协同作用，在遇到临界驾驶情况时可以更加有效和安全地通过。

在驾驶中要获得最佳的驾驶操控性能必然是四个车轮受力均匀，并协同工作。在后轮增加转向功能并不像将前轮转向提升为电子控制主动转向那么简单，后轮结构上的复杂性、安装上的限制（排气系统、油箱、电子制动和驱动轴部件等）使它比想象的要复杂。大陆公司成功地解决了以上问题。只需要轻微地修改后悬架结构，获得一定的自由空间，而花费并不多。

大陆公司研制了两种后轮转向机构：电子机械可调整转向臂和液压可调整转向臂。电子机械可调整转向臂使用了智能电动机驱动以调整转向臂的长度。驾驶人的转向操作会变成电信号传输到底盘电子控制单元，控制单元会综合分析其他各种驾驶信息，再将转向指令传输到智能电动机执行后轮转向操作。

液压可调整转向臂使用了一个中心泵来提供调整的动力，通过调整转向臂上的液压缸来控制转向臂的长度以达到控制后车轮的转角。液压系统有着它有利的一面，它很容易扩展到其他系统，并与其他系统形成联动，如电子可调减振系统。

后轮转向的好处是减小了转弯半径和提高了高速驾驶平稳性，提升了操控性和安全性。

2. 标致后轮随动转向技术

所谓后轮随动转向指的是汽车在过弯时，除了前轮能提供转向力和转向方向以外，后轮也能产生一定程度的转向角度。虽然角度很小，但在一定程度上能提高汽车的机动性。神龙富康轿车的随动转向通常只提供同相位的转向角度，也就是说后轮的转向方向与前轮的转向方向相同。虽然在低速行驶的时候，这样小的后轮转向角度似乎不能起到多大作用，但在高速行驶的时候，这样小的转向角度能起到至关重要的作用。

该机构结构并不复杂，仅仅在后轮与悬架、悬架与车身之间布置了一些橡胶软垫。通过橡胶把悬架与车身柔性连接，由于橡胶存在一定弹性，而在弹性限度内又有相当高的强度，所以在汽车转弯时，后悬架连接点的橡胶软垫在横向力的作用下能发生一定程度的弹性变形，从而带动车轮做一定角度的前束角变化。那么后轮就能随着前轮的转向而做一个很小角度的转向了。这个转向角度取决于橡胶软垫的软硬程度。橡胶垫越软，后轮可变转向角度越大，但悬架刚度降低，使稳定性变差。橡胶软垫越硬，后轮转向角度越小，但悬架刚度大，稳定性高。因此，在设计时需要权衡其优缺点，根据汽车实际用途的侧重点做调校。标致后轮随动转向系统如图 2-44 所示。

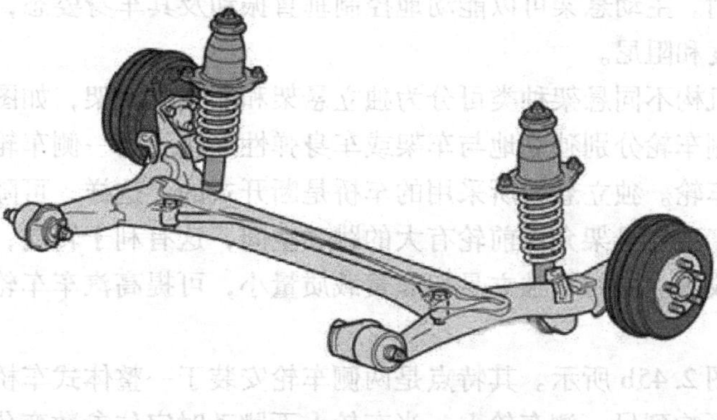

图 2-44　标致后轮随动转向系统

2.4 悬架新技术

重点掌握

- 奔驰空气悬架的工作模式
- 电控悬架的控制过程

舒适性是评价轿车使用性能的重要指标之一。舒适性与车身的固有振动特性有关，而车身的固有振动特性与悬架特性密切相关。因此，汽车悬架是保证乘坐舒适性的重要部件。同时，汽车悬架作为车架（或车身）与车轴（或车轮）之间的传力机构，是保证汽车行驶安全的重要部件。

如果直接把汽车车架（或车身）安装于车桥（或车轮）上，由于道路不平，地面冲击振动会使乘员感到不舒服，因此必须安装悬架。汽车悬架是车架（或车身）与车轴（或车轮）之间的弹性连接装置的统称。其功用是弹性地连接车桥和车架（或车身），缓和行驶中车辆受到的冲击力，保证货物完好无损和乘员舒适，衰减由于弹性系统引进的振动，使汽车保持稳定行驶，改善操纵稳定性。同时，悬架系统承担着传递垂直反力、纵向反力（牵引力和制动力）和侧向反力以及承受这些力所造成的力矩并作用到车架（或车身）上，以保证汽车行驶平顺。当车轮相对车架跳动时，特别在转向过程中，车轮运动轨迹要符合一定的要求。因此，悬架还能起到使车轮按一定轨迹相对车身跳动的导向作用。

悬架一般由弹性元件、导向机构、减振器和横向稳定杆组成。弹性元件用来承受并传递垂直载荷，缓和由于路面不平引起的对车身的冲击。弹性元件种类包括钢板弹簧、螺旋弹簧、扭杆弹簧、油气弹簧、空气弹簧和橡胶弹簧。减振器用来衰减由于弹性系统引起的振动，减振器的类型有筒式减振器、阻力可调式减振器、充气式减振器。导向机构用来传递车轮与车身间的力和力矩，同时保持车轮按一定运动轨迹相对车身跳动。通常，导向机构由控制摆臂式杆件组成，种类分为单杆式或多连杆式。钢板弹簧作为弹性元件时，可不另设导向机构，它本身兼起导向作用。有些轿车和客车上，为防止车身在转向等情况下发生过大的横向倾斜，在悬架系统中加设横向稳定杆，目的是提高横向刚度，使汽车具有不足转向特性，改善汽车的操纵稳定性和行驶平顺性。

现代汽车悬架的发展很快，不断出现崭新的悬架装置。悬架按控制形式不同分为被动悬架和主动悬架。目前，多数汽车上都采用被动悬架。20 世纪 80 年代以来，主动悬架逐渐在轿车上开始得到应用。主动悬架可以能动地控制垂直振动及其车身姿态，根据路面和行驶工况自动调整悬架刚度和阻尼。

根据汽车导向机构不同悬架种类可分为独立悬架和非独立悬架，如图 2-45 所示。

独立悬架是两侧车轮分别独立地与车架或车身弹性连接。当一侧车轮受冲击，其运动不直接影响到另一侧车轮。独立悬架所采用的车桥是断开式的。这样，可降低发动机重心，使汽车布置更加紧凑。独立悬架允许前轮有大的跳动空间，这有利于转向，便于选择软的弹簧元件使平顺性得到改善。同时，独立悬架非簧载质量小，可提高汽车车轮的附着力。独立悬架如图 2-45a 所示。

非独立悬架如图 2. 45b 所示。其特点是两侧车轮安装于一整体式车桥上，当一侧车轮受冲击力时，会直接影响到另一侧车轮上，当车轮上下跳动时定位参数变化小。若采用钢板弹簧作弹性元件，它可兼起导向作用。因此，非独立悬架结构简单，成本低，目前广泛应用于货车和大客车上，部分轿车后悬架也采用非独立悬架。非独立悬架由于非簧载质量比较大，

a)

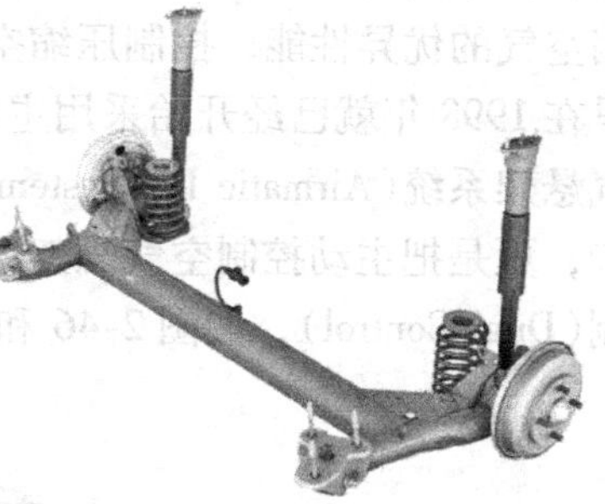

b)

图2-45 汽车悬架

a）麦弗逊式独立悬架 b）螺旋弹簧非独立悬架

高速行驶时悬架受到冲击载荷比较大，平顺性较差。

汽车悬架还可分为主动悬架和被动悬架。

被动悬架即传统式的悬架，由弹簧、减振器(减振筒)、导向机构等组成，它的功能是减弱路面传给车身的冲击力，衰减由冲击力而引起的承载系统的振动。由于这种悬架是由外力驱动而起作用的，所以称为被动悬架。

主动悬架的控制环节中安装了能够产生抽动的装置，采用一种以力抑力的方式来抑制路面对车身的冲击力及车身的侧倾力。由于这种悬架能够自行产生作用力，因此称为主动悬架。

主动悬架是近十几年发展起来的，由电脑控制的一种新型悬架，具备三个条件：

1）具有能够产生作用力的动力源。

2）执行元件能够传递这种作用力并能连续工作。

3）具有多种传感器并将有关数据集中到ECU进行运算并决定控制方式。

另外，主动悬架具有控制车身运动的功能。当汽车制动或转弯时的惯性引起弹簧变形时，主动悬架会产生一个与惯性力相对抗的力，减少车身位置的变化。例如，德国奔驰CL型跑车，当车辆转弯时悬架传感器会立即检测出车身的倾斜和横向加速度，ECU根据传感器的信息，与预先设定的临界值进行比较计算，立即确定在什么位置上将多大的负载加到悬架上，使车身的倾斜减到最小。

2.4.1 奔驰空气悬架

汽车的操控性与舒适性是衡量汽车使用性能的两个参数，但两者却是一对矛盾。柔软的悬架能够增强乘坐舒适性，但操控性就要大打折扣。较硬的悬架使车辆操控性能提高，却会导致乘坐舒适性下降。如果能够人为改变悬架的阻尼，让驾驶人可以根据自己的喜好设定悬架的特性，或者让汽车自动改变悬架阻尼，使汽车在不同的路面自动实现最佳的舒适性，这对驾驶人来说无疑是个不小的诱惑。

汽车的主动悬架系统是在普通悬架系统中附加一个可以控制阻尼作用力的装置，由执行机构、测量系统、反馈控制系统和能源系统四部分组成。主动悬架能够根据汽车的运动状态和路面状况，适时地调节悬架的刚度和阻尼，使悬架系统处于最佳减振状态，使车辆在各种路面状况下都具有良好的舒适性。主动悬架的关键部位是其执行机构，也就是可以调节的悬架阻尼系统。在早期研究阶段，主动悬架的执行机构有空气弹簧和液压控制等多种形式，但是由于压缩空气的优异性能，控制压缩空气阻尼的主动悬架技术日趋成熟。

奔驰早在 1998 年就已经开始采用主动式空气悬架系统。2002 年，奔驰公司研发出了双重控制空气悬架系统(Airmatic DC System)。Airmatic 悬架系统不仅在电子控制方面有了更为明显的进步，更是把主动控制空气悬架系统和自适应阻尼悬架系统(ADS)整合到一起，实现了双重控制(Dual Control)，如图 2-46 和图 2-47 所示。

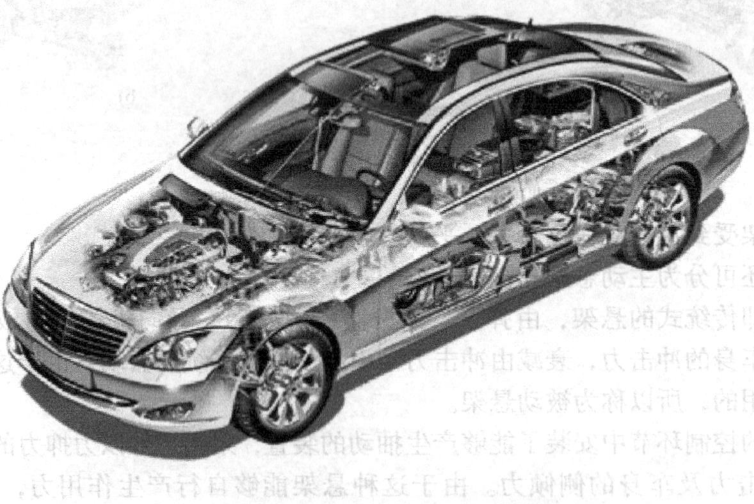

图 2-46　采用双重控制空气悬架的奔驰轿车

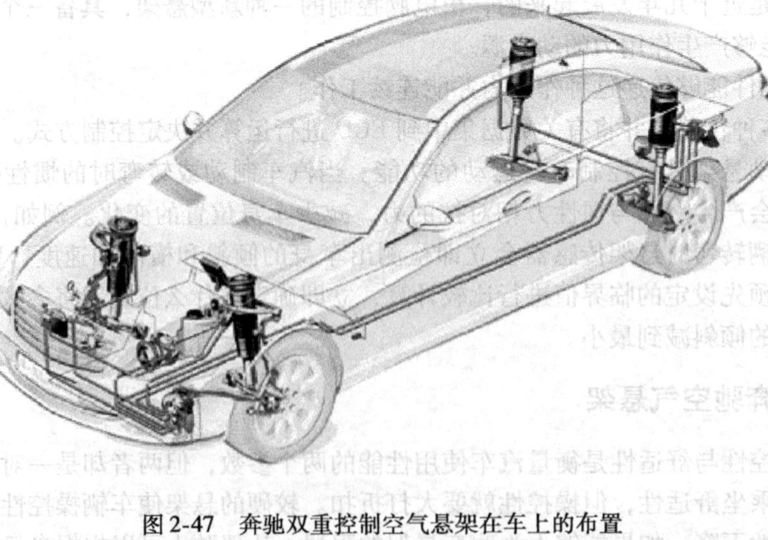

图 2-47　奔驰双重控制空气悬架在车上的布置

Airmatic 悬架系统采用的减振器如图 2-48 所示。采用 Airmatic 悬架系统的前悬架如图 2-49 所示。

Airmatic 悬架系统的工作模式：

1）柔软舒适的设定，用于普通路面的行驶。这个时候，悬架系统是行车电脑自动控制的，通过测量系统、反馈控制系统的帮助，电脑自动调节悬架的阻尼，以保证车辆在不同路

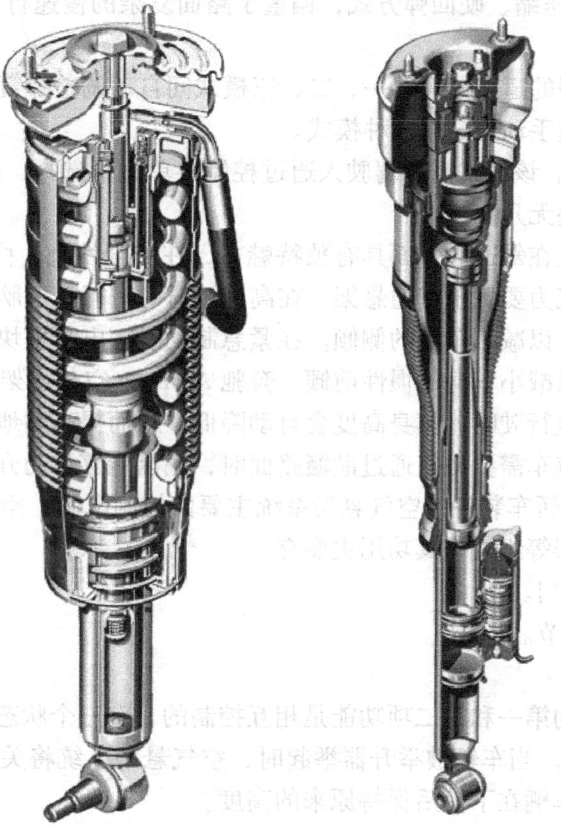

图2-48 奔驰 Airmatic 悬架系统采用的减振器

图2-49 采用 Airmatic 悬架系统的前悬架

面情况下，始终具备最佳的舒适性和操控性。

2）减振器采取硬压缩、软回弹方式，适合高速路况，这在高速下保证了车辆的稳定性。

3）减振器采取软压缩、硬回弹方式，偏重于路面复杂的慢速行驶状况，在颠簸路面能够缓和颠簸。

系统可以根据不同的道路情形在一、二、三模式间自动调整弹簧的软硬度，驾驶人也可以根据自己的驾驶习惯手动固定某一种模式。

4）极端运动模式，该模式需要驾驶人通过控制菜单进行选择，这时驾驶奔驰新 S 系轿车与驾驶一辆跑车相差无几。

主动空气悬架不仅在舒适性方面具有独特魅力，在安全性上，由于有电子系统的介入，主动悬架的极限控制能力要优于普通悬架。在高速过弯时，行车电脑控制外侧车轮的空气弹簧和减振器自动变硬，以减小车身的侧倾。在紧急制动时，电子模块也会对前轮的弹簧和减振器刚度进行加强，以减小车身的惯性前倾。奔驰 Airmatic 空气悬架还将传统的底盘升降技术融入其中：车辆高速行驶时，车身高度会自动降低，从而提高贴地性能，以确保良好的高速行驶稳定性；而当汽车需要慢速通过颠簸路面时，底盘能够自动升高，以提高通过性能。

奔驰 W220 S 系列轿车装备的空气悬架系统主要由控制电脑、空气泵、储压罐、气动前后减振器和空气分配器等组成。其功用主要有：

1）车身的水平控制。

2）车身的水平调节。

3）ADS 功能。

该空气悬架系统的第一和第二项功能是相互控制的，有三个状态：

1）关闭保持状态。当车辆被举升器举起时，空气悬架系统将关闭相关的电磁阀，电脑将记忆车身高度，使车辆在下落后保持原来的高度。

2）正常状态，即发动机运转状态。当车辆驻车时，某一个车门或行李箱盖开启后，若车身高度变化超过 ±10mm，空气悬架系统会重新调整车身高度。行车过程中，若车身高度变化超过 ±20mm，空气悬架系统将每隔 15min 重新调整车身高度一次。

3）唤醒状态（工作时间约 1min）。当空气悬架系统控制单元被遥控钥匙、门开关及行李箱盖开关唤醒后，空气悬架系统将通过车身水平传感器检查车身高度。如果车身高度低于正常高度 30mm 以上，储压罐将提供压力使车身升至正常高度，而此时储压罐的压力必须大于 1.1MPa；如果车身高度低于正常高度 65mm 以上，储压罐压力小于 1.1MPa 时，系统将命令空气泵工作，以提供压力使车身高度恢复正常，而此时的蓄电池电压必须大于 12.4V；如果车身高度由于卸载而升高超过 10mm，空气悬架系统将放气使车身降至正常高度。

自适应阻尼悬架系统可以调节减振器的软、硬程度，使减振器存在正常、微软及硬态 3 个档，且该功能可由驾驶室内的控制按钮进行控制。

车身的水平调节功能也可以通过驾驶室内的车身控制按钮进行操作。按下按钮时，车身会自动升高 25mm，再按一下车身将恢复正常状态。所谓正常状态，是指车辆在出厂时储存在空气悬架系统控制电脑内的高度。

空气悬架系统最常见的故障是悬架太低，无法升到正常高度，或车身不平，某一侧或某个车轮处偏低。这里要清楚一点：车身是否水平是由安装在前轮两侧及后平衡杆上的 3 个水平位置传感器进行监测的。这 3 个传感器向控制电脑提供信号，从而实现电脑对系统的实时监控。正常情况下，水平位置传感器的信号电压为 2.3～2.7V，无论信号电压高于或低于此范围，车身的水平状态都会出现异常。另外，系统内部的气体泄漏也是造成故障的一个重要因素。因为，空气悬架系统主要就是利用减振器内的空气量及压力改变来实现不同的状态。而经常出现泄漏的组件是减振器和空气泵。减振器的泄漏无法修补，只能靠更换新件来解决问题。但应注意：在更换减振器后，要先对储压罐进行储压(气压不能低于1.4MPa)，才可使用车身控制按钮提升车身高度。如果空气泵自身泄漏，一般更换O形密封圈后可排除故障。

2.4.2 电控悬架

悬架主要影响汽车的垂直振动。传统的汽车悬架是不可调整的，在行车中车身高度的变化取决于弹簧的变形。因此，当汽车空载和满载时，车身的离地间隙就不一样。尤其是一些轿车采用弹性较小的螺旋弹簧，满载后弹簧的变形较大，导致汽车空载和满载时离地间隙相差较大，使汽车的通过性受到较大影响。

汽车不同的行驶状态对悬架有不同的要求。一般行驶时需要柔软一点的悬架以求舒适感，当急转弯及制动时又需要硬一点的悬架以求稳定性，两者之间有矛盾。另外，汽车行驶的不同环境对车身高度的要求也是不一样的。一成不变的悬架无法满足这种矛盾的需求，只能采取折中的方式去解决。在电子技术发展的带动下，工程师设计出一种可以在一定范围内调整的电子控制悬架来满足这种需求，这种悬架称为电控悬架，目前比较常见的是电控空气悬架。

以前空气悬架多用于大客车上，停车时悬架下降，汽车离地间隙减少，便于乘客上下车，开车时悬架上升便于通行。这种空气悬架系统由空气压缩机、阀门、弹簧、气室(气囊)和减振器组成。车辆高度直接由阀门控制气室的空气流进流出来调整。

现在轿车用的电控悬架引入空气悬架原理和电子控制技术，将两者结合在一起。典型的电控悬架由电子控制单元(ECU)、空气压缩机、车高传感器、转向角度传感器、速度传感器、制动传感器和空气弹簧元件等组成。

空气弹簧元件是由电控减振器、阀门、双气室组成。

电控悬架工作时，传感器检测出汽车的行驶状态并把信号送给ECU，ECU根据接收到的传感器信号计算并输出指令控制空气弹簧元件的电动机和阀门，从而使电控悬架随行驶及路面状态不同而变化。在一般行驶中，空气弹簧变软、阻尼变弱，获得舒适的乘坐感；在急转弯或者制动时，则迅速转换成硬的空气弹簧和较强的阻尼，以提高车身的稳定性。同时，该系统的电控减振器还能调整汽车高度，可以随车速的增加而降低车身高度(减小离地间隙)，减少风阻以节省能源。在车速比较慢时车身高度又可恢复正常。

目前电控悬架的控制形式主要有两种：液压控制形式和气压控制形式。电控悬架的液压控制形式是较先进的形式，主动悬架就属于这一类形式，它采用一种有源方式来抑制路面对车身的冲击力及车身倾斜力。电控悬架的气压控制形式又称为自适应悬架，它通过在一定范围内的调整来应对路面的变化。不管是主动悬架还是自适应悬架，它们都是由电子控制单元(ECU)、传感器和执行机构组成的。

1. 电控悬架采用的传感器

一般电控悬架传感器监测的汽车重要参数有车身高度、速度、制动力、转向角和惯性力等，对应的电控悬架系统传感器就有高度传感器、速度传感器、转向角传感器、惯性力传感器和声呐传感器等。

(1) 高度传感器　电控悬架上最常见的传感器，负责监测车底高度的变化。它可以是霍尔效应传感器，一种以磁场为工作媒体，将物体的运动参量转变为数字电压的形式输出，使ECU能精确地测算出行驶高度，补偿道路的变化，防止车底刮到路面的凸出物。也可以采用光敏二极管和光敏晶体管，将车辆乘坐高度变化的信号传送至ECU。

（2）速度传感器 检测汽车行驶的速度，一般安装在变速器输出轴上。速度传感器有一齿轮与变速器输出轴啮合，传感器将齿轮转速变化信号传送至ECU，ECU据此做出调节悬架的信号。

（3）转向角度传感器 监测方向盘的角度和速度，以便对急转弯进行调整。这种传感器一般装在转向柱上，利用光敏二极管读取方向盘的角度和速度。

（4）惯性力传感器 监测某一确定方向的加速力，即监测垂直方向、侧面方向和前后方向的惯性力。它起到监测汽车运动的作用，如制动或加速。它将有关信号传递至ECU，当汽车紧急制动或者突然加速时，电控系统会调整整个悬架以增大缓冲程度，减少冲击力对车身的影响。

（5）声呐传感器 是一种比较新的技术，它通过发射与接收声波，监测路面的不平整程度，将信号传递至ECU，调节悬架以适应这些路面。声呐传感器装在汽车前下方，探测车前端路面，它能使ECU在汽车整体被冲击前就预知并做出调整，不像一般悬架系统在冲击到来时才做出反应。

2. 电控悬架的控制功能

（1）乘坐舒适性控制 即吸收路面不平产生的影响，减少车身与车轴的振动。

（2）稳定性控制 即保证转向及高速行驶时的稳定性和安全性。

（3）车身姿态控制 即在任何情况下均能保证良好的车身姿态。

（4）车身高度控制 即在任何车载情况下均能保证合适的车身高度。

3. 电控悬架的控制过程

（1）车身高度的控制过程 车身高度控制是在被动悬架的基础上加装水平高度调节机构所构成。它能够根据车身负载的变化自动调节车身高度，使其不随乘员和载货的变化而改变，保证悬架始终都有合适的工作行程。

车身高度控制系统的执行机构主要是空气弹簧或油气弹簧，因此高度调节机构一般分为气压式与液压式两种。液压式又分为千斤顶式和液压气动式，它可与普通弹簧并联使用。按控制方法又可分为机械式和电子式两种。

图2-50所示为液压千斤顶式车身高度调整机构示意图，控制系统根据车高选择开关及车速等信号调节车身高度。

图2-51所示为液压气动机械控制式车身高度调整机构。从油泵输出的液压油，经压力调节器存储于主储液筒中，通过调节阀将具有一定压力的油供给液压缸，进行车身高度调整。

在工作过程中，车身高度控制系统ECU根据接收到的车身高度传感器以及其他传感器的信号，进行计算以后向执行机构发出控制指令，从而进行车身高度调整。为了防止对车身高度调整过于频繁而产生波动，从而影响乘坐舒适性，一般都要对车身高度传感器信号进行特殊处理。

车身高度传感器一般在前、后桥上各布置一个，也可在前桥布置两个，后桥一个，以提高其控制精度。如果四个车轮独立进行车身高度的调整，势必会产生不良现象。

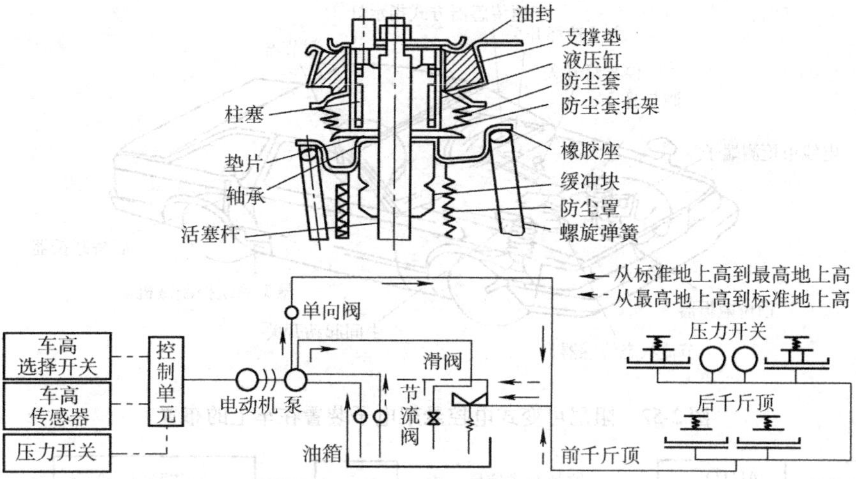

图2-50 液压千斤顶式车身高度调整机构

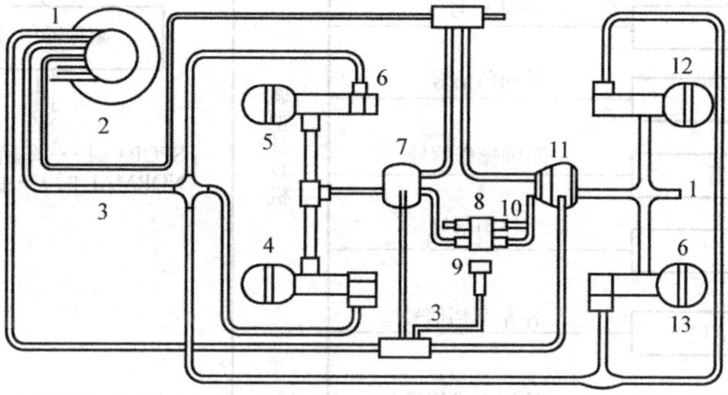

图2-51 液压气动机械控制式车身高度调整机构

1—油箱 2—油泵 3—管路 4、5、12、13—带气体弹簧的液压缸 6—漏油回收管路

7—前桥高度调节阀 8—制动阀 9—优先控制阀 10—制动阀 11—后桥高度调节阀

车身高度控制系统的工作行程不会受汽车载荷变化的影响，因此，这种悬架一般用于一些载荷变化较大的重型货车、大型客车及部分豪华轿车。

（2）阻尼可变控制　自动调节阻尼的悬架，其阻尼特性和刚度特性应能根据车辆的行驶条件进行自适应调节。当汽车在正常路面行驶时，悬架的刚度和阻尼应设置得较低，以保证乘坐舒适性。在急转弯、快速起动及紧急制动时，适当提高阻尼，可减少车身姿态的变化，同样能提高乘坐舒适性。在跨越凸凹路面或在坏路面上行驶时，提高阻尼力，其能快速吸收车身的振动，并降低轮胎接地点的力的变化，减少轮胎动负荷。

控制系统ECU根据车速、转向角信号、空档开关信号和制动等信号，经过计算对比分析，发出控制指令，控制悬架的阻尼或弹簧刚度，以提高乘坐舒适性和保证汽车行驶的安全性。

阻尼可变式电控悬架电子装置在车上的布置如图2-52所示。控制原理框图如图2-53所示。

阻尼可变式电控悬架的控制过程：

1）侧倾控制。即转向角或转向速度一定时，提高阻尼力，以降低侧倾速度。因横向加速度与车速的平方成比例，所以在车速高、转向角大时，提高悬架的阻尼和刚度。

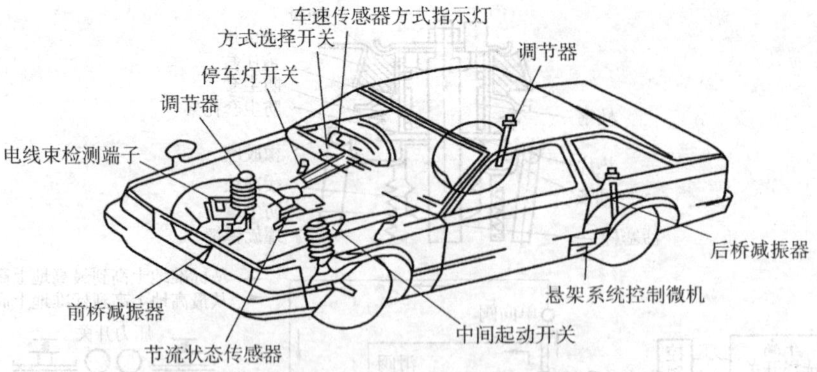

图 2-52　阻尼可变式电控悬架电子装置在车上的布置

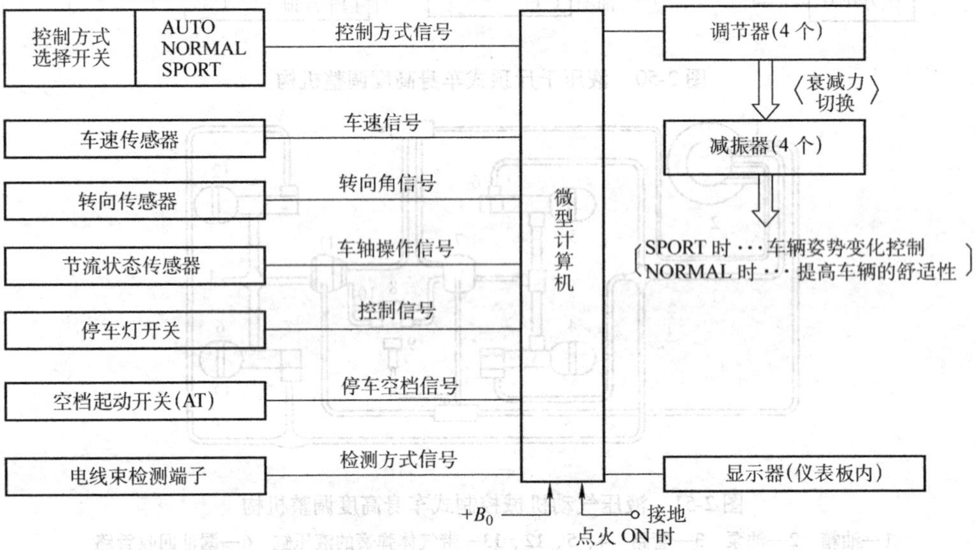

图 2-53　阻尼可变式自适应悬架的电子控制系统控制原理

2）抗点头控制。当制动灯开关处于接通（ON）状态，特别是车辆紧急制动时，提高悬架的阻尼和刚度。

3）振动控制。系统 ECU 根据加速度信号、车身相对高度信号或超声波传感器等进行路面状况判断，如果路面状况较差，系统将降低悬架阻尼和刚度，以减少车身与车轴的振动，从而提高乘坐舒适性。

（3）侧倾刚度可变控制　侧倾刚度控制，通常采用扭转刚度可变的横向稳定杆来实现。控制方式有主动控制与被动控制两种。在主动控制系统中，通常采用一个转矩执行器（执行机构），它可安装在稳定杆中间，也可安装在稳定杆端部，以替代传统的横向稳定杆支杆，如图 2-54 和图 2-55 所示。

转矩执行器安装在稳定杆中间和端部的机械式可变机构和液压式可变机构如图 2-56 和图 2-57 所示。

工作原理：当左右轮同向跳动且两侧悬架变化相等时，稳定杆不起作用。当车身发生侧倾时，控制机构使稳定杆产生内力矩，阻止了悬架弹簧的变形，从而起到抗车身侧倾的作用。

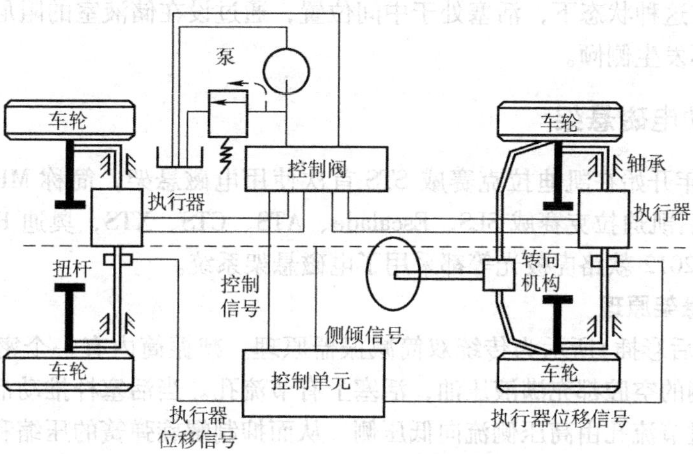

图 2-54　侧倾执行刚度可变控制系统（转矩执行器安装在稳定杆中间）

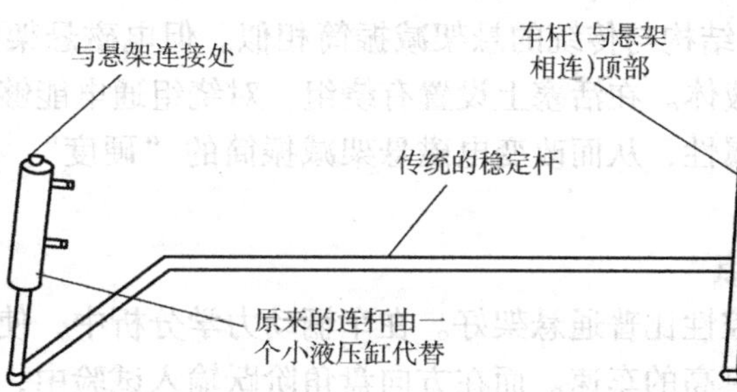

图 2-55　转矩执行器安装在稳定杆端部

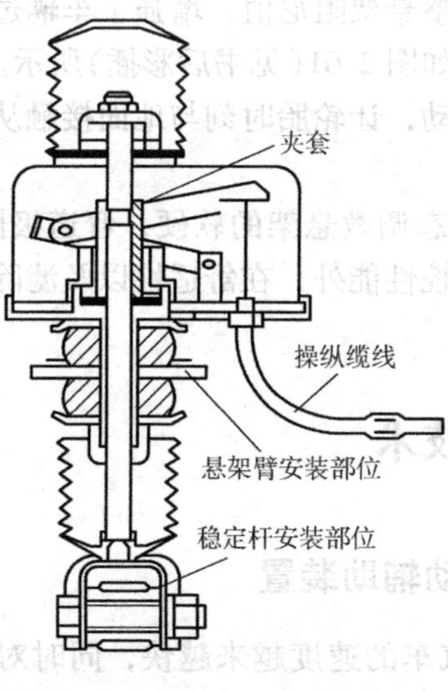

图 2-56　机械式防侧倾可变机构

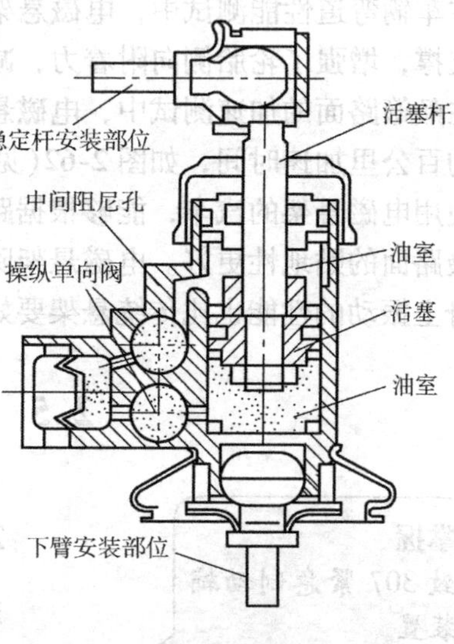

图 2-57　液压式防侧倾可变机构

图 2-57 是液压式主动悬架控制机构，当活塞杆伸缩时，通过控制单向阀的开、闭，控制上下油室的液体流动。在活塞杆自由滑动的状态下，稳定杆不承受载荷，此时，侧倾角刚度较低。但在活塞杆承受较大载荷时，通过油缸内安装的限位器来限制其工作行程，稳定杆可恢复到原来的刚度，起到安全保护作用。在限制液压油流动使活塞杆固定时，可获得稳定

杆本身的刚度。在这种状态下，活塞处于中间位置，通过设在储液室的阻尼孔，可在此位置锁紧，保持车身不发生侧倾。

2.4.3 主动电磁悬架

通用从2002年开始在凯迪拉克赛威STS首次使用电磁悬架，简称MRC(Magnetic Ride Control)悬架，此后凯迪拉克赛威SLS、Escalade、ATS、CTS、XTS，奥迪R8、TTS，美版本田MDX和ZDX，2012款路虎极光等都采用了电磁悬架系统。

1. 主动电磁悬架原理

图2-58(见书后彩插)所示为传统双筒减振器原理。减振筒内有一个密封腔，腔内有一个活塞，活塞两侧的空腔都充满液压油，活塞上有节流孔。当活塞杆推动活塞在密封腔内运动时，液压油通过节流孔由高压侧流向低压侧，从而抑制螺旋弹簧的压缩和回弹，实现吸收振动的作用。一般这种减振筒的阻尼特性是固定的。

电磁悬架的核心部件是内部充满磁流变液体的电磁悬架减振筒，如图2-59(见书后彩插)所示。电磁悬架减振筒的结构与传统的悬架减振筒相似。但电磁悬架减振筒内部不采用传统液压油，而采用磁流变液体。在活塞上设置有绕组，对绕组通电能够产生磁场而改变位于节流孔中的磁流变液体的属性，从而改变电磁悬架减振筒的“硬度”。通过绕组的电流越大，悬架则越“硬”。

2. 主动电磁悬架性能特点

使用电磁悬架的车辆操控性比普通悬架好。在车辆动力学分析中，使用电磁悬架的车辆转向响应更为迅速，能获得更高的车速。而在方向盘角阶跃输入试验中，使用电磁悬架的车辆的行驶轨迹更短，这表明车辆的操控性更好，如图2-60(见书后彩插)所示。

在车辆弯道性能测试中，电磁悬架每秒上千次地调整悬架阻尼值，增强了车辆过弯时悬架的支撑，增强了轮胎侧向附着力，减小了车身侧倾，如图2-61(见书后彩插)所示。

在颠簸路面的加速测试中，电磁悬架限制了车身跳动，让轮胎时刻与地面接触从而获得更短的百公里加速时间，如图2-62(见书后彩插)所示。

使用电磁悬架的汽车，能够根据路况和驾驶风格动态调教悬架的软硬，弯道极限更高，在颠簸路面的贴地性更好。电磁悬架除了提升车辆的操控性能外，在舒适性以及滤除路面传到车身上振动的性能也比传统悬架要好。

2.5 制动系统新技术

重点掌握
- 标致307紧急制动辅助装置
- 陶瓷制动技术的应用
- 电子制动系统的组成和工作原理

2.5.1 紧急制动辅助装置

现代科学技术使汽车的速度越来越快，同时对制动系统的要求也越来越高。现在，一些新技术应用于制动系统本身或作为辅助装置出现，目的就是为了提高紧急情况下的制动效果，最大限度避免事故的发生。东风标致307除了采用ABS和EBD以外，还采用了紧急制动辅助装置(EVA)。

紧急制动一般包括以下三个阶段：

1）从当驾驶人意识到危险状况的出现到将右脚从加速踏板移动到制动踏板，根据不同的人和不同的反应状况，这个过程要持续 0.7 ~ 1s。如果车速是 100km/h，那么在 1s 的时间内，汽车又会继续向前行驶 27.78m 的距离。

2）从右脚大力作用于制动踏板，制动力由零到最大。但很多客观原因会使驾驶人不能在最短时间内使制动力达到最大值，因此这段距离可能从十几米到几十米。

3）制动系统进入最大制动效果工作状态，ABS 发挥作用，轮胎与地面产生剧烈摩擦，车速骤然下降，直到完全停下来。EVA 系统便是在驾驶人踩制动踏板这一过程中起作用的。通过嵌入式液压助力系统，且根据驾驶人踩下制动的速度和力量可以自动感知驾驶人需要什么样的制动效果。

如果是紧急制动，驾驶人迅速且大力踩下制动踏板，这时制动系统会达到最大限量的工作状态。但有的时候，驾驶人虽然迅速踩下制动踏板，却由于某种原因，右脚并没有对制动踏板作用最大力。这时，EVA 辅助系统的另一个特性，就是当它判断驾驶人采取的是紧急制动时，那么它会让制动力量一直保持到驾驶人的右脚完全离开制动踏板，这样可以避免驾驶人由于措施采取不当所造成的危险。

东风标致 307 的 EVA 系统在实际使用中除了高度的智能化以外，还凸现了其人性化的一面。它并不像某些制动辅助系统，无论在什么状态下都采取最灵敏的制动效果，让驾驶人在最初驾驶的时候很不适应，即使是轻踩制动，车辆也骤然减速，不仅将驾驶人吓了一跳，还可能由于突然急减速被后车追尾。

对于标致 307 的 EVA 系统，在大多数情况下，驾驶人可以很好地判断情况，在适当的力度下便可将车辆控制到安全的行驶状态。这时 EVA 又会让制动系统变得相对温柔。轻踩制动，制动力度的渐进性非常好，无论驾驶人还是乘坐者都会感到很舒适。尤其对新驾驶人和力量偏小的女性来说，这个系统同样可以获得最理想的制动效果。

2.5.2 陶瓷制动技术

汽车制动过程实质上是一个能量转换的过程。它把汽车行驶所具备的动能转换成热能。这所有的过程，都是由汽车制动系统完成的。通过制动蹄片与制动盘的摩擦来进行能量转换，这些能量也是通过制动盘散发到大气当中。因此，在制动时制动盘温度较高。

传统的制动盘是用金属材料制造的，金属的特点是耐热性差。如果温度攀升得过高，甚至表面温度接近金属熔点，那么金属的工程强度会大大减弱。强度减弱后，整个汽车的制动效果也会削弱。这就是我们常说的热衰减。为了避免热衰减，通常的做法是尽可能地让制动盘有良好的通风和散热。所以，很多大功率汽车都装备了前后通风盘式制动器。有些高性能车甚至还在制动盘上打孔，或者制造专门的导流板，把冷空气引导到制动系统，以达到更好的散热目的。

但这些都是治标不治本的办法，要想从根本上解决制动系统的热衰减问题，就必须让制动盘拥有更好的耐热性能。所以，陶瓷制动盘就应运而生了。

其实所谓陶瓷制动技术，其核心并不是制动盘完全采用陶瓷。准确地说是用碳纤维作为制造制动盘的材料，然后在其表面用热处理工艺渗入进去一些陶瓷分子。这一系列的工艺都是在高温下进行的。这种制动盘使用了碳纤维作为本体材料，所以它的耐热性非常高。而其

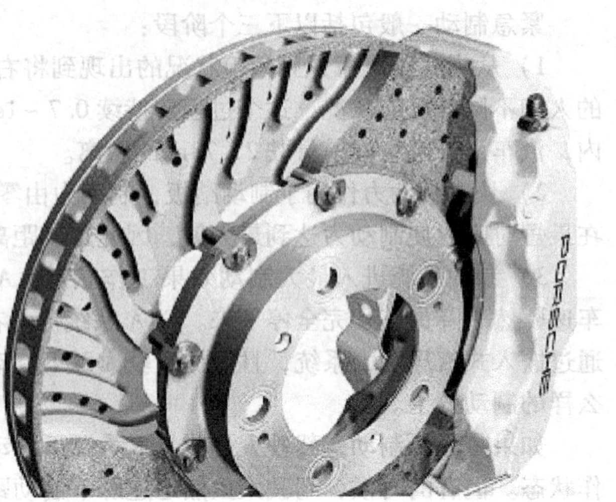

图 2-64　保时捷采用陶瓷制动技术的制动盘

表面又渗有一层高科技陶瓷，所以其表面的耐磨程度也比普通金属制动盘更高，这样使用寿命也就更长。再配合通风、钻孔的制动盘片状设计，让整套制动系统的性能有了飞跃性的提高。图 2-63（见书后彩插）和图 2-64 是保时捷 911 采用陶瓷制动技术的制动器和制动盘。

实验证明，陶瓷制动盘比普通金属铸铁制动盘的热衰减小，对比赛车使用的石墨制动盘，在冷态时有较好的制动效果，再加上用碳纤维作为基材，使得重量只有普通铸铁制动盘的一半。由于制动盘属于汽车的运动部件，它的重量的降低带来的直接好处就是动力性的提高和悬架响应性的提高，让整车拥有更出色的操控。

2.5.3　电子制动系统

丰田普锐斯的制动控制系统采用了电子制动系统（ECB），该系统能根据驾驶人踩制动踏板的程度和所施加的力计算所需的制动力，然后系统施加需要的制动力（包括 2 号电机 MG2 产生的再生制动力和液压制动系统产生的制动力）并有效吸收能量。

丰田普锐斯电子制动系统 ECU 和制动防滑控制 ECU 集成在一起，并和液压制动控制系统一起进行综合控制。

在正常制动时，主缸产生的液压不直接作用在轮缸上，而是转换为液压信号，通过调整作用于轮缸的制动执行器上液压源的液压获得实际制动压力。

1. 制动执行器

制动执行器包括液压控制和液压源部分。制动执行器中安装有 2 个主缸压力传感器、4 个轮缸压力传感器和 1 个蓄能器压力传感器。液压控制部分有 10 个电磁阀和 6 个压力传感器。液压源部分包括泵、泵电动机、蓄能器、减压阀、2 个电动机继电器和蓄能器压力传感器。蓄能器如图 2-65 所示。

工作原理：

1）泵泵出的制动液通过单向阀，然后保存在蓄能器中，蓄能器中的液压用于提供正常制动和制动控制所需的液压。

2）电动机继电器有继电器 1（低速）和继电器 2（高速），通常使用低泵速的继电器 1。当需要更大液压时，才使用高泵速的继电器 2。如果其中一个出现故障，则用另一个起动泵。

3）蓄能器压力传感器持续监控蓄能器中的压力并将信号送到制动防滑控制 ECU，如图 2-66 所示。如果蓄能器中的压力低于设定值，则制动防滑控制 ECU 发送起动信号到电动机继电器，以便起动泵电动机，直到蓄能器中的压力达到设定值。

4）如果泵和泵电动机意外地持续工作，会造成蓄能器中的压力过高或蓄能器传感器出现故障，此时，减压阀打开使制动液流回储液罐，以降低蓄能器中的压力，如图 2-67

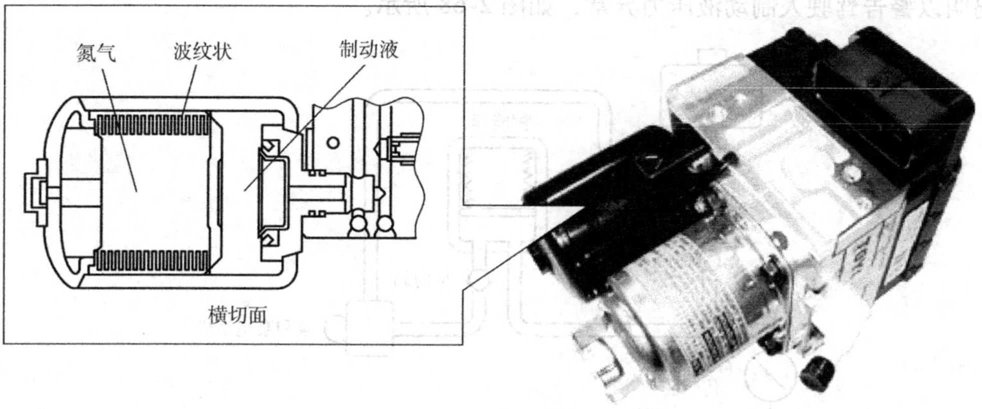

图 2-65 蓄能器

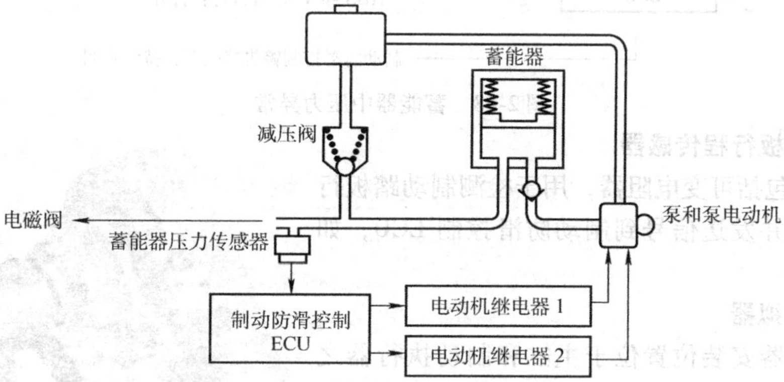

图 2-66 蓄能器压力监测

所示。

5）如果蓄能器中的压力异常，下降到 ECU 设定的压力以下，则制动防滑控制 ECU 点亮制动系统警告灯、制动控制系统警告灯、ABS 警告灯和 VSC 警告灯并使制动防滑控制蜂

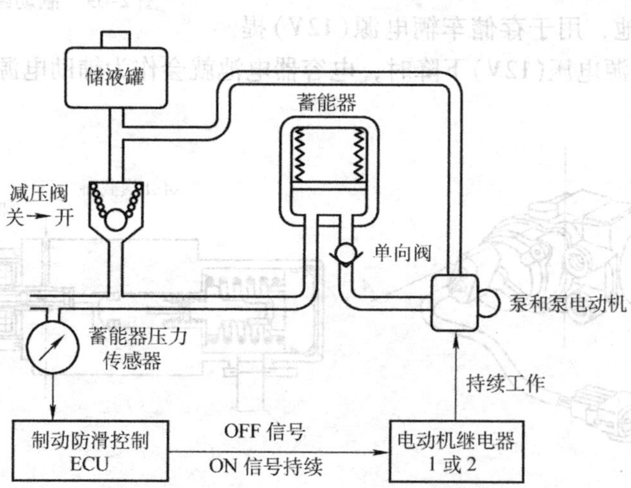

图 2-67 泵和泵电动机意外地持续工作

鸣器鸣叫以警告驾驶人制动液压力异常，如图 2-68 所示。

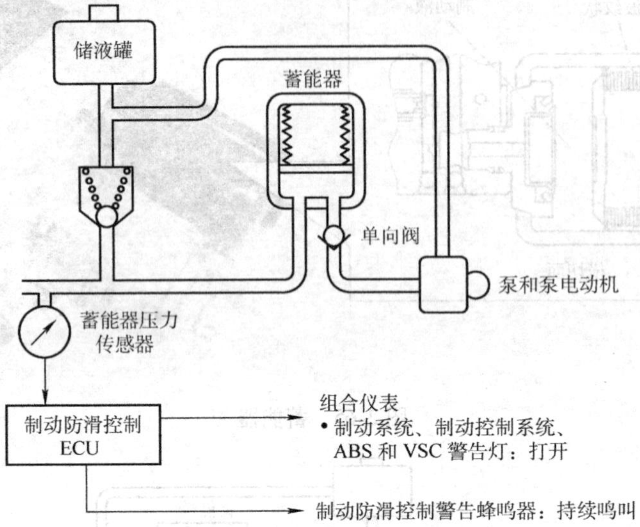

图 2-68　蓄能器中压力异常

2. 制动踏板行程传感器

该传感器包括可变电阻器，用于检测制动踏板行程踩下的程度并发送信号到制动防滑控制 ECU，如图 2-69 所示。

图 2-69　制动踏板行程传感器

3. 行程模拟器

行程传感器安装位置位于主缸和制动执行器之间，根据制动中制动踏板力产生踏板行程。行程模拟器包括弹簧系数不同的两种弹簧，具有对应于主缸压力的两个阶段的踏板行程特征，如图 2-70 所示。

4. 备用电源装置

该装置用于保证给电子制动系统稳定地供电，它包括 28 个电容器电池，用于存储车辆电源(12V)提供的电量。当车辆电源电压(12V)下降时，电容器电池就会作为辅助电源向制动系统供电。

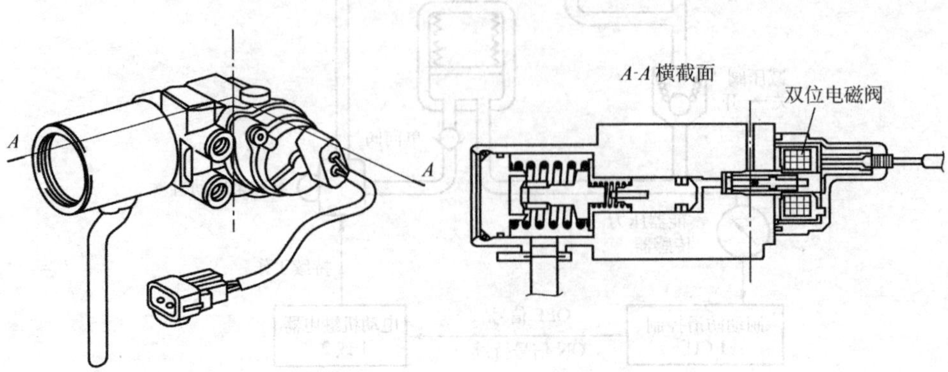

图 2-70　行程模拟器

2.6　轮毂电动机驱动技术

> **重点掌握**
> - 轮毂电动机的发展和应用情况
> - 轮毂电动机的优缺点

轮毂电动机技术又称车轮内装电动机技术，其最大特点就是将动力、传动和制动装置都整合到轮毂内。因此，大大简化了电动车辆的机械结构。1900 年，保时捷就制造出了前轮装备轮毂电动机的电动汽车，在 20 世纪 70 年代，这一技术在矿山运输车等领域得到应用。而对于乘用车所用的轮毂电动机，日系车厂商对于此项技术研发较早，目前也处于领先地位。图 2-71 所示为米其林研发的将轮毂电动机和电子主动悬架都整合到轮内的驱动/悬架系统，图 2-72 为本田研发的轮毂电动机，图 2-73 为通用开发的为 150t 的重型货车设计的轮毂电动机。

图 2-71　米其林轮毂电动机结构

图 2-72　本田研发的轮毂电动机

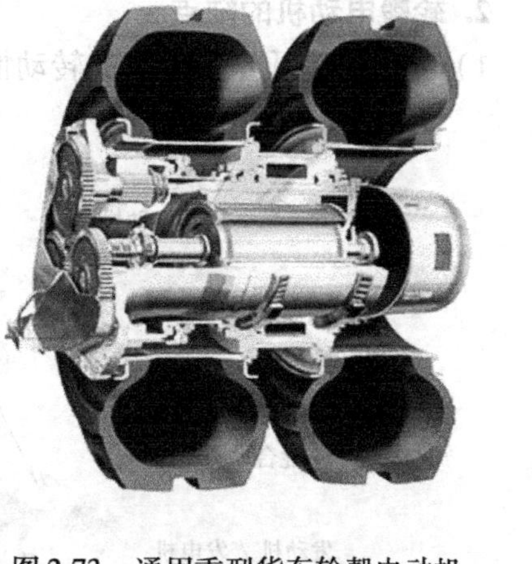

图 2-73　通用重型货车轮毂电动机

轮毂电动机驱动系统根据电动机的转子形式主要分成两种：内转子式和外转子式。其中外转子式采用低速外转子电动机，电动机的最高转速在 1000 ~ 1500r/min，无减速装置，车轮的转速与电动机相同。而内转子式则采用高速内转子电动机，配备固定传动比的减速器，为获得较高的功率密度，电动机的转速可高达 10000r/min。随着更为紧凑的行星齿轮减速器的出现，内转子式轮毂电动机在功率密度方面比低速外转子式更具竞争力。内转子结构轮毂电动机驱动系统结构如图2-74所示。

图 2-74　内转子结构轮毂电动机驱动系统

1. 轮毂电动机的优点

1）传动系统部件少，车辆结构简单。采用轮毂电动机以后，传统后驱汽车车厢后排地板平整，不再需要离合器、变速器、传动轴、差速器和分动器等。因此，不但降低了车辆整备质量，而且车辆结构简单，可以获得更好的空间利用率，降低了机械损失，传动效率得到提高。

2）可以实现多种复杂的驱动方式。由于轮毂电动机具备单个车轮独立驱动的特性，容易实现前驱、后驱或四驱形式布置。同时，轮毂电动机可以通过左右车轮的不同转速甚至反转实现类似履带式车辆的差动转向，大大减小车辆的转弯半径，在特殊情况下可以实现原地转向，对于特种车辆很有价值。

3）便于采用多种新能源汽车技术。采用轮毂电动机可以匹配包括纯电动、混合动力和燃料电池电动车等多种新能源车型，如图 2-75 所示。无论是纯电动还是燃料电池电动车，或是增程式电动车，都可以用轮毂电动机作为主要驱动力。即便是对于混合动力车型，也可以采用轮毂电动机作为起步或者急加速时的助力，可谓是一机多用。同时，新能源车的很多技术，比如制动能量回收(即再生制动)也可以很轻松地在轮毂电动机驱动车型上得以实现。图 2-76 所示为轮毂电动机与传统动力并联使用。

2. 轮毂电动机的缺点

1）增大簧下质量和轮毂的转动惯量，影响车辆的操控。对于民用车辆来说，常常用一

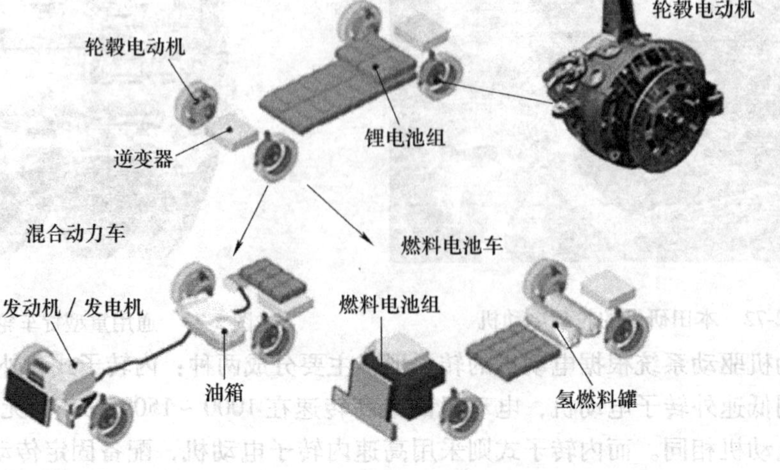

图 2-75　轮毂电动机在新能源车辆上的应用

图2-76 轮毂电动机与传统动力并联使用

些相对轻质的材料，比如铝合金来制作悬架的部件，以减轻簧下质量，提升悬架的响应速度。可是轮毂电动机却大幅地增大了簧下质量，同时也增加了轮毂的转动惯量，这对于车辆的操控性能是不利的。

2）电制动性能有限，维持制动系统运行需要消耗不少电能。现在的传统动力商用车已经有不少装备了利用涡流制动原理(也即电阻制动)的辅助减速设备，比如很多货车所用的电动缓速器。而由于能源的关系，电动车采用电制动也是首选。不过对于轮毂电动机驱动的车辆，由于轮毂电动机系统的电制动容量较小，不能满足整车制动性能的要求，都需要附加机械制动系统。但是对于普通电动乘用车，没有了传统内燃机带动的真空泵，就需要电动真空泵来提供制动助力，但也就意味着有更大的能量消耗，即便是再生制动能回收一些能量，如果要确保制动系统的效能，制动系统消耗的能量也是影响电动车续驶里程的重要因素之一。

此外，轮毂电动机工作的环境恶劣，面临水、灰尘等多方面影响，在密封方面也有较高要求，同时在设计上也需要为轮毂电动机单独考虑散热问题。

与电动机集中动力驱动相比，轮毂电动机技术具备很大的优势，它布局更为灵活，不需要复杂的机械传动系统，同时也有自己的显著不足，比如密封和起步电流/转矩间的平衡关系，以及转向时驱动轮的差速问题等，如果能在工程上解决这些难题，轮毂电动机驱动技术将在未来的新能源车中拥有广阔的前景。

本章小结

- 常见的四驱系统主要有分时四驱(Part Time 4WD)和全时四驱(Full Time 4WD)两种。
- 奥迪 Quattro 的核心就是位于前后驱动桥之间的负责把动力输出分配的托森中央差速器。它每时每刻根据前、后桥以及四个车轮上的传感器测得的数据，对前、后桥之间的转矩分配做出自动的持续调节。
- 奔驰第二代4MATIC 采用了前、中、后三个开放式差速器的全时四驱系统，其核心技术是差动限制方式。
- 宝马 SMG(Sequential Manual Gearbox)变速器称为顺序式半自动变速器，它由一台普通的齿轮变速器、一套自动换档机构和电子离合器所组成。
- 无级变速器按结构和传动方式可分为电力式、液力式和机械式三种。
- 金属带式 CVT 主要通过改变主、从动轮和金属带的接触半径(即工作半径)来实现传动比的连续变化。
- DSG 变速器与一般的变速系统不同，它基于手动变速器，而不是自动变速器，主要由多片湿式双离合器、三轴式齿轮变速器、自动换档机构和电子控制液压控制系统组成。其中最具创意的核心部分是双离合器和三轴式齿轮箱。
- 电控液压助力转向系统主要包括电动机、液压泵、转向机、转向角速度传感器、转向控制单元、EHPAS警告灯以及助力油储液罐等。
- 丰田电动助力转向系统主要包括方向盘直接驱动的转矩传感器、转向电动机、减速装置、转角传感器、齿条轴的外壳及左右横拉杆等。
- 主动悬架必须具备三个条件：①具有能够产生作用力的动力源；②执行元件能够传递这种作用力并能连续工作；③具有多种传感器并将有关数据集中到微电脑进行运算并决定控制方式。
- 典型的电控悬架由电子控制元件(ECU)、空气压缩机、车高传感器、转向角度传感器、速度传感器、制动传感器和空气弹簧元件等组成。
- 电控悬架的控制形式主要有两种：液压控制形式和气压控制形式。
- 丰田普税斯电子制动系统(ECB)能根据驾驶人踩制动踏板的程度和所施加的力计算所需的制动力，然后系统施加需要的制动力(包括2号电机MG2产生的再生制动力和液压制动系统产生的制动力)并有效吸收能量。
- 轮毂电动机驱动系统根据电动机的转子形式主要分成两种：内转子式和外转子式。

习题

1. 简述奥迪全时四轮驱动技术动力分配原理。
2. 斯巴鲁的左右对称AWD布置的优势有哪些？
3. 简述奔驰全时四驱系统的工作原理。
4. 宝马SMG变速器的特点有哪些？
5. 简述宝马SMG变速器的工作原理。
6. 简述无级变速器的工作原理。
7. 无级变速器的优缺点有哪些？
8. 手自一体变速器有哪四种形式？
9. 简述奥迪DSG变速器的工作过程。
10. 电动助力转向系统的特点有哪些？
11. 奔驰Airmatic悬架系统的工作模式有哪些？
12. 简述电控悬架的控制功能。
13. 电控悬架的控制内容有哪些？

深度阅读　免充气轮胎

1. 米其林免充气轮胎

2005年，法国米其林公司研制的Tweel车轮是一种免充气轮胎，如图2-77所示。它的减振橡胶轮将压力分散到数十根具有弹性的辐条上，由铝制轴心支撑。因为这种车轮中没有气体，所以它比充气轮胎更坚固，不会出现爆胎的情况。但这种车轮产生的噪声太大，尚不适合用于汽车上。

从图2-77可以看出法国米其林轮胎公司的免充气轮胎车轮技术为解决爆胎安全问题所提出的这个方案具有很高的创造性，其工作原理也非常简单。但对于该技术的实际应用方面

图 2-77　米其林免充气轮胎

仍存在着以下问题：

1）钢板辐条的问题。新技术采用了钢板作为支撑车轮的辐条材料。钢板虽然具有良好的记忆性，但是车轮在高速运转的过程中钢板辐条周而复始地弯曲—复原—弯曲—复原，长时间地互换就会产生热能效应，钢板的物理性能因此会变得不稳定，由此可能会降低钢板辐条的记忆功能。一旦钢板失去了记忆功能就会导致车轮辐变形，如果这种变形是在车辆高速行驶中突然发生，其后果将不堪设想。

2）钢板辐条的焊接工艺也存在着不安全的隐患。钢板在与内外圈焊接时会改变材料的物理性能，如果焊接技术工艺稍有缺陷，就会影响车轮的使用寿命，特别是车辆在满荷载状况下，长时间运行中，颠簸、加速、紧急制动以及转向时侧偏力等有可能会破坏焊接点的稳定结构，导致内外钢圈与钢板辐条的开焊、折损，出现脱节抛圈等严重现象。

3）外界因素对该技术的影响。钢板辐条在自然环境中非常容易产生氧化锈蚀，虽然可以使用抗氧化涂料进行表面的工艺处理，但就车轮本身所处环境而言，任何抗氧化喷涂材料技术都不能使得车轮一劳永逸，完好无损。如果选择不锈钢材料，其耐腐性和力学性能也很难达到完美的统一，这也是车轮钢圈遭淘汰而被铝合金车圈取而代之的主要原因。

4）材料的疲劳问题。如果车辆闲置长期固定停放，钢板辐条由于长期处于被挤压变形状态，就会产生疲劳现象，钢板辐条复原的记忆能力就会丧失，导致车轮变形而无法回复原状。如果四只轮子都变成椭圆形，此时车辆如果继续行驶，就如同充气轮胎产生的驻波现象一样，车辆就会发生严重的不平稳现象，威胁到车辆的行驶安全。

5）噪声和产品开发的问题。米其林公司由于采用了免充气车轮钢板辐条结构的核心技术，车轮产生的噪声将无法克服。

2. 普利司通免充气轮胎

在 2011 年东京车展上，日本轮胎巨头普利司通带来了一款被称为 Non-Pneumatic 的概念轮胎，如图 2-78 所示。该轮胎以安全和环保为理念，预示着汽车轮胎的发展趋势。

这款轮胎之所以安全，关键在于采用非充气设计，不依赖空气支撑重量和增加弹性。它采用看似简单的网状编制结构，每根辐条的内侧和外侧都与车轮中心呈大约 45°角。这样的设计是为了胎面上每一处受力都可以由多条轮辐来分担，并且轮胎滚动时可以将压力线性传递，达到与充气轮胎相同的性能。

普利司通的这款概念轮胎采用一种热塑性树脂材料，这种材料配合巧妙的结构设计不仅提供了足够的柔韧性用来支撑重量，更可以和胎面一起实现100%循环利用。这种材料如果能广泛使用，对材料和能源的利用率将大大提高，还可以有效地降低成本，提高实用性。

高速行驶时发生爆胎，对乘客安全会产生巨大威胁，爆胎主要原因有轮胎气压过高和过低、轮胎有裂纹、老化或被刺穿等。为了行车时轮胎不发生意外，需要经常检查胎面磨损程度，安装监测系统实时关注胎压和温度信息。普利司通这款概念轮胎就可以把发生上述问题的概率降至最低，大大提升安全性，又可以节省使用成本。

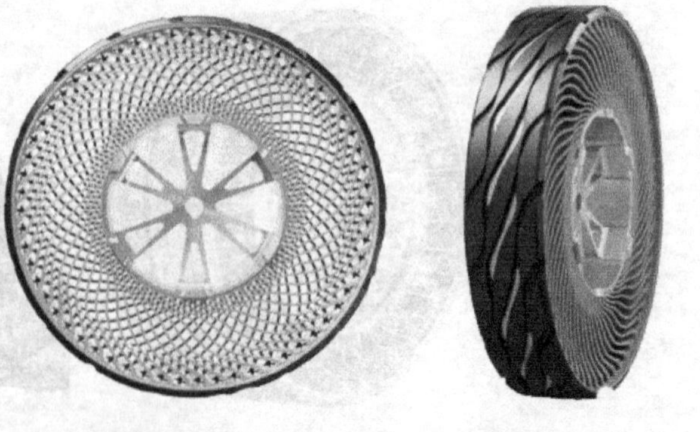

图2-78 普利司通免充气轮胎

第3章 汽车电子与电气新技术

学习目标

☑ 掌握典型车载网络系统的结构和工作原理。
☑ 了解汽车总线的种类。
☑ 了解导航系统的发展及种类。
☑ 了解全球卫星定位的几种方法。
☑ 掌握数字地图的采集原则及数字化过程。
☑ 掌握移动通信在车辆定位系统中的应用。
☑ 了解LED车灯的特点。
☑ 掌握氙气前照灯工作原理。
☑ 了解激光前照灯发展及应用情况。
☑ 了解主动转向前照灯原理。
☑ 了解车载卫星收音机的应用。
☑ 掌握全自动温度控制系统的组成及工作原理。
☑ 掌握OBD Ⅱ标准和协议。
☑ 掌握OBD Ⅱ的系统监测功能。
☑ 掌握预警自适应巡航控制系统的工作原理。
☑ 了解线性控制系统的应用。
☑ 掌握辅助停车入位系统的工作过程。
☑ 了解汽车行驶记录仪的功能。
☑ 掌握车辆信息交流技术研发情况。
☑ 了解德尔福IVT传感器技术。
☑ 了解福特创新式LCD仪表板。
☑ 了解欧宝电子眼技术。
☑ 掌握宝马夜视及远光辅助系统。
☑ 了解人车交互技术发展及应用情况。

3.1 总线与网络技术

重点掌握
- 典型车载网络系统的结构和工作原理
- 汽车总线种类

3.1.1 汽车总线与网络技术概述

现在，汽车电子技术已经向网络化方向发展，车载网络系统已成为汽车电子控制领域发展的最大热点。提高电子控制装置(ECU)之间的可靠性和降低成本的网络总线技术应用成为驱动力所在，包括控制器局域网(Controller Area Network,CAN)、局部网络连接(Local Interconnect Network,LIN)、车载局域网(Vehicle Area Network,VAN)、FlexRay及IDB1394等在内的总线已经成为现代汽车网络总线的关键技术。

目前汽车总线有CAN、LIN、FlexRay、媒体信息传送网络标准(Media Oriented Systems Transport,MOST)等。在4个主要的总线系统标准中，目前CAN拥有最长的历史，在全球汽车电子行业中具有最高的渗透率，同时也是最早被中国汽车制造企业所使用的总线系统。LIN总线系统是一种较低成本的解决方案，主要应用在简单的车载系统，它对数据速率或迅速反应速度要求不高，如座位和车窗的控制。

CAN总线是德国博世公司为解决现代汽车中众多的控制与测试仪器之间的数据交换而开发的一种串行数据通信协议。它是一种多主总线，通信介质可以是双绞线、同轴电缆或光纤，通信速率可达1Mbit/s，距离可达10km。CAN协议的一个最大特点是废除了传统的站地址编码，而代之以对通信数据块进行编码，使网络内的节点个数在理论上不受限制。由于CAN总线具有较强的纠错能力，支持差分收发，因而适合高干扰环境，并具有较远的传输距离。因此，CAN协议对于许多领域的分布式测控很有吸引力。

随着集成电路和单片机在汽车上的广泛应用，汽车上的电子控制单元越来越多，汽车总线已经成为汽车电气发展应用的必然趋势。使用汽车总线不但可以简化线束，更主要的是可以增加各种智能化的功能，如故障检测和语音报警等。

FlexRay是汽车总线系统中最高级的标准。它突出的特点是在提高数据传输率的条件下，能够满足汽车安全要求的可靠性指标。作为FlexRay的核心成员之一，飞利浦半导体和宝马、戴姆勒-克莱斯勒、通用汽车、大众汽车、博世和Freescale等一起，在努力推动FlexRay的标准化和推广工作。作为首先推出完整的FlexRay解决方案的芯片厂商，飞利浦半导体的微控制器和收发器都已经被一家主要的德国汽车制造商所采用。

除了以上几种总线系统，还有一种总线系统是MOST，它主要应用在网络音频/视频领域。但是，一个需要关注的新的发展趋势是那些基于开放产业标准的总线系统肯定会在世界范围内得到迅速普及。因此，开放的行业标准可以说仍将是推动汽车行业中总线系统得到采用的驱动力。

3.1.2 典型车载网络系统的结构和原理

1. 上海大众波罗CAN总线

大众波罗应用两条稳定的CAN总线技术——控制系统和舒适系统，保障车辆运行中的稳定性、经济性和安全性并实现对车内空调、网关、组合仪表等舒适系统的控制。控制系统 CAN 总线的组成如图 3-1 所示，舒适性系统控制 CAN 总线的组成如图 3-2 所示。

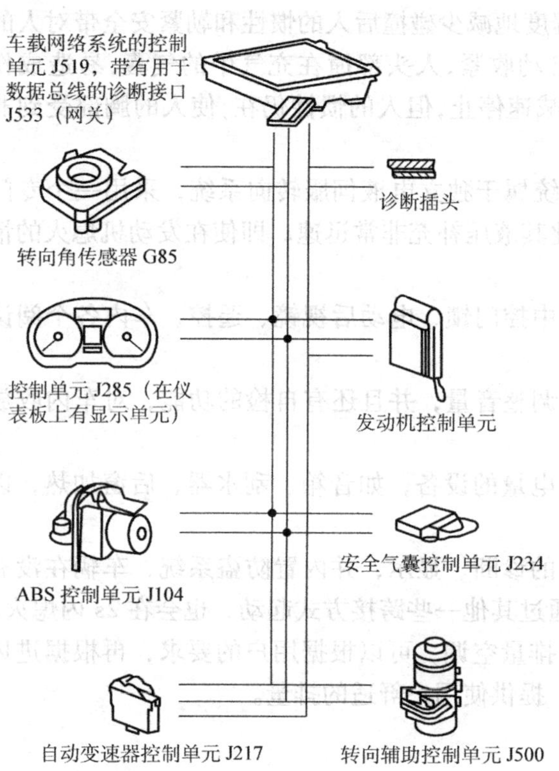

图 3-1　控制系统 CAN 总线的组成

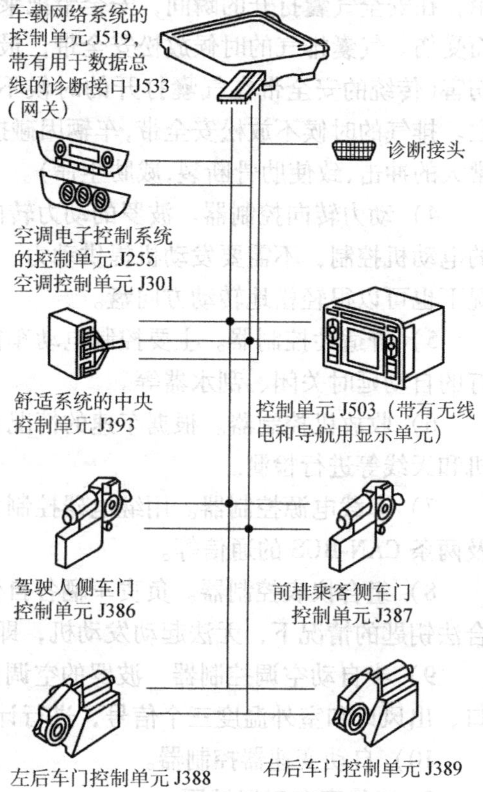

图 3-2　舒适性系统控制 CAN 总线的组成

同时，与之连接的各个控制器也各有千秋。现在波罗所运用的不是普通车使用的单片机，而是一台微机，因为波罗中的每一个控制器都拥有 CPU、内存、EROM、ROM、RAM 和很多的通信接口。在手动档的车内有 9 个控制器，即 9 个 ECU，自动档有 10 个。波罗 CAN 总线连接形式如图 3-3 所示。

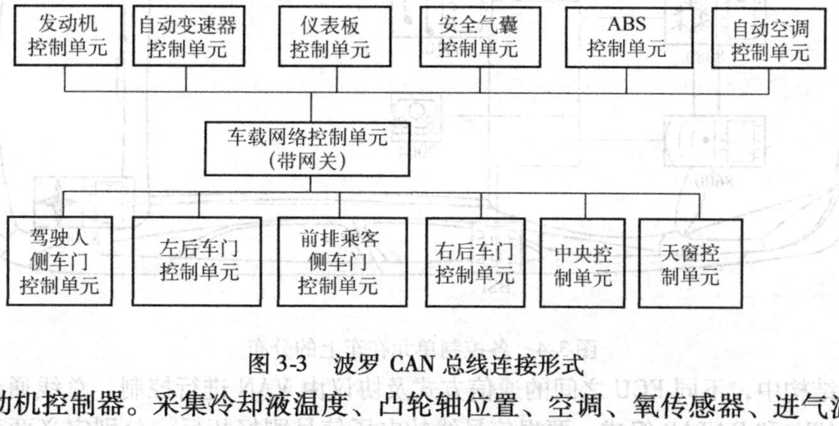

图 3-3　波罗 CAN 总线连接形式

1）发动机控制器。采集冷却液温度、凸轮轴位置、空调、氧传感器、进气温度和进气量等信号，经计算对比分析，用来控制喷油量、点火正时等。

2）ABS 控制器。

3）安全气囊控制器。判别安全气囊何时打开、排气，并且配合燃爆式安全带共同使用，在安全气囊打开的瞬间，安全带把乘客勒紧在座位上，防止乘员撞在打开中的安全气囊而受伤。气囊排气的时候放松安全带，最大程度地减少碰撞后人的惯性和勒紧安全带对人的伤害(传统的安全带在气囊打开的时候不会自动收紧,人头部撞在充气中的气囊,易造成伤亡。排气的时候不放松安全带,车辆因碰撞而减速停止,但人的惯性仍在,使人的胸部受到非常大的冲击,致使肋骨断裂,威胁生命)。

4）动力转向控制器。波罗的动力转向系统属于独立电液伺服转向系统，采用一个专门的电动机控制，不需要发动机提供动力，因此其液压补充非常迅速。即使在发动机熄火的情况下也可以很轻松地转动方向盘。

5）舒适性控制器。主要控制电动车窗、中控门锁、电动后视镜、遥控、车内各个阅读灯的自动延时关闭、刮水器等。

6）收放机控制器。根据车速的情况自动调整音量，并且还有自检的功能，对车内收放机和天线等进行检测。

7）车载电源控制器。用继电器控制大用电量的设备，如音箱、刮水器、后窗加热，以及两条 CAN-BUS 的通信等。

8）组合仪表控制器。负责车辆各自信息的诊断、显示，并内置防盗系统，车辆在没有合法钥匙的情况下，无法起动发动机，即使通过其他一些跨接方式起动，也会在 2s 内熄火。

9）半自动空调控制器　波罗的空调是变排量空调，可以根据用户的要求，再根据进风口、出风口和室外温度三个信号，进行计算，提供使用户舒适的排量。

10）自动变速器控制器。

2. 毕加索车载局域网

毕加索 VAN 总线连接的 ECU 有智能控制、自动空调、收放机、CD 机、组合仪表和多功能显示屏、卫星导航系统和报警装置等。各 ECU 在车上的分布如图 3-4 所示。

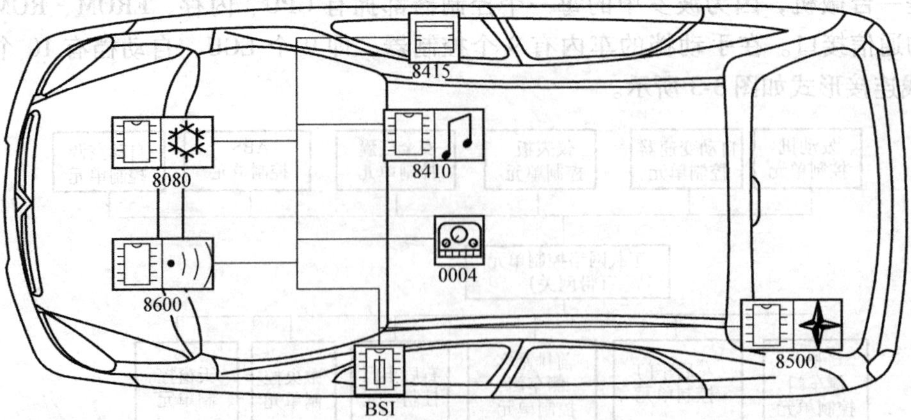

图 3-4　各控制单元在车上的分布

在总线结构中，不同 ECU 之间的通信方式及协议由 VAN 进行控制。总线通信网络由两根信号线 DATA 和 DATAB 组成，两根信号线的电压信号刚好相反，分别定义两种不同的逻辑状态，从而限制发射幅值，以使其具有良好的抗干扰性。DATA 和 DATAB 电压信号如图 3-5 所示。

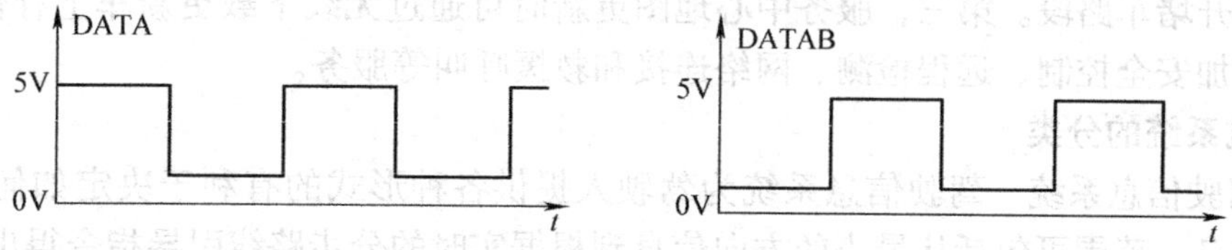

图 3-5　DATA 和 DATAB 电压信号

车载网络系统在汽车上的应用举例

1）大众、奥迪车系。国内生产的宝来、奥迪 A4 和 A6、上海大众帕萨特、波罗等广泛采用了 CAN 总线数据传输技术。

2）神龙富康、毕加索采用了车载局域网（VAN）数据传输技术。

3）本田雅阁轿车采用了多路集中控制系统（Multiplex Integrated Control System，MICS），其中车身采用控制器局域网（CAN）技术。

3.2　车辆导航系统

重点掌握
- 导航系统的种类
- 全球卫星定位方法
- 移动通信在车辆定位系统中的应用

车辆导航系统融合了汽车、交通、计算机、通信和系统科学等领域的技术。早期的导航系统主要是利用惯性导航设备，如陀螺、罗盘等实现定位车辆方向、进行航位推算。由于使用局限大，一直没有得到广泛应用。微电子技术、计算机技术、空间技术及制图技术的发展使车辆导航系统得到快速的发展。目前，随着 GPS 定位技术的应用，车辆定位系统可确定行驶在每个街道和十字路口的车辆的准确位置。

GPS 系统于 1993 年全部建成，并对民间开放使用，从此促动了美国一批从事导航设备技术研究公司的发展，如 Garmin、TOPCON、JavaD 和 NovaTel 公司等。目前，这些公司已经成为世界上最主要的 GPS 接收设备和测试仪器的生产商。我国目前中高档的 GPS 测量设备和 GPS 接收 OEM 板大都来自美国的这些公司。

1. 汽车导航系统的发展历史

（1）第一代导航系统——自助导航　第一代自助导航系统由全球卫星定位系统（GPS）和液晶显示器两部分组成。内置的 GPS 天线根据接收到的至少 3 颗卫星信号，计算出汽车所处的位置。导航系统本身安装有储存了电子地图信息的光盘，通过 GPS 卫星信号确定的位置坐标与此相匹配，便可确定汽车在电子地图中的准确位置。并在此基础上实现导航、路线推荐等功能。

（2）第二代导航系统——多媒体导航　多媒体导航系统是在第一代的基础上增加了电话和播放功能，一般具有 GPS 卫星导航定位、路线规划、播放 VCD/DVD、电视等功能。多媒体导航除了保留第一代电子地图和电子语音提示功能外，还增加了前方转向提示信息。第二代只是在第一代导航系统的基础上进行升级，并没有突破性的发展。

（3）第三代导航系统——GPS 导航与无线通信结合实现联网功能的导航　第三代导航系统取得了质的变化。首先，导航地图可以在信息服务中心和车上两地进行存储，寻找目的地较为方便，可由服务中心帮助寻找。第二，可有效利用实时交通信息实现“疏堵式”导航，自动避开堵车路段。第三，服务中心地图更新时可通过无线下载更新车上存储的地图。另外还可增加安全控制、远程检测、网络连接和救援呼叫等服务。

2. 导航系统的分类

（1）驾驶信息系统　驾驶信息系统为驾驶人提供各种形式的有利于决定如何到达目的地的导航信息，范围可包括从最小的方向信息到根据实时的分步路线引导指令得出距目的地的直线距离。

1）VDO 系统。目前欧洲市场上有一种叫“城市领航员”的航位推算系统，使用的是一个地磁场传感器和一个里程表传感器。根据相应的累计行驶增量来连续地估计汽车相对初始位置的位移。

2）Etak 系统。最先投入商业应用并在航位推算基础上增加地图匹配的汽车导航系统是 Etak 导航者。这一系统利用地图匹配人工智能模式校正汽车轨迹与数字道路地图之间的偏差。

3）Blaupunkt EVA 系统。Bosh-Blaupunkt 开发了一种叫 EVA 的地图匹配系统，包含一个差分里程表和一个产生最佳路线的路线搜索软件，交叉口的拐弯、路线变化等都以简图形式在 LCD 上标明，简图包括路界和路向表示箭头。

（2）交通管理系统　车载路线引导系统在改善交通方面的潜力早已被公认，事实上这一系统是 20 世纪 60 年代末期美国联邦公路局 ERGS 工程的中心，即使这一研究到目前为止仍仅限于美国本土，但在日本和欧洲已成为发展社区导航和路线引导系统的基础。

1）Philips CARIN。CARIN 首先利用压缩盘（CD-ROM）来存储数字地图信息，包括路线搜索算法，并提供逐步路线引导。当在路线引导模式下运行时，彩色地图上就会显示出车辆所在地的周围环境，同时语音还会不断提示驾驶人。

2）Auto Guide。自动引导信标自身是一个小型计算机，存储着列表形式的电子信号信息，这些信息不断地被控制中心的大型计算机更新。在当前交通状况基础上，控制中心不断地重复计算、设计路线。依靠全市区最新的信息，驾驶人就能接受引导。

3）ALI-SCOUT。ALI-SCOUT 是路线引导系统的一个重要的新进展，ALI-SCOUT 结合了 CARIN 和自动引导的某些特点，如同自动引导要依靠最近的信标，车载设备也包括航位推算（DR）和地图匹配（MM），在信标间实现自主导航，这样信标间距就可大些。

4）CALTRAN。当 Eta 系统在每个街区不提供路线引导时，CALTRAN 系统允许在显示地图上添加实时交通信息，而驾驶人在路线计划时就能对此加以考虑。

（3）车队管理系统　多年来各种远距离监视汽车位置和状态的系统已成为车队管理的重要手段，特别是车队调度控制和警车调遣。车队汽车提供的位置信息几乎是一成不变地通过无线网同调度中心通信，而不是作为导航信息提供给驾驶人。

3. 车辆导航系统中的定位技术

（1）Navstar GPS　Navstar GPS 已成为车辆导航系统的基础，系统由 24 颗卫星组成。安装在车辆上的 GPS 接收机能提供连续的实时定位信息：经度、纬度、速度和方向。

（2）Loran-CAVL　Loran-C 定位的基本原理是在主站和从站之间脉冲到达的时间差可计算出实时位置。

（3）Geostar 定位　Geostar 卫星系统将成为世界第一家为车队管理者提供全面定位和双向通信的商业网。

（4）组合定位系统 目前，最常用的组合定位方式是GPS与惯性系统组成的DR的组合。

3.2.1 全球卫星定位方法

1. 全球定位系统

全球定位系统(Global Positioning System,GPS)最早于1964年建成，主要是为美国军方服务。到了1973年，第二代卫星导航系统，也就是现在所说的GPS进入研究阶段。最初的GPS方案由24颗卫星组成，并分布在3个轨道平面上，每个轨道平面分布8颗卫星。按照这一布置，地面上任一位置都能收到6~9颗卫星信号。该系统采用“高轨测距”体制，卫星轨道平均高度为20200km，利用PRN码(伪随机噪声码)进行测距。为区分军事用户和民事用户的定位精度，采用了两种PRN码，即精码(P码)和粗码(C/A码)。为识别不同的卫星和提高抗干扰能力，系统采用了直接序列扩频技术(DSSS)，整个系统相当于一个码分多址(CDMA)系统。为补偿电离层效应的影响，卫星信号的载波频率由NNSS卫星的0.15GHz和0.4GHz提高到1.23GHz和1.58GHz。1978年，由于美国政府压缩国防预算，减少了对GPS的拨款，于是将初始方案修改为第二方案。在第二方案中，系统的卫星数由24颗减为18颗，并调整了卫星配置。18颗卫星分布在互成60°的6个轨道平面上，每个轨道平面分布3颗卫星。该配置基本能够保证地球上任何位置均能同时观测到4颗卫星。但经过一段时间的试验发现，该配置可靠度不高。另外，由于GPS在海湾战争中的良好表现，相应的GPS研制部门于1990年对第二方案进行了修改，最终方案确定为由21颗工作卫星和3颗备用卫星组成整个系统。

GPS的实施共分成三个阶段：

1）方案论证和初步设计阶段，在1973~1978年，发射了4颗试验卫星，建立了地面跟踪网，研制了地面接收机。

2）全面研制和试验阶段，在1979~1984年，发射了7颗Block I试验卫星，研制了各种用途的接收机，包括导航型和测地型接收机。

3）实用组网阶段，在1985~1993年，发射了Block II和Block IIA工作卫星，这两种卫星的差别是Block IIA卫星增强了军事应用功能，扩大了数据存储容量。截止到1993年，由分布在6个轨道平面内的(21+3)颗GPS卫星组成的GPS工作星座已经建成。从1973~1993年，GPS的建立经历了近20年，耗资300亿美元，是继阿波罗登月计划和航天飞机计划之后的第三项庞大的空间计划。

GPS的特点主要有：

1）全球地面连续覆盖。由于GPS卫星的数目较多，且分布合理，所以地球上任何地点均可连续地同步观测到至少4颗卫星，从而保障了全球、全天候连续三维定位。

2）多功能，高精度。GPS可为各类用户连续地提供动态目标的三维位置、三维速度和时间信息。利用C/A码单点定位精度可以达到14m，测速精度可以达到0.3m/s，测时精度可以达到500ns。利用P码单点定位精度可达3m，测速精度可以达到0.1m/s，测时精度可以达到100ns。如果采用差分定位方祛，则利用C/A码定位精度可以达到5m，利用P码定位精度可以达到1m。

3）实时定位。利用GPS导航，可以实时确定运动目标的三维位置和速度，由此既可保障运动载体沿预定航线运行，也可实时地监视和修正航行路线，并可选择最佳航线。

2. 全球轨道卫星导航系统(GLONASS)

全球轨道卫星导航系统(Global Orbiting Navigational Satellite System, GLONASS)是前苏联在第一代低轨道卫星导航系统Cicada的开发与成功运行之后，于20世纪70年代开始研究的第二代全球卫星导航系统。该系统设计时考虑到的因素有高精度轨道预测、广义相对论效应、星上原子钟的长期稳定性、无线电波在对流层中的衰减及数字信号处理技术等。

GLONASS的第一颗卫星于1982年10月12日送入轨道。最初每年发射1次或2次，以后逐渐增多。到1988年，共有6颗有效卫星在轨，系统处于第一个应用阶段。到1991年，共有12颗卫星参与工作，并可实现二维定位。到1995年，卫星总数达到22颗。1996年，卫星总数达到24颗，系统完成建设工作，并全面投入运行。

GLONASS在整体结构、信号组成、定位原理和系统功能等方面都与GPS相似，同样由空间卫星网、地面支持网和用户设备组成，可用于海上、空中、陆地等各类用户的定位、测速及精密测时。与GPS相比，GLONASS的主要区别在于信号分割体制不同：GLONASS使用FDMA(频分多址)体制区分不同的卫星，即不同的GLONASS卫星发射载波频率不同的信号，但所有卫星信号上调制的PRN码都相同。而GPS采用CDMA(码多分址)方式，所有卫星都使用相同的频率，而在载波上调制的PRN码随卫星不同而不同。另外，由于GPS使用的伪码速率比GLONASS的相应码速率高一倍，其分辨率也高一倍，所以从理论上讲GPS的定位精度比GLONASS高。从星座分布的情况比较，GLONASS能为高纬度地区提供更好的覆盖，而GPS的优势在中低纬度地区。GLONASS最初的设计目的是为了满足前苏联国防的需要，目前它的目标已扩展为向全球范围内的用户提供陆、海、空和近地空间范围内的连续导航定位和测时服务。前苏联政府已向国际民航组织和国际海事组织承诺，将GLONASS向全球用户开放，并公开了其导航信号和控制接口，为其在世界范围内的广泛应用提供了方便。作为目前唯一能够同GPS抗衡的系统，GLONASS的公开化打破了由美国在卫星导航领域一统天下的局面。对民用用户来说，GLONASS不但可以单独用来获取定位和导航服务，还可用来与GPS结合，同时利用两个系统的信息来提高定位精度，增强系统的可靠性，具有很大的发展前途。由于GLONASS的信号接收技术比较复杂，增大了接收机开发的难度，因此与GPS相比，生产GLONASS接收机的厂家很少，相应的市场占有率比较小，技术支持也不成熟，从而影响了GLONASS的广泛应用。

3. 伽利略GALILEO卫星定位系统

从1993年开始，欧盟开始讨论建立全球导航卫星系统(GNSS)。1998年，欧盟委员会发布文件，希望建成功能相当于GPS和GLONASS的新一代GNSS。伽利略的定义阶段从1999年7月开始，2000年年底完成。

伽利略计划共分四个阶段进行：

1）2000年以前，GALILEO系统的定义阶段。

2）2000～2005年，GALILEO系统的开发阶段。

3）2005～2007年，GALILEO系统的实施阶段。

4）2007年以后，GALILEO系统的应用阶段。

欧盟对于GALILEO计划提出了明确的要求：GALILEO系统必须是开放式的、全球性的系统，与GPS全面兼容而又独立于它。GALILEO系统的特点有：

1）提供开放式服务。GALILEO 的主要信号能够满足提供高质量开放式服务的需要，GALILEO 系统频率有 E5a 和 E5b，与 GPS 的民用频率 L5 在同一频段上重叠应用；其 E1 和 E2 与 GPS 的 L1 在同一频段上重叠应用；而 E6 是一个供商业服务(CS)和政府服务(PRS)的专用频率。从信号结构的整体来说，比 GPS 的民用码信号复杂。

"伽利略"全球卫星定位系统开创了高度开放的合作模式，目前已有 6 个非欧盟国家加入了"伽利略计划"。这些国家分别为中国、印度、以色列、摩洛哥、沙特阿拉伯和乌克兰，正在讨论加入该计划的还有很多国家。首星发射选择了俄罗斯作伙伴，凸显了民用、技术先进和国际协作的色彩。

我国是第一个加入"伽利略计划"的非欧盟国家，而且将拥有这一系统的部分所有权和全部使用权。我国在2000 年和2003 年先后发射了三颗"北斗一号"卫星，成为世界上继美国和俄罗斯之后，第三个拥有卫星导航定位系统的国家。

2）电离层延时误差采用双频修正方法。

3）与 GPS 全面兼容，并独立形成一套系统。一般用户需要跟踪尽可能多的卫星以增强其定位性能，并保证其可用性、完整性和连续性。对 GALILEO/GPS 一体化接收机，其设计尽可能简单，成本尽可能低。不同频率的信号需要几个不同的接收前端，但在接收机中易引入频率偏差，而这些偏差需要通过校正或者需要更多的观测量才能消除。因此，对一般的导航用户来说，最好的解决办法就是 GPS 和 GALILEO 系统使用相同的中心频率。

4. 北斗卫星定位系统

北斗卫星导航系统是我国自行研制的全球卫星定位与通信系统(BDS)，是继美全球定位系统(GPS)和俄 GLONASS 之后第三个成熟的卫星导航系统。系统由空间端、地面端和用户端组成，可在全球范围内全天候、全天时为各类用户提供高精度、高可靠定位、导航和授时服务。并具短报文通信能力，已经初步具备区域导航、定位和授时能力，定位精度优于 20m，授时精度优于 100ns。2012 年 12 月 27 日，北斗系统空间信号接口控制文件正式版公布，北斗导航业务正式对亚太地区提供无源定位、导航、授时服务。

北斗卫星导航系统由空间站、地面站和用户端三部分组成。空间站包括 5 颗静止轨道卫星和 30 颗非静止轨道卫星。地面站包括主控站、注入站和监测站等若干个地面站。用户端由北斗用户终端以及与美国 GPS、俄罗斯 GLONASS、欧盟伽利略(GALILEO)等其他卫星导航系统兼容的终端组成。

我国以后生产定位服务设备的厂商，都将会提供对 GPS 和北斗系统的支持，这会提高定位的精确度。而北斗系统特有的短报文服务功能将收费，这个功能的实用性还有待观察。

2011 年 12 月 27 日起，开始向中国及周边地区提供连续的导航定位和授时服务。

2012 年 12 月 27 日起，北斗系统在继续保留北斗卫星导航试验系统有源定位、双向授时和短报文通信服务的基础上，向亚太大部分地区正式提供连续无源定位、导航、授时等服务。民用服务与 GPS 一样免费。

北斗导航四大功能：

1）短报文通信。北斗系统用户终端具有双向报文通信功能，用户可以一次传送 40 ~ 60 个汉字的短报文信息。可以达到一次传送达 120 个汉字的信息。这在远洋航行中有重要的应用价值。

2）精密授时。北斗系统具有精密授时功能，可向用户提供 20 ~ 100ns 时间同步精度。

3）定位精度。水平精度 100m，设立标校站之后为 20m(类似差分状态)。工作频率：2491.75MHz。

4）系统容纳的最大用户数：每小时540000户。

3.2.2 数字道路地图

全球定位系统所提供的位置信息是车辆在某一坐标系下的绝对位置，对于行驶在道路上的一般用户或者要了解车辆在道路网中分布的交通管理者或车辆调度者而言，需要借助数字道路地图，将GPS等全球定位系统所提供的位置信息匹配在数字道路地图上，从而实现车辆的动态诱导、实时调度等。因此，数字道路地图是车辆定位与导航系统各种功能实现的基础，也是交通地理信息系统的重要基础。

在车辆导航系统中，与数字地图有关的功能包括地图显示、地址匹配、地图匹配、路径规划和路径引导。地图显示是车辆导航系统的重要组成部分，它构成了人机接口的基础，地图显示的成功与否直接影响到用户对产品的印象。为了展示地图的道路信息，地图显示需要依赖数字地图中的道路位置、宽度、级别等属性以及道路附近的各种设施。地址匹配又称为地理编码，即通过给定的经纬度坐标确定地图上街道的地址，或者相反的过程。车辆导航系统的各种算法是在坐标空间内实现的，而实际用户则是在真实世界，他们只知道实际地址而不是坐标，地址匹配完成具体坐标和实际地址的转换。地址匹配需要数字地图的基本属性是道路的名称和地址范围，当给定具体的坐标后，可以采用最短距离方法获得离坐标最近的道路。地图匹配是利用数字地图的路网信息修正GPS等位置传感器提供的位置输出，位置修正的前提是车辆在道路上行驶。当位置传感器输出的车辆位置与数字地图的道路存在偏差时，地图匹配算法寻找当前最可能的行驶道路并计算在该道路上的位置。地图匹配的性能与数字地图的精度紧密相关，通常要求地图的平面位置精度优于15m，同时要求地图的拓扑连接必须是完整、准确的，以反映真实道路的情况。如果行驶的道路未被收入数字地图，地图匹配算法将不能给出正确的匹配结果，甚至给出错误的结果。路径规划和路径引导更是与数字地图密切相关，如路网的空间分布、几何坐标、拓扑连接、道路平均时速和转向限制等都来源于数字地图中的道路信息。表3-1列出了车辆导航系统的功能对数字道路地图的特征关系。

表3-1 车辆导航系统的功能与数字道路地图特征的关系

功　能	特　征
地图显示	道路、道路宽度、道路级别、道路名称、节点坐标
地址匹配	道路、道路名称、节点坐标、节点之间地址范围
地图匹配	道路、节点、节点坐标、完整正确的道路拓扑连接
路径规划	节点之间的连贯性、禁行限制、道路的平均时速、道路长度等
路径引导	道路、道路级别、节点连通性、节点坐标

地图数据的生成主要包括数据采集和拓扑关系的建立。数据采集的主要途径有数字化仪和扫描仪输入。利用数字化仪输入较慢，但后处理简单，输出的为矢量化地图；而扫描仪输入虽然速度快、效率高，但后处理复杂，需要进一步对栅格图形矢量化。

1. 地图数据采集原则

原始地图所包含信息的种类和数量很多，既有各种空间对象的几何信息，如道路、铁路、建筑物、公园等位置，也包括各种标注信息。为使地图数据库容量不致太大，关系相对简单，车辆导航系统中所需的数字地图中的基本要素可以分为道路和一般地物两类，数据采集应遵循以下原则：

（1）选取主要道路　道路是导航地图数据操作与分析的主体，按照其等级、与重要地物的相连情况、与其他道路的相连情况分为主要道路和次要道路。选取时主要道路必须选取，与之相冲突的地图要素一律挪位或删除。

（2）选取次要道路　次要道路主要选取：

1）与主要道路相连的。

2）与重要地物相连的。

3）正确反映道路网的特征，反映城市居民区外部轮廓形状的。

4）使道路网分布合理，利于路网分析。

（3）选取一般地物　根据地物是否影响车辆导航、是否为特殊建筑、是否为特别标识物等来判断其重要性，重要地物全部选取；次要地物选取与否主要考虑是否正确反映地图特征和地图中地物布局的合理性。

2. 地图数据的数字化过程

利用数字化仪实现地图的数字化，数字化过程如下：

（1）数据准备　根据地图数据采集原则，在数字化之前首先检查地图是否具有所需要的信息，如路线、道路交叉口、重要建筑物等，并输入必要的控制点坐标与图幅号。

（2）数字化仪状态设置　数字化仪的分辨率、数据传输速率、数据传送格式和通信接口状态等的设置直接决定了数据传输到计算机时的数字化精度和数据处理方式。因此，在数字化之前，必须设置这些参数。

（3）地图分块　如果一张地图幅面大于数字化仪桌面的有效区域，则采用四叉树分块法将一幅图分成多块分别进行数字化。在存储数据文件时，以图幅号加分块号作为文件名，以便拼接地图。

（4）图样定向　利用仿射变换将数字化仪坐标系变换到地图参考坐标系。

（5）地图分层　地图上的信息种类可根据空间对象的位置或属性分成不同的层，以便于显示和查询。常用的层(Layer)有道路层、建筑物层、旅游景点层、政府机关和高校层等。

（6）数字化　应用手扶方法采集地物几何数据，存入光盘。

（7）图形检查与编辑　在数字化的同时，作业员需及时检查已经数字化的部分，并对错误或遗漏的信息进行及时修正，防止整个地图完成后信息量较大，不便于检查。

道路的数字化有两种方法：第一是只数字化道路中心轴线，根据路宽计算出街道边线；第二是分别数字化道路的两条边线。前者计算量小，但计算出的边线可能与其他地物发生冲突，如道路与河流并行时可能交叉，给后继处理带来困难；方法二工作量大，对路径规划也不太适用。车辆导航系统的应用中，多采用第一种方法。

3. 拓扑关系生成

拓扑关系是数字道路地图用于车辆导航的基础，在图形数字化完成后，对于车辆导航所需要的数字地图还需要建立拓扑。数字地图中的拓扑关系主要关注实体之间的连接、相邻关系，而节点的位置、弧段的具体形状等非拓扑属性则不影响拓扑的建立过程。

3.2.3 移动无线数据传输

1. 移动通信的发展过程

（1）20世纪20～50年代初 移动通信主要用于舰船和军用，采用短波频段和电子管。20世纪50年代初才出现150MHz的汽车用移动电话系统（MTS），它采用人工切换频率和人工交换制，接续慢、操作不方便。

（2）20世纪50～60年代 主要采用150MHz，并开始使用450MHz频率，设备由电子管向半导体过渡。在美国和日本，移动通信开始用于公安、消防、出租汽车以及调度等方面。此阶段的交换制度由人工交换发展到用户直接拨号的专用自动交换。

（3）20世纪70年代 在这一阶段中，移动通信的发展取得了较大进步，主要表现在：

1）开始使用800MHz频段，包括对该频段的电波传播测试研究和对设备的研制。

2）移动通信设备开始采用集成电路。

3）美国贝尔实验室提出了蜂窝系统的概念和理论，并于20世纪70年代末进行了试验。

4）移动通信设备的重量、体积和功耗大大降低。

（4）20世纪80年代以后 由于大规模、超大规模集成电路和微处理机、微计算机的大量应用，移动通信向着范围更加广泛、种类和形式更加多样的方向发展。系统容量扩大，业务种类增多，信息传输及时，设备在小型化、自动化、智能化、程控化和微机化上迈进了一大步，移动通信得到了前所未有的发展。

2. 移动通信的分类

移动通信的分类可按不同的要求、内容、特点、服务对象、性质和使用场合等进行分类。

1）根据工作方式可分为单工制、半双工制和全双工制。

2）根据使用地域可分为陆上移动通信、海上移动通信和空中移动通信。

3）根据基地台的网络组成可分为线状、块状和混合结构。

4）根据使用性质可分为公用移动通信、专用移动通信和特种移动通信系统。也可分为民用移动通信和军用移动通信。

5）根据服务区域可分为大区制、小区制、微小区（微微小区）制和混合制。

6）根据用户容量可分为大容量、中容量和小容量，结合服务区域则有大区小容量和小区大容量等。

7）根据业务种类和性质可分为移动无线电话系统、指挥调度系统，也可分为专用电话通信和电话、数据兼有的通信，甚至还可包括图像传输。

8）根据控制方式可分为集中控制式和分散控制式。

3. 移动通信在车辆定位系统中的应用

根据移动通信的特点与实现方式，在车辆定位系统中应用的移动通信可以归纳为常规通信、集群通信、蜂窝通信、无线数据广播、专用数据通信和卫星通信等。

（1）常规通信网数据传输 最简单的车辆定位系统采用常规通信方法，即建立一个管理中心，多个用户共用一个或多个信道，系统一旦设定完毕，各用户仅能利用自己的信道进行数据传输。基于常规通信网进行数据传输组成的车辆定位系统作用范围与信道的频段、中心站天线高度、发射功率等因素有关。

（2）集群通信网数据传输　集群通信系统是专用调度通信系统，其特点是“频率复用”，即系统内用户共同使用一组频率。用户每次建立通话前首先向调度台提出申请，调度台将搜索到的空闲信道分配给该用户。集群通信为用户提供的基本业务有话音通信、保密话音通信、数据及状态信息传输，并具有多种呼叫接续方式，如移动台到移动台、移动台到调度台双向、有线接续等，呼叫类型有单呼、组呼、全呼和无线互连呼叫等。

集群通信系统的分类方法有多种，按照信令类型分有模拟信令、数字信令及混合信令系统；按照信令方式分有共路信令方式和随路信令方式；按照话音分有数字集群、模拟集群；按控制方式分有集中控制、分散控制等。

（3）蜂窝移动通信方式　集群通信系统和常规通信系统都属于专用移动通信，由某一部门独立建设和使用，一般都只能在某一特定地区、特定部门中使用，覆盖范围较小，严重限制了车辆定位系统的应用范围，而且容量比较小，在有些专业频率十分拥挤的地方已无频率可以申请以至于无法建网。蜂窝移动通信方式利用频率复用技术实现频率资源的有效利用，目前已经从模拟制式发展到数字制式，网络覆盖基本上已经达到全国范围。充分利用已有的蜂窝网实现车辆定位系统的无线数据传输业务是一种既有效又经济的手段。

（4）专用无线数据通信网　国际上较流行的无线数据通信还有采用Mobitex和Datatac技术的专用分组无线网络。Mobitex技术由Ericsson公司和瑞典电信联合开发，用于美国的RAM网以及挪威、芬兰、比利时、荷兰、澳大利亚、加拿大、法国和韩国等的移动数据网，工作在900MHz或450MHz频段，理论传输速率为8kbit/s，实际有效吞吐量为2.4~4.8kbit/s。Datatac技术由Motorola公司开发，在美国的Ardis网及德国、英国、加拿大等的移动数据网中应用，其理论传输率达到9.6kbit/s和19.2kbit/s，实际的吞吐量为2~8kbit/s。

（5）广播数据通信（RDS）　RDS首先由欧洲广播联盟和各个欧洲广播公司，尤其是瑞典的Telecom Radio（STR）和BBC所定义，是在调频立体声广播中利用附加信道来传送数据信息，是对调频广播的重大发展。RDS以57kHz为副载波，带宽为4.8kHz，数据速率为1.1875kbit/s。

（6）卫星通信方式　卫星通信是利用通信卫星提供转发功能，实现远距离、覆盖面广的通信。利用卫星通信作为车辆定位的数据传输方式，适合于需要覆盖面较广的车辆。但是，该系统的车载终端成本较高，对于小范围的车辆监控并不适用。因此，一般采用主动查询的方式对各移动车辆进行定位数据采集。

3.3 车灯新技术

重点掌握
- LED车灯的特点
- 氙气灯发光原理
- 主动转向前照灯原理

3.3.1 LED车灯技术

LED是发光二极管（Light Emitting Diode）的缩写，于20世纪60年代产生。20世纪80年代已经普遍用于家用电器产品上，如音响的音量指示、开关指示等。在20世纪90年代，有些新型的国产汽车仪表上开始采用LED，主要用于充电指示、发动机转速显示等。20世纪90年代中期，我国利用LED做高位制动灯并在汽车上得到应用。

LED是一种可以自身发光的包含PN结的固体半导体元件。LED的芯片是由P型半导体和N型半导体组成的晶片，在P型半导体和N型半导体之间有一个过渡层，称为PN结。当采用砷化镓(红外线)、砷磷化镓(红到黄)、磷化镓(绿)等半导体材料时，在这些半导体材料的PN结中，注入的少数载流子与多数载流子复合时会把多余的能量以光的形式释放出来，从而把电能直接转换为光能。当给PN施加正向电压，电流从LED的正极流向负极时，半导体晶体就发出从紫外线到红外线不同颜色的光线，光的强弱与电流大小有关。

LED车灯的特点：

1）使用寿命长。一般可达几万乃至十万小时。因此，如果汽车照明灯使用LED，那么在整个汽车使用寿命中不需要更换车灯。

2）节能。相对于普通卤素灯可以节能50%。

3）光线质量高，辐射小。LED灯的色温为6000K，接近于日光的色温。因此，有利于驾驶人在夜间行车时看清楚道路情况，以使夜间行车更加安全。

4）LED的结构简单，内部采用支架结构，四周用透明的环氧树脂密封，抗振性能好，如图3-6所示。图3-7是使用了LED的制动灯。

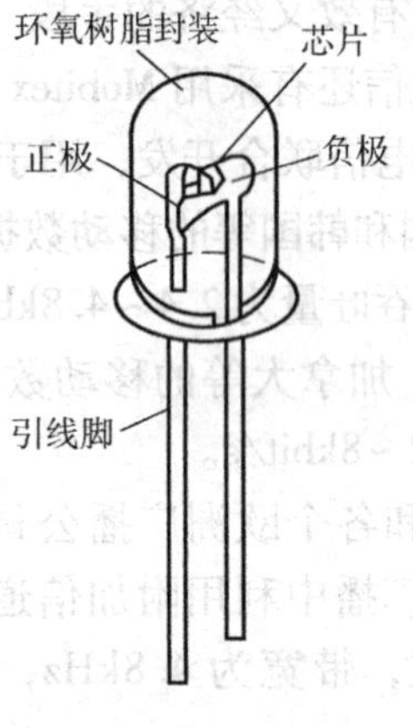

图3-6 LED结构

图3-7 LED车灯的应用

5）响应快。

6）工作电压范围宽，可以在6~12V之间正常工作。

7）LED体积小，有利于车灯设计。

LED可以应用于汽车的转向指示灯、近光灯、远光灯、驻车灯和白天行车灯等。目前应用了LED车灯的车型有斯柯达Joyster前灯组、劳斯莱斯幻影敞篷车前照灯、2008款奥迪R8前照灯和2008款雷克萨斯LS混合动力前照灯等。

2008款奥迪R8 LED车灯由Magneti Marelli汽车照明公司研制，是全球首次使用的LED前照灯组。它包括了所有的照明功能，近光、远光、转向指示灯、白天行车灯以及位置指示灯等都是通过LED技术来实现的。图3-8所示为采用LED前照灯的奥迪R8。

1. 奥迪使用LED灯的情况

从1992年起奥迪就使用红色发光二极管(LED)作为制动灯和尾灯，并从2004年起使用白色LED灯作为日间行车灯。LED灯与传统灯泡相比具有明显的技术优点：

1）LED灯点亮反应速度快，因此作为制动灯使用时，后车能够更早做出反应，缩短制动距离。

2）LED灯使用寿命长。

3）LED灯更节能，更紧凑。

2. 奥迪打造未来的车头前照灯

早在2003年，奥迪就在其派克峰概念车上启用条纹状的全功能LED灯。在同年的日内瓦车展上，奥迪Nuvolari quattro概念车的全LED前照灯理念受到了各方赞誉。到了2005年，奥迪allroad quattro概念车已经开始使用全功能LED前照灯。

3. 奥迪全功能LED前照灯

奥迪研发部门的工程师有一项重要的目标任务，那就是打造包括所有汽车前灯功能的LED车头前照灯。除了日间行车灯之外，这些功能还包括转向指示灯、远近光灯等。不同的发光二极管组经过排列组合，能够提供合适的光线分布和强度。每个前照灯总共有54个LED灯源。在未来，可供选择的LED前照灯将包含由24个白色LED组成的LED日间行车灯，位于汽车下缘，清晰而醒目。

图3-8　奥迪R8 LED前照灯

4. 奔驰CLS全LED前照灯

奔驰CLS的前照灯采用了总共71颗LED，近光灯16个，远光灯8个，转向灯13个，示宽灯22个，弯道辅助灯2个，其他10个，如图3-9(见书后彩插)所示。该款全LED前照灯的色温在5400K左右，点亮效果接近普通日光，照明效果自然。同时耗能比普通氙气灯低，使用寿命能够达到终身免更换。

3.3.2　氙气前照灯

自从宝马于1991年将HID氙气车灯配备到自己的高端车型之后，奔驰、奥迪等汽车生产商也加紧了自己氙气车灯的应用研究。现今的氙气车灯已经成为高端车型一项不可缺少的标准配置。从理论上看，氙气前照灯具有照明亮度高、照射时间长、稳定性好并且节约耗电等众多优点。

1. 汽车车灯的发展历史

据说第一个汽车前照灯是家用手提灯。

1887年，一个驾驶人在黑暗的旷野上迷路时，靠民用手提灯把他引回家。1889年，哥伦比亚号电动汽车把电用于前灯和尾灯，车灯也就从此诞生了。最初的前照灯不能调光，所以在会车时有些晃眼，为了克服这个缺点，后来采用了附加光度调节器。这种前照灯可以在垂直方向移动，但驾驶人必须下车搬动夹具装置。1925年，导航公司推广了双丝灯泡，远光和近光的调节通过装在转向柱上的开关来控制。

转向信号灯的使用非常有趣。1916年，美国一个名叫C·H·托马斯的人把一带电池的灯泡装车时，对方驾驶人就能看到他打的手势。1938年，别克汽车制造商提供了转向灯作为选用的附件，但当时只在汽车尾部安装，到1940年以后汽车前面也装有转向信号灯了，而且信号开关具有随时调节的功能。

1906 年，世界上第一次使用蓄电池供电的电灯照明。

1909 年，首次把乙炔灯作为变光装置。

1916 年，美国开始使用行车灯。

1920 年，开始使用倒车灯。

1920 年，美国通用汽车公司首次安装了车内灯。

1926 年，通用汽车公司把前照灯变光开关从方向盘移到地板。

1938 年，第一次采用封闭的内灯。

1988 年，美国电气公司将电灯抛物面反射镜推广于前照灯、侧灯和尾灯。

2. 汽车前照灯的类型

汽车前照灯一般有白炽、卤素、氙气等类型。现在主要以卤素灯和氙气灯为主。图 3-10 为卤素灯夜间照明效果，图 3-11 为氙气灯夜间照明效果。

图 3-10 卤素灯夜间照明效果

图 3-11 氙气灯夜间照明效果

卤素灯，就是在灯泡内渗入少量的惰性气碘，从灯丝蒸发出来的钨原子与碘原子相遇产生反应，生成碘化钨化合物，当碘化钨化合物一接触白热化的灯丝(温度超过 1450℃)，又会分解还原为钨和碘，钨又重新回到灯丝中去，碘则重新进入气体中。如此循环不已，灯丝几乎不会烧断，灯泡也不会发黑，所以它要比传统的白炽前照灯寿命更长、亮度更大。现在汽车普遍采用的都是这种前照灯。

卤素灯有其独特的配光结构，每支灯光内有两组灯丝，一组是主光束灯丝，发出的灯光经灯罩反射镜反射后径直向前射去，这种光源就是我们平时所说的“远光”。另一种是偏光束灯丝，发出的光被遮光板挡到灯罩反射镜的上半部分，其反射出去的光线都是朝下漫射向地面，不会给对面来车的驾驶人造成眩目，这种光源就是我们平常所说的“近光”。

3. 氙气灯

氙气前照灯又叫 HID，即高压气体放电灯(High Intensity Discharge)的英文缩写。它的原理是在 UV-cut 抗紫外线水晶石英玻璃管内，以多种化学气体充填，其中大部分为氙气(Xenon)与碘化物等惰性气体，然后再通过增压器(Ballast)将车上 12V 的直流电压瞬间增压至 23000V 的高压，经过高压振幅激发石英管内的氙气电子游离，在两电极之间产生光源，这就是所谓的气体放电。

HID 工作时所需的电流量仅为 3.5A，亮度是传统卤素灯泡的三倍，使用寿命比传统卤素灯泡长 10 倍。图 3-12 是氙气灯在前照灯的应用，图 3-13 所示为氙气灯的组成。

图3-12　氙气灯在前照灯的使用

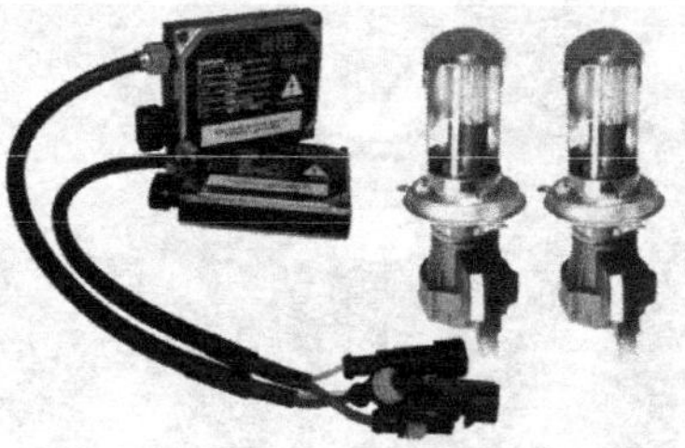

图3-13　氙气灯组成

由于氙气前照灯通过氙气气体放电照明，它没有钨丝，而是借助两极间发出的电弧来发光。电弧通常能够激活惰性气体氙气，从而促使金属盐发光。前照灯用一个氙气气体放电灯作为其中心元件，可使最小的空间得到最大的照明强度，并使汽车前部具有空气动力风格，消耗同样的功率，发光效率高出三倍。一个35W的放电前照灯的通光量是一个55W的普通卤素灯的两倍，其色温高达4200K或以上，与太阳光相似，但含较多的绿和蓝成分。一般使用寿命为1500～2500h，相当于汽车平均使用周期内全部运行时间。它还有一个突出的优点，当它出现故障时往往会逐渐变暗，而不是突然不亮，可以给驾驶人时间。

目前氙气前照灯也开始考虑环保，如飞利浦生产的D4S无汞氙气灯。

3.3.3　激光前照灯

目前，宝马公司已经将激光前照灯投入量产，并在宝马i8上得到应用。

激光前照灯的光源是激光二极管(Laser diode)。气体激光器有氦-氖激光器和氩激光器，固体激光器有红宝石激光器，半导体激光器有激光二极管，每一种激光器都有自己独特的产生激光的方法。

半导体激光器的结构通常由P层、N层和形成双异质结的有源层构成。按照PN结材料是否相同，可以把激光二极管分为同质结、单异质结(SH)、双异质结(DH)和量子阱(QW)激光二极管。量子阱激光二极管具有阈值电流低、输出功率高的优点，是目前市场应用的主流产品。激光二极管如图3-14所示。激光二极管具有效率高、体积小、寿命长的优点。

2013年初，斯坦利电气为SIM-Drive公司研发的SIM-CEL车型开发出了激光组合前照灯。该前照灯配备蓝色激光发光元件，通过将蓝色发光元件发出的激光照射到黄色荧光材料上来形成白色光。SIM-CEL在两侧各配备一盏远光灯和四盏近光灯，近光灯中上面两盏采用LED灯，下面两盏采用激光灯，远光灯为氙气前照灯。

与SIM-CEL车型不同的是，选配了激光前照灯的宝马i8，无论是近光灯还是远光灯，都采用激光光源，这是真正意义上量产的、革命性的灯光升级。宝马i8激光前照灯如图3-15所示。

激光前照灯的优点有响应速度快、亮度衰减低、体积小(单个激光二极管元件长度最小可做到10μm)、能耗低、高效稳定以及使用寿命长。因此，前照灯尺寸的大幅度缩小可以给未来汽车设计师更多的发挥空间，甚至很可能改变汽车前脸的整体布局，让汽车造型产生翻天覆地的变化。

宝马采用的激光属于认证1级光源，因此不必担心其安全问题。宝马正在开发的激光发光二极管的蓝光灯将会贯穿前照灯单元内有荧光的荧光粉材料，将其转换成一个扩散的白

图 3-14　激光二极管

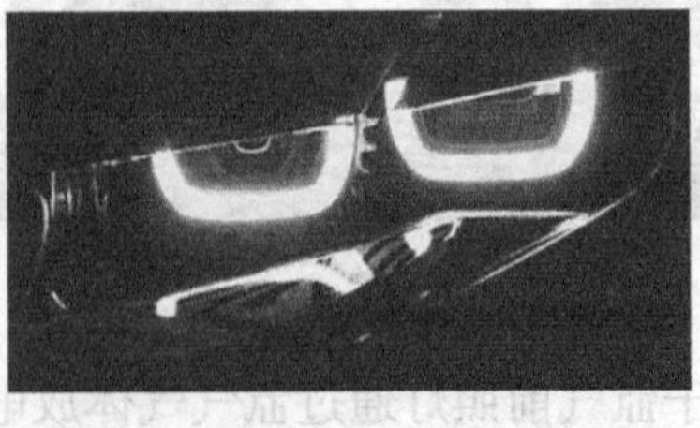

图 3-15　宝马 i8 激光前照灯

光，明亮的同时对眼睛也更加友好。

激光的平行光特性让汽车前照灯可以实现完全的可控性，现有的矩阵式 LED 只可以控制单个 LED 芯片的开启或关闭以实现智能前照灯的单独照明效果，但激光技术可以让汽车前照灯对任何事物都能做出单独的照明效果。比如夜间行驶中碰到的路面障碍物、公路上的行人以及路边的交通指示牌等，都可以用单独的光束进行照明提示，既让驾驶人看清路况，也让行人意识到危险，这样的技术革新对汽车安全的影响将是革命性的。

在发光原理方面，同 LED 一样，激光二极管也只能发射单色激光，且需要通过多个单色激光源合成，或者使激光通过石英等透明介质，导致光谱展宽形成白光辐射。宝马则使用了蓝色单色光＋荧光滤镜来制造白光。宝马激光前照灯结构如图 3-16 所示（见书后彩插）。

工作时，三束蓝色激光从灯架激光源 A 射出，通过激光反射镜 B 的反射，射入荧光滤镜 C，如图 3-17a（见书后彩插）所示。经过荧光滤镜 C 后，光束变为耀眼的白光，这些白光照射到反射碗 D，经过反射碗 D 后照射到车辆前方，如图 3-17b（见书后彩插）所示。

除了宝马之外，奥迪 Q7 采用了激光后雾灯。传统雾灯虽然具备很强的穿透能力，但在极端天气情况下，雾灯光束还是有可能受到雾霾的影响从而削弱光束的穿透能力。激光后雾灯则利用激光束定向发光的特点改善了这一问题。由激光雾灯发射出来的激光束呈扇形向斜下方照向地面，在对后车起到提示作用的同时，还避免了光束对于后方驾驶人的影响，如图 3-18（见书后彩插）所示。

3.3.4　前照灯自动清洗装置

前照灯清洗系统使用高压水喷嘴，能保持灯罩清洁，可改善照明状况和夜间视线，对于夜间行车，尤其是夜间高速公路行车，能大大提高行驶安全性，如图 3-19 所示。

3.3.5　主动转向前照灯

主动转向前照灯（Adaptive Front-lighting System，AFS）又称为自适应转向前照灯系统，它能根据汽车方向盘转角、车辆偏转率和行驶速度，不断对前照灯进行动态调节，以适应当前的转向角，保持灯光方向与汽车的当前行驶方向一致，以确保对前方道路提供最佳照明并对驾驶人提供最佳能见度，从而显著增强了弯道驾驶的安全性。在路面无路灯或多弯道的路况中，既扩大了驾驶人的视野，也对对面来车是种提前提醒。图 3-20 为安装主动转向前照灯

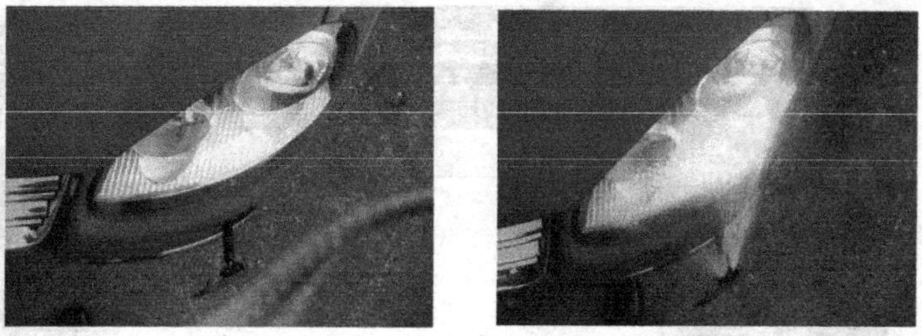

图3-19　前照灯自动清洗装置

的车辆和未安装主动转向前照灯的车辆照明效果对比。

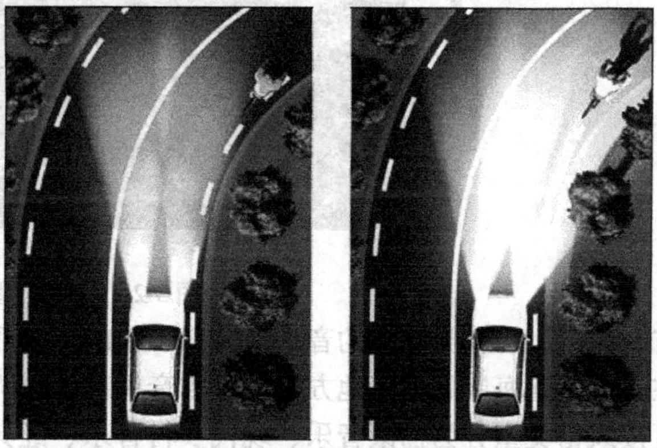

图3-20　主动转向前照灯照明效果

主动转向前照灯一般有三种形式：

1）转向前照灯形式，即前照灯内灯具可以左右旋转8°～15°以照亮弯道照明死角。

2）设置独立弯道照明系统，在灯具里有一个固定的灯泡照向弯道，车辆转弯时自动点亮。

3）利用左右雾灯进行弯道照明，车辆转弯时弯道内侧雾灯点亮，以照亮弯道死角。

3.4　娱乐系统新技术

重点掌握
- 车载卫星收音机的应用
- 双画面显示技术的应用

3.4.1　车载卫星收音机

现在汽车不仅仅是一种代步工具，同时还被用做出门在外的办公室或一个移动的娱乐场所。德尔福公司利用电子和通信技术开发了一系列的移动多媒体和娱乐新产品，卫星收音机就是其中之一，如图3-21所示。

德尔福公司于2001年首次将卫星收音机作为整车原装设备成为2002款凯迪拉克系列车型的可选配置。目前德尔福公司已向通用、福特、克莱斯勒、奥迪、大众、保时捷和奔驰等整车厂和商用车整车厂提供卫星收音机。至今德尔福已生产了超过500万台卫星收音机应用于北美市场。

德尔福是第一个与XM和Sirius两大卫星无线电广播公司签署开发协议的汽车配件商，它为两种不同的广播形式研发出各自的接收器、控制器和天线，接收现有两家卫星广播公司的信号。

卫星收音机与传统的地面广播有明显的区别。从频道、正在播放的歌曲名和频道种类的彩色显示，到无杂音、无静电的良好音质，都显示出与众不同的品质。与传统AM/FM收音机相比，卫星收音机能为听众提供更好的音质和更多的节目选择。在内容上，卫星收音机拥

图 3-21 车载卫星收音机

有数量巨大、种类繁多的音乐、体育、新闻和娱乐节目的储存，传统的广播节目难以相比。在美国东西海岸间任何地方，卫星收音机都可收听 200 多个频道的高音质节目。音乐频道还可按风格类型分为摇滚音乐、现代乡村音乐、经典乡村音乐和拉丁音乐等。用户可在任何时间收听这些节目。卫星收音机不但使消费者有更多节目可收听，即使在午夜也有更多的节目可以选择，而且还大大降低了山峰、建筑物等对节目信号的反射干扰。

德尔福卫星收音机的延伸产品是数码信息解码器，它能在北美市场提供实时交通信息。数码信息解码器与卫星收音机共同工作，通过装有数据端口的特制卫星广播接收器提供更多的信息和数据服务功能，在不影响卫星广播收听的同时，能和导航系统一起提供即时道路交通和其他信息，显示驾驶人选定路线，计算出走完该路线所需时间，并能以图像形式直观地显示交通拥堵、事故、封闭道路、狭窄道路、道路预警和道路状况等信息，还可提供即时天气、体育比赛和股市行情信息。德尔福数字信息解码器目前应用在两款北美车辆上，提供即时道路交通信息，是北美市场第一家推出该产品的公司。

目前，卫星广播接收设备与汽车广播音响设备是分开的，德尔福准备将两者进行集成，以减轻重量、节省空间。德尔福公司正在开发将导航、DVD、显示器和接收器等全部集成在一起的产品。

3.4.2 夏普双画面液晶技术

美国通用汽车日前使用可左右显示不同信息的“双画面(Dual View)液晶”，可根据不同的视角，显示 2 种画面。比如，可向驾驶人显示车载导航画面，向前排乘客播放 DVD 影片，如图 3-22 所示。

双画面液晶是由夏普和夏普欧洲研究所开发的，发表于 2005 年 7 月，应用了可立体显示的 3D 液晶技术。通过向左右 2 个方向同时显示不同的信息，在不妨碍驾驶人注意力的情况下，可播放视频等内容。另外，与使用 2 个普通显示器相比，不仅节省空间，而且在成本上还有优势。

图3-22 双画面显示

目前，配置双画面显示屏的车型有路虎揽胜、奔驰S600等。

3.5 自动空调

重点掌握

- 全自动温度控制系统组成及工作原理
- 多区域自动空调的应用

3.5.1 自动温度控制系统的种类及工作原理

汽车自动温度控制（Automatic Temperature Control，ATC）俗称恒温空调系统。一旦设定目标温度，ATC系统即自动控制与调整，使车内温度保持在设定值。

1. 全自动温度控制系统

全自动温度控制系统的组成包括温度传感器、控制系统ECU、执行机构等。其中温度传感器有车外温度传感器、车内温度传感器、日照传感器（阳光强度传感器）和蒸发器温度传感器。

（1）车外温度传感器（Outside Temperature Sensor） 一般以热敏电阻制成，当车外温度变化时其电阻发生改变。温度低时电阻大，温度高时电阻小。

（2）车内温度传感器（In-vehicle Sensor） 同样采用热敏电阻材料，具有负温度系数特性。一般安装在仪表板下方，并以空气管连接到空调通风管上，当气流迅速通过时，产生的真空将空气引进车内温度传感器。

（3）日照传感器（Sunload Sensor） 以光敏二极管或光电池制成，用以感应阳光照射车辆的强度，但并不是温度。通常装在仪表板上方。

（4）蒸发器温度传感器（Evaporator Temperature Sensor） 一般安装在蒸发器翼片上，以精确感应蒸发器的温度。同样采用热敏电阻制造，具有负温度系数特性。

（5）执行机构

1）鼓风机转速控制。空调系统ECU根据设定的温度、车内现有温度、车外温度、阳光强度和蒸发器温度等信号，发送不同的指令给鼓风机电动机，并使之搭铁，从而控制不同的鼓风机转速。对于一些恒温空调系统，当发动机起动或冷却液温度低于预定值时，空调系统ECU使鼓风机电动机不起作用。

2）混合空气阀执行器。混合空气阀执行器采用一个电控电动机，根据驾驶人设定的温度，自动控制混合空气阀的位置，以控制一定的车内温度。一些车型采用真空电动机，但控制不够精确。

例如：当驾驶人设定温度为22℃，而车厢内温度低于22℃时，控制系统ECU发送指令给电动机，混合空气阀关闭蒸发器侧通道，并打开从暖气水箱一侧来的通道，使车内温度迅速升高到22℃；当驾驶人设定温度为22℃，而车厢内温度高于22℃时，控制系统ECU发送指令给电动机，混合空气阀打开从蒸发器一侧的通道，关闭暖气水箱一侧的通道，并使鼓风机电动机高速运转，使车内温度迅速下降到22℃。

3）模拟阀执行器。模拟阀执行器以电动机控制空气阀的位置，从而改变空调出风方向。

4）空调压缩机离合器。当驾驶人选择A/C模式时，空调系统ECU使压缩机离合器的绕组搭铁，触点闭合，电流通到离合器绕组，使离合器接合，传动带盘带动压缩机转动。

当车外温度传感器显示温度低于设定值时，ECU使压缩机离合器不起作用；同样，当传感器显示节气门全开或发动机处于高速运转时，ECU使压缩机离合器不起作用。

（6）工作原理　当温度由25℃调到20℃时，可变电阻的阻值发生变化（$-\Delta R$），电桥处于不平衡状态且$V_A < V_B$，此时比较器OP_1开始工作，双阀中的降温阀DV_C开启，在真空泵的作用下，连杆向下运动，可变电阻阻值上升。由于风门向冷风增加方向张开，所以车内温度下降。当车内温度下降到设定目标20℃时，可变电阻的阻值变化为$+\Delta R$，总电阻变化为零，电桥平衡，当环境温度不变时，室内温度即可保持在20℃，如图3-23所示。

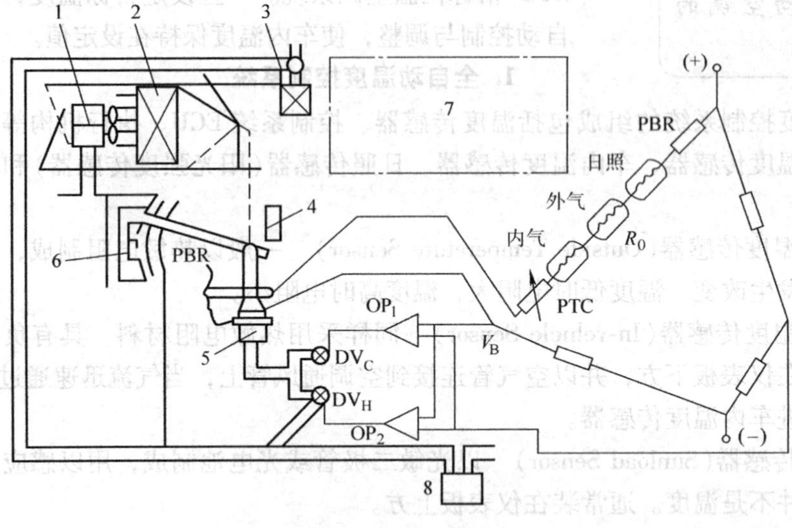

图3-23　全自动温度控制原理

1—风机　2—蒸发器　3—暖风机　4—伺服动力源　5—真空阀　6—风机控制　7—车厢内　8—真空泵

当车外空气温度下降时，车内温度也要随之降低$-\Delta t$，假设这个下降量引起车外温度传感器阻值的增加幅度为$+\Delta R$，电桥处于不平衡状态且$V_A > V_B$；比较器OP_2导通，双阀中的DV_H起动，真空泵推动连杆向上运动，可变电阻阻值向减少的方向变化，风门向暖风增加的方向转动。当车内温度回升$+\Delta t$，即室温变化为零时，系统达到平衡。车内空气温度和日照发生变化时，即空调的热负荷发生变化时，其工作原理相同。

2. 微机温度控制系统

微机控制的汽车空调系统，不仅能按照乘员的需要吹出最适宜温度的风，而且可以根据需要调节风速和风量。还可以改变压缩机运行状态，甚至有故障自诊断功能。

微机通过计算、比较设定温度所表示的电阻阻值与车内温度传感器阻值、车外温度传感器阻值、出口处温度传感器阻值和日照、节能修正量的电阻阻值之和，做出相应判断后向执行机构发出各种指令，由执行机构执行相应操作。现代汽车微机控制的执行机构不再使用电磁真空阀和真空电动机来操纵各个功能键和温度键，而是通过微机控制各个部件上的伺服电动机。通过触摸按钮向微机输入各种信号，微机通过计算分析、比较后发出指令，接通相应电路使伺服电动机转动，打开相应的出风口风门并调节温度，按照输入的温度，控制温度风门的位置。

3.5.2　多区域自动空调

1. 双区域自动空调

左右双区域独立控温恒温空调系统可独立调节驾驶人与前排乘客侧双区域的温度和风量，分别控制自己觉得最舒适的空调温度，各取所需，使舒适性得到很好的改善，如图 3-24 所示。

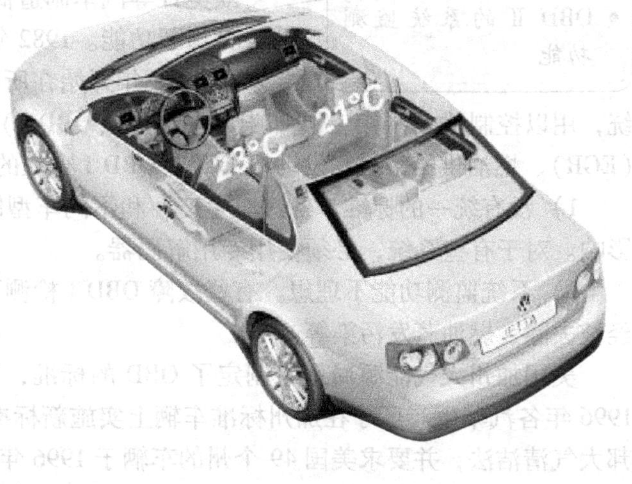

图 3-24　双区域自动空调

2. 四区域可调空调系统

新款 Cayenne、雷克萨斯 LS460S 和大众辉腾都采用了四区域可调空调系统。下面主要介绍大众辉腾装配的四区域“Climatronic”空调系统，如图 3-25 所示。

辉腾特有的四区域自动可调空调系统（4C Climatronic）令每个座位区域的温度与湿度都可以独立调节。由于没有直吹风，乘员感觉不到直接的气流。辉腾可以自动记录阳光的位置和太阳的强度，根据测量到的辐射能量持续调节温度，座舱内的空气湿度则依靠湿度传感器来监测并做出必要调节。带有速度变流装置的大型天窗所具备的太阳能装置能将静止状态的车内温度降低 20℃之多。

图 3-25　四区域自动空调系统

3.6 第二代车载诊断系统 OBD Ⅱ

重点掌握
- OBD Ⅱ 的标准和协议
- OBD Ⅱ 的系统监测功能

OBD(On-board Diagnostics)是车载诊断系统的缩写。该系统监测发动机的工作情况和尾气排放。20 世纪 80 年代，欧美日等汽车制造商开始在汽车上装配 OBD，但是不具有自诊断功能。1982 年，美国加州大气能源局制定法规要求自 1988 年开始在所有加州销售的汽车必须装配车载诊断系统，用以控制排污。第一代车载诊断系统(OBD Ⅰ)只能检测氧传感器、废气再循环系统(EGR)、燃油供给系统和发动机 ECU。OBD Ⅰ存在的不足主要有：

1）没有统一的标准。各汽车生产厂和不同车型缺乏统一的标准，给售后服务带来较大影响。对于有些系统，必须使用专用解码器。

2）系统监测功能不理想。有些故障 OBD Ⅰ检测不到，如三元催化转化器完全失效或已经被去除、燃油蒸发污染等。

美国加州大气能源局最终制定了 OBD 的标准，于 1989 年公布，称为 OBD Ⅱ。但直到 1996 年各汽车生产厂才在加州标准车辆上实施新标准。同样的新标准于 1990 年写入美国联邦大气清洁法，并要求美国 49 个州的车辆于 1996 年起全部装配 OBD Ⅱ。

3.6.1 OBD Ⅱ的标准和协议

第二代车载故障诊断系统相对于第一代系统而言，主要是为了解决车内通信协议与车外故障诊断设备的通信协议及通信接口的统一性问题，其主要特点有：

1）统一了汽车控制系统内部网络的通信协议。

2）统一了通信接口(故障诊断插接器)。

3）统一了故障码的设置规则和动力系统及网络部分故障码。

4）对车外故障诊断仪提出了具体的技术要求。

5）扩充了车载故障诊断系统的检测项目。

其相关标准包括：SAE J1930 电气/电子系统诊断术语、定义和缩写；SAE J1978 OBD Ⅱ测试仪技术要求；SAE J1979 电气/电子诊断测试模式；SAE J2190 增加的电气/电子诊断测试模式；SAE J1962 诊断插接器技术要求；SAE J1850 B 类数据通信网络接口技术要求；SAE J2012 推荐故障码定义。

配置第二代车载故障诊断系统是对在美国销售的汽车提出的要求。与其相对应，欧盟也要求欧洲各国汽车制造商生产的汽车必须配置欧洲的车载故障诊断系统。欧洲的车载故障诊断标准由国际标准化组织(ISO)提出，基本上是等效使用 SAE 相关标准，主要区别是通信协议不同。

欧洲车载故障诊断标准主要包括：

1）ISO 15031 道路车辆-汽车与外部排放相关诊断设备间的通信。主要包括七个部分：第一部分为概述；第二部分为术语、定义和缩写，与 SAE J1930 等效；第三部分为诊断插接器和相关电路技术要求，与 SAE J1962 等效；第四部分为外部测试设备技术要求，与 SAE J1978 等效；第五部分为排放相关诊断服务技术要求，与 SAE J1979 等效；第六部分为诊断故障码定义，与 SAE J2012 等效；第七部分为数据传输安全技术要求。

2）ISO 9141 道路车辆-诊断系统-数字信息交换技术要求。主要包括三个部分：第一部分为数字信息交换技术要求；第二部分为美国加州空气资源局（CARB）数字信息交换技术要求；第三部分为汽车与 OBD Ⅱ测试仪通信确认。

3）ISO/FDIS 14229 道路车辆-诊断系统-诊断服务技术规范。

4）ISO/DIS 14230 道路车辆-诊断系统-KWP 2000。主要有四部分：第一部分为物理层，第二部分为数据链接层，第三部分为应用层，第四部分为与排放相关系统的技术要求。

5）ISO 7637 道路车辆-环境电磁干扰。

美国和欧洲的车载故障诊断系统的诊断插接器在结构是一样的，都是采用统一的 16 端子诊断插接器，但各端子定义略有差别。端子 1、3、4、5、8、9、11、12、13、16 定义相同，其中端子 4 为底盘搭铁，端子 5 为信号搭铁，端子 16 接蓄电池正极，其他预留给制造商使用。美国 OBD Ⅱ用端子 2、6、10、14 作为数据传输端子，其中端子 2、10 为 SAE J1850 通信数据传输端子。如果在汽车电控系统中使用了 CAN 总线技术，则端子 6、14 被定义为 CAN 数据传输端子，它们分别与 CAN 总线的两条信号线 CAN High 和 CAN Low 相连。如果未使用 CAN 总线，则端子 6、14 预留给制造商使用。端子 7、15 预留给制造商使用。OBD Ⅱ诊断插接器如图 3-26所示。

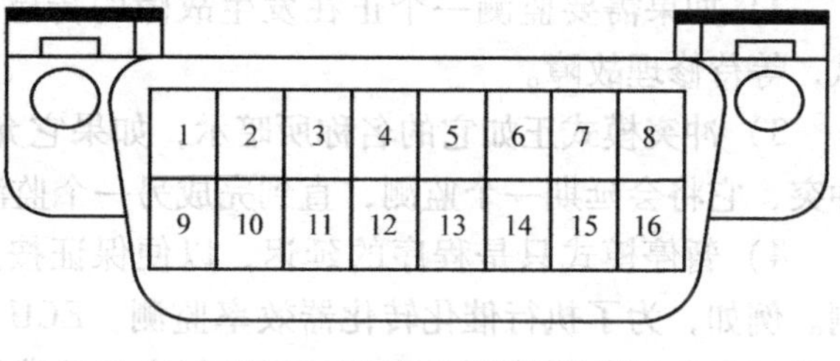

图 3-26　OBD Ⅱ诊断插接器

欧洲 OBD Ⅱ用端子 7、15 作为 ISO 9141-2 或 ISO/DIS 14230 通信数据传输端子。根据通信协议要求，汽车电子控制单元（ECU）通过诊断插接器与测试仪器进行通信，可以用单线（K 线）通信，也可以用双线（K 线和 L 线）通信。使用单线通信时，端子 7 和 K 线相连，端子 15 预留给制造商使用。使用双线通信时，端子 7 和 K 线相连，端子 15 和 L 线相连。端子 2、6、10、14 预留给制造商使用。

各汽车生产厂家一般采用三种不同的通信协议，分别为 SAE J1850 PWM（脉冲宽度调制），波特率为 41.6 × 1000bit/s，诊断插接器中使用的端子是 2、4、5、10、16。SAE J1850 VPM（可变脉冲宽度调制）波特率为 10.4 × 1000bit/s，诊断插接器中所使用的端子是 2、4、5、16。ISO 9141-2（或 ISO/DIS 14230-4），波特率为 10.4 × 1000bit/s，诊断插接器中使用的端子是 4、5、7、15、16。给定的车辆只使用一种协议，但是设计通用的 16 端子诊断插接器适用于三种协议。其中两个协议最初由 SAE 开发，一个协议由国际标准化组织（ISO）开发。

直到 1998 年，ISO 9141-2 通信协议一直由戴姆勒-克莱斯勒公司独家使用，当 J1850 VPM 协议逐渐开始采用的时候，部分戴姆勒-克莱斯勒车型、多数欧洲车型以及几乎所有亚洲车型仍然使用这个协议。该协议使用 4、5、7、15 和 16 号端子。

福特汽车公司的国产车辆使用 SAE J1850 PWN（脉冲宽度调制）协议，该协议使用 2、4、5、10 和 16 号端子。

1998 年以后生产的多数通用汽车公司车型和部分戴姆勒-克莱斯勒车型使用 SAE J1850 VPM（可变脉冲宽度调制）协议，该协议使用 2、4、5 和 16 号端子。

现在，各汽车生产厂家已逐渐采用控制器局域网（CAN）协议，2008 年出售的所有车型必须配置该协议。

3.6.2 OBD Ⅱ的系统监测功能

OBD Ⅱ的系统监测功能有连续监测和非连续监测两种。只要符合系统的起动标准，并且正在行驶中的车辆，那么系统的连续监测功能在发挥作用；当只满足系统的个别起动标准时，系统的非连续监测功能发挥作用。OBD Ⅱ的重要功能是保护三元催化转化器，以便使催化转化器连续高效工作。催化转化器失效的两个主要原因是喷油太多和点火失火。因此，系统连续监测的项目主要是点火情况、燃油喷射系统以及综合元件监测。

OBD Ⅱ系统ECU控制软件必须管理大量的信息，而且控制很多的功能，决定是否运行和何时运行每个监测功能是其任务之一。此外，它还分别进行：

1）控制系统监测的操作，防止它们干扰发动机控制系统和影响驾驶性能。

2）确保监测按正确指令进行。

3）避免任何两个监测之间产生冲突。

4）为故障诊断仪提供数据通信。

OBD Ⅱ系统监测功能有四种工作模式：正常、等待、冲突和暂停。

1）除正常模式以外，所有其他模式将会导致一个或多个监测延期。

2）如果需要监测一个正在发生故障的传感器或信号，将触发等待模式，导致延期测试，等待修理故障。

3）冲突模式正如它的名称所暗示，如果它允许同时运行两个监测，系统预计到会发生冲突，它将会延期一个监测，直到完成另一个监测，以防止捕捉错误信息。

4）暂停模式只是程序的延迟，以便保证按适当的顺序和正确的基本操作工况运行监测。例如，为了执行催化转化器效率监测，ECU需要来自氧传感器的精确信号。因此，将会暂停催化转化器监测，直到已经运行完氧传感器监测，并且满意通过之后，还需要其他监测一起为此提供正确信息，才会开始催化转化器监测。

通常，运行任何监测之前，系统开始寻找行程需要的元件。起动并驾驶车辆的时候，存在一个行程，以便监测符合起动标准。当这组工况已经发生，而且已经可以确定监测完成的时候，关闭点火钥匙，系统就会根据特别监测计算一个行程。起动并完成监测的驾驶工况组合称为一个驾驶循环。能够起动和完成所有监测的一个驾驶循环称为一个完整行程。

1. 失火监测功能

失火监测属于连续监测，失火监测的标准比其他任何监测少。因为严重失火将导致三元催化转化器损坏，所以失火监测极其重要。大量燃油蒸气进入催化转化器将会引起严重过热，催化转化器将被完全燃损。

失火监测的工作条件有：

1）来自进气压力传感器（MAP）、空气质量流量传感器（MAF）、发动机冷却液温度传感器（ECT）、车速传感器（VSS）和发动机转速传感器（RPM）的有效信号。

2）在特定范围内的发动机转速。

3）在特定范围内的冷却液温度。

4）特定范围内的车速信号。

2. 燃油系统监测功能

燃油系统监测同样属于连续监测，但是它的工作条件比失火监测更复杂。

燃油系统监测的工作条件有：

1）暖机过程。

2）在闭环模式，发动机控制系统工作。

3）进气压力传感器（MAP）、空气流量传感器、冷却液温度传感器、车速传感器和发动机转速传感器等信号。

4）存在长期燃油调节数据。

5）存在短期燃油调节数据。

3. 组合元件监测功能

OBD Ⅱ组合元件检测的工作条件一般是：

1）一旦打开点火开关，系统立刻测试部分元件。

2）虽然在开环状态，所有输入和有些输出设备也将会连续地检查短路或断路，但多数其他元件测试需要达到闭环操作，以便能够比较输入和 ECU 的反应。

3）没有其他工况会引起组合元件检测延期。

4. 氧传感器和加热型氧传感器加热器监测功能

在操作发动机控制系统以及控制燃油、点火、附件以及排放控制装置时，氧传感器是 ECU 所依赖的最重要的信息来源。观察每个氧传感器的工作时，ECU 能了解废气排放是否在正常控制范围，催化转化器是否在正常工作，以及发动机是否正在有效运转。氧传感器信号监测只有依靠运行其他的监测才能完成，包括燃油系统、催化转化器、废气再循环等。

因为氧传感器信号非常重要，因此让其尽快投入工作就显得十分关键。这就是所有 OBD Ⅱ系统的氧传感器安装加热器的目的，也是氧传感器加热器电路有它自己的监测的原因。

氧传感器监测的工作条件有：

1）发动机达到正常工作温度。

2）发动机运行时间超过预设时间。

3）变速器在指定档位或选择指定的档位。

4）节气门位置传感器在指定的范围之内。

5）燃油蒸发控制没有进行清洁。

6）在规定的时间，车速在指定的范围内，没有信号中断。

5. 加热型催化转化器和催化转化器效率监测功能

催化转化器监测的工作条件有：

1）冷却液温度在规定的范围。

2）节气门位置在部分负荷位置。

3）发动机闭环工作。

4）发动机转速传感器信号、进气压力信号或进气流量信号在规定范围。

6. 废气再循环检测功能

如何控制引入气缸的废气数量以及时刻是系统废气再循环检测的重要工作。

废气再循环检测的工作条件有：

1）发动机暖机。

2）在指定时间内，发动机持续运转。

3）发动机转速信号、进气压力信号、进气流量信号和节气门位置信号在规定范围。

4）短期燃油调节在规定范围内。

7. 燃油蒸发控制监测功能

燃油蒸发控制主要是防止燃油蒸气进入大气。

3.7 定速巡航

重点掌握

- 巡航控制系统的组成及其工作原理
- 自适应巡航控制系统的工作原理

汽车巡航控制系统（Cruise Control System，CCS）自1961年在美国首次应用以来，已经成了中高档轿车的标准配置。当汽车在高速公路长时间行驶时，接通巡航控制开关，设定目标车速，巡航控制系统将根据汽车行驶阻力的变化，自动增大或减小节气门开度，使汽车按设定的车速匀速行驶，以减轻驾驶人的劳动强度。采用巡航控制以后，避免了驾驶人操纵加速踏板使汽车车速反复变化造成的运行工况频繁变化。因此，不论是汽车的经济性、排污控制，还是行驶平顺性、乘坐舒适性都得到很好的改善。

3.7.1 定速巡航系统的结构和工作原理

巡航控制系统由巡航控制ECU、传感器和执行机构三部分组成。

1. 巡航控制ECU

巡航控制ECU接收来自相关传感器和控制开关的信号，并根据存储的数据进行对比分析计算，当检测到实际车速偏离目标车速时，ECU发送控制指令给执行机构，使车速与目标车速一致。巡航控制ECU原理框图如图3-27所示。

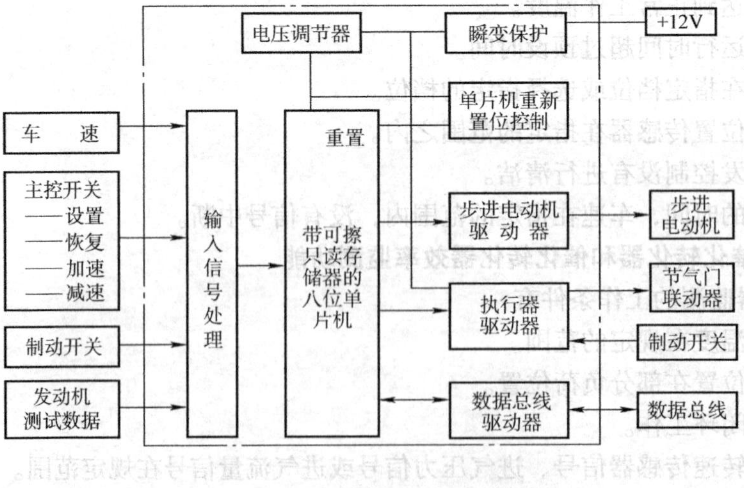

图3-27 巡航控制ECU原理框图

汽车在巡航控制行驶过程中，ECU取消巡航控制的情况主要有：

1）车速低于40km/h。

2）车速超过设定车速6～8km/h。

3）汽车的减速度大于2m/s。

4）制动等开关动作。

巡航控制 ECU 的控制功能主要有：

1）设定功能。当主开关接通，车辆在巡航控制车速范围内（40～200km/h）行驶时，操作设定/减速（SET/COAST）开关可以设定巡航车速。巡航控制 ECU 将设定的目标车速存储在存储器内，并使汽车按设定车速匀速行驶。

2）匀速控制功能。巡航控制 ECU 将实际车速与目标车速进行对比，以确定节气门应该开大或减小，并根据实际车速与目标车速的差值，计算出节气门增加或减小的量，然后由执行机构进行控制，保证汽车按目标车速匀速行驶。

3）设定车速调整功能。当汽车以巡航控制模式行驶时，如果需要使设定车速提高或降低，只要操作恢复/加速或设定/减速开关，就可以改变目标车速。巡航控制 ECU 将记忆改变后的目标车速，并按新的设定车速进行巡航行驶。

4）取消和恢复功能。当汽车以巡航控制模式行驶时，如果接通取消开关或接通任何一个其他的退出巡航控制开关，巡航控制 ECU 将控制执行机构使巡航控制取消。取消巡航控制以后，要想重新按巡航控制模式行驶，只要操纵恢复/加速开关即可恢复原来的巡航控制行驶模式。

5）下限车速控制功能。下限车速是巡航控制所能设定的最低车速，不同的车型下限车速也不一样，一般是 40km/h。当巡航行驶时，如果车速降至 40km/h 以下，巡航控制将自动取消，巡航控制 ECU 存储器内存储的设定车速将被清除。

6）上限车速控制功能。上限车速是巡航控制所能设定的最高车速，一般是 200km/h。汽车在巡航控制模式下行驶时，即使操作加速开关，车速也不会超过 200km/h。

7）安全电磁离合器控制功能。当汽车以巡航控制模式行驶时，如果因为下坡，汽车车速高于设定车速 15km/h，巡航控制 ECU 将切断安全电磁离合器使车速降低。当车速降低到比设定车速高出不足 10km/h 时，安全电磁离合器再次接通，恢复巡航控制。

8）自动取消功能。当汽车以巡航控制模式行驶时，如果出现执行机构驱动电流过大，伺服电动机始终朝节气门开大的方向旋转时，巡航控制 ECU 存储器内存储的目标车速将被清除，巡航控制模式将被取消，主开关同时关闭。此外，当巡航控制 ECU 诊断出系统有故障时，将会使巡航系统自动停止工作。

9）自动变速器控制功能。当具有自动变速器的汽车以巡航控制模式行驶时，如果上坡时变速器在超速档，车速降至比设定车速低 4km/h 以上时，巡航控制 ECU 将超速档取消信号送至自动变速器 ECU，取消自动变速器超速档。当车速升至比设定车速低 2km/h 时，巡航控制 ECU 将超速档恢复信号送至自动变速器 ECU，恢复自动变速器超速档。

10）诊断功能。如果巡航控制系统发生故障，巡航控制 ECU 的自诊断系统能够诊断出故障，并使仪表板上的巡航指示灯闪烁，以便提醒驾驶人。同时巡航控制 ECU 将故障码存储在存储器内。

2. 传感器

1）车速传感器。发送给巡航控制 ECU 的车速信号用来设定目标车速，并将实际车速与目标车速进行对比，以实现汽车的匀速行驶。

2）节气门位置传感器。节气门位置传感器一般为线性输出型。节气门位置传感器信号可同时用于发动机控制、自动变速器控制和巡航控制等。对于巡航控制系统而言，节气门位置传感器信号的作用是巡航控制 ECU 根据计算输出与节气门开度的关系，用于确定输出量的大小。

3）节气门控制摇臂传感器。节气门控制摇臂传感器可对巡航控制 ECU 提供节气门摇臂位置信号。节气门摇臂位置传感器为电位计式。该信号的作用是巡航控制 ECU 根据节气门摇臂位置信号对节气门开度大小进行控制。

3. 执行机构

巡航控制系统的执行器由 ECU 控制，根据 ECU 的控制信号控制节气门的开度，以保持车速恒定。巡航控制系统执行器有真空驱动型和电动机驱动型两种。

（1）真空驱动型执行机构　真空驱动型执行机构可用于发动机进气歧管真空度控制，当进气歧管负压太低时，用真空泵提高负压进行控制。真空驱动型执行机构的工作原理如图 3-28所示。

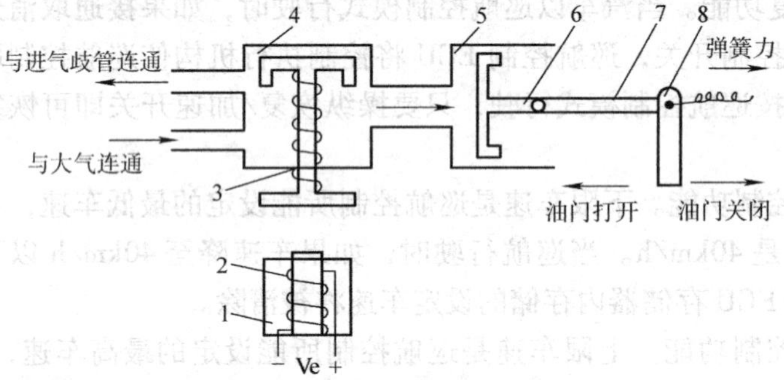

图 3-28　真空驱动型执行机构工作原理

1—电磁铁　2—电磁绕组　3—压力控制阀弹簧　4—压力控制阀　5—气缸

6—活塞　7—连杆　8—节气门拉杆

执行机构活塞连杆与节气门拉杆相连，当活塞连杆对节气门拉杆无作用时，弹簧力使节气门关闭。当节气门的输入信号 Ve 对电磁阀绕组通电时，压力控制阀阀芯克服弹簧弹力下移，执行机构活塞气缸与进气歧管连通。由于进气歧管内为真空，于是执行机构气缸压力迅速下降，执行机构活塞带动节气门拉杆向左运动，从而使节气门平顺渐进地打开。活塞上的作用力随气缸中平均压力的变化而变化，而气缸中的平均压力则通过快速通断压力控制阀来进行控制。执行机构的输入信号是一个脉冲信号，当 Ve 为高电位时，电磁铁通电，当 Ve 为低电位时，电磁铁断电。因此，气缸中的平均压力，即节气门开度与压力控制阀控制信号 Ve 的占空比成正比。

选择执行机构时，应使节气门执行机构的频率响应与车速传感器的频率响应基本一致，以保证整个巡航控制协调进行。

（2）电动机驱动型执行机构　电动机驱动型执行器由电动机、电磁离合器和电位计组成，如图 3-29 所示。

电动机根据来自 ECU 的信号，顺时针或逆时针转动，从而改变节气门的开度。节气门已完全打开或关闭后，若电动机继续转动，就会造成损坏。因此，电动机安装了两个限位开关，用于控制电动机的工作。

电磁离合器用于控制电动机和节气门拉索的接合与分离，其工作电路如图 3-30 所示。当 ECU 给执行器发出控制信号时，电磁离合器接合，电动机通过拉线转动节气门。在巡航控制系统工作时，只要按动任一取消开关，巡航控制 ECU 接收到此信号后做出相应反应，

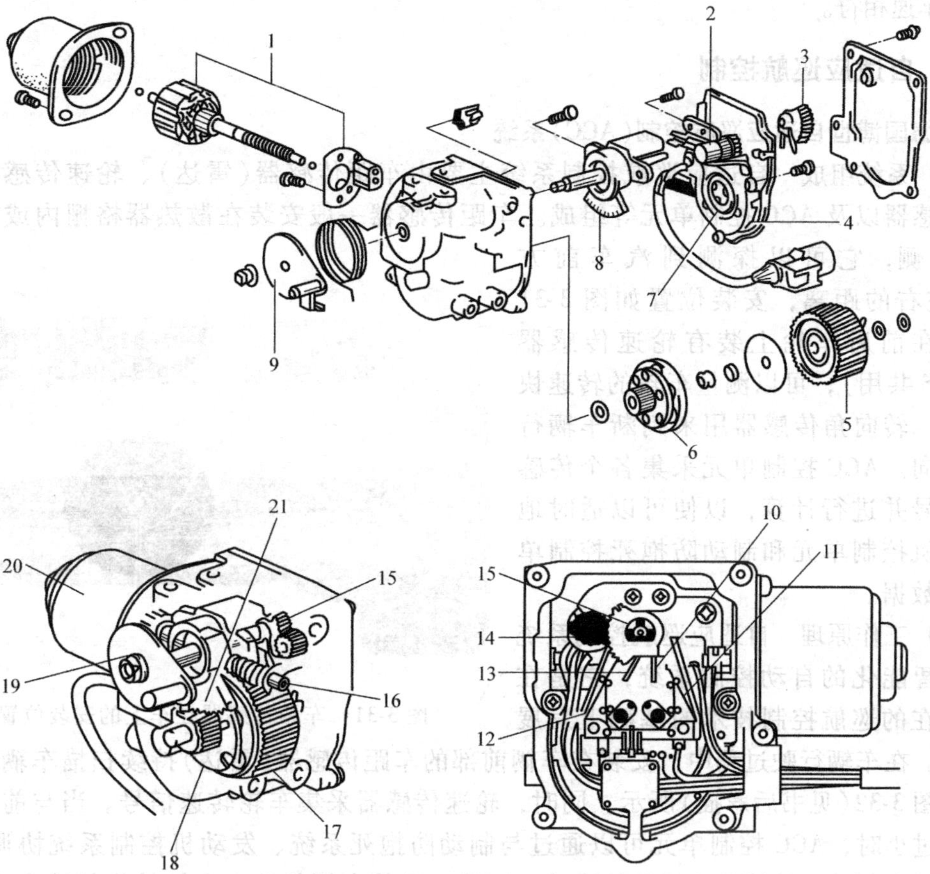

图 3-29　电动机驱动型执行机构结构

1—驱动电动机　2、14—电位计　3、15—电位计主动齿轮　4—电路板　5、17—电磁离合器　6、18—离合器片　7—集电环　8、21—主减速器　9、19—控制臂　10、13—杆　11、12—限位开关　16—涡轮　20—电动机

将电磁离合器分离，阻止电动机转动节气门，以取消巡航控制。

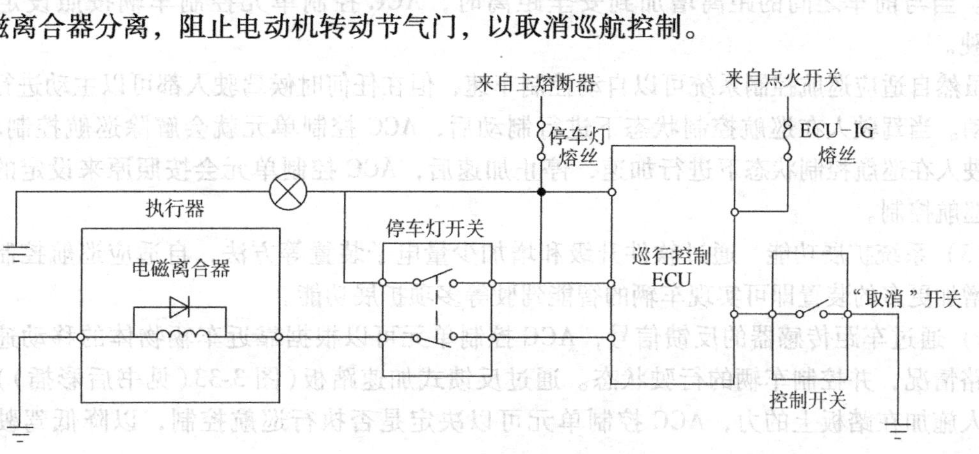

图 3-30　电磁离合器工作电路

当巡航控制系统车速设定时，电位计将节气门开度转换为电信号，送入巡航控制 ECU，ECU 将此数据存储于存储器中，行车中 ECU 根据此数据控制节气门的开度，使实际车速与

设定的车速相符。

3.7.2 自适应巡航控制

1. 德国博世自适应巡航控制(ACC)系统

(1) 系统组成 自适应巡航控制系统主要由车距传感器(雷达)、轮速传感器、转向角传感器以及ACC控制单元等组成。车距传感器一般安装在散热器格栅内或前保险杠的内侧，它可以探测到汽车前方200m左右的距离，安装位置如图3-31所示。在前后车轮上装有轮速传感器(与ABS共用)，可以测量车轮的转速快慢情况。转向角传感器用来判断车辆行驶的方向。ACC控制单元采集各个传感器的信号并进行计算，以便可以适时地与发动机控制单元和制动防抱死控制单元交换数据。

图3-31 车距传感器在车上的安装位置

(2) 工作原理 自适应巡航控制系统是一种智能化的自动控制系统，它是在早已存在的巡航控制技术的基础上发展而来的。在车辆行驶过程中，安装在车辆前部的车距传感器(雷达)持续扫描车辆前方道路，如图3-32(见书后彩插)所示。同时，轮速传感器采集车轮转速信号。当与前车之间的距离过小时，ACC控制单元可以通过与制动防抱死系统、发动机控制系统协调动作，使车轮适当制动，并使发动机的输出功率下降，以使车辆与前方车辆始终保持安全距离。自适应巡航控制系统在控制车辆制动时，通常会将制动减速度限制在不影响舒适的程度，当需要更大的减速度时，ACC控制单元会发出声光信号通知驾驶人主动采取制动操作。当与前车之间的距离增加到安全距离时，ACC控制单元控制车辆按照设定的车速行驶。

虽然自适应巡航控制系统可以自动控制车速，但在任何时候驾驶人都可以主动进行加速或制动。当驾驶人在巡航控制状态下进行制动后，ACC控制单元就会解除巡航控制功能。当驾驶人在巡航控制状态下进行加速，停止加速后，ACC控制单元会按照原来设定的车速进行巡航控制。

(3) 系统扩展功能 通过软件升级和增加少量电子装置等方法，自适应巡航控制系统无需增加更多的装置即可实现车辆的智能驾驶等多项扩展功能。

1) 通过车距传感器的反馈信号，ACC控制单元可以根据靠近车辆物体的移动速度判断道路情况，并控制车辆的行驶状态。通过反馈式加速踏板(图3-33(见书后彩插))感知驾驶人施加在踏板上的力，ACC控制单元可以决定是否执行巡航控制，以降低驾驶疲劳强度。

2) 自适应巡航控制系统一般在车速大于25km/h时才会起作用，而当车速降低到25km/h以下时，就需要驾驶人进行人工控制。通过系统软件的升级，自适应巡航控制系统可以实现“停车/起步”功能，以应对在城市中行驶时频繁的停车和起步情况。自适应巡航控制系统的这种扩展功能，可以使汽车在非常低的车速时也能与前车保持设定的距离。当前方车辆起步后，自适应巡航控制系统会提醒驾驶人，驾驶人通过踩加速踏板或按下按钮发出信号，车辆就可以起步行驶。

3）自适应巡航控制系统使车辆的编队行驶更加轻松。ACC 控制单元可以设定自动跟踪的车辆，当本车跟随前车行驶时，ACC 控制单元可以将车速调整为与前车相同，同时保持稳定的车距，而且这个距离可以通过方向盘附近的控制杆上的设置按钮进行选择，如图 3-34 所示。

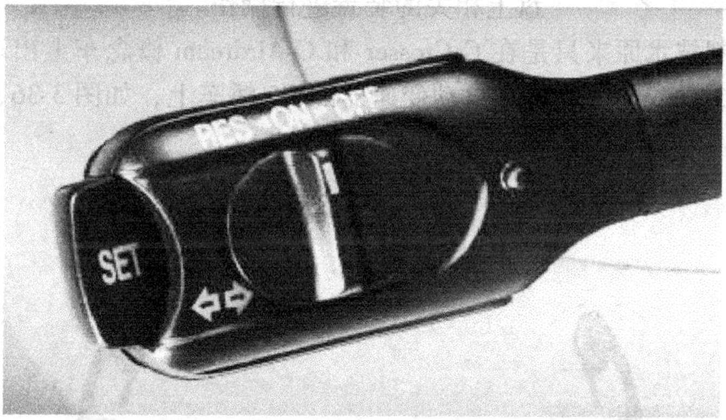

图 3-34　自适应巡航控制按钮

当按下车速设置开关(SET)后，就能存储该时刻的车速并能自动保持这个车速。当不需要速度控制时，只要踩下制动踏板，速度设定功能就会立即停止，但是速度信息继续存在。如果要恢复速度控制，按恢复开关(RES)就能恢复原来存储的车速，汽车又能按照设定速度巡航行驶。

2. 德尔福自适应巡航控制系统

德尔福自适应式巡航控制应用前向雷达与前方车辆保持驾驶人事先设定的距离。在高速公路上，如果车道前方没有车辆，系统则按照驾驶人设定的速度行驶。当探测到前方有速度较慢的车辆时，系统会自动运用节气门控制和限制制动功能，与前方车辆保持驾驶人设定的距离。如果两车间距缩小过快而需要手工操作，系统会发出声音和图像提示，如图 3-35 所示。

图 3-35　德尔福预警自适应巡航控制系统

3.8 雪铁龙线性控制系统

重点掌握
- 线性控制系统的控制内容
- 线性控制系统的应用

线性控制系统技术来源于航空技术，方向盘与转向机、控制踏板与制动主缸等的连接由电信号传输代替了纯机械连接。运用该技术以后，转向、制动、加速控制都集中在方向盘上，驾驶室内没有了控制踏板，许多功能都由方向盘上相关的装置进行操作。

雪铁龙线性控制技术原来只是在 C-Crosser 和 C-Airdream 概念车上出现过，现在该技术已经安装在配备了 3.0L V6 发动机和自动变速器的 C5 轿车上，如图 3-36、图 3-37、图 3-38 所示。

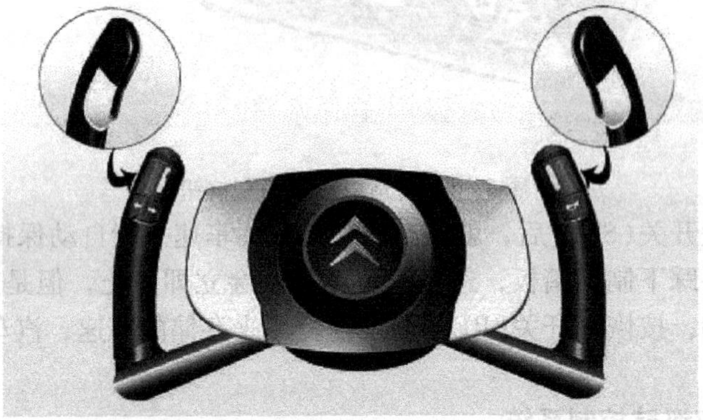

图 3-36 雪铁龙线性控制系统方向盘

图 3-37 雪铁龙线性控制系统驾驶情况

线性控制展现了一种全新的设计，因为没有了踏板和转向柱等机械部件，所有驾驶控制

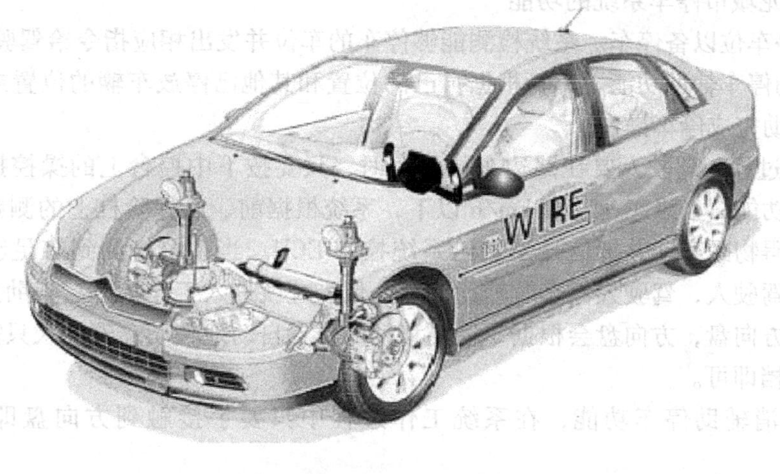

图3-38　装备雪铁龙线性控制系统的C5轿车

都集中在方向盘上，操作起来更加便捷，并且操控速度比传统控制要快，提供了更佳的安全性。

各种驾驶功能都要由驾驶人进行控制，驾驶人会以时钟3点、9点的位置握住方向盘以保持良好的操控。方向盘的上半圈和下半圈被去掉了，使用了电子可变速比转向，在低速时反应也很敏锐。可变电子转向可根据车速的不同自动调整转向比，在停车入库时对驾驶人有很大的帮助。

驾驶人用右手或左手的拇指可以接触到位于方向盘两侧的加速按键。两个加速按键是十分必要的，因为左手在加速时右手还可以调节灯光，而前风窗刮水器开关、前照灯刮水器开关和喇叭开关分别位于左右两侧。

除了加速按键外，自动巡航控制同样可以调节车速以增加驾驶舒适性，避免驾驶人的拇指总是按在加速键上。

制动扳机安装在方向盘两侧端部，驾驶人用左手或右手食指控制。电子/液压制动系统属于电子控制液压制动，制动力大小非常直观。

3.9　辅助停车入位系统

重点掌握

- 辅助停车入位系统的工作过程
- 辅助停车入位系统的应用

随着汽车电子技术的快速发展，车辆操作变得越来越轻松，特别是在拥挤的路边停车时。最早应用停车辅助系统的是法国雪铁龙公司，现在，丰田、沃尔沃、奔驰等汽车公司也逐渐装配了该装置。

1. 雪铁龙城市停车系统(City Park System)

2005年，雪铁龙公司开始装配车辆辅助停车入位系统，该系统可以使车辆在拥挤的市内停车入位变得简单易操作，特别是在拥挤的路边停车倒入空间紧凑的车位时。

雪铁龙城市停车系统的基本原理是：估算两部停放车辆之间的距离是否能够停车，自动操纵车辆进入停车位，停车入位时方向盘会根据传感器测得的信号自动调整转角。

（1）雪铁龙城市停车系统的功能

1）监测停车位以备停车。系统检测能够停车的车位并发出相应指令给驾驶人。

2）半自动停车辅助功能。车辆根据自己的位置和其他已停放车辆的位置或地面的标线转动车轮，辅助完成停车操作。

（2）工作过程　驾驶人要在路边车位停车时，只要按下中控台上的操控按钮，系统即开启辅助停车功能，如果车速在25km/h以下，系统根据前、后保险杠上的测距传感器精确测量附近的障碍物距离，并把信号发送给系统控制ECU。当系统检测到有足够空间时会发出声音以提醒驾驶人，驾驶人停车时辅助停车入位系统就进入工作状态。辅助系统工作时驾驶人不需要打方向盘，方向盘会根据车辆要移动的位置自动地转动，驾驶人只需根据提示挂入前进档或倒档即可。

如果要取消辅助停车功能，在系统工作过程中只要手接触到方向盘即可解除辅助功能。

2007年，雪铁龙C4毕加索装配了博世停车入位系统，成为全世界第一款配备有完善的停车入位辅助系统的汽车。博世此款驾驶辅助系统能够及时通知汽车驾驶人预期的停车位长度是否合适该车辆。尤其在拥挤的城市街道中，这一功能将大大提高泊车的安全性，帮助驾驶人消除其他车辆和障碍物对于泊车的影响。除位于车前后的四个标准超高频距离传感器之外，在前保险杠的两侧还安装了两个额外的距离传感器，用于精确测量停车位。系统通过多功能显示屏通知驾驶人空间是否足够车辆停放。

2. 丰田汽车公司智能停车助手

丰田汽车公司智能停车助手（Intelligent Parking Assist, IPA）必须依靠电控助力转向系统进行工作，在汽车倒车时，方向盘可以自动操作，完成停车入位的操作。

丰田智能停车系统使用超声波传感器检测停车位置，并能结合摄像头识别停车线。只要挂入倒档，即可启动智能停车系统。当汽车经过或靠近停车位置的时候，汽车自动检测到停车位置和距离，并在显示屏上用绿色线条标识出停车位置，经过驾驶人确认以后，汽车就能够自动控制方向盘进行倒车入位，在此过程中驾驶人只需注意安全和调整车速。当汽车停好后，IPA系统功能自动解除。

IPA系统省去了不断观察和调整方向盘的动作，而且在整个过程中一直由超声波检测四周情况，可以避免撞到障碍物。IPA工作情况如图3-39和图3-40所示。

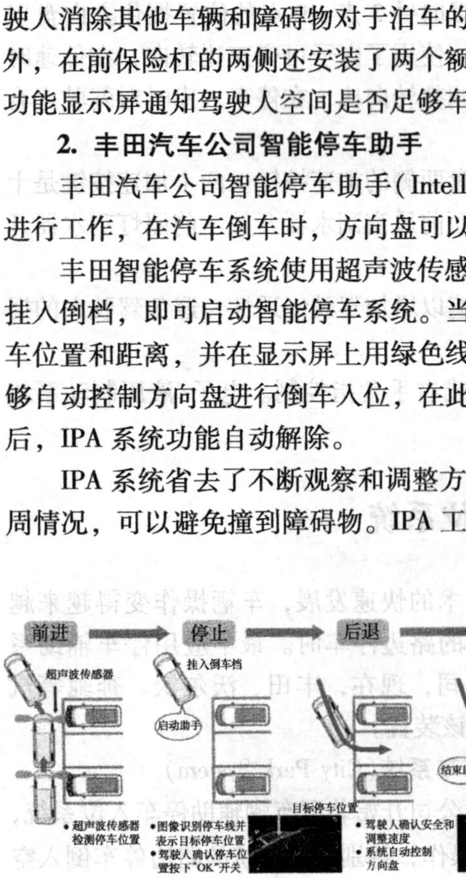

图3-39　丰田智能停车助手倒车入库原理

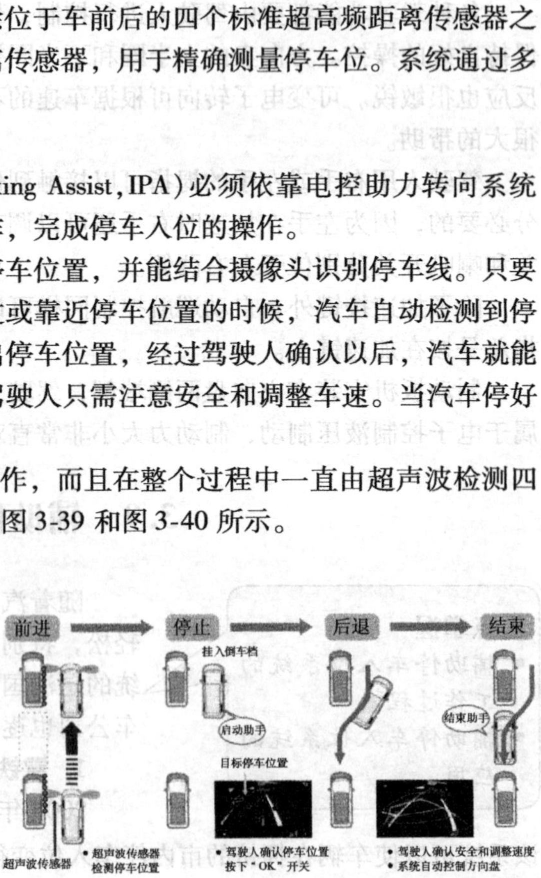

图3-40　丰田智能停车助手倒车移库原理

3.10 汽车行驶记录仪

重点掌握
- 汽车行驶记录仪的功能

汽车行驶记录仪俗称“汽车黑匣子”，是安装在车辆上能够记录、存储、显示和打印车辆运行速度、时间、里程以及有关车辆运行安全的其他状态信息的数字式电子记录装置，适用于公交公司、物流公司、长途运输公司、危险或重要运输公司、交通管理部门、公安部门和企事业单位等。

汽车行驶记录仪主要功能：

1）自检功能。记录仪通电后会对系统各部件及接口进行检测，自检通过后提示用户记录仪开始正常工作。

2）车辆行驶时间、速度、里程的记录及存储功能。详实记录存储车辆行驶的时间、速度及里程。

3）超速报警及记录功能。当汽车超过预先设置的超速值时，会第一时间报警提醒，并记录下来。

4）超时驾驶(疲劳驾驶)报警及记录功能。驾驶人连续驾驶接近4h时，记录仪会声音提示，超过4h就开始记录。

5）具有事故疑点记录分析功能。记录仪会以0.2s间隔记录事故发生前20s车辆行驶速度、制动等信息。

6）显示打印功能。可通过液晶LCD显示或微型便携打印机打印最近15min内每分钟的平均车速记录、超时驾驶(疲劳驾驶)记录、超速记录及车辆相关信息。

7）数据通信功能。可通过标准USB或串口采集记录仪数据、设置记录仪参数。

8）车辆行驶轨迹回放功能。通过选配内置式GPS模块，可在上位机显示车辆行驶轨迹。

9）车辆信息、驾驶人档案的管理功能。管理软件提供良好人机界面，实现车辆信息、驾驶人档案录入，修改、查询统计及报表打印功能等。

3.11 车辆信息交流技术

重点掌握
- 常见车联网产品
- 大众Car-2-Car技术
- 通用V2V技术

随着电子技术的快速发展，车辆与车辆之间或车辆与基础设施之间的信息交流与共享已经步入应用阶段，不但可以提高车辆快速行驶的安全性，还可以在保证舒适性的前提下实现高效节能的目标。目前涉及该技术的应用主要有车联网技术、大众公司Car-2-Car技术和通用公司V2V技术。

1. 车联网技术

车联网是指装载在车辆上的电子标签通过无线射频等识别技术，实现在信息网络平台上对所有车辆的属性信息和静、动态信息进行提取和有效利用，并根据不同的功能需求对所有车辆的运行状态进行有效的监管和提供综合服务。根据我国物联网校企联盟的定义，车联网是由车辆位置、速度和路线等信息构成的巨大交互网络。通过GPS、RFID、传感器和摄像头图像处理等装置，车辆可以完成自身环境和状态信息的采集；通过互联网技术，所有的车辆可以将自身的各种信息传输汇聚到中央处理器；通过计算机技术，这些大量的车辆信息可以被分析和处理，从而计算出不同车辆的最佳路线，及时汇报路况和安排信号灯周期。

常见车联网产品及应用车型见表3-2。

表3-2 常见车联网产品及应用车型

序号	系统	代表车型
1	奇瑞 CLOUDRIVE 系统	艾瑞泽7
2	纳智捷 Pad In Car 智能系统	纳智捷5
3	上汽 inkaNet 系统	荣威350
4	观致 QorosQloud 车载信息娱乐系统	观致3
5	北汽E筋斗云系统	北汽E纪念版
6	比亚迪思锐云服务系统	思锐
7	一汽 D-Partner 系统	奔腾B70
8	长安 INcall 智能系统	悦翔
9	帝豪 G－Netlink 系统	帝豪EC7
10	本田智能屏互联系统	凌派
11	福特 SYNC	新蒙迪欧
12	丰田 G-Book	凯美瑞
13	君越 IntelliLink 智能车载交互系统	新君越
14	标致 IMS 智能车载系统	408
15	起亚 UVO 车载信息系统	索兰托
16	日产 CARWINGS 智行＋	新天籁
17	一汽马自达“语驾”	马自达6
18	凯迪拉克 CUE	XTS
19	奥迪 MMI 系统	A4L
20	宝马 iDrive 系统	新5系Li
21	奔驰 COMAND 系统	奔驰S级
22	通用 OnStar 系统	迈锐宝
23	沃尔沃 SENSUS	S60
24	现代 BLUELINK	新胜达

2. 大众Car-2-Car技术

Car-2-Car属于驾驶辅助系统，该系统除了具有一般驾驶辅助系统使用的雷达、照相机和光波等传感器以外，还增添了一套从其他车辆或者从交通无线信息平台来获得信息的设备。例如：车辆能够觉察前方很远的地方有车辆在紧急制动，还能够感觉到建筑物后面的车辆或者是下一个路口将会遇到的车辆(需要其他车辆也匹配有Car-2-Car系统)，如图3-41所示。图 3-42（见书后彩插）所示为装备有该系统的车辆可以知道前方车辆的类型、距离和速度（救护车、距离 8m、速度 15km/h）。

此外，Car-2-Car 系统可以提供最新的交通信息，如前方道路交通拥堵情况、道路临时封闭、交通事故或者其他障碍物的信息等，以使导航系统更准确地计算行程时间和路径。

早在 2008 年 10 月，大众公司在德国 Dudenhofen 用装备了 Car-2-Car 系统的帕萨特 TDI 和高尔夫 GTI 进行了测试。Car-2-Car 系统已被定义为全球性的车辆沟通系统，以分享信息为基础大幅提高交通安全。例如，如果车辆遭遇不利的交通条件，如塞车、大雾、冰面或者交通事故，它将把这些信息传递给这一地区潜在受影响的车辆，以提醒驾驶人提高警惕谨慎通过，给了其他驾驶人交通状况的判断基础。在试验中这两辆车分别担当了信息感知者、传递者和接收者。一个无线网络平台支持着车辆之间的信息交换。现场还有一些道具：一辆摩托车在十字路口、一辆停止的汽车、建筑物和一辆行驶中的警车。车辆的一些基本信息，如车速、发动机转速、车速等也都能被收集到系统信息中心。大众 Car-2-Car 系统测试如图 3-43（见书后彩插）所示。

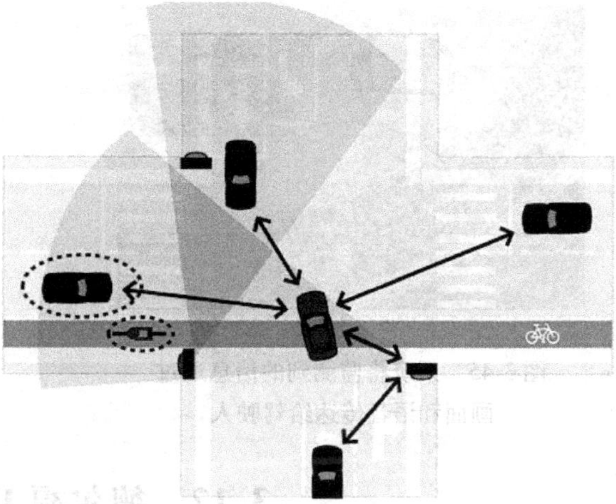

图 3-41　Car-2-Car 信息交流示意图

如果要该系统充分发挥其作用，必须所有车辆都安装 Car-2-Car 系统。因此，就需要所有的汽车制造商尽快共同搭建一个标准的信息平台。

3. 通用 V2V 技术

通用汽车公司车与车信息交流技术称为 V2V 系统（V2V Communications）。据通用汽车官方介绍，该技术可以在将来实现车辆完全无碰撞快速行驶，从而避免车辆碰撞事故造成的人员伤亡，真正实现交通运输高效安全运行。

该系统主要利用了无线通信原理和 GPS 全球卫星定位技术，通过安装在汽车中的 V2V 信息收发器，每一辆通用公司生产的汽车都可以迅速定位自身车辆，并且实时监测到道路上的其他车辆及设施，如图 3-44 所示。

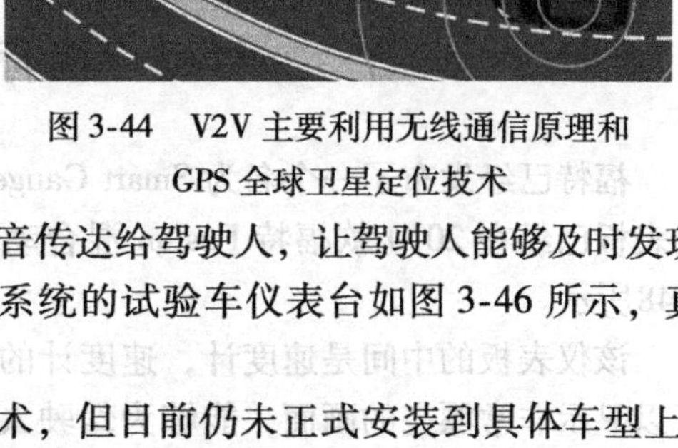

图 3-44　V2V 主要利用无线通信原理和 GPS 全球卫星定位技术

与此同时，系统将监测到的信息通过画面和语音传达给驾驶人，让驾驶人能够及时发现潜在的行车安全问题，如图 3-45 所示。搭载 V2V 系统的试验车仪表台如图 3-46 所示，真正实现量产时，该系统将集成安装到车辆上。

早在 2005 年，通用就推出了 V2V 信息交换技术，但目前仍未正式安装到具体车型上。只有所有汽车厂商统一车辆与车辆信息交流技术相关协议、标准等以后，才能逐步进入试用。

图 3-45　系统将监测到的信息通过画面和语音传达给驾驶人

图 3-46　实验车上搭载的 V2V 技术系统

3.12　德尔福 IVT 传感器

德尔福公司（Delphi）新型电池 IVT 传感器可帮助电池达到最佳性能，在保证发动机起动时能够得到足够电力的同时，也提高了日益丰富的车载电子设备的完整性。

德尔福的电池 IVT 传感器可精确测量电池的电流（I）、电压（V）和温度（T）。传感器作为主动电池管理系统的一部分集成到车辆中后，可提高燃料利用率，延长电池寿命，优化交流电动机和电池大小，并进一步提高电气系统性能。据德尔福公司创新及电子/电气系统全球总监 Dave Wright 先生介绍，“在电池处于满充状态时，德尔福的电池 IVT 传感器可减少交流发电机所需输出的电力，从而降低发动机的机械载荷并达到提高燃料效率的目的。”在一定条件下，IVT 传感器能改善燃油经济性，采用了 IVT 传感器后，每加仑燃油能使汽车多行驶 0.8km。IVT 传感器如图 3-47 所示。

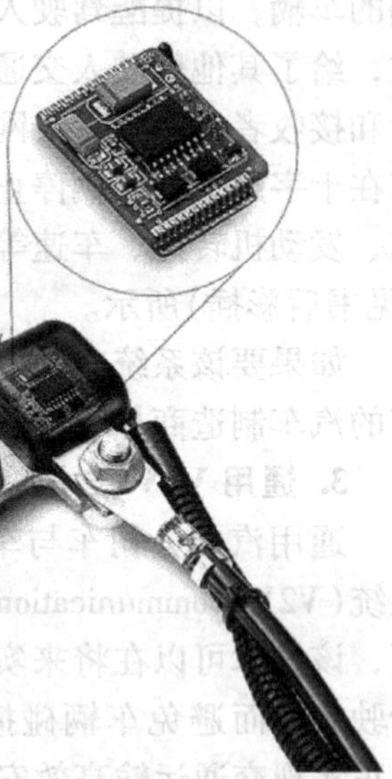

图 3-47　德尔福 IVT 传感器

3.13　福特智能 LCD 仪表板

福特已经发布了一个名为 Smart Gauge 的创新式 LCD 仪表板。这个带有环保指示的全新仪表板已经在 2010 款福特 Fusion 混合动力和 Mercury Milan 混合动力车上得到应用，如图 3-48所示。

该仪表板的中间是速度计，速度计的两侧各是一个高分辨率的 LCD 显示屏。这些屏幕可以显示非常漂亮的画面，能够为驾驶人提供四种不同层次的信息。Smart Gauge 可以提供诸如实时燃油经济性、历史燃油经济性、里程表、发动机冷却液温度、车辆的动力源（混合动力）和旅行数据等基本信息。另外，它还能提供更多的其他内容。比如，右边的显示器显示着一个正在生长的藤和叶子，如果你的驾驶足够经济高效，那么这些藤和叶子将会快速生长，这是一个非常有创意的方法，可以促使驾驶人更好地利用手中的混合动力系统。当到达目的地，屏幕将会显示本次旅程的基本信息，你可以调出历史燃油经济性图表进行查看。

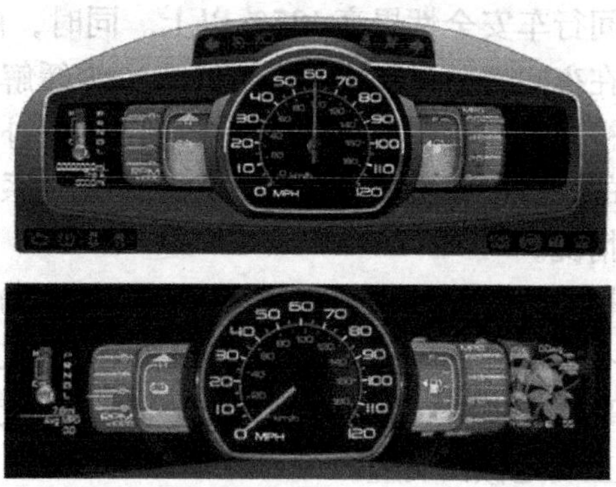

图 3-48　福特智能 LCD 仪表板

3.14　欧宝电子眼新技术

欧宝在2009年推出名为 Opel-Eye 电子眼技术，它可以读出路边的诸如限速牌之类的警示牌，然后将内容显示在仪表板中央的显示屏上，以此提醒驾驶人注意。图3-49所示为该系统识别出的限速标志。

该新技术由欧宝和通用共同开发，系统利用一个安装在车辆前风窗玻璃上的摄像头以每秒30帧的速度扫描车辆周围的警示牌，扫描范围可达车辆前方100m，并利用识别软件对图片进行识别过滤，然后将内容显示在仪表板中央的显示屏上。这样驾驶人只需从仪表板上就可以了解到前方道路上的警示内容，从而大大降低犯错误的可能性。同时，该系统还与车道偏离警示系统相结合，在车辆偏离行驶车道时，系统会在仪表板显示屏上做出警示。此时，方向盘也会开始振动（车辆左侧偏离则方向盘左侧振动，反之亦然），以此提醒驾驶人。图3-50（见书后彩插）所示为车道偏离提醒。

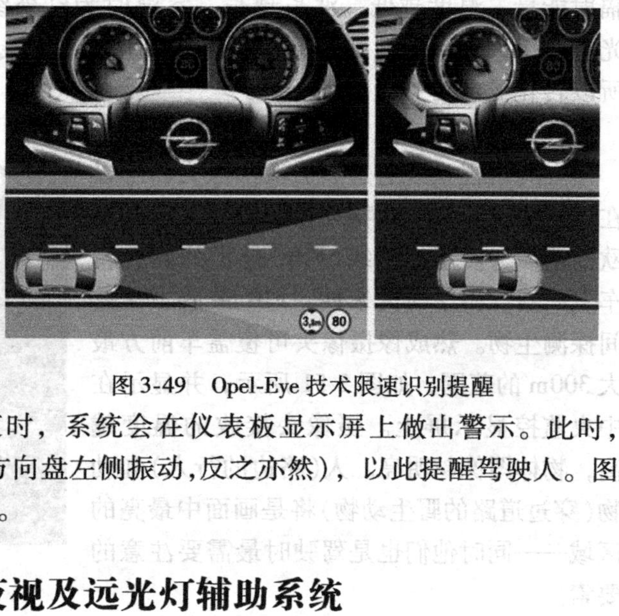

图 3-49　Opel-Eye 技术限速识别提醒

3.15　宝马夜视及远光灯辅助系统

重点掌握

- 夜视系统的特点
- 宝马夜视及远光灯辅助系统

夜视系统是一种源自军事用途的汽车驾驶辅助系统。在该系统的作用下，驾驶人在夜间或弱光线的驾驶过程中将获得更高的预见能力，它能针对潜在危险向驾驶人提供更加全面准确的信息或发出早期警告。

1. 夜视系统的特点

夜视系统能使驾驶人辨别出210m左右路旁身着浅色衣服的试验假人，比氙气前照灯提早41m左右。而在行人身着深色衣服时，可提早92m左右。这意味着采用夜视辅助系统可以将夜间行车安全性提高125%以上。同时，由于对于潜在危险信息的充分掌握，也能够使驾驶人在夜间驾驶过程中的心理压力大为缓解，进而使驾驶过程更加舒适放松。

夜视系统在夜间可以将车灯照射范围以外的潜在危险情况显示在风窗玻璃上，从而开阔驾车人的视野，避免交通事故的发生。夜视系统也可以帮助驾驶人在夜间会车出现眩光时看清前方情况。

夜视系统不能替代车灯，它只是一种辅助装置。采用了夜视辅助系统，可以提前看清近光灯照不到的黑暗中的交通标牌、弯道、行人、汽车、丢失的货物或者道路上其他可以造成危险的事物。此外，该系统能减轻驾驶人在夜间行车的紧张和疲劳，从而能够在紧急情况下迅速而正确地做出反应。

配备了夜视辅助系统的车辆装有两个额外的红外线前照灯，可以照到前方大约200m的距离。

由于夜视辅助系统的前照灯在可见光波长范围之外进行工作，因此不会对人类的视线产生影响。在风窗玻璃内侧，一个小型红外线摄像机可以记录车辆前方的环境，并将其显示在驾驶舱仪表板的显示屏上。

2. 夜视系统的原理

夜视系统的原理是将肉眼看不见的红外线转化成为可见光。一般0K以上的物体都要辐射能量，温度越低，波长越长。室温时为红外线。当温度为800℃左右，辐射为可见光。由于人和周围树木的温度不同，辐射的红外线波长也不同。因为辐射的红外线很弱，所以转化成的可见光也很弱。

3. 宝马夜视系统

宝马夜视系统通过热成像摄像头，可以在早期探测到人、动物及各种物体。宝马是欧洲第一家使用红外线(FIR)技术的高级轿车生产商。科学研究表明，FIR最适于在夜间探测生物。热成像摄像头可覆盖车前方最大300m的范围，如图3-51所示，并显示在中央监控显示屏上。摄像头接收的温度越高，物体图像越明亮。人(路边的行人)和动物(穿过道路的野生动物)将是画面中最亮的区域——同时他们也是驾驶时最需要注意的要素。

图3-51　宝马夜视系统探测范围

除去FIR的根本优势外，宝马还通过添加其他功能特性扩展了该技术。比如，影像区跟随道路而变化(随动摄像)，远处的物体可以放大(聚焦)，如图3-52(见书后彩插)所示。

4. 远光灯辅助系统

宝马从2005年9月起开始在宝马5系、6系和7系投入使用远光灯辅助系统，集成在后视镜盒内的摄像头传感器记录路上的活动并自动控制远光灯的起动和关闭。系统识别前照灯和车辆尾灯，以及周围的路灯。如果道路本身照明不足的话，远光灯将在前方路面或是接近的交通状况内没有车辆的条件下打开。图3-53(见书后彩插)所示为远光灯辅助系统摄像头、开关位置及应用环境。

在美国进行的一项科学研究表明，尽管远光灯功能很实用甚至很多时候是迫切需要的，但它的使用率仍然很低。在驾驶人将灯光调整为近光的时机过晚或根本不调整的情形下，系统能自动把远光变为近光，防止其他道路使用者因强光而感到眩目。同时，它能使驾驶人放松并增加舒适性。

宝马夜视技术和远光灯辅助系统代表着当前宝马主动安全性的最高水准，它使所有道路使用者在夜晚驾驶时更安全并能提供更高的舒适性。

目前配备夜视及远光灯辅助系统的车型除宝马7系、5系以外，还有奔驰E级、S级，奥迪A6、A8，丰田皇冠等。

3.16 人车交互技术

人车交互系统是信息化技术发展的产物，该系统实现了人与车辆之间的对话功能。车主可通过该系统，轻松把握车辆状态信息(车速、里程、当前位置和车辆保养信息等)、路况信息、定速巡航设置、蓝牙免提设置、空调及音响等设置。美国、日本车型人机交互系统主要通过Call Center实现远程控制，德国车型主要实现车主对车辆中央控制系统的控制，如奥迪的MMI、宝马的iDrive、奔驰的COMMAND。

1. 奥迪MMI

奥迪MMI全称Multi Media Interface(多媒体交互系统)。它包含两个部分：终端操作装置和显示区域。终端操作装置位于变速杆和中央扶手之间，如图3-54所示。显示区域包括多媒体交互系统显示屏(位于中控台顶部)和驾驶人信息系统显示屏。在设计方面，两个部分都具有用户友好性和清晰易读性。

图3-54 奥迪MMI终端操作装置

多媒体交互系统的终端操作装置具有最佳的操作便利性和清晰的布局，是一个依照人体工程学设计、非常出色的控制装置。与仪表板中的驾驶人信息系统显示屏一样，多媒体交互系统的显示屏不仅易于读取，而且安装于驾驶人的直接视线范围之内。显示屏和控制区域分别处于驾驶人能够直接读取和便于操作的位置，确保了道路始终在驾驶人的直接视野之中。

在行驶时，驾驶人信息系统显示屏显示车辆的最新数据以及电话和导航系统的状态信息(视设备而定)，也可以读取基本的信息娱乐功能(如选择无线电台或CD曲目)。这意味着大部分的重要信息始终处于驾驶人的直接视野之中。仪表板显示屏与多媒体交互系统显示屏具有同样的外形风格，通过多功能方向盘上的菜单滚动键也可对其进行操作。

由于两个装置的操作原理一致，驾驶人从一个装置转向另一个装置时无需转换思维模式。驾驶人可以继续同样的操作逻辑。空调系统也如此。鉴于温度调节对于驾驶人的重要性，空调系统采用了单独的控制装置，这个控制装置具备与多媒体交互系统相同的用户友好性。

2. 奔驰COMMAND

奔驰COMMAND包括显示屏、控制器、功能按钮和电话键区。COMMAND可操作车内的以下功能：音响、导航、电话和通信、DVD视频和电视以及各种车辆设置。COMMAND控制器正前方是四个功能按钮，可以直接控制光盘播放器/收音机、HOME(回家功能)、多方向可调座椅和电话/导航功能。奔驰COMMAND操作装置如图3-55所示。

COMMAND的特殊之处在于其可以区分该功能是每日使用的(如电台的选择和交通信息的播放)，还是仅仅是单次的设置(如系统的设置和低音的设置)。这样可以根据功能使用的频繁性来决定操作的先后顺序。菜单是根据项目的相互关联性和使用的频率来进行安排的，当菜单上进行项目选择时，系统会表明需要执行的操作路径，下一次需要再次选择这个菜单时，系统会直接显示该备选项目，以减少操作的步骤。

而在竞争者的同类系统中，日常使用的功能通常位于子菜单中，这就会增加所需操作的步骤。

3. 宝马iDrive

宝马iDrive即智能驾驶控制系统(intelligent－Drive system)，它是一种全新、简单、安全和方便的驾驶概念，属于自动信息化驾驶系统的范畴。

智能驾驶控制系统iDrive的使用节约了设置传统控制装置需要的大量空间，使设计人员可以发挥他们的才智，创新地进行车内设计，使之更加符合人体工程学，使操纵更加便捷，同时仪表板更加简洁。图3-56所示为宝马iDrive控制装置。

图3-55 奔驰COMMAND操作装置

图3-56 宝马iDrive控制装置

iDrive 8个主菜单分别为车内气候、通信(车载电话等)、娱乐(CD/电视等)、导航、信息、宝马服务支持、功能设置和帮助菜单。其中经常使用的前4个主菜单可通过圆形旋钮向上下左右四个方向推拉控制器进入。以气候调节为例，3次简单操作就可以调节车内不同位置的温度和气流分布，比如可以设定某个座椅的加热从腰部位置开始，而气流是以某种流量按设定的方向吹出。

iDrive具备记忆功能，驾驶人可以把某种设置储存。

4. 通用安吉星

通用安吉星(Onstar)是1995年由通用、EDS公司(Electronic Data Systems)和休斯电气(Hughes Electronics Corporation)共同开发而成，当时没有数字移动网络，只能基于美国国内的模拟移动信号网络运行。随后在1996年通用正式推出搭载OnStar系统的三款凯迪拉克车型，开创了车载信息服务的先河。

2007年，该系统开始从模拟信号转型使用CDMA数字信号。

安吉星目前提供14项服务内容：碰撞自动求助、紧急救援协助、气囊打开报警、车辆检测报告、实时安全检测、爱心援助路人、被盗车辆定位、远程车门应急开启、停车位置提示、路边救援协助、全声控免提电话、兴趣点向导、全程声控领航以及目的地设置协助。

综合来看，所有功能都是围绕着车辆和乘员的安全及导航功能的扩展。

基于车身总线系统实现的车辆监控和远程控制相当实用，声控导航不仅简化了导航的方式，对无原装GPS导航车型而言，能在一定程度上节省车主的购车成本。相比丰田的G-BOOK，安吉星并不支持邮件收发和资讯服务等功能，在实用性上略显不足。

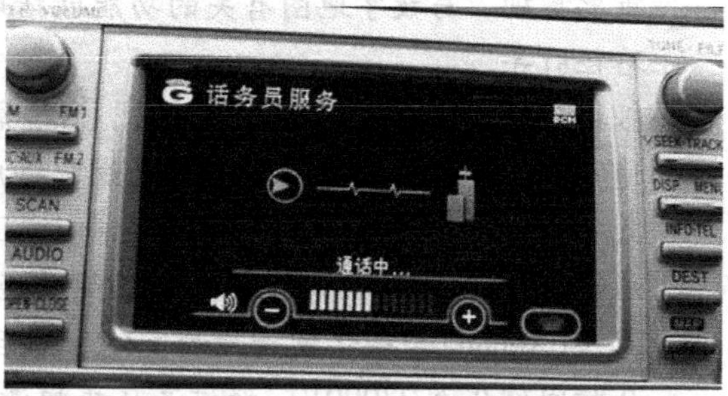

图3-57　丰田G-BOOK话务员服务

5. 丰田G-BOOK

丰田G-BOOK智能副驾系统于2002年在日本正式发布，由无线网络、数据中心以及车载智能通信技术组成，其最基本的功能是导航系统功能的延伸和扩展。在功能逐渐扩展后，可为车主提供资讯、救援以及话务员直接服务等多种功能，如图3-57所示。

G-BOOK在2009年随雷克萨斯RX350首次引入中国，随后凯美瑞也推出了G-BOOK车型。现在逐渐普及到丰田的中高级车和雷克萨斯大部分车型上。

值得注意的是，G-BOOK服务在国内并不是由丰田直接运营，而是外包给北京一家信息技术有限公司提供服务管理和运营。丰田G-BOOK有如下7项主要功能：话务员服务、G路径检索、资讯提供、紧急救援、道路救援、防盗追踪和保养通知。

丰田G-BOOK作为最早进入中国的行车智能服务，在功能上主要是辅助设定导航、安全保障和资讯服务，没有太多的应用和扩展功能，与安吉星相比显得比较单薄。在安全保障方面，提供了最重要的事故自动报警和防盗追踪，但缺乏远程控制闪灯、解锁车门这些比较实用的功能。同时G-BOOK没有电话拨号和语音控制功能，行车中操作也比较繁琐，因此G-BOOK所有功能中最方便的就是话务员服务。

6. 福特SYNC

福特SYNC在2007年的底特律车展上才首次亮相，但在当年就有12款搭载SYNC的车型开始销售。这是因为它与安吉星的差异化，福特SYNC主打的是手机和MP3的匹配功能，几乎所有支持蓝牙的手机和MP3都可以和福特SYNC同步，通过方向盘按键或语音进行控制，正是这一亮点让SYNC很受年轻人欢迎。在获得市场认同后，福特又添加了紧急援助、车辆监测和智能导航功能，逐渐成为安吉星之后北美市场第二大智能车载系统。

在2010年的消费者电子大展(CES)上，福特发布了SYNC的升级产品：My Ford Touch。首款搭载My Ford Touch的车型是锐界。

福特SYNC提供了类似安吉星、G-BOOK的安全保护措施，也能圆满地完成导航任务。不像其他3G车载系统讲究多功能，SYNC依靠强大的同步和语音控制功能起到衔接外接设备和车载电脑的桥梁作用，尽量不分散驾驶人注意力，同时方便了多媒体设备的使用，在设计思路上确实有独到之处。

本章小结

- 汽车总线有CAN、LIN、FlexRay和MOST等。

- 数字道路地图是车辆定位与导航系统各种功能实现的基础，也是交通地理信息系统的重要基础。与数字地图有关的功能包括地图显示、地址匹配、地图匹配、路径规划和路径引导。
- 根据移动通信的特点与实现方式，在车辆定位系统中应用的移动通信可以归纳为常规通信、集群通信、蜂窝通信、无线数据广播、专用数据通信和卫星通信等。
- 氙气前照灯又叫HID，即High intensity Discharge(高压气体放电灯)的英文缩写。它的原理是在UV-cut抗紫外线水晶石英玻璃管内，以多种化学气体充填，其中大部分为氙气(Xenon)与碘化物等惰性气体，然后再通过增压器(Ballast)将车上12V的直流电压瞬间增压至23000V，经过高压振幅激发石英管内的氙气电子游离，在两电极之间产生光源，这就是所谓的气体放电。
- 主动转向前照灯又叫做自适应转向前照灯系统，它能够根据汽车方向盘角度、车辆偏转率和行驶速度，不断对前照灯进行动态调节，以适应当前的转向角，保持灯光方向与汽车的当前行驶方向一致，确保对前方道路提供最佳照明并对驾驶人提供最佳能见度，从而显著增强了黑暗中驾驶的安全性。
- 全自动温度控制系统的组成包括温度传感器、控制系统ECU、执行机构等。其中温度传感器有车外温度传感器、车内温度传感器、日照传感器(阳光强度传感器)和蒸发器温度传感器。
- 巡航控制系统由巡航控制ECU、传感器和执行机构三部分组成。
- 自适应巡航控制系统主要由车距传感器(雷达)、轮速传感器、转向角传感器以及ACC控制单元等组成。
- 线性控制系统的方向盘与转向机、控制踏板与制动主缸等的连接由电信号传输代替了纯机械连接。
- 车联网是指装载在车辆上的电子标签通过无线射频等识别技术，实现在信息网络平台上对所有车辆的属性信息和静、动态信息进行提取和有效利用，并根据不同的功能需求对所有车辆的运行状态进行有效的监管和提供综合服务。
- 德尔福的电池IVT传感器可精确测量电池的电流(I)、电压(V)和温度(T)。
- 夜视系统的原理是将肉眼看不见的红外线转化成为可见光。
- 宝马夜视系统通过热成像摄像头，可以在早期探测到人、动物及各种物体。

习题

1. 分析国产常见车型车载网络系统的结构。
2. 车辆导航系统中的定位技术有哪些？
3. 数字地图的采集原则有哪些？
4. 简述地图数据的数字化过程。
5. LED车灯的特点有哪些？
6. 简述OBD Ⅱ的系统监测功能。
7. 自适应巡航控制系统有哪些扩展功能？
8. 线性控制系统的控制内容有哪些？

9. 列举辅助停车入位系统的应用。

10. 目前应用的车辆信息交流技术有哪些？

11. 列举目前人车交互技术应用情况。

第4章

汽车安全新技术

学习目标

☑ 了解汽车主动安全和被动安全配置。
☑ 掌握欧洲新车安全评价体系的内容和方法。
☑ 掌握2012版中国新车安全评价体系的内容和方法。
☑ 掌握五种新车安全评价体系的异同。
☑ 掌握ESP的工作情况。
☑ 了解宝马动态稳定控制系统的组成。
☑ 掌握防撞测距原理。
☑ 了解行人安全保护装置。
☑ 掌握主动头部保护系统的工作情况。
☑ 了解安全气囊采用的新技术。
☑ 掌握各种安全车身的应用情况。
☑ 了解激光焊接技术的应用情况。
☑ 掌握丰田GOA车身的结构特点。
☑ 掌握本田G-CON碰撞安全技术。
☑ 了解马自达3H车身结构。
☑ 掌握各种报警系统的作用原理。
☑ 掌握轮胎气压监测系统的工作原理。
☑ 了解无死角安全视野系统。
☑ 了解奔驰智能安全系统。

4.1　汽车安全技术概述

重点掌握
- 汽车主动安全装置与被动安全装置
- 欧洲新车安全评价体系
- 中国新车安全评价体系

随着汽车时代的到来，人们的生活因汽车的普及而愈加便利时，我们的社会也不得不面临汽车带来的严重威胁——交通安全事故。据公安部交通管理局的有关数据显示，我国的道路交通安全形势严峻，每年因交通事故死亡的人数较高，其中 2001 年、2002 年和 2003 年高达 10 万人以上。

2001 年，《关于正面碰撞乘员保护的设计规划》开始实施，然而，这一规定直到 2003 年才上升为国家标准；2004 年，同样由国家标准化委员会制定的《乘用车正面碰撞的乘员保护》标准正式实施。

统计数据显示，汽车发生侧面碰撞时，车内乘员的致死率明显高于正面碰撞，虽然国家为此颁布了《汽车乘员碰撞保护》GB/T 11551—1989 等一系列条款来划分汽车安全的标准，但因为没有强制执行，一直没有引起汽车厂家的足够重视。2006 年 1 月 18 日，国家标准化委员会发布了侧碰、后碰标准。在侧碰标准中明确规定，所有 M1 类车型(9 座或以下)载客机动车辆和 N1 类车型(最大设计总质量≤3.5t 的 4 轮或以上)载货机动车辆，都必须满足侧碰方面的强制性规定；而在后碰标准中则规定，所有 M1 类车型都必须满足后碰强制性规定。

为了提高汽车驾驶人的主观安全意识，宝马、奥迪、日产和沃尔沃等汽车企业纷纷推出各具特色的安全驾驶培训，在宣传他们产品安全性能的同时，力求提高消费者的安全驾驶观念。调查表明，88% 的汽车交通事故的原因出在驾驶人身上，摩托车、轻便车辆和步行者等造成的意外只占 12%。

在交通事故中，驾驶人最可能犯以下三种错误：

1）对所驾驶车辆的安全性认识不够，不注意前方情况等。

2）以为对方会避让。

3）驾驶操作不当，踩错制动、加速踏板等。

据世界卫生组织统计，在人类死亡和发病的原因中，车祸已排在第 9 位。到 2020 年，车祸致人死伤的排名，可能提升到第 3 位，将远远高于艾滋病、疟疾等疾病。交通安全，已经成为汽车社会一个无法回避的重要问题，摆在人们的面前。

4.1.1　汽车主动安全与被动安全技术

主动安全系统是指通过事先防范，避免事故发生的安全系统。它有望以最彻底的方式减少交通事故中的人员伤亡，也是新世纪汽车安全性的重点研究区域。

汽车安全性已经不仅是个技术问题，在某种程度上也是一个重要的社会问题。汽车的主动安全性因其定位于防患于未然，所以有着广阔的发展前景，越来越受到汽车生产企业、政府管理部门和消费者的重视。应用电子技术使车辆实现高度智能化是汽车主动安全技术能在世界范围内发生质的跃变的主要因素。

导致汽车交通事故的原因十分复杂，既有车辆自身的技术因素，也有参与交通的人的行为因素，还有公路、气象等环境因素。总之，人-车-环境是影响汽车行驶安全性能的三大因素，这三者组成了相互制约的系统工程。例如，驾驶人在驾驶汽车时要完成一个对环境和车的感知-判断-操作的闭环反馈过程，在行驶中要经过周而复始地循环才能完成对汽车的操纵和控制。对驾驶人而言，必须具备相应的技能才能顺利完成安全驾驶工作；对车辆而言，必须为驾驶人提供一个能够适应人的生理和心理特点的外部技术条件，以保证驾驶人能很好地完成上述循环，这就是汽车主动安全的内涵。在目前的情况下，为提高汽车的主动安全性，做到防患于未然，主要通过以下几个方面的技术加以实现。

1. 视认特性

驾驶人在行车中所感觉到的道路、车辆等信息的准确性将直接影响汽车的主动安全性。良好的视认特性是汽车主动安全性的重要组成部分。汽车在行驶过程中，大约95%以上的外部环境信息是通过人的观察来进行收集的。视认特性包括视野性能、被视认性、防眩目性等。其中视野性能包括前方视野、后方视野以及特殊环境下的视野性能(如寒冷、雨天及夜晚等的视野)；被视认性则通过车辆示廓、紧急闪烁、报警和反射等信号装置加以实现。

2. 车辆底盘电子综合控制技术

该技术是汽车主动安全技术中非常重要的项目，也是世界各大汽车生产商显示其技术实力、占据汽车技术有利制高点的重要方面。因此，发展中的汽车主动安全技术在此得以集中体现。驾驶人驾车的过程就是人、车和环境三者之间信息交流的过程，构成人-车-环境信息流的闭环系统，车辆性能的完善取决于闭环系统中的人、车和环境三者之间相互协调与各自特性的最佳匹配，即实现系统内驾驶人行为特性、车辆机械特性以及道路设施和交通法规之间的最优协调，以追求系统整体的最佳效益。

3. 信息传递技术

驾驶人在操纵和控制汽车时，必须不断地从各方面获得所需要的信息。信息传递系统收集的人、车和环境三者的信息经过处理器处理后，除了服务于车辆底盘电子综合控制装置外，还可以输出对驾驶人更加有用的深加工信息，甚至包括驾驶人注意力状况，并用数据或图像显示，帮助驾驶人更加完整地获得信息，及时处理各种情况。

信息传递技术是在世界汽车机电一体化的大背景下发展起来的，是以计算机和通信技术为核心的新技术，它紧紧围绕市场需要，着眼于未来的汽车安全，为汽车市场的发展开辟了一条新路。这项技术即使是在目前的初级阶段其回报亦是很可观的。美国国家公路安全委员会(NHTSA)的交通动力学小组认为，仅ABS的全面实施，每年会减少2.9万起牵引车/挂车冲撞事故，挽救320～500个生命和减少2.7万个受伤者。德国汉诺威交通事故研究组对182例交通事故的分析报告表明，汽车装备防抱死制动系统可以避免7.1%的交通事故、13.9%的材料损失、17.4%的人员伤害。由此可以预计，如果将各项独立的主动安全装置和措施加以整合和优化，那么，汽车的主动安全性将发生质的飞跃。

现在，汽车上应用的主动安全新技术主要有德国博世生产的电子稳定程序(ESP)、日本丰田的车身稳定控制(VSC)、安全车身结构、防撞安全技术、车道偏离预警系统和自适应前照灯、自适应巡航控制等。

被动安全系统是指在交通事故发生后尽量减小人员伤亡的安全系统，包括对乘客和行人的保护，如乘客约束系统和安全气囊技术、安全座椅、安全转向柱、汽车翻滚保护系统、头部保护系统和电池线路切断装置等。

我国的汽车被动安全性研究经过了近十年的历程，已经有了良好的开端。在一汽、二汽、天津、交通部试验场和清华大学都建立了汽车碰撞试验设施，具备了执行我国汽车碰撞法规的能力。

4.1.2　欧洲新车安全评价体系

新车安全评价体系(New Car Assessment Program,NCAP)是一个行业性组织，它定期将企业送来的或者市场上新出现的车型进行碰撞试验。它规定的实车碰撞速度往往比政府制定的安全法规的碰撞速度要高，从而在更严格的碰撞环境下评价车辆的安全性能。尽管 NCAP 不是政府强制性实验，但由于它标准科学，试验严格公正，因而受到各汽车生产商的高度重视。其中欧洲的 E-NCAP(European New Car Assessment Program)最具影响力和代表性。它由欧洲各国汽车联合会、政府机关、消费者权益组织、汽车俱乐部等组织组成，由国际汽车联合会(FIA)牵头。欧洲 NCAP 不依附于任何汽车生产企业，所需经费由欧盟提供，不定期对已上市的新车和进口车进行碰撞试验，每年都组织几次测试。

其具体内容大约包括两个方面：正面和侧面碰撞。正面碰撞速度为 64km/h，侧面碰撞速度为 50km/h。碰撞测试成绩则由星级(★)表示，共有 5 个星级，星级越高表示该车的碰撞安全性能越好。

近年来，又增加了车辆对被撞行人的安全保护程度的测试，并将结果划分为 4 个等级：★★★★，分数为 28 ~ 36 分；★★★，分数为 19 ~ 27 分；★★，分数为 10 ~ 18 分；★，分数为1 ~ 9分。

欧盟 E-NCAP 组织建于 1997 年，现在已经成为欧洲汽车消费者购买安全汽车的参考标准。

根据欧洲的法律，任何新车型在出售之前都要经过某些特定的安全测试才能投放市场。但是，法律也提供了新车安全标准的最低限度，其目的就在于鼓励汽车制造商们的汽车能够达到并超过这些最低限度的安全标准。

1. 正面 40% 重叠可变形壁障撞击测试

如图 4-1 所示，正面碰撞速度为 64km/h。图 4-2 是碰撞试验中使用的假人。

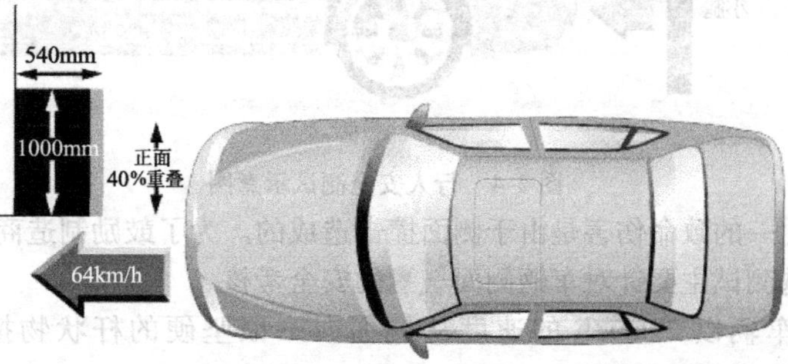

图 4-1　40% 正面碰撞示意图

2. 可变形壁障侧面撞击

吊车被牵引以 50km/h 的速度撞击驾驶室一面，以模仿侧面撞击的效果，如图 4-3 所示。

3. 行人安全测试

这是一系列模仿涉及儿童以及成年行人车祸的测试。车辆时速为 40km/h，评分有良好、差和极差三类，如图 4-4 所示。

4. 驾驶人头部保护安全测试

该测试主要针对车祸中致命率较高的侧面撞击，是乘坐者头部遭受侧面撞击车辆的损害所做出的安全防范测试，因为四分之一的致命伤害是由于侧面撞击造成的。为了鼓励制造商改进乘坐者头部的保护装置，该可选测试主要针对车辆侧面气囊的安全考核。

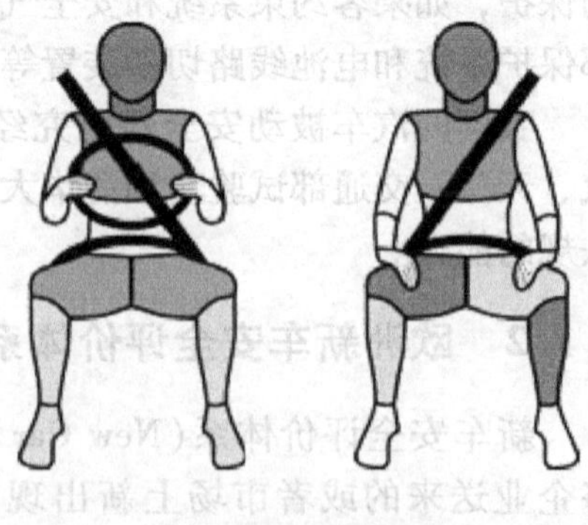

图 4-2　碰撞试验中使用的假人

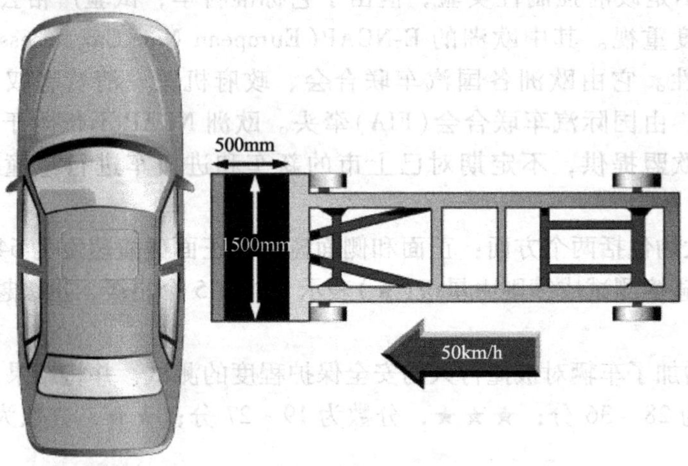

图 4-3　侧面碰撞示意图

图 4-4　行人安全测试示意图

在测试中，车辆以 29km/h 的速度从侧面向一根坚硬的杆状物撞去，杆的直径为 254mm，并不很粗，如图 4-5 所示。

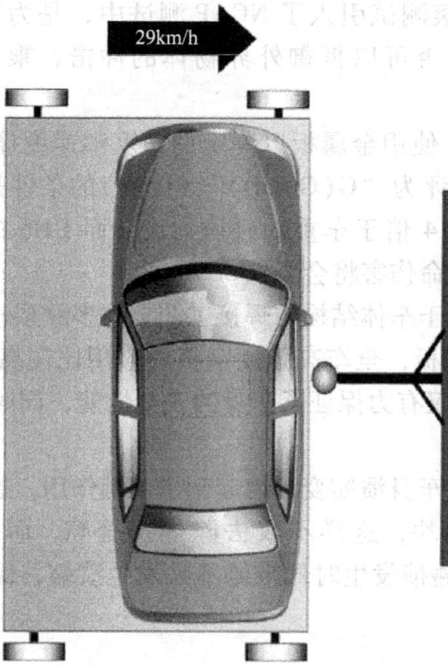

图4-5 头部保护安全测试

4.1.3 美国新车安全评价体系

美国新车安全评价体系有美国公路交通安全管理局(National Highway Traffic Safety Administration,NHTSA)和美国高速公路安全保险协会(Insurance Institute for Highway Safety,IIHS)。

1. 美国公路交通安全管理局(NHTSA)

美国公路交通安全管理局(NHTSA)是美国政府部门汽车安全的最高主管机关。作为美国政府部门车辆安全监管的权威性机构，承担着确保各类车辆必须符合机动车安全法规要求的重要职责。NHTSA主要是通过测定模拟人所承受的全面双向(正面和侧面)撞击，进行车辆安全性五颗星级的评定。

评分项目：前部碰撞测试，车辆碰撞速度为56km/h；侧面撞击测试，滑车以高于63km/h的速度撞上车辆；侧面柱体碰撞测试，在约32.2km/h的速度下，车辆以75°撞击柱体的碰撞测试；翻滚测试，在急转弯和制动时的SUV抗翻滚等级。

2. 美国公路安全保险协会(IIHS)

美国公路安全保险协会(Insurance Institute for Highway Safety)在欧洲和美洲每年都会有系统和专业的碰撞测试，由得出的安全性能指数对各个厂商的车型进行星级划分，这些安全性能指数对于汽车的销量有很大的影响，促进了各车厂对安全性研究的投入。这些指数反映了汽车在各种可能遇到的碰撞条件下对乘员和行人的安全程度。它强调前端侧角碰撞(Offset Crash Test)，用“最小接受指数”来表示，以优秀(Good)、良好(Acceptable)、及格(Marginal)和差(Poor)四个级别分级评定，为消费者提供权威的汽车安全信息。

美国NHTSA和IIHS都将汽车翻滚测试引入了NCAP测试中，是为了测试SUV车型在遇到侧翻情况时，车顶坚固程度是否可以抵御外界物体的冲击，乘员能否得到良好保护。

IIHS测试车顶结构强度的方法是：使用金属板以一定的角度和速度撞击车顶，用以测量车体的峰值支撑力值(Peak Force)。评为"G(GOOD)"（优秀）的条件是凹陷不超过5in（1in=0.0254m），Peak Force必须超过4倍于车重的碰撞力度。而IIHS的调查结果显示，这一数值达到4倍时，侧翻事故中的致命伤害将会降低50%。

当然，优异的车身抗压性主要取决于车体结构与焊接工艺，许多欧系轿车在生产过程中对于车身结构大多采用了大量的特种钢板，全车高强度钢板的应用比例高达40%，超高强度钢板的用料比例也可达到9%。这不仅有力保证了车身的安全性能，同时还有效减轻了车身重量，减少了车重对燃油的损耗。

此外，热成形材料的应用对于防止车身溃缩变形也起到了关键作用。这种材料通过热成形技术将超高强度钢板一次成形为模块，这样不仅去除焊接缝隙，而且屈服强度大于1000MPa，大大提高了车身刚度，使得碰撞发生时驾乘舱不易发生溃缩，保证了车内的人员安全。

4.1.4 日本新车安全评价体系

日本新车安全评价体系称为J-NCAP，是由国家出资，国土交通省委托NASVA(独立行政法人自动车事故决策机构)来进行的。NASVA定位于政府与民间之间，并保持中立。NASVA委托日本汽车研究所(JARI)来进行碰撞实验。

J-NCAP测试项目包括：正面碰撞测试，速度55km/h；40%侧面碰撞测试，速度64km/h；侧面碰撞测试速度要求55km/h；行人保护测试要求速度为44km/h。另外还增加了后排碰撞试验规范。

4.1.5 中国新车安全评价体系

中国汽车技术研究中心在深入研究和分析国外NCAP的基础上，结合我国的汽车标准法规、道路交通实际情况和车型特征，并进行广泛的国内外技术交流和实际试验确定了C-NCAP的试验和评分规则。与我国现有汽车正面和侧面碰撞的强制性国家标准相比，不仅增加了偏置正面碰撞试验，还在两种正面碰撞试验中在第二排座椅增加假人放置，以及更为细致严格的测试项目，技术要求也非常全面。C-NCAP对试验假人及传感器的标定、测试设备、试验环境条件、试验车辆状态调整和试验过程控制的规定都要比国家标准更为严谨和苛刻，与国际水平一致。今后，C-NCAP还将随着技术的发展进行完善。

C-NCAP要求对一种车型进行车辆速度50km/h与刚性固定壁障100%重叠率的正面碰撞、车辆速度64km/h对可变形壁障40%重叠率的正面偏置碰撞、可变形移动壁障速度50km/h与车辆的侧面碰撞三种碰撞试验，根据试验数据计算各项试验得分和总分，由总分多少确定星级。评分规则非常细致严格，最高得分为62分，星级最低为1星，最高为5星。

1. C-NCAP工作流程

C-NCAP工作流程如图4-6所示。

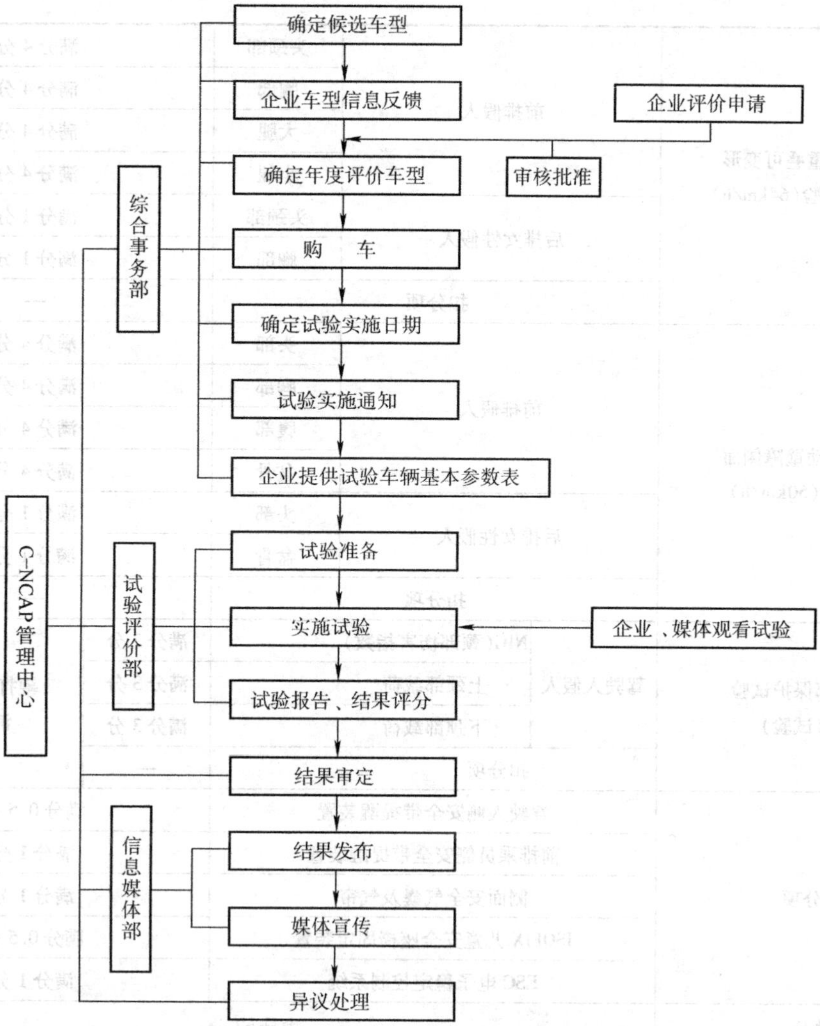

图 4-6　C-NCAP 工作流程

2. C-NCAP 测试项目

2012 版 C-NCAP 的测试项目见表 4-1。

表 4-1　2012 版 C-NCAP 测试项目

正面 100% 重叠刚性壁障碰撞试验(50km/h)	前排假人	头部	满分 5 分
		颈部	满分 2 分
		胸部	满分 5 分
		大腿	满分 2 分
		小腿	满分 2 分
	后排女性假人	头部	满分 0.8 分
		颈部	满分 0.2 分
		胸部	满分 1 分
	扣分项		—

（续）

<table>
<tr><td rowspan="7">正面40%重叠可变形壁障碰撞试验(64km/h)</td><td rowspan="4" colspan="2">前排假人</td><td>头颈部</td><td colspan="2">满分4分</td></tr>
<tr><td>胸部</td><td colspan="2">满分4分</td></tr>
<tr><td>大腿</td><td colspan="2">满分4分</td></tr>
<tr><td>小腿</td><td colspan="2">满分4分</td></tr>
<tr><td rowspan="2" colspan="2">后排女性假人</td><td>头颈部</td><td colspan="2">满分1分</td></tr>
<tr><td>胸部</td><td colspan="2">满分1分</td></tr>
<tr><td colspan="3">扣分项</td><td colspan="2">—</td></tr>
<tr><td rowspan="7">可变形移动壁障侧面碰撞试验(50km/h)</td><td rowspan="4" colspan="2">前排假人</td><td>头部</td><td colspan="2">满分4分</td></tr>
<tr><td>胸部</td><td colspan="2">满分4分</td></tr>
<tr><td>腹部</td><td colspan="2">满分4分</td></tr>
<tr><td>盆骨</td><td colspan="2">满分4分</td></tr>
<tr><td rowspan="2" colspan="2">后排女性假人</td><td>头部</td><td colspan="2">满分1分</td></tr>
<tr><td>盆骨</td><td colspan="2">满分1分</td></tr>
<tr><td colspan="3">扣分项</td><td colspan="2">—</td></tr>
<tr><td rowspan="4">后碰颈部保护试验（鞭打试验）</td><td rowspan="3">驾驶人假人</td><td colspan="2">NIC(颈部伤害指数)</td><td>满分2分</td><td rowspan="4">鞭打测试总分：满分4分</td></tr>
<tr><td colspan="2">上颈部载荷</td><td>满分3分</td></tr>
<tr><td colspan="2">下颈部载荷</td><td>满分3分</td></tr>
<tr><td colspan="3">扣分项</td><td>—</td></tr>
<tr><td rowspan="5">加分项</td><td colspan="3">驾驶人侧安全带提醒装置</td><td colspan="2">满分0.5分</td></tr>
<tr><td colspan="3">前排乘员侧安全带提醒装置</td><td colspan="2">满分1分</td></tr>
<tr><td colspan="3">侧面安全气囊及气帘</td><td colspan="2">满分1分</td></tr>
<tr><td colspan="3">ISOFIX儿童安全座椅固定装置</td><td colspan="2">满分0.5分</td></tr>
<tr><td colspan="3">ESC电子稳定控制系统</td><td colspan="2">满分1分</td></tr>
<tr><td>总分</td><td colspan="5">满分62分</td></tr>
<tr><td>星数</td><td colspan="5">得分超过52分(含52分)才算是5星安全车型</td></tr>
</table>

星级共划分6个等级：5+、5、4、3、2、1。各等级对应分数见表4-2。

表4-2　2012版C-NCAP星级评定表

对应总分百分比	总　分	星　级
96.8%以上	≥60分	★★★★★☆
83.9%~96.8%	≥52分，且<60分	★★★★★
71.0%~83.9%	≥44分，且<52分	★★★★
58.1%~71.0%	≥36分，且<44分	★★★
45.2%~58.1%	≥28分，且<36分	★★
45.2%以下	<28分	★

4.1.6 五种新车评价体系对比

NCAP 组织在不同国家有不同的称呼，中国 NCAP 称为 C-NCAP，日本 NCAP 称为 J-NCAP，欧洲 NCAP 称为 Euro-NCAP，美国 NCAP 主要有两个：IIHS 和 NHTSA。

表 4-3 列出了比较知名的 5 种 NCAP 测试机构新车碰撞安全测试的主要测试项目。按照测试严格程度排名，C-NCAP < J-NCAP < Euro-NCAP < IIHS < NHTSA。

表 4-3 5 种 NCAP 测试项目

C-NCAP(中国)	Euro-NCAP(欧洲)	J-NCAP(日本)	IIHS(美国)	NHTSA(美国)
正面 100% 重叠刚性壁障碰撞试验(50km/h)	无	正面 100% 重叠刚性壁障碰撞试验(55km/h)	无	正面 100% 重叠刚性壁障碰撞试验(56km/h)
正面 40% 重叠可变形壁障碰撞试验(64km/h)	正面 40% 重叠可变形壁障碰撞试验(64km/h)	正面 40% 重叠可变形壁障碰撞试验(64km/h)	正面 40% 重叠可变形壁障碰撞试验(64km/h)	无
无	无	无	正面小范围重叠碰撞试验(64km/h)	无
可变形移动壁障侧面碰撞试验(50km/h)	可变形移动壁障侧面碰撞试验(50km/h)	可变形移动壁障侧面碰撞试验(55km/h)	可变形移动壁障侧面碰撞试验(50km/h)	侧面可移动壁障 27°碰撞试验(61km/h)
无	柱状物侧面碰撞试验(29km/h)	无	无	75°侧面柱碰试验(32km/h)
无	行人保护测试(40km/h)	行人保护测试(35km/h)	无	无
无	无	无	车顶静压测试	翻滚几率测试
后碰颈部保护试验	后碰颈部保护试验	后碰颈部保护试验	后碰颈部保护试验	无

由于各机构的测试项目具体参数、评分标准不尽相同，因而不能简单对比不同机构的碰撞测试成绩。但从表中可以看出，美国的碰撞测试项目更为严格，因而其测试成绩更具有区分度。因此，对于全球范围内销售车型的碰撞安全性，建议优先参考美国 IIHS 以及 NHTSA 的碰撞测试成绩。

5 种新车碰撞测试项目的差别：

1）NHTSA 的正面 100% 重叠刚性壁障碰撞试验碰撞速度达 56km/h，比 C-NCAP 同类测试的速度要高 6km/h。

2）除 NHTSA 外，其他四个机构都会进行正面 40% 重叠可变形壁障碰撞试验，碰撞速度均为 64km/h。

3）正面小范围重叠碰撞试验(64km/h)只有 IIHS 进行，以模拟车头边缘撞上对头车或柱子的情况。

4）NHTSA 的侧面可移动壁障27°碰撞试验（61km/h）和75°侧面柱碰试验（32km/h）无论在碰撞速度以及碰撞复杂性上都要优于其他四个机构。

5）以上提到的五个机构中，只有 Euro-NCAP 和 J-NCAP 进行行人保护测试；在测试速度上 Euro-NCAP 更快一些，也更严格。

6）为衡量车辆在翻滚事故上对车内人员的保护能力，IIHS 会对车辆进行车顶静压测试，而 NHTSA 会对车辆进行翻滚几率测试。综合来看，IIHS 破坏性的车顶静压测试更为严格一些。

7）除 NHTSA 外，其他四个机构都会进行后碰颈部保护试验，以衡量座椅对前排乘客的保护能力。

4.2 车身稳定控制系统

4.2.1 概述

车身稳定控制系统是车辆新型的主动安全系统，是汽车防抱死制动系统（ABS）和牵引力控制系统（TCS）功能的进一步扩展，并在此基础上增加了车辆转向行驶时横摆率传感器、侧向加速度传感器和方向盘转角传感器，通过 ECU 控制前、后、左、右车轮的驱动力和制动力，确保车辆行驶的侧向稳定性。不同厂家对该系统的叫法不一，德国博世称为电子稳定程序（Electronic Stability Program，ESP），宝马称为动态稳定控制（Dynamic Stability Control，DSC），丰田称为车辆稳定性控制（Vehicle Stability Control，VSC），本田称为车辆稳定性辅助（Vehicle Stability Assist，VSA），通用称为电子稳定控制（Electronic Stability Control，ESC），其他还有 Automatic Stability Management System 等各种名称。一般装备 ESP 的车型，将同时具有 TCS（ASR）、EDL、ABS 功能，如图 4-7 所示。

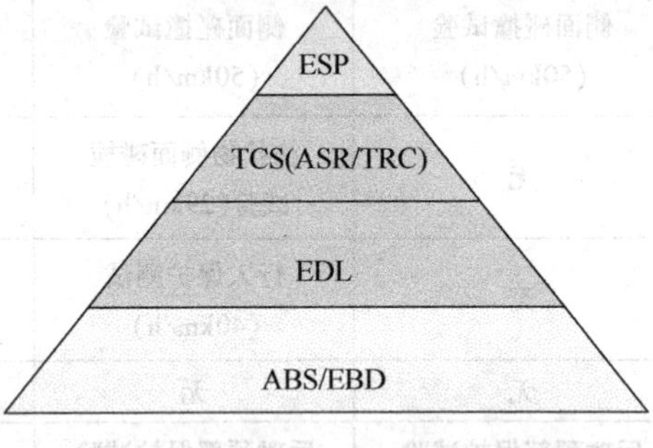

图 4-7　车辆主动安全配置金字塔

德国博世于 1987 年获得 ESP 发明专利。目前，德国博世（Bosch）、美国天合（TRW）、德国大陆特维斯（Continental TEVES）、日本电装（Denso）、日本爱信（Aisin）和美国德尔福（Delphi）是世界上 6 大车身稳定控制系统供应商。

目前，采用美国天合车身稳定控制系统的车型有奇瑞 A3、别克君威/君越、凯迪拉克 CTS/DTS/STS、雪佛兰迈锐宝、福特锐界、福特蒙迪欧致胜、全系宝马 Mini、大众帕萨特/迈腾/CC/夏朗/途观和兰博基尼 Murcielago。

大众高尔夫/速腾、斯柯达明锐、雪佛兰科鲁兹 1.6T 等车型都采用大陆特维斯车身稳定控制系统。

标致 408/508、雪铁龙 C5、广汽传祺 GA5、奥迪 A4L/A5/A6L/A8 等车型采用了博世 ESP，而配置博世第 9 代 ESP 的车型有传祺 GS5、菲亚特菲翔、瑞麒 G5、比亚迪速锐（自动档）等。

重点掌握
- ESP 的工作情况
- 动态稳定控制系统

4.2.2　电子稳定程序

ESP 是德国博世公司开发的一套电子稳定程序，从字面上理解，它其实只是一套车身稳定控制程序的缩写，本身不包含任何部件，只是一套软件(控制算法)的名称。后来人们习惯了，才把它当做整套系统的名称。要让 ESP 发挥它的控制功能，必须要有一套传感机构、一套伺服机构和一台行车电脑。

要了解 ESP 对车身稳定性的影响，首先必须了解影响汽车行驶稳定性的因素。开过车的人都能体会，车辆在转弯时，车身会向转弯的反方向发生侧倾。转向角度越大，侧倾就越厉害，如果车速加快，侧倾也会随之加大。当侧倾的角度超过极限值的话就会发生翻车事故。同样的道理，如果车速过快或转向角度过大，一旦超过轮胎附着力的极限，车辆的横向加速度就会突然减小，让车辆偏离原有运动轨迹，循迹性降低，严重时会使整车失控。这种情况在雨天和冰雪路面更加容易发生。

ESP 的作用就是当驾驶人操纵汽车超过极限值后电脑自动介入修正驾驶。电脑控制车辆运动的手段有两个：第一是控制节气门开度，以减小发动机转矩输出，让车速降下来；第二是对某些车轮进行制动，让汽车的速度能够减小到极限值以内。行车电脑主要通过方向盘转向角度传感器、车轮转速传感器、侧倾力矩传感器等来判断车辆行驶状况。当方向盘转向角度传感器检测到驾驶人的转向角度以后，就会通知 ESP 电脑；与此同时，各个车轮转速传感器测得的车轮转速信息也会传递到 ESP 电脑。电脑可以根据各个车轮的转速计算出车辆的实际运动轨迹。如果实际运动轨迹与理论运动轨迹有区别，或者检测出某个车轮打滑(丧失附着力)，电脑就会首先通知节气门，减小开度。然后通知制动系统对某个车轮进行制动，来修正运动轨迹。当实际运动轨迹与理论运动轨迹(驾驶人意图)相一致时，ESP 自动解除控制。

所以有了这套系统，驾驶人无论是在晴天还是雨天，都能放心大胆的踩加速踏板，因为一切都在 ESP 系统的辅助下得心应手。有了 ESP 的介入，车辆在湿滑路面情况下失控的可能性也大大降低，整车的主动安全性也更高。所以很多车厂喜欢把 ESP 系统当成安全设备来宣传。但 ESP 也不是万能的，它只是一套辅助设备。千万不要以为有了 ESP 就可以随意大脚踩加速踏板或者高速过弯。

在 ESP 的介入下，电脑会自动减小节气门开度和控制制动，因此驾驶起来也中规中矩，很难玩出侧滑、甩尾，甚至漂移的动作。所以，很多追求驾驶乐趣的人，喜欢在驾车时把 ESP 关掉，彻底寻求激烈驾驶的刺激。

1. ESP 的作用

ESP 最主要的作用是在紧急情况下，可以帮助驾驶人保持对车辆的控制，从而避免重大意外事故。具体作用是防止车辆侧滑，在车辆和地面间还有附着力的前提下，保证车辆的方向操控性。通过对驾驶人的动作和路面情况的判断，ESP 对车辆的行驶状态进行及时的干预，如图 4-8 所示。

2. ESP 结构

ESP 的组成如图 4-9 所示。

3. ESP 的整体结构

ESP 系统可大致分为 4 个部分：用于检测汽车状态和驾驶人操作的传感器部分；用于估

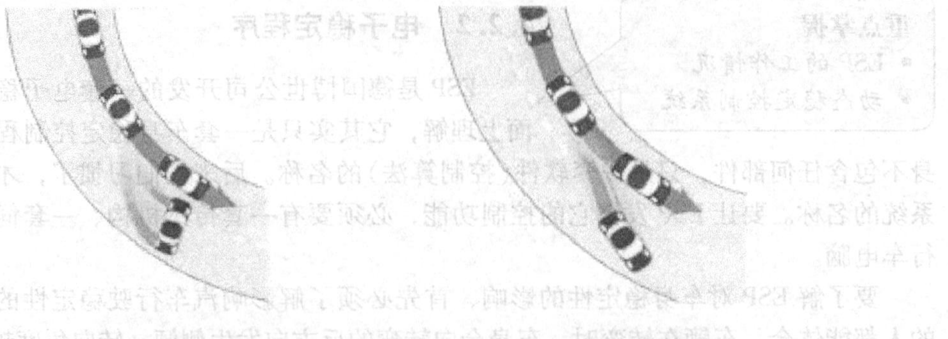

防止转向过度的后轮侧滑　　防止转向不足的前轮侧滑

图 4-8　ESP 的作用

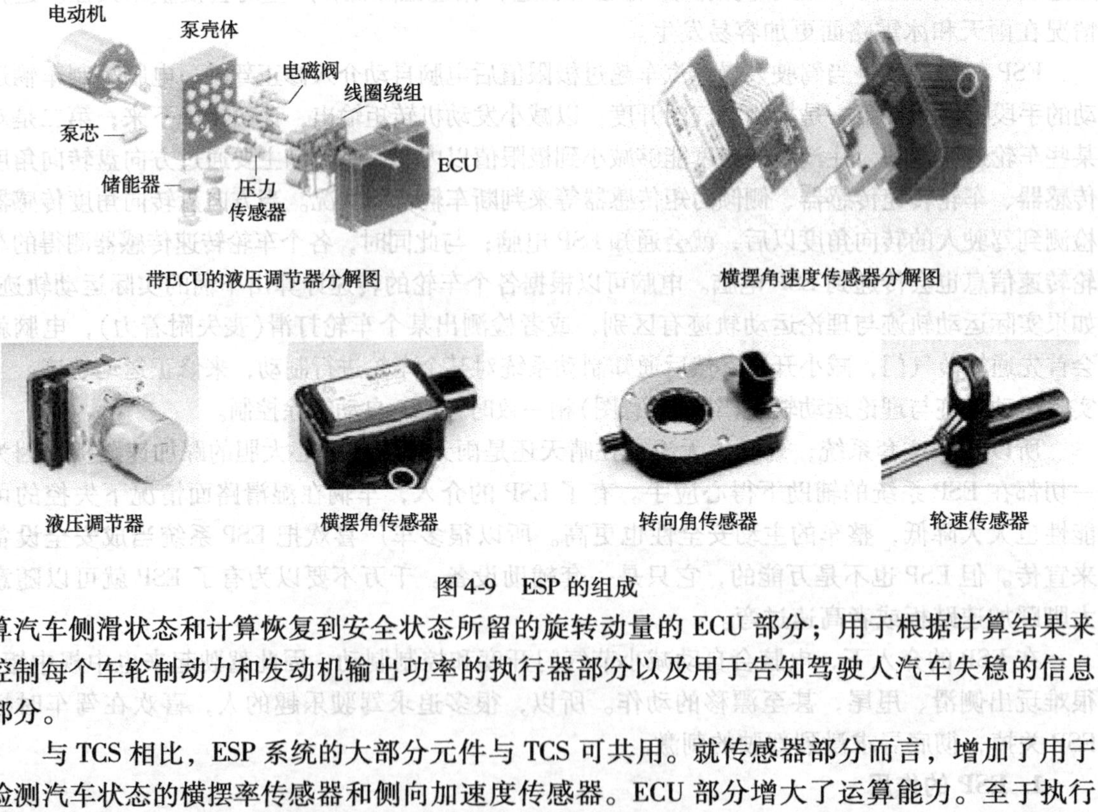

图 4-9　ESP 的组成

算汽车侧滑状态和计算恢复到安全状态所留的旋转动量的 ECU 部分；用于根据计算结果来控制每个车轮制动力和发动机输出功率的执行器部分以及用于告知驾驶人汽车失稳的信息部分。

与 TCS 相比，ESP 系统的大部分元件与 TCS 可共用。就传感器部分而言，增加了用于检测汽车状态的横摆率传感器和侧向加速度传感器。ECU 部分增大了运算能力。至于执行器部分，则改进了施加到车轮的液压通道，而信息部分则增加了 ESP 蜂鸣器。ESP 部件在车上的安装如图 4-10(见书后彩插)所示。

4. ESP 工作情况

单独对车轮进行制动是 ESP 的首要功能。换句话说，为了使车辆恢复稳定行驶，必须相应对各个车轮单独施加精确的制动压力。而且，ESP 能降低发动机转矩并干预自动变速器的档位顺序。为此，ESP 利用微处理器分析来自传感器的信号并输出相应的控制指令。

在任何行驶状况下，不管是紧急制动还是正常制动，以及在车辆自由行驶、加速、节气门开度或载荷发生变化的时候，ESP 都能让车辆保持稳定，并确保驾驶人对车辆操纵自如。

图 4-11（见书后彩插）是安装 ESP 系统的车辆在紧急情况下的处理。

ESP 以每秒 25 次的频率对车辆当前的行驶状态及驾驶人的转向操作进行检测和比较。即将失去稳定的情况、转向过度和转向不足状态都能立即得到记录。一旦针对预定的情况有出现问题的危险，ESP 会做出干预以使车辆恢复稳定行驶。

车辆在行驶时，它同时承受纵向力和侧向力，只要保持轮胎上有适当的侧向力，驾驶人就可以稳定地控制车辆。然而，当这些力下降到给定的最小值以下时，它会对车辆的方向稳定性产生负面作用。

例如，纵向上不均匀的制动力可能会导致车辆不稳定，就像在光滑路面上加速时所产生的效果一样。如果车辆转弯速度太快，或者猛打方向盘，就会产生侧向力，导致车辆绕其垂直轴过度转动，使车辆打滑，从而驾驶人失去对车辆的控制。

ESP 能够同时精确测量四个车轮的制动力。这样，在车辆不按转向意图行驶时，车辆可以被“拉”回到正确的行驶轨迹上。一辆具有转向不足特性的汽车，在左转向时，会在前轮上产生向外拉的效果；而通过 ESP 在左后轮上施加制动力，车辆将被拉回到正确的行驶轨迹上来。在同样的弯道上，一辆具有转向过度特性的车会在后轮上产生向外拉的效果而跑离弯道；此时，通过在右前轮上施加制动力，ESP 会相应产生一个具有稳定作用的顺时针转矩，从而将车辆拉回到正确的行驶轨迹上来。

无论是在弯道上或紧急避让状态，还是在制动、加速过程中，或是在车轮打滑时，一旦行驶状态变得危急，ESP 都能利用这一原理来增加车辆行驶的方向稳定性。同时，ESP 还能缩短 ABS 在弯道上和对开路面（车辆的一侧为光滑路面）上的制动距离。

通过微处理器对 ESP 传感器信号进行分析，ESP 才具有了稳定车辆的效果。转向角传感器记录方向盘位置，每个车轮上还装有轮速传感器来测量轮速。通过使用这些传感器发出的信息，微处理器可以识别驾驶人的操作意图。横摆角速度传感器居于 ESP 系统的核心，它记录所有绕车辆垂直轴方向的转动。高灵敏度的侧向加速度传感器测量车辆转弯时所产生的离心力。

这两个传感器向 ECU 传递所有关于车辆实际状态的必要信息。微处理器不断比较实际工况和理想工况，一旦车辆表现出跑偏的趋势，微处理器能迅速地进行干预。由于使用了逻辑运算以及专门为该车辆编制的数据，微处理器在不到 1s 的时间内就能得出必要的解决方案。

它适时向制动系统发出指令，使得每个车轮上的制动压力都准确可靠。另外，从车辆动力学的角度来说，当车辆的加速度达到临界情况时，ESP 还能降低发动机的输出转矩。

5. 安装 ESP 与未安装 ESP 装置的车辆对比

（1）在多变的路面上行驶时　如图 4-12 所示，对于安装 ESP 的车辆：

1）车辆表现出转向不足的趋势，即将跑偏。ESP 系统立即进行干预，在增加右后轮制动力的同时降低发动机输出转矩。

2）车辆保持稳定。

对于未安装 ESP 的车辆：

1）车辆出现跑偏（转向不足），即汽车的前轮向外侧偏离弯道，车辆失去控制。

2）一旦车辆驶入干燥的沥青路面，就会开始打滑。

（2）在避让障碍物时　如图 4-13 所示，对于安装 ESP 的车辆：

1）紧急制动，猛打方向盘，车辆有转向不足的倾向。

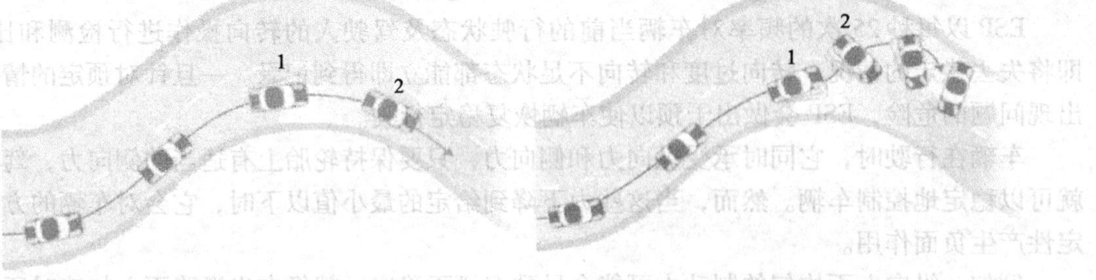

图4-12　在多变路面上行驶对比

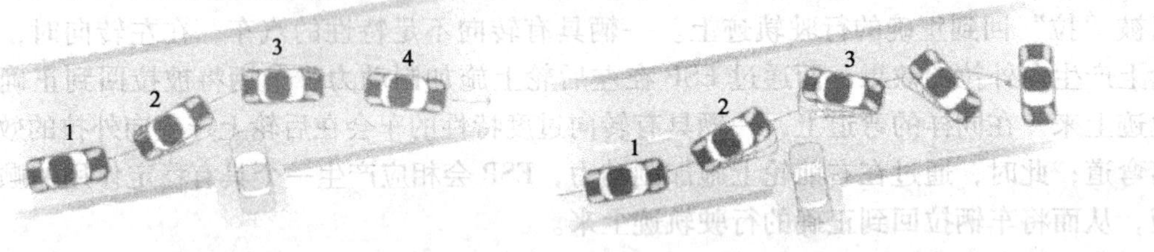

图4-13　避让障碍物对比

2）增加左后轮制动压力，对左后轮制动，车辆按照转向意图行驶。

3）恢复正常的行驶路线，车辆有转向过度的倾向，在左前轮上施加制动力。

4）车辆保持稳定。

对于未安装 ESP 的车辆：

1）紧急制动，猛打方向盘，车辆转向不足。

2）车辆继续冲向障碍物，驾驶人反复打方向盘，以求控制车辆，车辆避开障碍物。

3）当驾驶人尝试恢复正常的行驶路线时，车辆产生侧滑。

（3）在驾驶人转弯速度过快时　如图4-14所示，对于安装 ESP 的车辆：

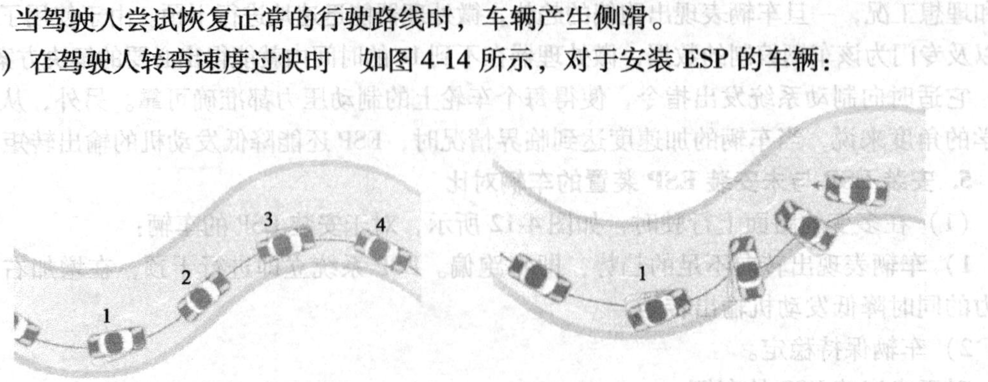

图4-14　高速过弯情况对比

1）车辆有甩尾的倾向。ESP 系统自动干预，在右前轮上施加制动力。

2）车辆保持稳定。

3）在过第二个弯时，车辆有甩尾的倾向。ESP系统自动干预，在左前轮上施加制动力。

4）车辆保持稳定。

对于未安装ESP的车辆。车辆出现甩尾，驾驶人企图通过方向盘来调整方向，可惜为时已晚。车辆侧滑甩尾，导致车辆掉头。

ESP提高了所有行驶条件下的主动安全。特别是当转弯时，即侧向力起作用时，ESP使车辆稳定并保持安全行驶。ABS和TCS仅仅在纵方向上起作用。ESP不仅用到ABS/TCS的所有部件，还包含一个集成有侧向加速度传感器的横摆角速度传感器和转向角传感器。

而且装备ESP系统的车辆一定具有ABS和TCS的功能，换言之，有ESP系统的车辆一定有ABS和TCS。

ESP可以适应车辆中大多数常见的变化情况。例如，荷载、胎压或胎面的变化。即使是在路面发生改变的情况下，ESP也能相应保持车辆稳定行驶。系统始终监测制动力和回转力，以及从发动机和变速器处获取信息。通过不断分析行驶状况，并在情况紧急时对车辆进行干预，ESP提高了行车安全性，从而有助于防止交通事故发生。

当然，ESP系统并非无所不能，它还是要受到基本物理定律的制约。也就是说，只有在轮胎和地面之间有足够的附着力时，ESP才能控制车辆保持稳定。如果轮胎和地面之间已经没有附着力，那么再好的主动安全系统也是枉然。

4.2.3　DSC动态控制

DSC是宝马汽车公司对车辆稳定控制系统的缩写，其意思是“动态稳定控制”，是一种在动态行驶极限范围内将行车稳定性保持在物理范围内的控制系统，此外还能改善牵引力。

DSC可以防止在紧急操控车辆时失去转向控制，特别是湿滑道路上。并且，如果驾驶人在弯道行驶中判断失误或车速过快，系统可以通过对正确的车轮实施单独制动，帮助驾驶人保持对车辆的控制。由自动稳定控制系统+牵引力控制、电子差速锁和动态制动控制共同组成的整个动态稳定控制系统对紧急情况下的制动非常有好处。

驾驶人也可以选择按一下DSC按钮，切换至注重驾驶的操作模式。这时，一旦某个车轮发生滑转，差速锁就会通过对制动的干预发挥它的功能，而不会采用限制节气门的开启减少发动机动力的常规模式。有了这一新功能，车辆可以在这种模式下根据行驶速度有选择地采取制动，预防突然失控的风险。只有在更高速度时，也就是真正必要的时候，系统才会对节气门开度进行干预。

宝马5系E60/E61车型批量装备了DSC 8系统，该DSC单元(由DSC控制单元和液压单元组成)的功能更强大，无论在结构设计，还是在控制单元的网络传输方式上均有新的特点。这些新特点主要有：非常紧凑的DSC单元(比前代小约25%，轻30%)；取消了电动预增压泵。

DSC单元除了与底盘CAN(F-CAN)连接外，另外还与传动系CAN(PT-CAN)连接。PT CAN总线是一条传动系部分的CAN线，连接动态稳定控制系统(DSC)、数字式发动机电子控制系统(DME)、电子变速器控制系统(EGS)、自适应巡航控制系统(ACC)、主动转向系统(AFS)、自适应转向灯(AHL)、动态行驶稳定装置(ARS)及安全网关模组(SGM)等。F-CAN线是一条底盘CAN线，连接动态稳定控制系统(DSC)、主动转向控制(AFS)、带转向角度传感器的转向柱开关中心(SZL)、DSC传感器等。这两种CAN线均由H(高电位)和L

(低电位)两条线组成，完成数字信号的传输任务。宝马 E60/E61 系列除了 PT CAN 线和 F-CAN 线外，还有其他的总线，如车身 K 线、音响系统 MOST 数据总线、气囊 Byte Flight 总线和 Local-BUS(本地电子气门控制系统)。

动态稳定控制系统(DSC)由下列元件组成：

1) DSC 单元。

2) 车轮转速传感器。

3) DSC 传感器，用以识别车辆的横向加速度和偏航角速率，通过 F-CAN 线与 DSC 电脑连接，传输车辆的行驶状态信号。

4) DSC 开关。

5) 转向角度传感器。安装在转向柱开关中心上，监测方向盘的转向角度信号。该信号由转向柱开关中心电脑通过 F-CAN 线传输给 DSC 电脑。

6) 内部制动压力传感器。

7) 管路制动压力传感器。

8) 制动片磨损传感器。

9) 制动信号开关。

10) 制动液位开关。

11) 其他通信信号。

4.2.4 ESP 测试技术

ESP 测试方法称为正弦停滞测试(Sine-with Dwell)，由美国 NHTSA 首先提出，可测量 ESP 对车辆控制性能的好坏。这里的“正弦”指正弦波形，而这个正弦波形的横轴表示时间，纵轴表示方向盘转角。而“停滞”是指方向盘在负转角极限值时保持方向盘转角 500ms。测试曲线如图 4-15 所示。

ESP 测试的车速为(80 ±2)km/h。使用电动方向盘对车辆施加正弦波方向盘转角，测试 ESP 是否介入及介入的效果。测试时，逐步加大方向盘转角(最大 270°)进行多次试验，直至侧向稳定性和转向响应指标超出限定值。在车辆满足侧向稳定性和转向响应指标的情况下，方向盘转角越大，ESP 性能越好。

1. 衡量侧向稳定性和转向响应的评价参数

(1) 1.00s 横摆角速度比率　在正弦停滞转向输入完成后的 1s 时刻车辆横摆角速度。此参数不得超过方向盘转角换向后第一个横摆角速度峰值的 35%。

(2) 1.75s 横摆角速度比率　在正弦停滞转向输入完成后的 1.75s 时刻车辆横摆角速度。此参数不得超过方向盘转角换向后第一个横摆角速度峰值的 20%。

(3) 1.07s 侧向位移　在转向开始后的 1.07s 时刻车辆重心位置与初始直线路径的侧向位移量。对于整备质量小于 3.5t 的车辆，此参数应至少为 1.83m。

2. 测试标准

世界各大整车测评机构普遍采用正弦停滞试验方法对 ESP 进行符合性测试，各测试机构采用的标准分别是：

NHTSA：发明了正弦停滞方法(Sine-with Dwell)，并首次应用于 FMVSS126 法规(美国汽车联邦标准 126 号)。

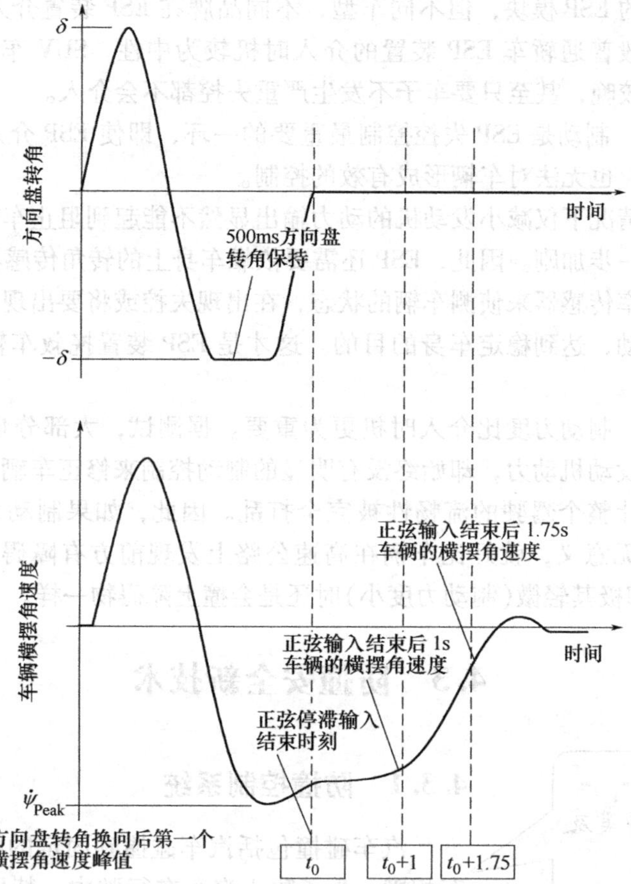

图 4-15 ESP 正弦停滞测试

UNECE：在 2008 年的 GTR 8（全球技术法规第 8 号法规）及 2009 年 13H Amendment2 中明确指定正弦停滞方法。

Euro-NCAP：2009 年起五星级车辆必须安装电子稳定系统，2011 年起统一采用正弦停滞方法测评。

J-NCAP、韩国及其他组织：采用 GTR 8 或北美 FMVSS126，使用正弦停滞方法对电子稳定系统进行测评。

总之，车辆的 ESP 系统在车辆上市前都需经过 ESP 生产厂进行参数匹配与校正，侧向稳定性和转向响应已达到一定的技术标准（GTR 8 或北美 FMVSS126）。所以，现今参加 Euro-NCAP ESP 测试的车辆都及格并获得 3 分满分的辅助安全分数。但从 2011 年开始，Euro-NCAP 引入了标准的正弦停滞测试方法后，使得不同车辆的 ESP 使用效果对比成为可能。

3. 影响 ESP 效果的因素

ESP 控制效果不仅仅是电子系统的因素，而是受到车辆本身综合作用的影响：不同的车型、不同的重心高度、不同的轮胎、不同的前后配重以及不同的悬架调校都会对 ESP 的效果产生巨大影响。但单纯就 ESP 系统本身而言，最主要的因素有介入时机与制动力度。

（1）介入时机　强调操控性能的车型一般都有 ESP 开关，可以让驾驶人充分享受驾驶的乐趣。但对于大部分车型来说，为确保行驶安全，ESP 是不能关闭的。

即便采用相同的ESP模块，但不同车型、不同品牌在ESP装置介入时机的调整上都存在一定的差异。一般普通轿车ESP装置的介入时机较为中性，SUV车型的介入时机较早，而跑车的介入时机较晚，甚至只要车子不发生严重失控都不会介入。

(2) 制动力度　制动是ESP失控控制最重要的一环，即使ESP介入时机合适，如果没有有效的制动干预，也无法对车辆形成有效的控制。

在遇到危险的情况下仅减小发动机的动力输出显然不能起到阻止车辆失控的目的，只能防止车辆的失控进一步加剧。因此，ESP还需要依靠车身上的转角传感器、轮速传感器、加速度传感器和偏航率传感器来侦测车辆的状态，在出现失控或将要出现失控时通过对某一或某几个车轮实施制动，达到稳定车身的目的。这才是ESP装置挽救车辆于失控边缘最关键的一步。

根据测试试验，制动力度比介入时机更为重要。据测试，大部分自主品牌车型ESP装置早早便介入切断发动机动力，却始终没有明显的制动控制来修正车辆，导致车身非但没有得到良好控制，还让整个驾驶的流畅性被完全打乱。因此，如果制动力度不足，即使ESP介入时机再早也毫无意义，就好比车辆在高速公路上发现前方有障碍物便早早制动(时机早)，但制动力度却极其轻微(制动力度小)时还是会撞上障碍物一样。

4.3　防撞安全新技术

重点掌握

- 防撞传感器的种类及原理
- 常见的行人安全保护装置
- 主动头部保护系统的工作过程

4.3.1　防撞控制系统

汽车碰撞包括汽车碰撞到固定的物体或与行驶中的汽车相撞。为了防止汽车在行驶中，特别在高速行驶时发生碰撞，一些现代汽车已装备了自动控制防碰撞系统，这是一种主动安全系统。

汽车行驶时，防碰撞系统处于监测状态，当汽车接近前车车尾或其他物体时，该系统将发出警告信号。在发出警告后，如果驾驶人没有采取减速制动措施，该系统便启动紧急制动装置，以避免发生碰撞事故。

防碰撞控制系统装有测距传感器，它们利用光线、激光或超声波，测得汽车与障碍物间的距离。这个距离信号，加上车速传感器和车轮转速传感器的信号送入电控单元(ECU)，通过计算求出行驶汽车与前方物体的实际距离以及相互接近的相对速度，并向驾驶人发出预告信号或显示前方物体的距离。当将要碰撞时，ECU向制动装置和节气门控制电路发出控制指令，使汽车发动机降速并及时制动，从而有效地避免碰撞。

1. 防碰撞传感器

(1) CCD照相机　CCD摄像元件可以读取受光元件接收的光通量放出的电流值，并作为图像信号输出。在夜间，由于照相机处于低照度的环境，只有在汽车前、后照灯打开时才能确认障碍物。

汽车装设的CCD照相机如图4-16所示，当点火开关接通，变速器变速杆置于前进档或倒档时，多功能显示板上就能显示出车辆前方或后方的图像。

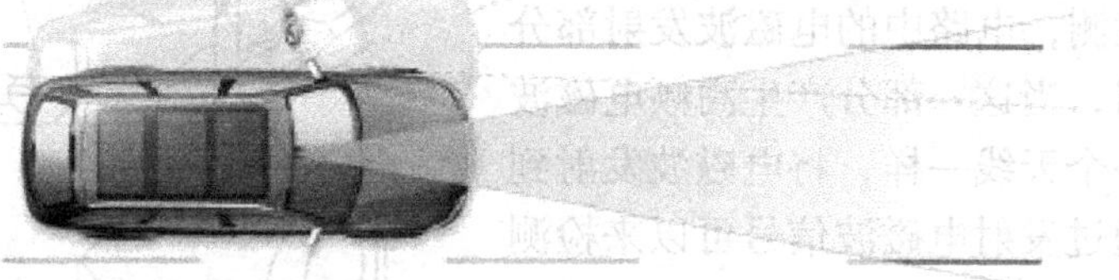

图4-16 CCD照相机原理图

(2) 激光雷达 激光雷达是将激光发送至被测物体，然后反射回来接收，其间的时间差即用来计算至障碍物的距离。早期的车用激光雷达都是发送多股激光光束，并依靠前车反射镜的反射时间来测定距离。现代汽车除了测定前方车的距离外，还要对前方多辆车的位置进行辨识，因而开始采用扫描式激光雷达，如图4-17所示。

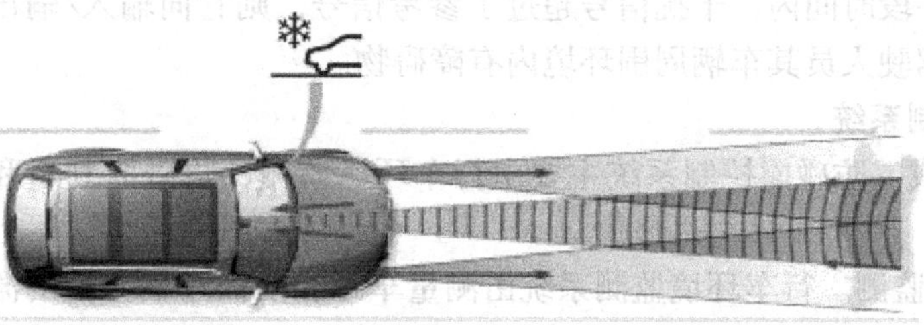

图4-17 扫描式激光雷达测距原理

根据物体的反射特性，激光的反射光量变化很大，因此可能检测出的距离也是变化的。由于车辆后部的反射镜等容易反射，故可以检测出稳定的较长距离。有少许凹凸的铁板等因不能得到充足的反射光量，故测出的距离较短。另外，在检测侧面方向及后方的障碍物时，与检测前方障碍物的情况不同，如果障碍物上没有反射镜，那么由于各种障碍物的反射特性变化很大，故可能检测出的距离变短。

(3) 超声波传感器 超声波测距传感器的主要功用是车辆后退时，利用超声波检测车辆后方的障碍物，并利用指示灯、显示屏或蜂鸣器等把车辆到障碍物的距离及位置等告知驾驶人，以起到一定的安全作用。

超声波测距传感器采用锆钛化铝作为压电元件。这种传感器的特点在于它具有方向性，传感器用蜂鸣器的纸盆为椭圆形，其目的就是传感器的水平方向特性宽，而垂直方向受到限制。

超声波测距传感器的工作原理犹如有人对着大山呼喊所产生的回声，利用这种现象制成汽车所用的倒车声呐系统，如图4-18所示，主要由反射传感器、接收传感器、微机及显示装置组成。

倒车声呐装置向车辆后方反射超声波，当车后无障碍物时，随着距离的增加，超声波逐渐减弱，就是说，根据向车后反射的超声波是否返回，可以判断检测范围内是否有障碍物。如向车后反射的超声波遇有障碍物返回时，测定所用的时间，再根据时间与距离的正比例关系，就可判断并显示出汽车到障碍物的距离。此外，将车辆后方划分为左、中、右三个区域，可以判断出障碍物在何处。这种系统还具有自我检验功能，用以检验本系统工作是否正常。

(4) 电磁波传感器　电磁波传感器采用电磁振荡原理进行检测，电路中的电磁波发射部分设有一个振荡绕组，当这一部分产生高频电磁波时，振荡绕组像一个天线一样，将电磁波发射到它周围的区域。通过发射电磁波信号可以来检测车辆周围是否有物体出现。

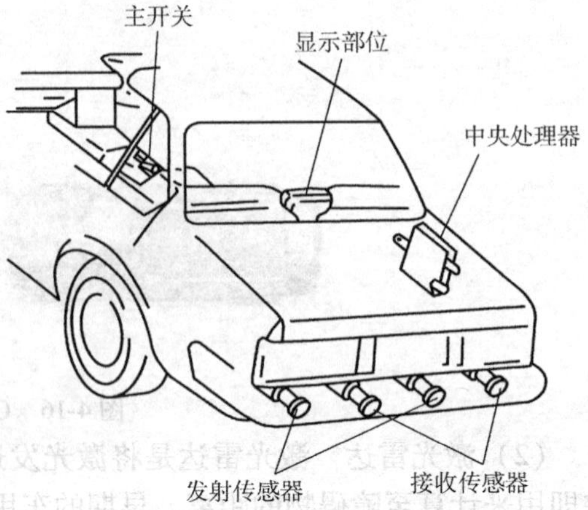

图 4-18　超声波测距传感器原理

如果有一个人在电磁波检测范围内活动，那么就会在高频电磁波上叠加一个低频干扰信号。电路中与电磁波发射部分相连的是一个干扰信号分离部分，其中的低通滤波器将信号中的低频干扰信号送入到其后的干扰程度比较部分中。干扰程度比较部分将干扰信号与预定的参考值加以比较，如果在一段时间内，干扰信号超过了参考信号，则它向输入/输出插接器输出一个警示信号，告知驾驶人员其车辆周围环境内有障碍物。

2. 防碰撞控制系统

(1) 系统组成　防碰撞控制系统主要由行车环境监测、防碰撞判断和车辆控制三部分组成。

1) 行车环境监测。行车环境监测系统由测量车距和前面车辆方位的激光扫描雷达及能判定路面状况的道路传感器所组成。激光扫描雷达安装在车辆前端的中央位置，主要是测量车距和前面车辆的方位，并将所测数据传输到防碰撞判断系统。

2) 防碰撞判断。防碰撞判断分为两步：第一步是进行路径估计，即从激光扫描雷达所获“距离和方位”的大量数据组中抽取有用数据；第二步是进行安全危险判断，即判断碰撞的危险程度。

3) 车辆控制。该系统由安全/危险预警信号控制的自动制动操纵机构和制动防抱死系统(ABS)组成，并采用高速电磁阀进行纵向加速度闭环控制。自动制动操纵机构的优点是当自动操纵机构处于工作状态时，如果驾驶人的行车制动力大于自动制动控制的制动力时，那么驾驶人的行车制动力有效。一旦自动制动操纵机构失灵，行车制动系统并不受影响。

(2) 控制原理　该系统采用激光雷达在水平面上呈扇形快速扫描，提高激光束的能量密度，可延长激光扫描雷达的监测距离，消除因车辆颠簸引起的误差，并能监测弯道上的障碍物。

最小的激光扫描雷达监测范围(一般在 120m 以上)由实际车距确定。该车间距是指在潮湿路面状况下，保证在后面车辆减速制动后，避免碰撞到前面的暂停车辆的距离。

根据路面状况(湿/干)、后面车速及相对车速，计算出“临界车间距离”，该值是根据路径估算方法确定的车间距离。判断安全/危险的方法，就是在实际测量的车间距离等于或小于临界车间距离时，自动制动控制系统启动。

4.3.2　行人安全保护

汽车安全不仅是针对车内乘客而言，同时也要保护行人安全。因此，车辆碰撞防护技术也必须将保护行人安全列为它的重点发展目标。近年来欧洲 E-NCAP 汽车碰撞测试中，不仅检验对车上乘员的安全保护程度，也通过划分4个星级来检验车辆对行人的安全保护程度。

目前世界范围内，保护行人安全的车辆装置主要有：

1. 发动机舱盖机械系统

发动机舱盖机械系统能够在汽车发生碰撞时迅速鼓起，使得撞击而来的人体不是硬碰硬，而是碰撞在柔性与圆滑的表面上，减少了被撞人受伤的可能或程度。研究表明，如果发动机、蓄电池和其他部件有宽裕的空间，发动机舱盖在碰撞过程中能开启，这时对行人造成的伤害就会明显降低；当发动机舱盖的前端可以向后移动，那么撞击造成的损伤可以大大降低；如果保险杠硬度降低1/3，前围尽可能低的情况下还可减缓对膝部造成的损伤。

发动机舱盖机械系统能把撞向行人的动能转换成提升机器盖的能量，这就在行人、发动机舱盖和发动机舱内部件之间形成吸能区域，通过发动机舱盖的变形减小对行人头肩部的冲击。当人体与车头部分刚一接触，机械系统就会被触发，其作用力可以由弹簧力驱动，也可采用气体喷射方式。当遇到车与车相撞的时候，该系统不会起作用，在车辆停放时，人故意撞击也不能启动。在碰撞中起主要作用的第二接触区前保险杠也将改进，采用高密度泡沫材料和新设计的结构，以控制对腿部的冲击过程，减小撞击力量，从而有效地保障行人的膝、腿免受严重伤害。同样，重新设计的前照灯室及周边区域能确保按受控模式吸收上腿部的冲击能量，避免玻璃破碎割伤行人的腿部。这有两个目的：首先降低上腿承受的撞击力，其次确保能量吸收与前保险杠相协调。只有各部件的能量吸收相协调才能保障行人受到安全的保护。

2. 行人安全气囊系统

行人安全气囊系统进一步避免人体撞击汽车的前风窗玻璃，以免在猛烈碰撞下行人与车内乘客受到更大的伤害。福特汽车公司的行人安全车采用了两种可在碰撞中对行人进行保护的新颖安全气囊。这两种气囊一是发动机舱盖气囊，一是前围安全气囊，两者配合使用可减少最常见的行人伤亡事故。

发动机舱盖气囊在保险杠上方紧靠保险杠处开始展开。碰撞前由一个碰撞预警传感器激发，50～75μs内完成充气，保持充气状态时间可达数秒。充气后的安全气囊在前照灯之间的部位展开，由保险杠顶面向上伸展到发动机舱盖表面以上。气囊的折叠模式和断面设计保证了气囊展开时能与汽车前端的轮廓相合，以保证儿童头部和成人腿部的安全。

前围安全气囊系统的作用则是提供二次碰撞保护，防止行人被甩到发动机舱盖上后部被前窗底部碰伤。该系统包括两个气囊，各由汽车中心线向一侧的A柱延伸，气囊由传感器探测到行人与保险杠发生初始碰撞后触发。在行人翻到发动机舱盖上滚向前窗这段时间内，气囊完成充气，两个气囊沿前窗底部将左右A柱之间的汽车整个宽度完全覆盖，不仅能盖住前窗玻璃底部，还可盖住刮水器摆轴与发动机舱盖支座等致命的“硬点”。不过，气囊不会完全封住驾驶人的视线。

3. 车辆智能安全保障系统

前述两种行人保护系统都属汽车被动安全技术，车辆智能安全保障系统的发展，实现了主动对行人的保护，在事故发生以前就及时通知驾驶人，避免车祸的发生，将事故的损伤降到最小程度。

车辆智能安全保障系统是先进的车辆控制系统的一部分，包括安全系统、危险预警系统、防撞系统等，涉及传感器技术、通信技术、决策控制技术、信息显示技术和驾驶状态监控技术等。这些车载设备包括安装在车身各个部位的传感器、激光雷达、红外线、超声波传感器和盲点探测器等，具有事故监测功能。由计算机控制，在超车、倒车、变换车道、雨天和大雾等容易发生事故的情况下，随时通过声音、图像等方式向驾驶人提供车辆周围及车辆本身的必要信息，并可以自动或半自动地进行车辆控制，从而有效地防止事故的发生。同时，利用车身四周的传感器分别探测车辆前后左右的路况，为驾驶人提供及时的回避操作指令，并提醒驾驶人保持安全车距，防止车辆与车辆、车辆与其他物体或车辆与行人间的正面、追尾和侧向碰撞。

现在，世界各汽车公司都在开发相应的智能车辆保障技术，并积极应用在车辆上。如东风雪铁龙凯旋在设计过程中，充分考虑到将行人碰撞的伤害降到最小。由两个吸能装置组成的防护裙边能更好地减少对行人膝盖的伤害。凯旋在前部碰撞保护方面也做了非常充分的考虑，例如，“飞去来器形”的前照灯，不仅仅是凯旋造型的一大亮点，更能实现对行人的保护。铝质的发动机舱盖将更加充分吸收能量等。

图 4-19 所示为前保险杠骨架(前横梁)前面装有行人保护缓冲垫，以缓冲碰撞对行人的撞击力。

图 4-19　前保险杠骨架前面装有行人保护缓冲垫

4.3.3　防撞杆

当汽车受到侧面撞击时，车门很容易受到冲击而变形，从而直接伤害到车内乘员。为了提高汽车的安全性能，不少汽车公司在汽车两侧门夹层中间设置一到两根非常坚固的钢梁，即侧门防撞杆。防撞杆的防撞作用是当侧门受到撞击时，坚固的防撞杆能大大减轻侧门的变形程度，从而减少汽车撞击对车内乘员的伤害。图 4-20(见书后彩插)所示即为汽车侧门防撞杆。

图 4-21(见书后彩插)为 Y 形侧门防撞梁。因为车门是车身刚性薄弱的环节，通过在车门内安置 Y 形侧门防撞梁，可以大大提高了车门的抗扭性，从而保证了驾乘人员的安全。

4.3.4 主动头颈保护系统

当受到后方来车撞击时，最容易发生伤害的部位是颈椎，即使在低速也如此。虽然原因及受伤位置尚难确定，不过医学研究多认为这些颈椎伤害的关键因素是因为在后方追撞中，头部相对于身体的剧烈晃动所造成。

主动式头枕是一种纯机械系统，上方的衬垫支撑，是由一条连杆连接至座椅靠背内的压力板，当车辆受到后方追撞时，乘客的身体因撞击力的作用，会撞向靠背，将压力板往后推，促使头枕往上往前推动，以便在头颈猛烈晃动之前，托住乘客的头颈，防止或降低受伤的程度。而主动式头枕的另一优点是在动作完成后，会自动回复到原来位置，以备下次使用，无须进行维修。其设计目的是提供充分的头颈椎保护。

乘员头颈保护系统(Whiplash Protection System，WHIPS)属于汽车被动安全装置，一般设置于前排座椅。当轿车受到后部的撞击时，头颈保护系统会迅速充气膨胀起来，其整个靠背都会随乘坐者一起后倾，乘坐者的整个背部和靠背安稳地贴近在一起，靠背则会后倾以最大限度地降低头部向前甩的力量，座椅的椅背和头枕会向后水平移动，使身体的上部和头部得到轻柔、均衡地支撑与保护，以减轻脊椎以及颈部所承受的冲击力，并防止头部向后甩所带来的伤害。其结构和工作过程如图 4-22 和图 4-23 所示。

头颈保护系统应用举例：沃尔沃 S80、C70 和 XC90 等，如图 4-24 所示。

4.3.5 蓄电池线路切断安全装置

蓄电池线路切断安全装置在发生碰撞事故时自动启动，以防止可能的短路，保护连接车辆起动机、交流发电机和其他主要用电设备的线路不受损害。

该系统由从一个安全气囊或其他传感器发出的信号触发，启动一个特别配置的高电流导

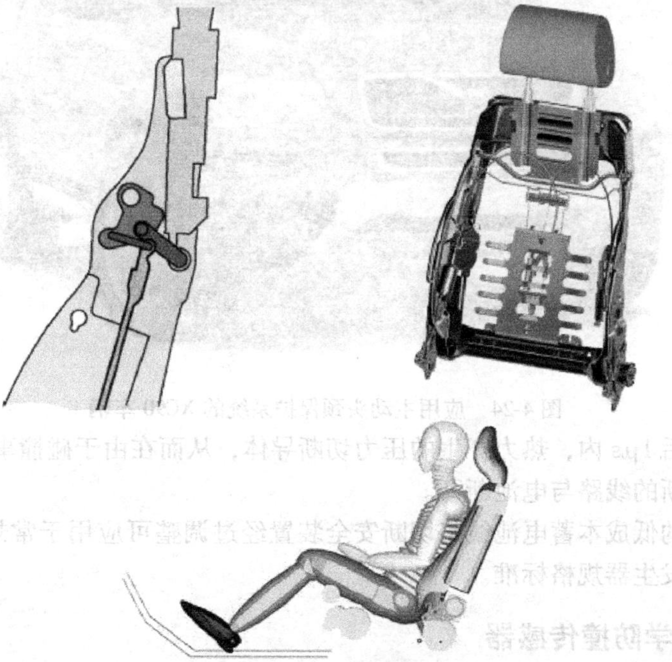

图 4-22 主动头部保护系统结构

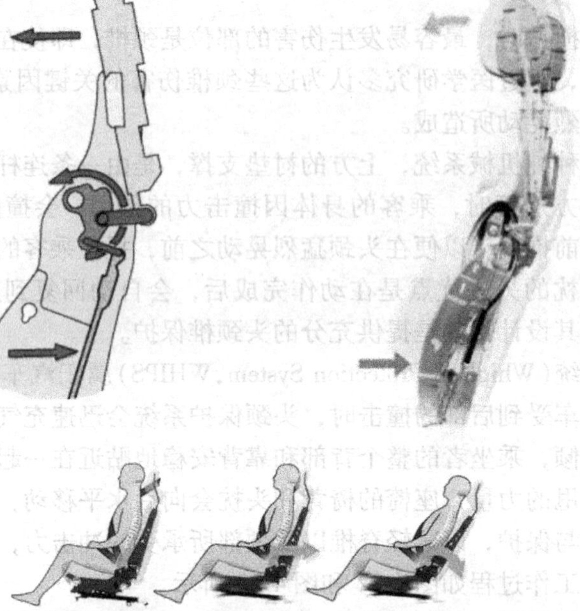

图 4-23　主动头颈保护系统工作原理

图 4-24　应用主动头颈保护系统的 XC90 车辆

体。在获得信号后 1μs 内，热力产生的压力切断导体，从而在由于碰撞事故引发的短路发生之前，将尚未熔断的线路与电池断开。

德尔福派克的低成本蓄电池线路切断安全装置经过调整可应用于常规的汽车和商用车，并符合业内所有发生器规格标准。

4.3.6　新型光学防撞传感器

2007 年 4 月法兰克福，大陆汽车公司推出汽车接近速度传感器系统（Closing Velocity

Sensor)，可实现辅助制动功能，对被动汽车安全系统实现有益补充。首批产品已经于 2008 年实现量产。据德国警方数据显示，在德国的城市区域中发生的追尾交通事故占所有交通事故的三分之一左右。为减少城市道路交通事故，大陆汽车集团已成功开发出新型光学防撞传感器，该传感器能在出现追尾危险时辅助驾驶人及时制动，从而降低事故危害，在低速时可彻底避免事故发生。该传感器如图 4-25 所示。

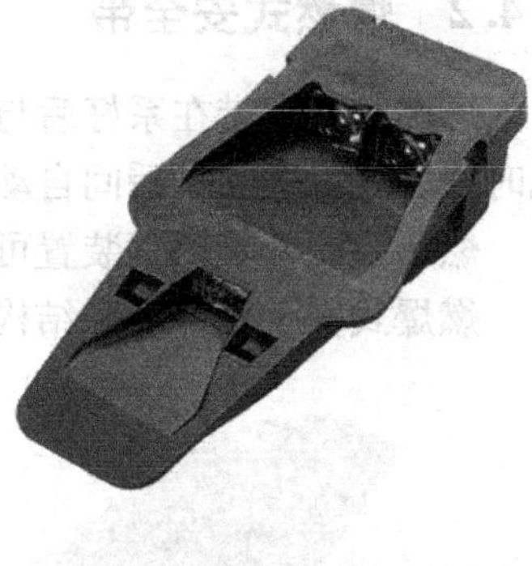

图 4-25 新型光学防撞传感器

接近速度传感器系统可扫描车辆右前方、左前方和正前方最大间距为 10m 的区域。当传感器发现车辆前方出现物体时，发射信号随即返回，此时安装在内视镜旁的发射接收装置会接收该信号并计算出物体与车辆的距离，以及车辆的接近速度。

4.4 安全带与安全气囊新技术

重点掌握

- 安全气囊的种类
- 各种安全气囊的区别

4.4.1 机械逼近安全气囊

德尔福的低风险爆出安全气囊是在机械逼近式的基础上开发的。虽然没有应用复杂的电子设备，但是气囊能够感应乘员的位置，并根据实际情况确定气囊爆出级别，这样就降低了由于气囊原因引发的对小个子乘员和没有坐正的乘员的伤害。在某些需要进行气囊压缩情形下，低风险配置气囊还起到能量吸收的作用，从而替代气囊压缩。机械逼近安全气囊如图 4-26 所示。

图 4-26 机械逼近安全气囊

4.4.2 爆燃式安全带

燃爆式安全带在系好后与身体仍有一定空间，保证乘员的舒适与灵活，但在碰到紧急情况时，安全带会在一瞬间自动收紧保证乘员的安全。

燃爆式安全带束紧装置可以在碰撞中消除或降低安全带下部和肩部的松弛现象。

燃爆式安全带外观和结构如图4-27和图4-28所示。

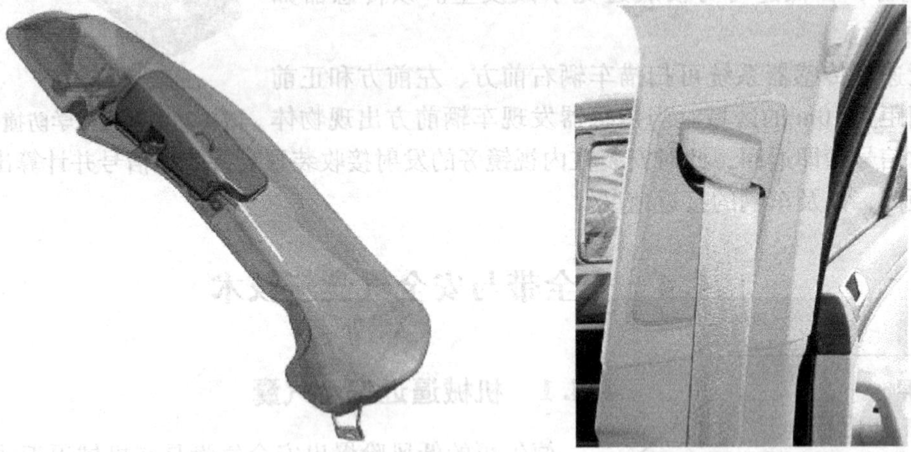

图4-27 燃爆式安全带外观

4.4.3 膨胀式安全带

汽车被动安全技术中，应用最普遍的就是安全带。而随着安全气囊的问世，再度降低车辆碰撞时对乘客的伤害成为可能。不过最近福特科技部门突发奇想，想到将两者设计合二为一。通常当车辆发生撞击意外时，安全带将会产生紧束动作，将驾驶人或乘客紧紧地固定于座椅当中，不过由于碰撞力非常大，往往发生将乘客勒伤的情形。为避免此情况的发生，且将乘客的伤害在碰撞意外发生时降到最低，福特研发部门决定将安全带与安全气囊相结合，在原先设计好的安全带中，预留一类似安全气囊感知装置的空气袋，在安全带产生紧束作动时，此气囊也会同时充气，产生弹性的空间，让安全带紧束时对于乘客的伤害不再如此剧烈。膨胀式安全带如图4-29所示。

图4-28 燃爆式安全带结构

福特工程师将这种新型安全带首先运用在后座，并希望此设计能有效减少乘客头部、脖子与肩部的二次伤害。且由于气囊的大面积保护，更能让乘客躯干部位的伤害再度将低，因安全带束紧而挤压内脏的情况，希望可以通过这项创新获得改善。

4.4.4 安全气囊工作图解

图4-30是安全气囊的工作过程。

图 4-29　膨胀式安全带

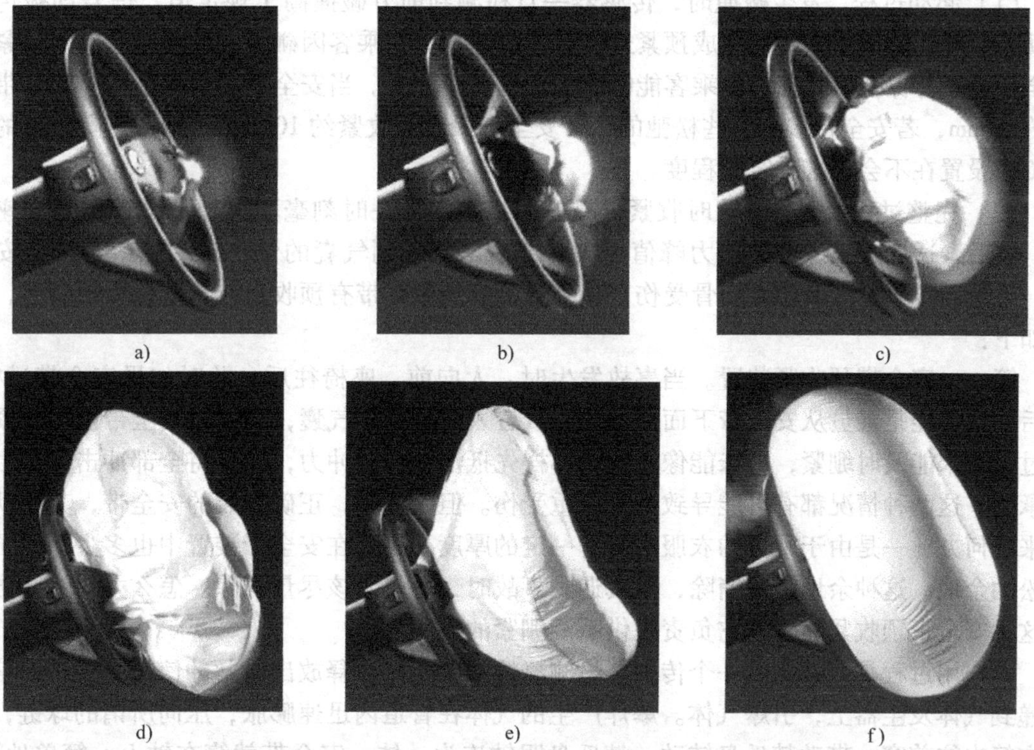

图 4-30　安全气囊的工作过程

4.4.5　预紧式安全带

预紧式安全带(Pretensioner Seat Belt)也称预缩式安全带。这种安全带的特点是当汽车发生碰撞事故的一瞬间，乘员尚未向前移动时它会首先拉紧织带，立即将乘员紧紧地固定在座椅上，然后锁止织带防止乘员身体前倾，有效保护乘员的安全。预紧式安全带中起主要作用的卷收器与普通安全带不同，除了有普通卷收器的收放织带功能外，还具有当车速发生急剧变化时，能够在0.1s左右加强对乘员的约束力。因此，它还有控制装置和预拉紧装置。

1. 预紧式安全带的组成

（1）传感器　与安全气囊系统共用。一旦检测到来自前方的冲击高于规定值时，预紧式安全带与安全气囊系统会同时启动。

（2）动力装置　由用于点火的加热器、点火剂、推动剂和活塞等组成，根据来自传感器的信号点火。利用产生的气压推动气缸中的活塞，从而生成拉紧安全带的动力。在预拉紧装置最重要的推动剂中添加了具有良好耐热性和耐久性的成分。

（3）收紧装置　安全带穿过固定齿轮和移动齿轮之间，通常情况下使用不会产生任何阻力。动力装置启动后产生的推力，通过滑轮转换成回转运动。另外，可动齿轮转动的同时夹住与固定齿轮之间的安全带，从而边转动边拉紧安全带。

（4）防逆转结构　一旦收紧安全带，乘客安全带的张力则会使防反向转动齿轮啮合并保持啮合状态。为了确保防逆转功能可靠，在齿轮的4个部位进行啮合。

2. 工作原理

（1）起动过程　发生碰撞时，传感器一旦检测到前方碰撞高于规定值，信号即被传送到动力装置的电子点火器，完成预紧式安全带的起动。在乘客因碰撞向前移动之前，预紧式安全带收紧并保持该状态。使乘客能够牢固地坐在座椅上。当安全带尚未松弛时，安全带收紧约50mm，若安全带多少有些松弛的话，安全带最大会收紧约100mm。另外，安全带的拉紧负荷设置在不会伤害乘客的程度。

（2）完整过程　首先，及时收紧，在事故发生的第一时刻毫不犹豫地把人固定在座椅上。然后，适度放松，待冲击力峰值过去，或人已能受到气囊的保护时，即适当放松安全带，避免因拉力过大而使人肋骨受伤。最先进的安全带都带有预收紧装置和拉力限制器，原理如下：

第一，安全带预收紧装置。当事故发生时，人向前，座椅往后，此时如果安全带过松，则后果很可能是乘员从安全带下面滑出去，或者人已碰到了气囊，而此时安全带由于张紧余量过大而未能及时绷紧，即未能像希望的那样先抵消一部分冲力，而是将全部冲击力都由气囊承担。这两种情况都有可能导致乘员严重受伤。但问题是，正确安装的安全带，其松动余地来自何方？一是由于乘员的衣服本身有一定的厚度，另外在安全带装置中也多少隐藏了部分松动余地，这种余地无法消除，但真遇到事故时，还就应该尽量消除。怎么办？为此出现了这种安全带预收紧装置，它负责提供瞬间绷紧的作用。

其作用过程是：首先由一个传感器检测碰撞强度，然后释放出电脉冲信号，该脉冲信号传递到气体发生器上，引爆气体。爆炸产生的气体在管道内迅速膨胀，压向所谓的球链，使球在管内往前窜，带动棘爪盘转动。棘爪盘跟轴连为一体，安全带就绕在轴上。简单地讲，就是气体压力使球动，球带动棘爪盘转动，棘爪盘带动轴转动——瞬间实现了安全带的预收紧功能。从感知事故到完成安全带预收紧的全过程仅持续千分之几秒。管道末端是一截空腔，用于容留滚过来的球。

第二，安全带拉力限制器。事故发生后，安全带在预收紧装置的作用下，已经绷紧了。但希望在受力峰值过后，安全带的张紧力马上降低，以减小乘员受力，这一特殊任务就由安全带拉力限制器来完成。在安全带装置上，有一个如前所述的预收紧装置，底下卷绕着安全带。轴芯里边是一根钢质扭转棒。当负荷达到预定情况时，扭转棒即开始扭曲，这样就在一定程度上放松了安全带，实现了安全带的拉力限制功能。在安全带预收紧装置和安全带拉力限制器的共同作用下，安全带的保护能力几乎达到了理想状态。

当发生正面碰撞时，预紧式安全带能够在瞬间收紧，使乘客能够牢固地坐在座椅上，从而进一步提高了安全带的功效。采用预紧装置，不仅达到了使用简单、舒适的效果，而且可以进一步提高保护效果。

3. 预紧式安全带的类型

预紧式安全带根据控制装置可分为两种：

(1) 电子控制式　由电子控制单元(ECU)检测到汽车加速度的不正常变化，经过电脑处理将信号发至卷收器的控制装置，激发预拉紧装置工作，这种预紧式安全带通常与辅助安全气囊组合使用。

(2) 机械控制式　由传感器检测到汽车加速度的不正常变化，控制装置激发预拉紧装置工作，这种预紧式安全带可以单独使用。

预拉紧装置有多种形式，常见的预拉紧装置是一种爆燃式的，由气体引发剂、气体发生剂、导管、活塞、绳索和驱动轮组成。当汽车碰撞时预拉紧装置受到激发后，密封导管内底部的气体引发剂立即自燃，引爆同一密封导管内的气体发生剂，气体发生剂立即产生大量气体膨胀，迫使活塞向上移动拉动绳索，绳索带动驱动轮旋转，驱动轮使卷收器卷筒转动，织带被卷在卷筒上，使织带被回拉。最后，卷收器会紧急锁止织带，固定乘员身体，防止身体前倾，避免与方向盘、仪表板和玻璃窗相碰撞。

4.5　轿车安全车身结构技术

重点掌握

- 高强度车身的受力情况
- 丰田 GOA 车身的特点
- 本田 G-CON 碰撞安全技术的控制内容和措施
- 3H 车身结构

车架是构成车辆被动安全系统最重要的部分。一辆坚实、稳固、安全性高的车，首先必须有一副好车架。“车架”一词是从法文“Chassis”衍生而来的，早期汽车所使用的车架，大多都是由笼状的钢骨梁柱所构成的，也就是在两根平行的主梁上，以类似阶梯的方式加上许多左右相连的副梁制造而成。车体建构在车架之上，至于车门、发动机盖、行李箱盖等钣金件，则是另外再包覆于车体之外。因此，车体与车架其实是属于两个独立的结构。这种设计的最大好处，在于轻量化与刚性得以同时兼顾。因此，受到了不少跑车制造商的青睐，早期的法拉利与兰博基尼都是采用这种设计。

由于钢骨设计的车架必须通过许多节点来连接主梁和副梁，加之笼状构造也无法腾出较大的空间。因此，除了制造上比较复杂、不利于大量生产之外，也不适合用在强调空间的四门轿车上。随后单体结构的车架成为主流，笼状的钢骨车架也逐渐改由这种将车体与车架合二为一的单体车架所取代，这种单体车架一般称为“底盘”，也衍生自英文“Platform”。

单体车架就是将发动机盖、车厢以及行李箱三个空间合而为一，这样的好处主要是便于大量生产以及模组化的运用。通过采取模组化生产的共用策略，制造厂可以将同一具车架分别使用在数种不同的车款上，这样也可节省不少研发经费。例如，大众旗下就有多种车款使用相同的车架。

除了有利于共用，车体车架也可以通过材料的不同来发挥轻量化的特性。例如，奥迪A8所使用的铝合金以及法拉利所使用的碳纤维材料等。铝合金是20世纪80年代末期相当热门的一种工业材料，虽然重量比铁轻，但是强度却较差。因此，如果要用铝合金制成单体车架，虽然在重量上比起铁制车架更占优势，但是强度却无法达到和铁制车架同样的水准。除非增加更多的铝合金材料，利用更多的用量来弥补强度上的不足。

欧美从20世纪90年代逐渐提高了撞击事故的安全防护标准，这也是凸现出车架刚性重要的另一原因。许多车厂为了在撞击事故发生时能够确保车内乘员的安全，唯有针对车架以及车体进行全面强化，这也使得除了车架以外的强度有所改善。

4.5.1 车身结构原理

常见车身结构主要有非承载式和承载式车身两种。

1. 非承载式车身

采用非承载式车身的汽车，其发动机、传动系统、车身的总成部分固定在一个刚性车架上，车架通过前后悬架装置与车轮相连，如图4-31和图4-32所示。

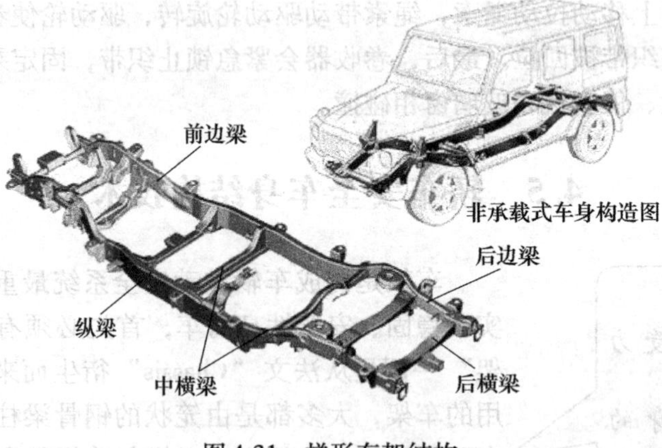

图4-31 梯形车架结构

非承载式车身有根大梁贯穿整个车身结构，底盘的强度较高，抗颠簸性能好。就算车的四个车轮受力不均匀，也是由车架承受，不会传递到车身，所以车身不容易扭曲变形。

非承载式车身比较笨重、质量大、高度高，多用于货车、客车和越野车上。不过由于非承载式车身具有较好的平稳性和安全性，有些高级轿车也采用。

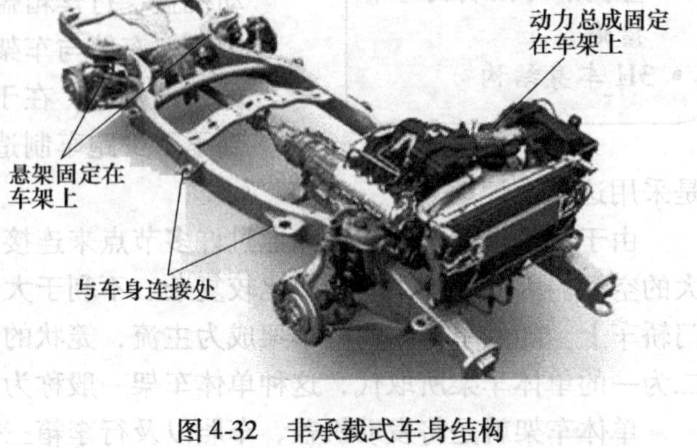

图4-32 非承载式车身结构

2. 承载式车身

承载式车身汽车的整个车身是一体的，没有贯穿整体的大梁，发动机、传动系统、前后悬架等部件都装配到车身上，车身负载通过悬架装置传给车轮，如图4-33(见书后彩插)所示。

承载式车身的汽车在平直路上行驶很平稳、固有频率低、噪声小且重量轻，广泛应用于轿车上。当然，底盘的强度不及有大梁结构的非承载式车身，在车的四个车轮受力不均匀时，车身会发生变形。

4.5.2 高强度车身

大众公司高强度车身(High Strength Body, HSB)充分考虑了车辆安全性、轻量化以及人性化保护等方面的要求。

HSB在充分保障碰撞安全性及高车身强度的前提下将轻量化作为重点。为了达到这一目的，大众汽车高强度车身使用了大量不同级别的钢材。例如，在基于PQ46平台的迈腾轿车车身上使用的高强度钢达到了79%，而其中的15%为超高强度热成形钢板，其拉伸屈服强度达到1000MPa以上，这相当于在1cm^2面积上承受10000kg的压力。前后保险杠支架、中央通道、脚部横梁、门槛、B柱及车顶边框等区域均使用此种材料，而这些区域也是在车辆正面及侧面碰撞时主要的受力区，它们将与车身上的碰撞吸能区域一同保证乘员区在碰撞过程中的完整，使车内成员受到伤害的可能降到最低。碰撞时的受力如图4-34(见书后彩插)和图4-35(见书后彩插)所示。

在车辆发生侧面碰撞时，三层结构的侧围对整个车身结构起到了强大的支撑作用，为车内生存空间提供了保障。侧围内最关键的零件是热成形钢板材料的B柱加强板，它与车门共同完成碰撞过程中能量的吸收。其结构设计充分考虑了碰撞发生时车内成员所受冲击及成员区空间变形的最小化。车门内部除使用高强度钢质防撞杆外，内板还采用了不等厚激光焊接板，既保证了车门的强度，又节省了无谓的重量，达到轻量化目的。

正面碰撞时，撞击力通过热成形钢板材质的保险杠支架向碰撞影响区结构分散，被纵梁吸收削弱后的碰撞能量继而被传递给同样由超高强度热成形钢板制成的脚部横梁、中央通道及门槛，这样就可以避免前排脚部区域在碰撞过程中的凸入危险。

在行人保护方面，大众汽车高强度车身也采用了周全的设计。车身前部众多零部件结构及空间布置充分考虑到了彼此间的相互影响及协同作用。翼子板的连接、前盖及铰链也得到优化。此外，保险杠区内还特为行人保护增加了吸能泡沫件，将行人腿部在碰撞过程中所受伤害程度降到最低。

此外，大众汽车高强度车身大量采用激光焊接工艺。例如，在速腾车身上，激光焊缝总长度达到33.2m，而途安更达到了41m。先进的激光焊接技术不仅给车身加工带来更高的精度、更稳定的质量、更高的效率。同时，也使车身的刚度及强度得到大幅提升，车辆行驶舒适性、稳定性、振动及噪声均得到明显改善。

高强度车身应用实例：

(1) 福特福克斯 高性能笼形车体加强结构设计，并使用高强度钢板材料以提升车体刚性。还具有前后撞击缓冲区，车门防撞钢梁采用加强结构设计。撞击缓冲区可将碰撞时的撞击力平均分散到全车身，从而避免乘客区乘员遭受碰撞伤害。福特福克斯高强度车身如图4-36所示。

(2) 标致307 标致307车身采用高限弹力钢，钢板更轻、更坚固，大大提高了车身的强度。用特高强度钢制成的前横梁与车身纵梁通过吸能体相连，缓解了冲击力。车门采用整体冲压成形，4门内增添3根W形防撞杆。标致307高强度车身如图4-37(见书后彩插)所示。

图4-36　福特福克斯高强度车身

(3) 帕萨特领驭　车身结构进行了大量优化，在车顶区域，增加了全新设计的高强度中间横梁，并与B柱连成一个封闭整体；在C柱区域，将原有的三角窗改为独立宽C柱，并对内层的C柱加强板进行了加强；在门槛区域，经过优化设计，进一步提高了车辆的刚性和抗变形能力。帕萨特领驭高强度车身如图4-38(见书后彩插)所示。

(4) 大众新宝来　通过采用不等厚钢板、倾斜布置车门防撞梁、安全车门、高强度合金钢板和烘烤硬化钢板等打造出高强度车身结构。6层复合塑钢安全油箱，防爆、防腐蚀，既安全又经济。高度可调燃爆式安全带，为不同体形的车主提供了更为及时的安全防护。

4.5.3　高强度激光焊接车身

轿车车身都采用金属构件和覆盖件的分块组合。将各种预先制好的结构件，如风窗立柱、门立柱、门上横梁、前后翼子板、前后围板和顶盖等零部件通过焊接和铆接的方式进行组合配置。其中焊接是汽车装配流水线上不可缺少的工序。

激光焊接技术最早应用于军事方面的坦克制造领域，当时的激光焊接技术虽然能提供远远高于传统焊接技术的焊接强度，但是其焊接成本也是只有一国之力才可以负担的。后来，随着激光焊接技术的改进，以车身制造硬技术擅长的大众集团便把曾经在军事领域一枝独秀的激光焊接技术在20世纪90年代应用到了汽车焊接领域。

当然，激光焊接的实际使用意义并不仅在于提高车身强度，提高碰撞时的安全性。一般来说，车辆在道路上行驶时的颠簸，都在考验着车身的韧性和抗疲劳性。如果车身结合精度、强度不够，轻则导致车辆使用不久就会发出异响、行驶噪声大，更严重的可能导致安装在车辆上的零部件，如变速器、发动机固定架挪位、变形或者损坏。事实上，无论多好的路况，多优秀的汽车，都会有一定的使用寿命，只不过，激光焊接将这个寿命的期限大大延长。而且，在同等情况下，车辆会拥有更可靠的安全性。

首先，什么叫做激光焊接？简单来说，激光技术采用偏光镜反射激光，产生的光束使其集中在聚焦装置中产生巨大能量。如果焦点靠近工件，工件就会在几毫秒内熔化和蒸发，将这一效应用于焊接工艺，即为激光焊接。激光焊接设备和工作情况如图4-39和图4-40(见书后彩插)所示。

激光焊接最重要的优势在于能够将非常高的能量聚焦于一点，激光束打在两个要焊接部分的边缘，输入能量把金属加热并将其熔化。在激光束作用以后，熔化的材料将迅速冷却。在焊接减少热变形的同时，也减少了输入的热能量，从而使得加工精度成倍提高。并且，激光束不会带来任何磨损，可以长时间稳定的工作。

激光焊接运用于汽车可以降低车身重量、提高车身的装配精度、增加车身的刚度。目前

图4-39 激光焊接设备

的汽车工业中，激光技术主要用于车身焊接和零件焊接。激光焊接主要用于车身框架结构的焊接，如顶盖与侧面车身的焊接。用激光焊接技术，工件连接之间的接合面宽度可以减少，既降低了板材使用量也提高了车体的刚度，极大提高了安全性。激光焊接零部件，零件焊接部位几乎没有变形，焊接速度快，而且不需要焊后热处理，常用于变速器齿轮、气门挺杆、车门铰链等。

由于激光焊接对于工艺及能耗都有十分严格的要求，国内只有为数不多的高品质车型采用这项工艺。德国宝马首先把激光焊接技术应用到整车制造中。目前，国内运用激光焊接技术的厂商也是来自德国的大众，如一汽大众的速腾、宝来，上海大众的波罗、途安等。此外，海马汽车也将激光焊接技术引用到了H1平台。

有专家预测，用激光焊接技术逐渐取代其他焊接技术是大势所趋，它能够大幅度提高整车质量，最终受益的是消费者。而自主品牌想要走向高端，也需要摆脱“低质廉价”的固有印象，积极引进激光焊接先进工艺。

4.5.4 丰田GOA车身

GOA是英文Global Outstanding Assessment的缩写，即世界上最高水准的安全。这是丰田公司关于安全技术方面一个总的目标，也是丰田公司内部的安全标准。满足这个标准的车身结构设计就被称为GOA车身。丰田的安全技术面向全球市场，所以在制定GOA这个总目标的时候考虑了很多因素，在这个大目标里面包含了很多小项。包括各个厂商的安全标准，技术前沿的最新成果，各个国家的法律法规，不同地域的典型事故形态，以及不同市场上消费者关心的重点，这些要求都涵盖在里面。同时，这个目标不是僵化的。比如，当各个国家的法规，还有其他厂商公司内部的安全标准提高时，GOA标准也会随之而提高。丰田GOA安全车身结构如图4-41所示。

GOA车身技术包括三个方面，一是高强度的乘客舱，二是高效吸能车身，三是合适的乘员约束系统(如凯美瑞的预紧三点式ELR安全带、WIL概念座椅等)。前两者保证车辆在碰撞时前车身的柔性结构吸收并分散碰撞能量，并将其分散至车身各部位骨架，使乘客舱的变形减到最小，确保乘员安全。成员约束系统则在碰撞中将成员牢牢约束在座椅上，避免乘员因激烈碰撞脱离座椅而遭到伤害。

图4-41　丰田GOA安全车身结构

丰田独有的GOA安全车身采用高张力、高弹性双面镀锌钢板，加上车身结构强度的优化设计和先进的整体式冲压工艺及焊接工艺，车身扭转刚度得到了极大提高。前后保险杠内部及四个车门均设置了防撞钢梁，在发生轻微碰撞时不会伤及到车身的结构部件。当车子在重撞击的瞬间，安全车身以自我牺牲的方式，把冲撞力切断、吸收，再经由整体式车身，把力量均匀分散至车身各部分骨架，尽可能降低内部空间的变形程度，最大限度保护乘客舱中的驾乘者。因此，GOA车身能在欧洲及澳大利亚的NCAP碰撞试验中屡获殊荣。

GOA安全车身的特点：

1）车身整体一次冲压而成，无焊接结构。

2）大型保险杠加强板。

3）前纵梁直线布置。

4）采用横梁至前柱的加强梁。

5）中柱部分强化。

6）前柱穿入下门口。

7）下门口加强筋与后轮罩直接相连。

8）车门内采用防撞钢梁。

GOA安全车身应用实例：

凯美瑞采用丰田最先进的GOA车身，拥有碰撞吸能能力，即使在最危险的侧面撞击发生时，吸收碰撞能量的车身也能够在碰撞发生时有效吸收碰撞能量，并将其分散至车身各部位骨架以化解冲击力，减少乘客舱的变形。车身上的侧梁、车顶、中央横梁和前排座椅结构都被加强，以减少碰撞时乘客舱的变形。新开发的前部结构也在最大程度上减少了事故时对行人的伤害。

4.5.5　本田G-CON车身技术

本田G-CON碰撞安全技术(G-Force Control Technology)在车辆发生意外碰撞时，对乘员和行人以及车辆的冲击力进行控制，以提高车辆的安全性，降低人员所受到的伤害。本田G-CON技术是一项提升汽车安全性、保障车内乘员安全，并同时兼顾行人安全的技术，包括车身碰撞技术、安全气囊技术和行人保护技术三方面，见表4-4。

表4-4 本田车身碰撞安全技术

序号	技术分类	控制	措施
1	降低乘员伤害的技术	在发生碰撞时通过控制车体的冲击力，从而降低对乘员造成的伤害程度	碰撞安全车身在发生正面碰撞时，通过控制车体的冲击力来降低乘员的伤害程度以及确保成员有足够的生存空间
			采用相容性碰撞车身。在提升自我安全性能的同时降低对碰撞车辆的伤害
		安全气囊展开时，通过对乘员冲击力的控制，降低对乘员造成的伤害程度	采用智能安全气囊系统。在正面碰撞时，通过对安全气囊展开特性的控制，提升乘员的保护，以降低伤害程度
			采用智能侧面安全气囊系统。通过对乘员坐姿、体形等参数的感知，从而对气囊进行最合理控制
			采用侧帘式安全气囊系统。在发生侧面碰撞时，通过帘式气囊对前排及后排乘员的头部进行保护
2	降低行人伤害的技术	碰撞时，通过控制行人受到车身的冲击力，降低对行人的伤害	采用降低行人伤害的车身。在发动机盖、前翼子板及保险杠上采用特殊设计，使发生碰撞时能够降低对行人造成的伤害

G-CON碰撞安全技术应用实例：

思域采用了本田独有的G-CON车身架构，在事故发生时，可以减轻对人的伤害。这项技术运用于车体的各个框架，能有效吸收撞击力，先进的G-CON技术等创造了撞击兼容安全车体结构系统，通过车体框架的复合配置，充分分散和吸收来自前方的撞击力。这种车体结构不仅能在碰撞发生时提高自我保护，同时也考虑到减轻给对方车辆及行人的伤害，如图4-42所示。

图4-42 本田思域G-CON车身架构

4.5.6 马自达3H车身

3H结构车身主要是指在车身的底部、侧面、顶部采用三个H形钢架结构布置来加强车身刚性，发生意外时防止车身变形，确保乘员的有效生存空间。

马自达6的3H车身结构分别置于两侧车门框架和车顶部位，形似三个“H”字母，3H车身结构为加强车身结构，能保证在车辆发动机盖和其他部位变形后乘员空间不致严重变形，以最大程度保护室内乘员。马自达3H车身结构如图4-43(见书后彩插)所示。

该结构在车体侧面和顶部都有一层加强筋，使其在局部钢板厚度、塑性变形效果、吸收冲撞力和乘客舱硬度指标上都具备明显安全优势。另一个在车身结构方面的重要安全设计，是前舱下面的车身结构，它对正面和侧面撞击具有十分出色的吸能效果。

4.5.7 全铝车身

车身是一辆汽车的根本，也是影响汽车各方面性能的关键。因此，车身设计的好坏直接影响到汽车的安全性、动力性、经济性、舒适性及操控性等。因为当汽车发生碰撞时，能直接保护车内乘客安全的就是车身。车身设计的好坏，吸收撞击能量能力的强弱，都是衡量一辆汽车安全性能的重要指标。车身强度的提高还能有效防止悬架冲击引起的振动和噪声。

传统的车身制造材料是钢。钢的种类有很多，根据钢性能的不同，成本也有很大的区别。因此，传统的车身，习惯在重要的部分用高性能的合金钢，在车身覆盖件上用工艺较简单的冷轧钢板。但是不论设计师怎样进行优化设计，也不可能使车身质量明显减轻。

图 4-44(见书后彩插)是采用全铝合金车身结构的奥迪 A8，图中红色部分所用的铝合金强度最高，其次是蓝色部分，再其次是绿色部分。可见，在驾驶舱周围主要是红色和蓝色的骨架，目的就是为了对舱内成员进行良好的保护。A 柱和 B 柱用来固定车门的地方也使用了强度最高的铝合金，目的是为了在发生碰撞以后，尽可能不让 A、B 柱发生变形，以保证车门可以顺利打开。而车身覆盖件通常是使用绿色部分的铝合金，因为这些部件要求材料有良好的延展性，才能保证冲压出需要的形状。

1. 奥迪 ASF 技术

ASF 即 Audi Space Frame 的缩写，表示奥迪全铝合金车架的规模化生产。铝框架的应用是 1994 年推出的上一代奥迪 A8 的亮点。与钢管式车架相比，铝框架与一体式车身非常相似，没有那么多错综复杂的钢管。

以奥迪 A2 和 A8 的车身为例(图 4-45,见书后彩插)，其车架就已经勾勒出了车身的线条，外形基本与一体式车身相似。有所不同的是少了一些一体压制的车身板件，取而代之的是大量的管状分布。

奥迪早在 1980 年生产的奥迪 80 和奥迪 100 上采用了铝车门，然后不断扩大应用。1992 年，与美国制铝商合作开发推出应用到奥迪 A8 上的 ASF 铝框架。1994 年，奥迪投资 800 万欧元建立的铝材中心，现在被称为奥迪铝材及轻量设计中心。2002 年，奥迪推出刚性提高 60% 的第二代 ASF。

第二代技术的 ASF 车架，部件全部采用高韧度铝合金，用高压吸塑、真空整裁或片状构成的工艺制造，并以小钢钉用非单一的焊接方法焊接而成，增加了激光的使用范围。比起第一代的 A8 车架，新技术尽量使用大一点的框架，减少框架内铝框架的数量，相对可以节省焊点数目和焊接时间。不过工序和技术同样复杂，所以成本始终较普通的钢车架高很多。不过奥迪的铝车身框架技术却是规模生产的一个很好典范。

2. 全铝合金车身的应用实例

现在除了奥迪 A2 和 A8 外，使用和铝材料技术相关的车型有宝马 5 系和 7 系的铝质悬架、日产 Altima 的发动机舱盖和轮毂、法拉利 612 的铝车身等。

4.5.8 沃尔沃车身结构

沃尔沃的安全性是全球共知的，其车身采用四种不同级别的钢材以实现最佳的碰撞变形保护。前部车身结构被分成若干个区，每个区在碰撞变形过程中承担不同的作用。外侧变形区域承受最大的撞击力，越接近乘客舱的区域，所采用的材料越不易变形，以确保在发生严重撞击时让乘客舱保持完好无损。前保险杠上安装了用极高强度钢材制造的横梁。这种横梁与车身的纵梁相结合，形成“耐撞击箱”，吸收在低速行驶时发生撞击的能量，避免对车身结构的其他部分造成损害。

沃尔沃安全车身结构应用实例：C70。C70拥有先进的车身结构，更强的刚性抗扭性能。C70的车身经过认真的设计，车身结构不仅令车辆的安全级别提高，同时也提供了更高的刚性抗扭性能。此外，当车顶升起的时候，车身的刚度将增加10%~15%。运动调节底盘和半独立悬架装置可以根据路况环境的变化，灵活调节并保持平稳，大大增强了驾驶的可操控性。沃尔沃C70车身结构如图4-46(见书后彩插)所示。

4.5.9 钢管式车架

钢管式车架就是用很多钢管焊接成一个框架，再将零部件装在这个框架上。它的生产工艺简单，很适合小规模的作坊作业。20世纪50~70年代，英国有很多小规模的车厂生产各式各样的汽车，都是用自行开发制造的钢管车架，是钢管车架的全盛时期。

时至今日仍采用钢管车架的都是一些产量较少的跑车厂，如兰博基尼和TVR，原因是可以省去冲压设备的巨大投资。由于对钢管车架进行局部加强十分容易(只需加焊钢管)，在质量相等的情况下，往往可以得到比承载式车架更强的刚度，这也是很多跑车厂仍乐于用它的原因。钢管式车架如图4-47所示，图4-48是采用钢管式车架的跑车。

图4-47 钢管式车架

4.5.10 驾驶人保护模块技术

在第61届法兰克福国际车展上，德尔福首次展示了驾驶人保护模块(DDPM)技术。该模块向整车厂商提供了一项业内首创技术：它对转向柱、膝垫和踏板进行集成，使这三种技术能根据驾驶人体形、使用局限和碰撞严重程度进行有控制的协调工作。在数学计算和模拟的基础上，配备DDPM的车辆能为驾驶人降低高达10%的冲击力。此外，如果将DDPM与德尔福主动能量吸收技术共同应用，能进一步降低受伤幅度(高达27%)。驾驶人保护模块(DDPM)技术结构如图4-49所示。

图 4-48　钢管式车架的应用

图 4-49　驾驶人保护模块(DDPM)技术结构

4.6　报 警 系 统

重点掌握
- 德尔福红外线侧向警报系统
- 倒车测距报警系统

4.6.1　侧向警报系统

图 4-50(见书后彩插)是德尔福红外线侧向警报系统。该系统的目的是帮助驾驶人在变道时了解侧向盲点附近的车辆状况。当系统探测到有移动车辆进入侧向盲点时，会发出各种警报信号。警报信号可由车辆制造商在人机对话界面基础上进行调试设置。

4.6.2　倒车报警系统

倒车测距报警系统为一种实用的超声波测距报警系统，它主要由发射部分、接收部分、数字显示和报警四大部分组成，其结构原理如图 4-51 所示。

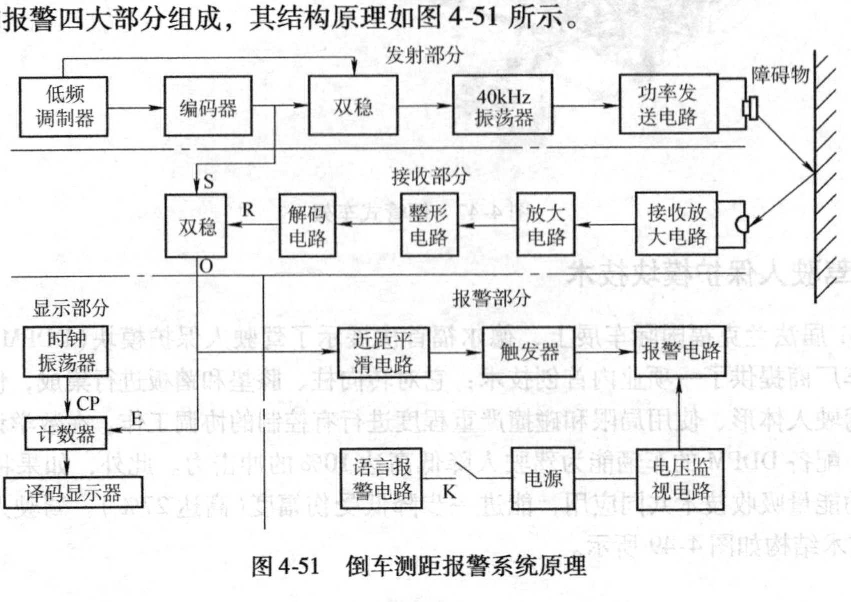

图 4-51　倒车测距报警系统原理

当挂入倒档时电源接通，40kHz振荡器开始振荡，同时编码器开始编码，编码完毕，振荡器停振。期间产生的经调制、编码的超声波信号，通过发射探头向空中辐射，遇到障碍物即反射回来。接收探头接收到反射信号后即将此信号放大、整形，并经译码通过LED显示器显示出来。此时即完成了一次测距过程，此过程能自动重复进行。

另外，为了使仪器具有近距离报警功能，将反射波脉冲送入触发器，一旦达到触发电平阈值，报警电路即导通，发出声光报警。

4.6.3 驾驶人警示系统

在对处于疲劳状态的驾驶人的驾驶行为进行深入研究之后，沃尔沃汽车公司推出一项新的设施——“驾驶人警示系统”来协助驾驶人提高行车安全。这项世界首创的发明可记录下驾驶人的驾驶行为，并在他(她)进入睡眠状态之前及时给予警示。驾驶人警示系统可让驾驶过程更加安全，因为许多交通事故是由驾驶人过度疲劳而引发的。驾驶人警示系统可监测车辆的行驶是否处于失控状态，可在驾驶人进入睡眠状态之前发出警报，警报采用视频和声频两种方式发出，具有高度可靠性。

在全球范围内，驾驶人过度疲劳已成为导致交通安全事故的重要原因之一。根据美国国家公路交通安全署的统计，在美国的公路上，每年由于驾驶人在驾驶过程中进入睡眠状态而导致大约10万起交通事故。其中约有1500起直接导致死亡，7.1万起事故导致人身伤害。在欧洲的情况也大致相同。据德国保险公司协会估计，在德国境内的高速公路上，大约有25%的导致人员伤亡的交通事故都是因为疲劳驾驶而引发。

这些统计数字充分说明沃尔沃的驾驶人警示系统是一项具有实际意义的发明。该项发明主要用来防止驾驶人在驾驶过程中由于进入睡眠状态而导致交通事故。举例来说，在平直公路上行车的效果就像在聆听一曲催眠曲，不仅诱发驾驶人产生松弛感，而且产生超速行驶的欲望。当行驶速度超过65km/h时，驾驶人警示系统就会被激活，并且一直保持工作状态，直至车速降至60km/h以下。

驾驶人警示系统能够不断监测车辆的行驶过程，并且判断车辆是处于有效控制状态还是处于失控状态。这项独一无二的设施具有极高的可靠性。图4-52为驾驶人警示系统。

图4-52 驾驶人警示系统

在驾驶人不是由于过度疲劳的原因而分散精力时，这套系统也会及时发出警报。因为该系统能够觉察到驾驶人是否把太多的注意力集中在查看导航系统上，沉迷于音乐之中，或者沉浸在与孩子的谈话中，并且在驾驶人失去对车辆的控制之前及时发出警告。

安装在汽车内以及模拟器内的驾驶人警示系统在进行试验时都显示出极佳的效果，具有很高的可靠性。

4.6.4 角声呐检测系统

所谓角声呐，是指将诸如超声波传感器等安装在汽车前、后、左、右四个角，用来检测汽车四角附近是否有障碍物，并以某种方式将所检测的情况显示给驾驶人，以确保行车安全。

超声波传感器既用作发射器，又用作接收器。因此，在超声波传感器内具有一种独特的结构和电路，可使发射后的振动迅速停止，为接收反射回来的声波做好准备。

超声波从汽车外侧的声呐发射器发射，如果遇到障碍物后被反射回来。汽车距障碍物的距离是通过声呐发出到反射回来这段行程所需时间来测定并进行计算的。

当超声波传感器接收到障碍物反射回来的超声波时，检测系统以视听形式告诉驾驶人所测到的障碍物距汽车多远，在何处。角声呐可测得的障碍物大约在50cm范围以内，当障碍物距汽车20～50cm时，蜂鸣器发出间断性声响。当距离小于20cm时蜂鸣器则发出连续声响。角声呐检测系统工作原理如图4-53所示。

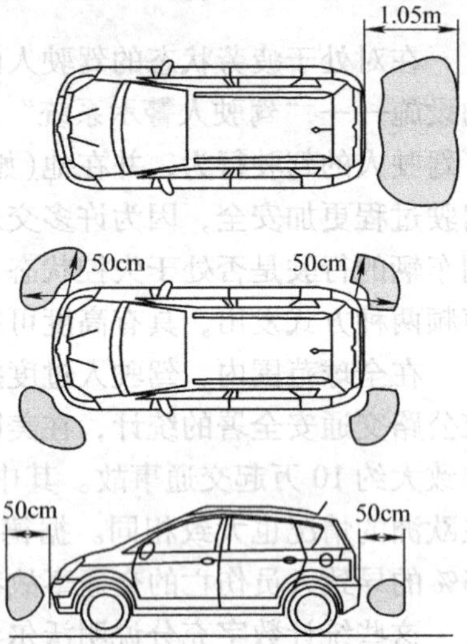

图4-53 角声呐检测系统工作原理

汽车四角超声波发射/接收器以均等时间的方式，依次按后右(RR)→前右(FR)→后左(RL)→前左(FL)的顺序发射/接收超声波，形成一个循环反复进行。这一循环的时间由电子控制装置(ECU)随机改变，该系统不会受到来自外部声波错误信号的影响。

汽车角声呐检测系统作用范围较小，主要用于汽车在停车场狭小的车位中停车时，为防止与其他车辆相碰撞而设置的。

4.6.5 离线报警系统

日本在研究道路安全方面很有新意，他们在对美国交通事故研究后得出结论：58%的重大事故都是由于错误的切线造成的。针对这种情况，研制了离线报警系统，通过汽车前方的摄像头，系统可以分析识别出车道分界线，并设定自己所在的车道为正确车道。当驾驶人在昏昏欲睡中、不知不觉偏离正确车道时，系统马上会鸣笛报警，提醒驾驶人。系统还会根据车速和离线距离，确定报警提前时间。当然，如果先打转向灯，再变换车道，系统是不会报警的，它只会帮助无意识偏离车道情况，或者提示驾驶人切勿不打转向灯就变道。汽车离线行驶如图4-54所示。

图4-54 汽车离线行驶情况

4.6.6 警告灯自动点亮技术

在交通追尾事故中，因为前车紧急制动而后车误以为它减速，没有及时采取相应措施导致的追尾事故常常发生。此外，发生事故后车子停在道路上没有及时点亮警告灯，结果造成多辆汽车相撞。

针对这一情况，奔驰采用了一种新技术：警告灯自动点亮技术，以便区分普通减速和紧急制动。警告灯自动点亮技术是法国标致公司率先采用，目前国内生产的标致 307 也采用了这一技术。

东风标致 307 进行紧急制动时，当减速度达到一定值，紧急警告灯会自动点亮。如果在三个制动灯点亮的同时，危险警告灯也同时点亮，后车就会知道前面发生了紧急状况，以便提前采取措施，避免或减少出现追尾事故。图 4-55 是标致 307 自动点亮警告灯示意图。

图 4-55 标致 307 自动点亮警告灯

极端情况下，如与前车发生追尾，通常在事故发生后，应该点亮危险警告灯，提醒后车注意。但由于驾驶人可能忘记或受伤无法进行这些操作，该车就会在没有任何提示的情况下停在道路中间，这对自己或其他车辆都是非常危险的，有可能再次导致事故发生。东风标致 307 就不会发生这种情况。因为撞车的减速度会明显大于紧急制动，这时危险警告灯自动点亮，就能避免再次发生事故。

4.6.7 通用 V2V 技术

对于愈来愈复杂的行车环境，除了要在车辆的科技创新上下工夫，车辆与车辆间的联系也成为下一时代汽车整合科技系统的另一领域。

通用集团发表的 V2V 技术，通过配备简单的天线、计算机芯片和全球定位系统技术等车载通信设备，该汽车就可以获知方圆 400m 范围内其他车辆位置，同时也能通知附近其他车辆自己的位移方向。此外，功能强大的先进计算机将通过精密的计算，预测接下来可能出现的情况并且实时反应，通过铃声、可视图示和座位振动等方式提醒驾驶人，如果驾驶人没有对提醒做出反应，通过计算机控制，车辆还能自动停下，确保驾驶人与道路安全。图 4-56 为 V2V 技术显示屏。

图 4-56　V2V 技术显示屏

此外，该系统也与车辆信息系统、卫星导航系统以及主动定速巡航控制系统连动，配置 V2V 系统的汽车一旦检测到驾驶视线盲点区域存在潜在危险的状况，也会通过后视镜上的 LED 显示功能，一方面提醒驾驶人，同时通知周围的其他车辆，以提升主动安全防卫机制。图 4-57 为后视镜上的 LED 显示功能。

图 4-57　后视镜上的 LED 显示功能

另外，V2V 系统也增加了防止后方追撞的警告系统，除了加强尾灯的警示功能之外，也会通过警铃或是座椅振动方式，在第一时间提醒驾驶人注意。

4.6.8　轮胎气压监测系统

轮胎气压监测系统（Tire Pressure Monitoring System，TPMS）主要用于汽车行驶过程中对轮胎气压进行实时监测，对轮胎漏气和低压进行报警，以保障汽车行驶安全。

1. 轮胎气压对汽车行驶安全性的影响

（1）轮胎气压对汽车承载能力的影响　为了保证汽车行驶安全，首先要考虑的因素就是根据汽车的最大总质量选择能够承受相应负荷的轮胎。不同规格的轮胎具有不同的额定负荷，轮胎负荷又与轮胎气压有关，轮胎气压愈高，所能承受的负荷也就愈大，但充气压力过高容易导致爆胎，还会造成轮胎异常磨损，使轮胎的使用寿命大大降低。但是，轮胎的气压也不能过低，气压过低，所能承受的最大负荷就会减小，滚动阻力明显增加，汽车的动力性将变差，同时制动、转向性能也会受到影响。另外，由于滚动阻力增加，轮胎磨损将加剧，从而缩短了轮胎的使用寿命。图 4-58 所示为轮胎气压与载荷的关系曲线。

(2) 轮胎气压对制动性能的影响　当汽车在高速转弯或制动时，轮胎与地面的接触情况发生了变化，由滚动状态变为边滚边滑或纯滑动状态，这种现象是由于惯性力的合力超过汽车与地面最大附着力而产生的。汽车轮胎出现边滚边滑或纯滑动状态时，汽车很容易跑偏或甩尾，从而失去控制，给行车安全造成极大的威胁。

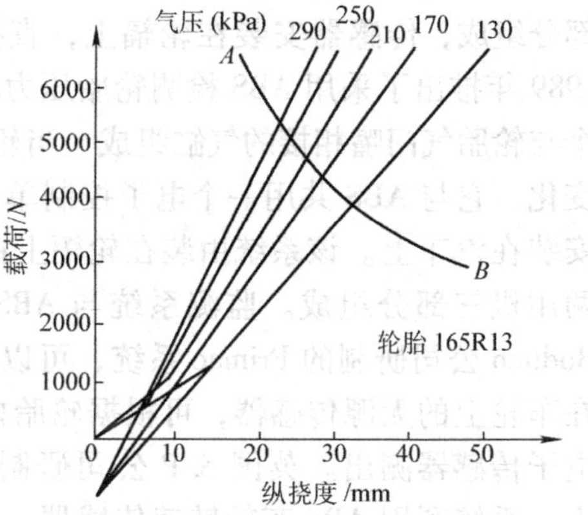

图 4-58　轮胎气压与载荷的关系

侧滑现象的产生取决于最大滑动摩擦系数，而影响最大滑动摩擦系数的一个重要因素是轮胎的气压。一般来说，轮胎的气压越大，则轮胎的刚度越大，轮胎的接地压力也越大，最大滑动摩擦系数越小。所以轮胎的气压愈高，汽车转向或制动时发生侧滑的可能性也愈大。据统计资料，当轮胎气压增加 10% 时，侧滑现象发生的可能性增加 20%~30%。

(3) 轮胎气压对侧偏特性的影响　轮胎对汽车操纵稳定性的影响主要来自于轮胎的侧偏特性。侧偏特性是指侧偏力、回正力矩与侧偏角之间的关系。根据汽车使用性能知识，在侧向力的作用下，轮胎接地印迹出现扭曲，这时车轮运动方向与轮胎旋转平面成一定的角度，称为侧偏角，而轮胎接地印迹上的地面给轮胎的反力称为侧偏力。当侧偏角在 3° ~4°范围内时，侧偏力与侧偏角呈线性关系，这一直线段的斜率称为侧偏刚度。轮胎的气压愈高，其侧偏刚度愈大，相同侧偏角下产生的侧向力愈大，此时转弯的操纵稳定性愈好。但是当轮胎气压增加时，回正力矩减小，对汽车的直线行驶操纵稳定性带来不好的影响。

(4) 轮胎气压对高速性能的影响　通常汽车轮胎的爆裂是与驻波现象联系在一起的。当轮胎承受负荷时，轮胎与路面接触的部分会发生微小变形。汽车前进时，轮胎变形的部分离开路面后，便恢复原状，从轮胎的某一触点来看，可以看出轮胎是在变形和还原的循环中转动的。在高速行驶时，轮胎变形的恢复速度没有轮胎的圆周速度快，有时会在轮胎触地面后侧发生波状变形，这种现象被称为驻波现象。产生驻波后轮胎的变形花纹与路面激烈摩擦，温度急剧上升，导致外胎面橡胶和内部胎体产生剥离，最后轮胎爆裂，汽车失去控制。发生驻波现象后直到轮胎爆破，驾驶人是感觉不到这种异常的。所以在高速行驶时，驻波现象是十分可怕的。

汽车在长时间高速行驶时，如果轮胎气压选择不当，极易产生驻波现象，轮胎气压不同，产生驻波的临界时速是不同的。消耗功率的突然增加点，即为临界时速，也就是驻波的发生点。轮胎气压愈高，其发生驻波现象对应的车速愈高。

2. 汽车轮胎气压自动监测系统的发展

据统计，在我国高速公路上发生的交通事故有 70% 是由于爆胎引起的，而在美国这一比例则高达80%。要防止爆胎就需要对轮胎气压进行实时自动监测，以提高汽车的行驶安全性。

轮胎压力自动监测系统，早在20世纪70年代末就已经开始研究。英国卢卡斯(Lucas)公司在1981年就推出了驾驶室设置接收器和每个车轮均有传感器的装置原型。随后C. P. K和Marketing公司也相继开发了自己的产品，其基本结构由传感器、信号发生器和接收器三部分组成，传感器安装在轮辐上，直接检测轮胎的内压。德国Wabco公司和博世公司在1989年推出了采用ABS检测轮胎压力的新装置。Wabco系统由一个3/2通道的控制阀和一个与轮胎气门嘴相接的气缸组成，当轮胎气压变化时，气缸活塞使ABS传感器的信号发生变化，它与ABS共用一个电子控制单元。博世公司生产的汽车轮胎压力监测系统已批量安装在汽车上。该系统由装在轮辐上的压力传感器、带有显示器的电子部件和高频收发两用机三部分组成。监测系统与ABS一起工作。压力测量准确度约为0.0005Pa。德国Boduco公司研制的Primac系统，可以同时检测压力和温度，价格较同类产品便宜。固定在车轮上的无源传感器，可根据轮胎内压力来改变磁场。磁场则由装在底盘固定件上的电子传感器测出。英国S. P公司研制的DWS系统，可把轮胎压力降低的信号通知驾驶人，系统利用ABS车轮转速传感器，测量轮胎的转动半径，通过计算程序检测轮胎的压力。还有其他公司也推出了相应的产品。到目前，英、法、德和日等发达国家申请了许多这方面的专利。

目前，TPMS主要分为两种类型：一种是间接式TPMS，它通过汽车ABS的轮速传感器来比较轮胎之间的转速差别，以达到监视胎压的目的，其缺点是无法对两个以上轮胎同时缺气的状况和速度超过100km/h的情况进行判断；另一种是直接式TPMS，它利用安装在每一个轮胎里的用锂离子电池为电源的压力传感器来直接测量轮胎的气压，并通过无线调制发射到安装在仪表板的监视器上。监视器随时显示轮胎气压，驾驶人可以直观地了解各个轮胎的气压状况，当轮胎气压太低或有渗漏时，系统会自动报警。

未来的轮胎气压监测系统是集轮胎气压检测与实时控制为一体的智能化系统。系统将向着结构最小化、性能最优化、价格低廉化和安装方便化等方向发展。并尽可能地提高其性价比。

3. 几种汽车轮胎气压自动监测系统

(1) Tire Safe Guard汽车轮胎压力监测系统　它属于直接式汽车胎压监测系统，工作时利用安装在每一个轮胎里的压力传感器来直接测量轮胎的气压，对各轮胎气压进行监测，并把轮胎压力显示出来，当轮胎气压太低或有渗漏时，系统会自动报警。图4-59是其显示面板示意图，系统由在每一个轮胎上安装的带有气压传感器的射频发射机和一台可以显示气压值的接收监视器组成。

为了减少电池消耗，Tire Safe Guard系统在汽车停靠或速度低于27km/h时停止工作，这时按动显示器按键可以读出其存储的每个轮胎的气压记录，即汽车停靠前或降速前记录的数据。当汽车速度达到27km/h时，传感器自动启动，系统开始对轮胎的气压进行监测。汽车保持在该速度以上16s，接收器接收所有轮胎传感器发射的信号，以7s的时间间隔显示所有轮胎的当前气压读数。重复一次显示循环后，不再做出显示以避免干扰驾驶。若显示器上只有绿色的状态灯亮，表明系统处于监视状态。汽车速度保持在27km/h以上时，系统自动对轮胎气压进行监视并存储气压数据，每4s更新一次数据。当某个轮胎的气压变化0.02MPa时，显示器会立即显示该轮胎的气压值并保持8s。

系统出厂时设置的低压报警值为0.12MPa，用户可根据汽车状况自行调节低压报警值。当系统检测到轮胎的气压降至报警气压时，在显示器上对应的轮胎位置灯亮并显示该轮胎的低压读数，状态灯由绿色变成红色，并发出4s的声音报警信号。4s报警音结束后，低压读数显示会自动消失，但位置灯亮，如图4-60所示。

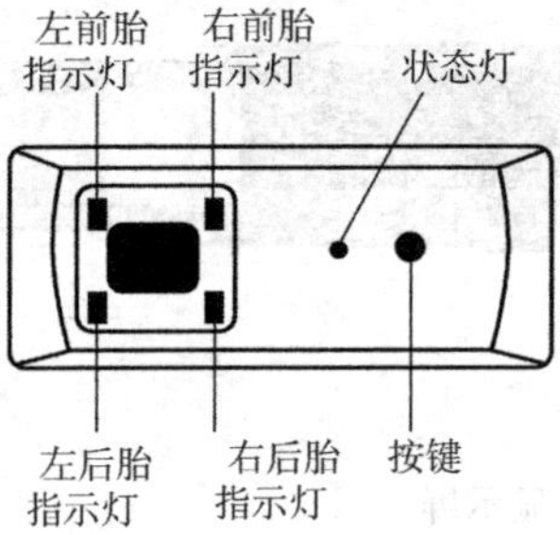

图4-59　显示面板示意图

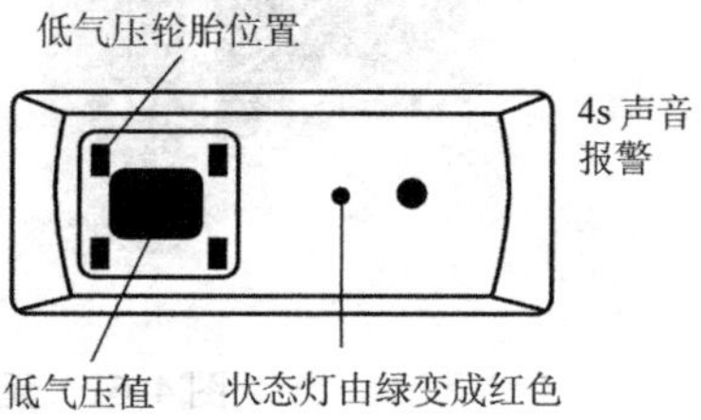

图4-60　报警状态示意图

（2）Tyre Shield轮胎气压监测系统 Tyre Shield是英国动力公司推出的一款胎压监测系统，主要用于大型货车上。这种装置能够实时监测轮胎内压和温度，大大地提高了行车安全，减少轮胎磨耗，并节约汽油。

Tyre Shield由传感器信号发射器、无线电转播器、监测器构成。传感器为圆筒状，通过螺纹连接，拧在轮胎气门杆上，并通过无线电信号发射器与监测器取得联系。和传感器装在一起的信号发射器负责将无线电信号发射出去，在货车前部的无线电转播器接收这些信号并将其转送到驾驶室内的监测器。监测器装在驾驶室仪表板上，能够分辨哪些信号是从装在自己车上的传感器发出的，同时不接收路上碰到的其他货车上的传感器发出的信号。此外，如果换了挂车，监测器对原挂车上的轮胎失去记忆，并自动读取新挂车所装的轮胎信息。

当Tyre Shield装在轮胎/轮辋总成后，只要保持正确气压（亦即标准气压）7min，传感器对该气压值就有了记忆，从此以后传感器对任何偏离标准值的气压变化将敏感地做出反应。恢复大气压力后传感器对原来的标准气压值保持记忆20min。这段时间足够完成例行轮胎检查，包括从轮胎气门杆上拆除传感器。如果传感器从轮胎/轮辋总成上拆下来超过20min，将丧失原有记忆，就可以装到别的轮胎上使用了。

Tyre Shield的所有部件均为固体电子部件，没有可松动零部件。因此，不受汽车行驶时产生的振动和离心力的影响。

4.7　无死角安全视野系统

汽车零件供货商MAGNA公司研发出利用小型液晶屏幕显示的无死角安全视野系统，如图4-61所示。

整套的无死角安全视野（Total Blind Zone Management）系统由四个不同方向的安全系统组成，分别是前向的预警式前照明系统（Predictive Front Lighting）、侧向的Corner Vue警示系统、侧后向的死角后视镜（Blind Zone Mirror）以及完全后向的倒车辅助系统（Reverse Aid）所组成，如图4-62所示。

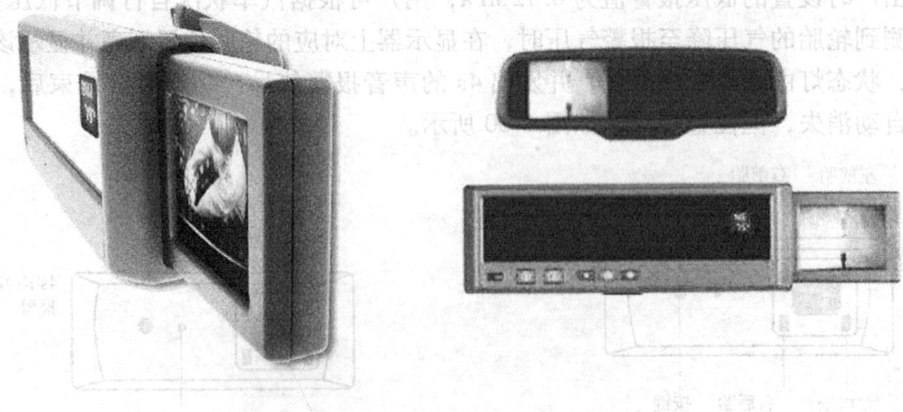

图 4-61　无死角安全视野系统液晶显示屏

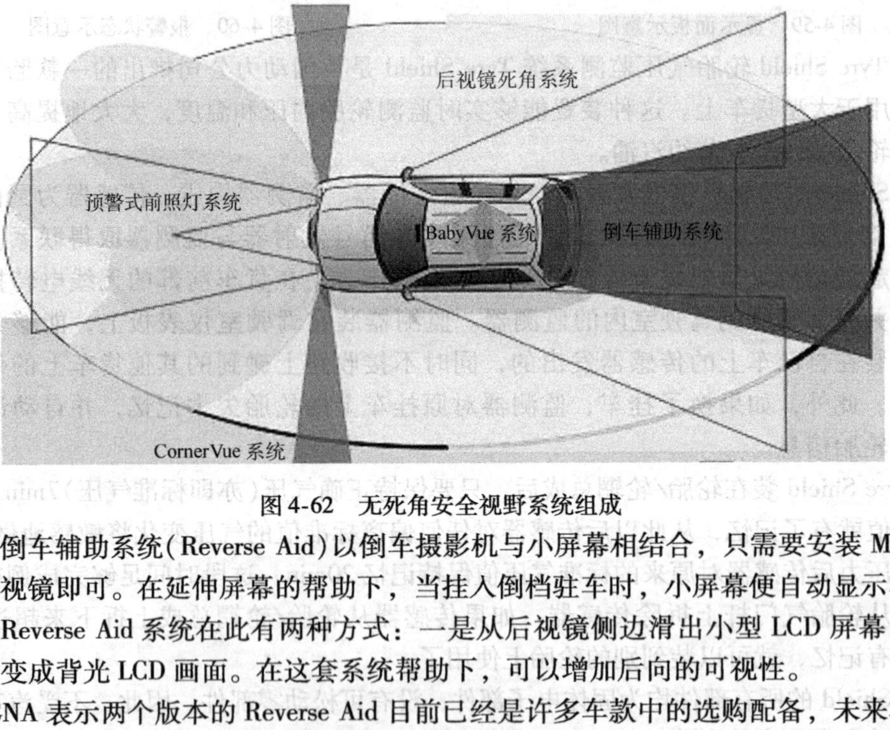

图 4-62　无死角安全视野系统组成

其中倒车辅助系统(Reverse Aid)以倒车摄影机与小屏幕相结合，只需要安装 MAGNA 整合车内后视镜即可。在延伸屏幕的帮助下，当挂入倒档驻车时，小屏幕便自动显示车尾后方的画面。Reverse Aid 系统在此有两种方式：一是从后视镜侧边滑出小型 LCD 屏幕；二是后视镜直接变成背光 LCD 画面。在这套系统帮助下，可以增加后向的可视性。

MAGNA 表示两个版本的 Reverse Aid 目前已经是许多车款中的选购配备，未来在市场上的占有率会越来越高。相信这对于希望拥有倒车摄影功能，却又不想在车内安装大型液晶屏幕的车主来说，绝对是一个不错的解决方案。

4.8　奔驰 S 级轿车安全系统

1. 智能安全系统

当普通汽车还处在提倡主动安全阶段时，奔驰 S 级已经进入了另一领域，即智能安全。众所周知，汽车主动安全目前包括 ABS、EBD、BA、ESP 以及可变主动转向等。在危急时刻，都需要驾驶人先做出反应，比如及时踩制动或者转向，才能起到相应的辅助作用，但当驾驶人对意外没有察觉的时候，这些主动安全装置也就失去了其相应价值。但对于奔驰 S 级就能轻易化险为夷了。

奔驰 S 级引入了制动辅助智能控制系统，在车辆前方安装了一个雷达测距传感器，在汽车行驶过程中，它可以一直监测与前方障碍物的距离。当测得与前车距离越来越近时，或者相对于这一距离，车速过快而有可能发生碰撞时，制动辅助系统就会立即启动，而不管此时驾驶人有没有反应。而且系统会精密计算出理想的制动辅助力度，通过控制制动系统真空助力大小来实现一定程度的制动减速。如果情况非常紧急，系统会自动收紧安全带，还会及时把压缩气体充入座椅内，起到包裹和支撑身体的目的。所有这些过程在 0.2s 内就可以完成。而且，在紧急制动时，为防止后车追尾，制动灯会连续闪烁，同时侧窗自动迅速关闭。这些安全措施都是首次应用在汽车上。雷达测距原理和雷达波示意图如图 4-63 和图 4-64 所示。

图 4-63　雷达测距系统

现在不少车型都装备了主动巡航系统，如欧洲版的宝马 5 系、奥迪 A6 以及凯迪拉克 CTS 等。在设定好巡航车速后，系统会根据与前车的距离，自动加速或者减速，省去很多操作上的麻烦。但如果在市区，主动巡航就无用武之地了，而 S 级的智能制动结合距离监控系

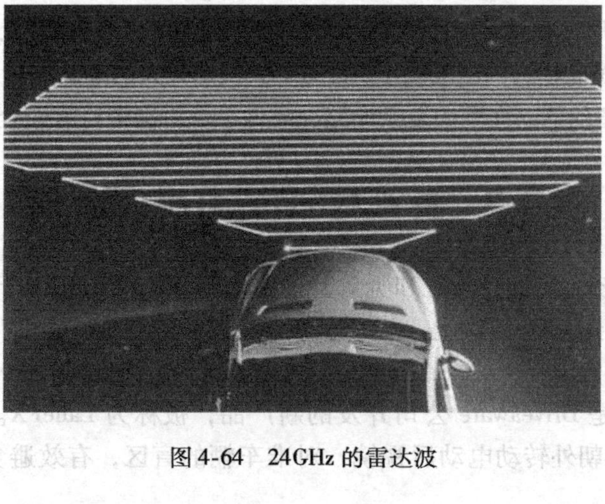

图 4-64　24GHz 的雷达波

统，可以完全自动应对这种局面。

仍然是利用车头前方的雷达，S级可以始终保持与前车的安全距离，行车电脑根据与前车距离的变化，计算出一个合理的速度。当交通阻塞时，可以自动停下来；畅通时，还可以继续加速，无需人为操作。而且这一系统可以在0～200km/h之间的任何速度工作。因此，可以说S级不但加强了行车安全，更减少了操纵的劳动强度，未来的奔驰车主们更多的可能是喜欢自己开车了。另外，这一系统还包括一个全新的停车辅助系统，它比普通的超声波信号设备有更广阔的侦测范围、更迅速的反馈。因此，驾驶人可以更早地收到碰撞报警信号，避免停车时的尴尬。

2. 红外夜视系统

有体温的动物都会散发热量，有热量就会发出红外线，只是人眼无法看到而已。S级的红外夜视系统就是利用这一原理，通过车上在前风窗玻璃下方的一个红外摄像机，来判断前方的人或动物。它不仅可以分析识别出人的形状，还可以监测行人的运动方向，结合车速和距离判断是否会发生危险，一旦行人进入危险区域，红外夜视系统就会报警提醒驾驶人注意。夜视系统如图4-65所示。

图4-65　红外夜视系统

相对于普通前照灯，夜视系统能更早地发现行人以及其他障碍物，有效范围可以达到150m。据称这套系统对动物的判断准确度为100%，识别行人的准确率达90%以上。如果这一技术在进口S级上装备的话，在国内复杂的路况条件下，对保护行人安全将有重大意义。

4.9　奥迪Q7盲点监测功能

汽车盲点监测系统可以通过视觉和听觉警报提醒驾驶人当心正处于盲点范围内的车辆，该系统目前已经应用到量产车型上。沃尔沃新推出的S80和奥迪Q7车型上就采用了该系统。

该盲点监测系统是Driveaware公司开发的新产品，被称为LaneFX。当车辆开启转向灯时，LaneFX可以自动朝外转动电动后视镜，对准车辆的盲区，有效避免车辆发生碰撞的可能。另外，LaneFX还包含一项ParkFX功能，在车辆变速杆置于倒档时，ParkFX可以将后视镜朝下移动，这样驾驶人就可以看到地面的情况。

据了解，LaneFX可以安装在任何一辆配置电动后视镜的车辆上。

本章小结

- 汽车主动安全系统是指通过事先防范，避免事故发生的安全系统。
- ESP最主要的作用是在紧急情况下，可以帮助驾驶人保持对车辆的控制，从而避免重大意外事故。具体主要是通过防止车辆侧滑，在车辆和地面间还有附着力的前提下，保证车辆的方向操控性。
- DSC是宝马汽车公司对车辆稳定控制系统的缩写，其意思是“动态稳定控制”，是一种在动态行驶极限范围内将行车稳定性保持在物理范围内的控制系统，此外还能改善牵引力。
- 防碰撞控制系统主要由行车环境监测、防碰撞预测和车辆控制三部分组成。
- 大众公司高强度车身(High Strength Body,HSB)充分考虑了车辆安全性、轻量化以及人性化保护等方面的要求。
- 丰田GOA车身技术包括三个方面：一是高强度的座舱，二是高效吸收动能车身，三是合适的乘员约束系统。
- 本田G-CON碰撞安全技术(G-Force Control Technology)在车辆发生意外碰撞时，对乘员和行人以及车辆的冲击力进行控制，以提高车辆的安全性，降低人员所受到的伤害。本田G-CON技术是一项提升汽车安全性、保障车内乘员安全的同时兼顾行人安全的技术，包括车身碰撞技术、安全气囊技术和行人保护技术三方面。
- 3H结构车身主要是指在车身的底部、侧面、顶部采用三个H形钢架结构布置来加强车身刚度，发生意外时防止车身变形，确保乘员的有效生存空间。
- ASF就是AUDI SPACE FRAME的缩写，表示奥迪全铝合金车架的规模化生产。
- 倒车测距报警系统为一种实用的超声波测距报警系统，它主要由发射部分、接收部分、数字显示和报警四大部分组成。

习题

1. 汽车主动安全和被动安全配置分别有哪些？
2. 提高汽车主动安全性的措施有哪些？
3. 中国新车安全评价体系的测试内容有哪些？
4. 对比分析安装ESP与未安装ESP的车辆在各种道路条件下的行驶情况。
5. 防撞控制系统所用的传感器有哪些？
6. 行人安全保护装置有哪些？
7. 对比分析汽车采用的各种安全车身。
8. 丰田GOA车身的特点有哪些？
9. 本田G-CON碰撞安全技术的控制内容和措施有哪些？

深度阅读1　J. D. Power 评价体系

J. D. Power是全球领先的市场信息服务公司，致力于独立的消费者研究，内容涉及产品和服务质量、客户满意度以及购买行为。J. D. Power and Associates 的业务范围包括市场调查、预测、咨询、培训和客户满意度调查，他们所发布的产品质量和客户满意度评估报告，以独立性和客观性著称，在全球获得了较高认同。J. D. Power and Associates 最具影响力报告，就是基于大量车主调查而发布的年度“新车质量和车辆耐久性”报告。包括销售满意度、新车质量、售后服务满意度、汽车性能、运行和设计等四个重要指标。J. D. Power and Associates 于2000年进入中国，并于2005年首次公布了中国汽车行业调研结果。

J. D. Power是全球最权威的专业消费者调研机构，它的调查直接取决于消费者的反馈，排名完全反映消费者的消费体验。因此，IQS调查结果被认为是影响车市的风向标，也是汽车厂商的产品质量和行业地位演变的体现。作为J. D. Power最核心的调查项目，IQS旨在评估消费者在用车过程中遇到的汽车品质问题，调查内容主要由发动机、变速器、驾乘感觉、样式、便利性以及设计等217个详细项目构成。因为此项调查是针对产品使用过程中遇到的问题进行的分值评估，所以分值越低反映出来的品质满意度就越高。

J. D. Power and Associates 每年都会对全世界数以百万计的消费者进行调研，收集他们对很多行业产品与服务的感受和期望，并应制造商和供应商的要求向其提供预测，从而让当今信息更为灵通的消费者满意。该公司进行的独立调查可向相关企业提供有价值的信息，帮助他们根据顾客的意见更好地了解他们的长处和不足。在全球市场上，J. D. Power and Associates 的信息已使重要的制造商和服务提供商在提供令顾客满意的产品质量方面得到显著的进步，促进了行业发展并教育了消费者。

该信息对于发展中的中国汽车行业具有特别的价值。快速成长的中国市场正在经历着汽车制造商数量的历史性增长，这些制造商每年向顾客提供大量的新车。对于本土品牌和国际品牌来说，要适应日益加剧的竞争环境和了解新消费者间的细微差别都是一项挑战。

J. D. Power Asia Pacific 自2000年开始在中国开展基于消费者的汽车行业调查，并首次公开公布其最有影响力的汽车调查项目中的四项结果。这些调查有助于弥补在全程购车经历中客户期望值和顾客满意度之间的差距。

1）销售满意度调研(SSI)。客户与一个品牌的第一次互动始于在经销商那里购买新车的过程。销售满意度调研从客户的角度提供了一种对其购买经历的全面分析。这项调查能够衡量经销商开展销售业务的能力，包括产品介绍、价格谈判、融资和保险操作以及汽车的交付，还能够帮助从业者洞察客户的需要和期望，并提供建议以改进销售流程。

2）新车质量调研(IQS)。汽车质量仍然是区分不同汽车品牌消费者的一个主要因素。IQS基于车主报告其在购车后2～6个月遇到的问题向制造商和供应商就新车质量提供深层次的诊断信息。该调查以每百辆车的问题数量(PP100)为标准进行测评。

3）汽车性能、运行和设计调研(APEAL)。APEAL调查可得出在购买新车2～6个月内，该车让消费者所喜欢或不喜欢的特征。新车买主的评价涉及八类车及100余项属性。该调查可帮助汽车制造商和供应商研发创新产品，判别是使消费者兴奋和喜悦的设计特征，并了解这些特征的相对重要性。

4）售后服务满意度调研（CSI）。CSI调查可就经销商提供的保养和维修服务的顾客满意度得出结论。具体内容包括车主在购车12~18个月内对经销商服务部门的感受，保修经历和在保养与维修问题上的经历。该调查还针对顾客对服务时间、经销商的位置、预约经销商的难易程度以及是否满意服务态度等方面进行研究。该调查对用户满意度、对用户忠诚度和拥护度的影响提供独特的视野。

深度阅读2　儿童安全座椅发展现状

早在20世纪70年代，为了保护儿童在乘车时的安全，欧洲人发明了汽车儿童安全座椅。事实证明，使用儿童安全座椅能在很大程度上降低儿童在汽车发生碰撞或紧急制动等情况时的严重伤害。因此，该产品很快被人们认可和接受，并且迅速在全世界推广。

1. 汽车儿童安全座椅的出现

20世纪初，发达国家汽车开始逐渐普及，但汽车的高速发展还是在第二次世界大战之后。特别是高速公路的发展，使汽车超过了火车，成为第一大运输方式。随之而来的交通安全问题也日益突出，引起了公众的广泛关注。如何解决交通安全问题成为一大课题。

成人安全带、安全气囊的相继问世，挽救了无数人的生命。据统计，系安全带可减少46%的死亡可能和67%的重伤可能，在美国因此每年可减少1万人死亡。

而所有车辆的安全设施都是为成人设计的。随车的安全带仍是目前最理想的传统安全防护设施，但安全带对于儿童来说，有时可能是致命的。以三点式安全带为例，因安全带的高度多是不可调节的（部分高档轿车的前排安全带可做0~20cm的高度调节），其设计几乎是根据普通身高的成年人设计。因儿童的骨骼稚嫩，当汽车发生碰撞、速度迅速降低时，身体会因巨大惯性向前冲，此时斜跨身体的坚韧安全带可能会造成儿童胸部肋骨骨折、窒息甚至颈骨折断的危险，而成年人在这方面的危险则小很多。

同样，对儿童来说，安全气囊也是不安全的。安全气囊均是为成人设计的，在撞车瞬间完成充气过程，所以充气的速度非常剧烈，大约是在几毫秒内就用燃爆气体将一个几近100L的气囊完全充胀。正充气的气囊完全可能会以足够力量撞击儿童，造成严重伤害。据统计，1999年，在美国因安全气囊爆开致死的150人中，绝大多数是儿童。因此，汽车儿童安全座椅就在这种背景下产生了。

2. 欧美国家或地区汽车儿童安全座椅的发展及现状

汽车儿童安全座椅首先在欧美等发达国家得到发展，特别是20世纪80年代以来，欧美等国相继出台相关法规，强制儿童乘车必须使用汽车儿童安全座椅，汽车儿童安全座椅得以迅猛发展及快速普及。产品也逐步从泡沫制品向多元化新材料制品发展。

相应的法规及生产和检测标准的出台，对汽车儿童安全座椅的发展产生了巨大的推动作用。这些标准的颁布与实施，有力地保障和促进了汽车儿童安全座椅的发展。目前世界上主要有以下几大标准：欧洲ECE R44/03标准、美国JPMA/ASTM、加拿大CMVSS 213和日本JIS等。还有澳大利亚、中国台湾等也都相继颁布了相应的标准。其中以欧洲对汽车儿童安全座椅的要求最为严格。人们使用汽车儿童安全座椅由自发转向强制使用。

3. ECE R44标准

欧洲经济委员会（ECE）就有关机动车上儿童乘客的安全防护系统的论证颁布了第44号

法令，即 ECE R44 标准。最早的 ECE R44 标准是 1982 年生效的，最新的 ECE R44/03 标准于 1995 年 9 月生效。该标准有更多更翔实的碰撞测试，增加保护头部、提高安全带系统安全性以及更严格的有关打开安全卡扣等诸多严格的规定。

现在欧洲汽车儿童安全座椅的普及率已非常高，就像骑摩托车需戴头盔一样自然，儿童安全座椅甚至已成了一些整车厂出厂的必备辅件。汽车儿童安全座椅的普及使得迅速涌现出一大批专业的生产厂商。艾贝公司的产品已率先通过 ECE R44/03 认证，得到广泛的好评。

4. 中国儿童安全座椅发展现状

中国质检总局发布的数据显示：中国儿童安全座椅使用率不到 0.1%。和这组数据对应的是每年 1.85 万名 14 岁以下儿童死于车祸，死亡率是欧洲的 2.5 倍、美国的 2.6 倍，交通事故已经成为儿童的第一死因，这一切都是由于未使用合格、合规的儿童安全保护设备。

自 20 世纪 70 年代开始，欧美等发达国家就开始了对保护儿童乘车安全课题的各项研究。而儿童安全座椅是一种系于汽车座位上，供儿童乘坐且有束缚设备并能在发生车祸时，束缚儿童以最大限度保障儿童安全的座椅。特别是 20 世纪 80 年代以来，欧美等国家相继出台相关的法规，如美国 4 岁以下，韩国 6 岁以下，法国 10 岁以下，日本、德国、荷兰 12 岁以下的婴幼儿乘车时必须使用汽车儿童安全座椅，汽车儿童安全座椅因此得以迅速发展和普及，产品也逐步从泡沫制品向多元化新材料制品发展。有关儿童乘车安全的法规和标准的出台，对汽车儿童安全座椅的发展产生了巨大的推动作用。

2011 年 12 月 30 日，国家标准化管理委员会出台 GB 27887—2011《机动车儿童乘员用约束系统》，并于 2012-07-01 实施。《机动车儿童乘员用约束系统》实施后，儿童安全座椅生产有了国家标准。但面对约束法规的出台，相应的监管和检测标准并没有落实，也没有要求乘车家长强制安装使用。因此，儿童安全乘车仍然是一个亟待重视的问题。

2013 年 12 月 27 日，上海市十四届人大常委会十次会议表决通过《上海市人民代表常务委员会关于修改 <上海市未成年人保护条例> 的决定》，该决定于 2014 年 3 月 1 日起施行，《上海市未成年人保护条例》根据决定作相应修正后将重新公布。该条例规定：父母或者其他监护人以及其他成年人携带未满 12 周岁未成年人乘车的，不得安排其乘坐在副驾驶座位；携带未满 4 周岁的未成年人乘坐家庭乘用车，应配备并正确使用儿童安全座椅。

上海市是中国目前唯一明确要求未成年乘车必须使用安全座椅的城市，但具体实施过程中涉及的一些问题还有待进一步落实。

第5章 丰田第二代混合动力系统

学习目标

☑ 掌握混合动力系统的类型和特点。
☑ 掌握THS Ⅱ的组成及功用。
☑ 掌握THS Ⅱ的结构。
☑ 掌握变频器的组成及各部分的功用。
☑ 掌握第二代丰田混合动力系统在各工况的工作原理。
☑ 掌握THS－Ⅱ控制系统的控制内容。
☑ 掌握THS－Ⅱ控制系统的结构。
☑ 掌握HV ECU的控制过程。
☑ 掌握发动机ECU的控制过程。
☑ 掌握变频器的控制过程。
☑ 掌握制动防滑控制ECU的控制过程。

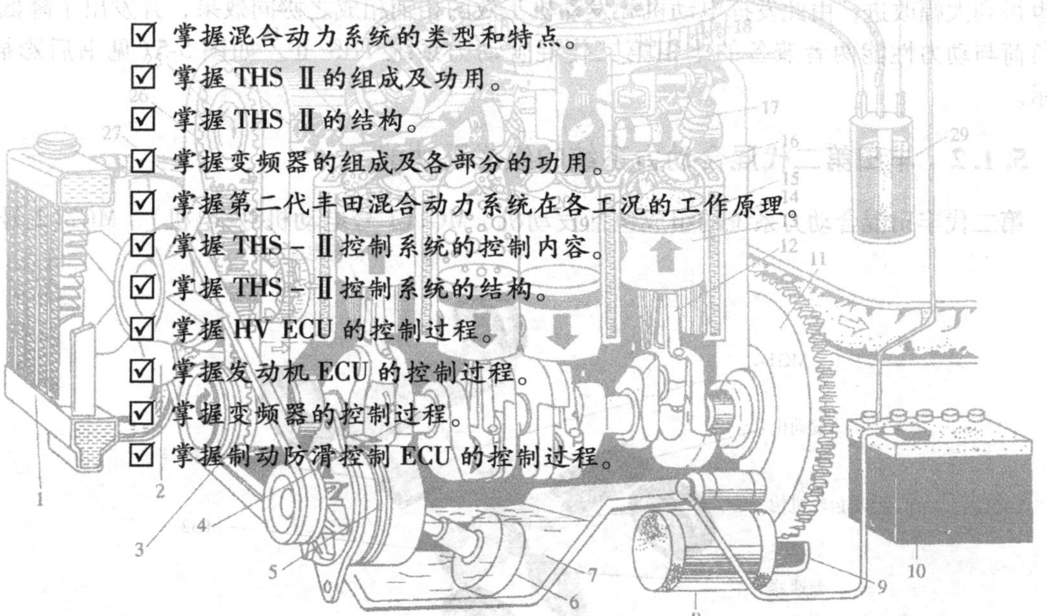

5.1 丰田第二代混合动力系统特性

重点掌握
- 混合动力系统的类型
- THS Ⅱ的组成及功用
- THS Ⅱ的结构

5.1.1 混合动力系统的典型结构

1. 串联式混合动力系统

在串联式混合动力系统中，发动机驱动发电机发电，而发出的电能使电动机驱动车辆。这种车辆可称为配有发动机驱动发电机的电动车辆。在该系统中，小功率发动机在它最有效转速范围内以恒定转速运转，来给行驶中的车辆的蓄电池充电。该系统的工作示意图如图 5-1(见书后彩插)和图 5-2(见书后彩插)所示。

2. 并联混合动力系统

使用发动机和电动机直接驱动车辆的混合动力系统称为并联混合动力系统。在车辆行驶时，除了可辅助发动机驱动车辆外，电动机还可作为发电机为蓄电池充电。并联混合动力系统如图 5-3(见书后彩插)和图 5-4(见书后彩插)所示。

3. 混联式混合动力系统

该系统更有效地组合了串联式和并联式，使两者的优势发挥到极致。发动机的动力由动力分割机构分割，一部分直接驱动车轮，另一部分被用于发电，其使用比例可自由控制。混联式由所产生的电能驱动电动机，电动机的使用比例比并联式更大。丰田混合动力系统(THS)优先考虑降低环境负荷，在第一代的基础之上，以混合动力驱动(Hybrid Synergy Drive)为理念，使电动机输出功率增长了 1.5 倍，同时实现了电源系统的高电压化，控制系统也得到大幅改进，由此发挥电动机和发动机工效的相辅相成之协同效果，开发出了降低环境负荷与动力性能两者兼备的丰田第二代混合动力系统 THS Ⅱ，如图 5-5(见书后彩插)所示。

5.1.2 丰田第二代混合动力系统的组成及功能

第二代丰田混合动力系统的组成包括发动机、MG1(1 号电动机/发电机)、MG2(2 号电

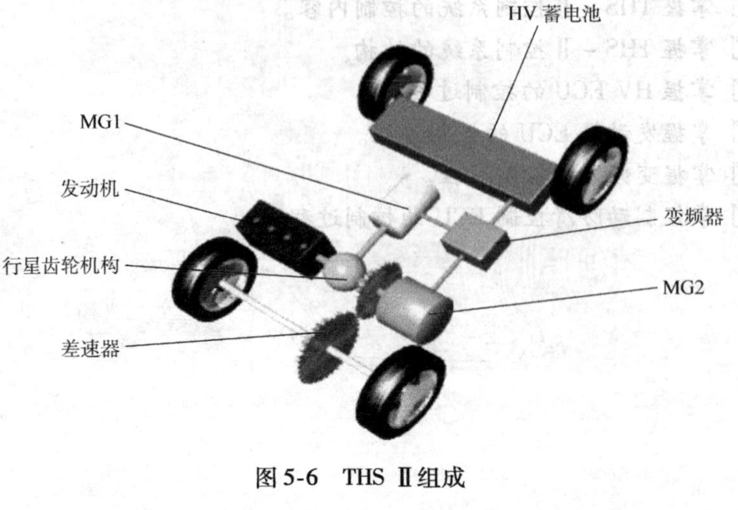

图 5-6 THS Ⅱ组成

动机/发电机)、HV 蓄电池、变频器、行星齿轮机构和差速器等，如图 5-6 所示。

(1) 混合动力变速驱动桥

1) MG1(1 号电动机/发电机)。MG1 由发动机带动旋转产生高压电以操作 MG2 或为 HV 蓄电池充电。同时，在发动机起动时作为起动机使用。

2) MG2(2 号电动机/发电机)。由来自 MG1 或 HV 蓄电池的电能驱动，产生车辆动力。在制动期间或制动踏板未被踩下时，作为发电机向 HV 蓄电池充电。

3) 行星齿轮组。以适当的比例分配发动机驱动力来直接驱动车辆和发电机。

(2) HV 蓄电池　在车辆起步、加速和上坡时，将制动或制动踏板未被踩下时再次充入的电能提供给 MG2。

(3) 变频器总成　主要用于将高压 DC(HV 蓄电池)转换为 AC(MG1 和 MG2)，或把 AC 转换为 DC。

1) 增压转换器。将 HV 蓄电池的最高电压从 DC201.6V 增加到 DC500V，或从 DC500V 降到 DC201.6V。

2) DC/DC 转换器。将最高电压从 DC201.6V 降到 DC12V 为车身电气设备供电以及为备用蓄电池再次充电(DC12V)。

3) 空调变频器。将 HV 蓄电池的额定电压从 DC201.6V 转换为 AC201.6V，为空调系统中电动变频压缩机供电。

(4) HV ECU　接收每个传感器及 ECU(发动机 ECU、蓄电池 ECU、制动防滑控制 ECU 和 EPS ECU)的信息，根据此信息计算所需的转矩和输出功率。并将计算结果发送给发动机 ECU、变频器总成、蓄电池 ECU 和制动防滑控制 ECU。

(5) 发动机 ECU　根据接收来自 HV ECU 的目标发动机转速和所需要的发动机动力，从而起动智能电子节气门控制系统(ETCS-i)。

(6) 蓄电池 ECU　监控 HV 蓄电池的充电状态。

(7) 制动防滑控制 ECU　控制 MG2 产生的再生制动以及控制液压制动，使总制动力等于仅配备液压制动的传统车辆。同时，制动防滑控制 ECU 照常进行制动系统控制(带 EBD 的 ABS、制动辅助和车辆稳定控制)。

(8) 加速踏板位置传感器　将加速踏板开度转换为电信号并输出到 HV ECU。

(9) 档位传感器　将档位转换为电信号并输出到 HV ECU。

(10) 系统主继电器(SMR)　用来自 HV ECU 的信号连接或断开蓄电池和变频器总成间的高压电路。

(11) 互锁开关　用于变频器盖和检修塞。

(12) 断路器传感器　如果检测到车辆发生碰撞，则切断高压电路。

(13) 检修塞　在车辆检查或维修而拆下此塞时，关闭 HV 蓄电池高压电路。

5.1.3　丰田第二代混合动力系统的结构

1. MG1 和 MG2

MG1 为 HV 蓄电池重新充电并为 MG2 供电。MG1 通过调节发电机的转速来实现控制变速驱动桥的连续可变变速器的功能。MG1 和 MG2 的参数见表 5-1 和表 5-2。MG1 和 MG2 的位置如图 5-7 所示。

表 5-1 MG1 参数

类　型	永磁铁电动机
功能	发电机、发动机、起动机
最高电压/V	AC500
冷却系统	水冷

表 5-2 MG2 参数

类　型	永磁铁电动机
功能	发电机、驱动车轮
最高电压/V	AC500
最大输出/kW/(r/min)	50/1200～1540
最大转矩/N·m/(r/min)	400/0～1200
冷却系统	水冷

图 5-7 MG1 和 MG2 的位置

2. 变频器总成

变频器的主要作用是将 HV 蓄电池的高压直流电转换为三相交流电，以便驱动 MG1 和 MG2。为了保证变频器的正常工作，变频器和 MG1、MG2 一起由发动机冷却系统分离的专用散热器冷却。

变频器主要由以下几部分组成：增压转换器、DC/DC 转换器、空调变频器和断路器传感器。变频器总成如图 5-8 所示。系统原理如图 5-9 所示。

(1) 增压转换器　增压转换器将 HV 蓄电池输出的额定电压 201.6V 直流转换到 500V 直流。增压转换器中的集成功率模块简称增压 IPM，转换控制由绝缘门二极管完成。

（2）DC/DC 转换器 直流/直流（DC/DC）转换器内置于变频器中，并用一个内部控制线路操控。HV 从一侧与内部控制线路连接，内部控制线路控制晶体管。IGCT 继电器负责内部控制线路电源。12V 直流电的输出通过 AMD 线和 60A 熔丝给备用电池充电，在备用电池短路时保护 DC/DC 转换器，转换器可以通过 S 端子测量实际输出电压的一个反馈信号。DC/DC 转换器系统如图 5-10 所示。

图 5-8 变频器总成

HV ECU 可以通过 NODD 停止转换器的操作，并可以通知 HV ECU

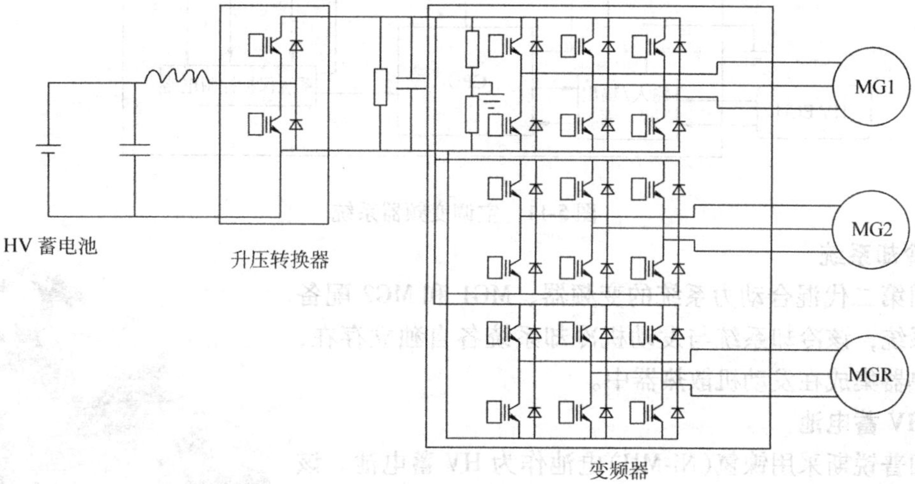

图 5-9 变频器总成

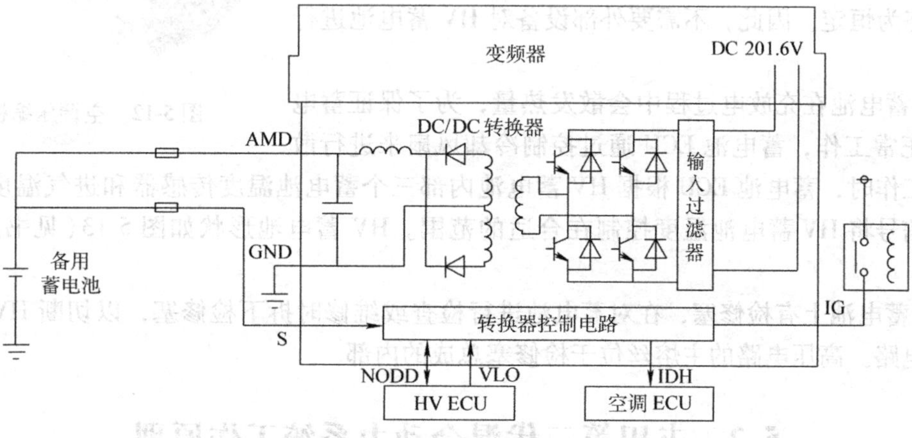

图 5-10 DC/DC 转换器系统

转换器的工作情况。VLO 是 HV ECU 根据车辆状态要求转换器操作的信号。

（3）空调变频器 变频器总成中的空调变频器为空调系统中的电动变频压缩机供电。其作用是将 HV 蓄电池的额定电压由 DC201.6V 转换到 AC201.6V，以便为空调压缩机供电。空调变频器系统如图 5-11 所示。空调压缩机形状如图 5-12 所示。

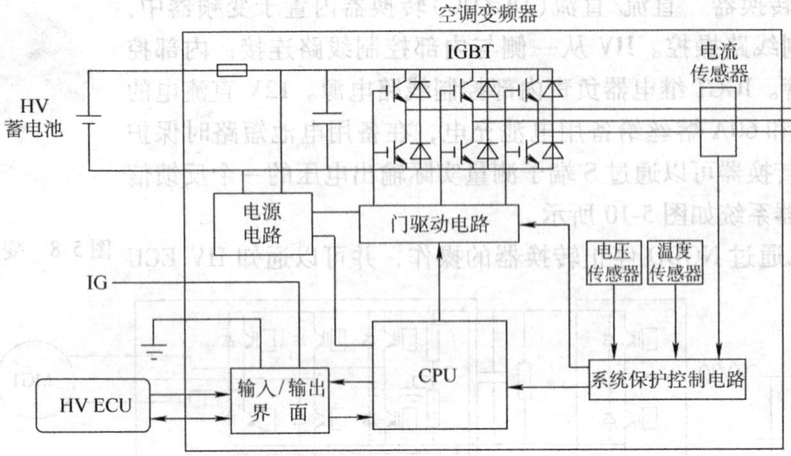

图 5-11　空调变频器系统

3. 冷却系统

丰田第二代混合动力系统的变频器、MG1 和 MG2 配备有冷却系统，该冷却系统与发动机冷却系统各自独立存在，但其散热器集成在发动机散热器中。

图 5-12　空调压缩机

4. HV 蓄电池

丰田普锐斯采用镍氢(Ni-MH)电池作为 HV 蓄电池。该电池的特点是高能、重量轻、使用时间较长。在汽车的正常使用过程中，THSⅡ系统通过充放电来保持 HV 蓄电池的充电状态为恒定。因此，不需要外部设备对 HV 蓄电池进行充电。

HV 蓄电池在充放电过程中会散发热量，为了保证蓄电池能够正常工作，蓄电池 ECU 通过控制冷却风扇来进行散热。在工作时，蓄电池 ECU 根据 HV 蓄电池内部三个蓄电池温度传感器和进气温度传感器给出的信号将 HV 蓄电池温度控制在合适的范围。HV 蓄电池形状如图 5-13(见书后彩插)所示。

HV 蓄电池上有检修塞，在对蓄电池进行检查或维修时拆下检修塞，以切断 HV 蓄电池的高压电路。高压电路的主熔丝位于检修塞总成的内部。

5.2　丰田第二代混合动力系统工作原理

重点掌握

- 丰田第二代混合动力系统在各工况的工作原理

丰田第二代混合动力系统使用发动机和 MG2 提供的两种动力，并使用 MG1 作为发电机。HV ECU 始终监视蓄电池充电状态、蓄电池温度、冷却液温度和电载荷状况。在 READY 指示灯打开，车辆处于 P 位或车辆倒车时，如果监视项目不满足条件，则 HV ECU 发出指令起动发动机驱动 MG1 为 HV 蓄电池充电。

1. READY 灯打开状态

如果 READY 指示灯打开，并且车辆处于 P 位或倒车时，只要 HV ECU 监视的冷却液温度、蓄电池充电状态、蓄电池温度和电载荷状态等项目不满足条件，那么 HV ECU 将起动 MG1 从而起动发动机，如图 5-14(见书后彩插)所示。此时 MG1 作为起动机发挥作用，同时蓄电池的电流也流进 MG2，防止齿圈转动，该功能称为反作用控制功能。

MG1 起动发动机以后，MG1 作为发电机发挥作用，MG1 靠发动机驱动发电，并且给 HV 蓄电池充电，如图 5-15(见书后彩插)所示。

2. 起动

当车辆在小负荷起步或缓慢加速时，发动机保持停止状态，MG1 以反方向旋转而不发电，车轮由 MG2 驱动，如图 5-16(见书后彩插)所示。

在只有 MG2 工作的过程中，如果外界阻力矩增加，或者 HV ECU 监视的蓄电池充电状态、蓄电池温度、冷却液温度和电载荷状态与规定值有偏差，那么 MG1 将重新起动，并起动发动机，如图 5-17(见书后彩插)所示。紧接着，已经起动的发动机驱动 MG1 作为发电机为 HV 蓄电池充电，如图 5-18 所示。此时，如果外界阻力矩增加，汽车的工作模式将进入发动机微加速模式。

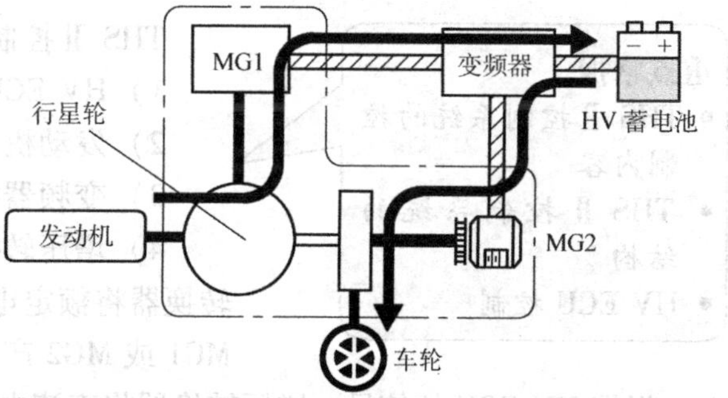

图 5-18　MG2 和发动机工作，MG1 为蓄电池充电

3. 发动机微加速时

发动机微加速时，发动机的动力一部分经过行星轮传到车轮，一部分用于 MG1 发电，并经过变频器传到 MG2 作为动力输出，如图 5-19 所示。

4. 低载荷巡航时

车辆低载荷巡航时的工作状态与发动机微加速时的工作状态是相同的，如图 5-20 所示。

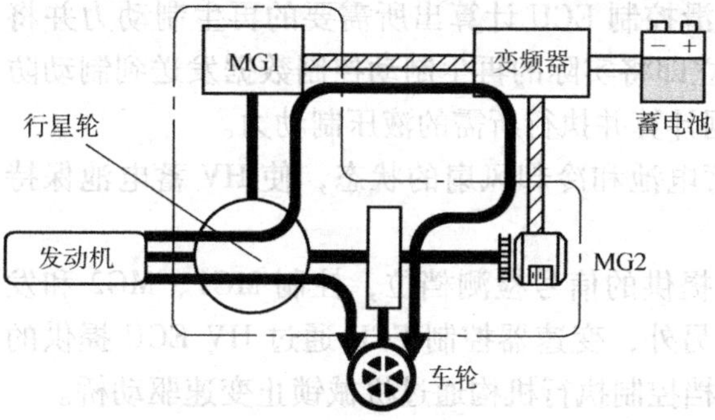

图 5-19　发动机微加速时

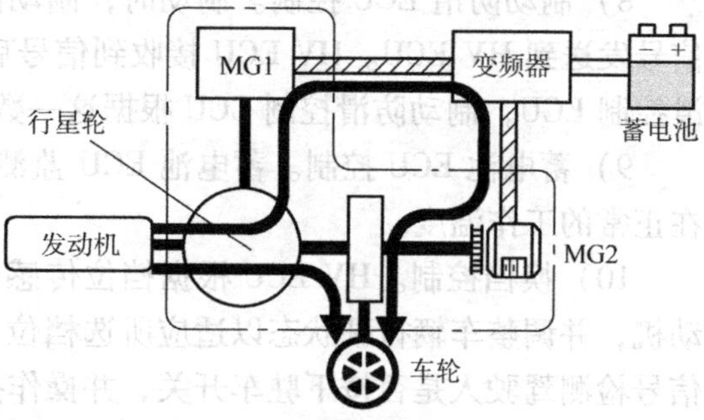

图 5-20　发动机低载荷巡航时

5. 节气门全开加速时

车辆在重负荷下加速行驶时，在加速期间 MG2 提供附加的驱动力补充发动机动力，MG1 产生的电流供给 MG2，HV 蓄电池也会根据加速的程度给 MG2 提供电流，如图 5-21(见书后彩插)所示。

6. 减速行驶时

车辆在 D 位行驶减速时，发动机停止工作。此时，MG2 靠车轮驱动作为发电机发电，并为 HV 蓄电池充电，如图 5-22(见书后彩插)所示。但是，如果车辆从较高速度开始减速时，发动机以预定转速继续工作以起到保护行星轮的作用。

车辆以 B 位减速行驶时，车轮驱动 MG2，MG2 产生的电能提供给 MG1，然后 MG1 驱动发动机。同时，发动机燃油切断，MG1 保持发动机转速并施加发动机制动，如图 5-23(见书后彩插)所示。

7. 倒车时

车辆倒车时仅仅由 MG2 为车辆提供动力。此时，MG2 反向旋转，只要 HV ECU 监测的各项指标正常，发动机就不工作；MG1 正向旋转但并不发电，如图 5-24(见书后彩插)所示。

5.3 丰田第二代混合动力系统控制系统

重点掌握
- THS Ⅱ控制系统的控制内容
- THS Ⅱ控制系统的结构
- HV ECU 控制

THS Ⅱ控制系统的控制内容有：

1）HV ECU 控制。

2）发动机 ECU 控制。

3）变频器控制。

4）增压转换器控制。根据 HV ECU 提供的信号，增压转换器将额定电压由 DC201.6V 升高到最高电压 DC500V；MG1 或 MG2 产生的最高电压 AC500V 由变频器转换为直流电，根据 HV ECU 的信号，增压转换器将直流电降低到 DC201.6V，用于 HV 蓄电池。

5）转换器控制。将额定电压由 DC201.6V 转换为 DC12V，为车身电气组件供电，并为备用蓄电池充电。

6）空调变频器控制。将 HV 蓄电池的额定电压由 DC201.6V 转换为 AC201.6V，为空调系统的电动变频压缩机供电。

7）MG1 和 MG2 主控制。

8）制动防滑 ECU 控制。制动时，制动防滑控制 ECU 计算出所需要的再生制动力并将信号发送到 HV ECU。HV ECU 接收到信号后立即将实际的再生制动控制数据发送到制动防滑控制 ECU，制动防滑控制 ECU 根据这一数据计算并执行所需的液压制动力。

9）蓄电池 ECU 控制。蓄电池 ECU 监测蓄电池和冷却风扇的状态，使 HV 蓄电池保持在正常的工作温度。

10）换档控制。HV ECU 根据档位传感器提供的信号检测档位，控制 MG1、MG2 和发动机，并调整车辆行驶状态以适应所选档位；另外，变速器控制 ECU 通过 HV ECU 提供的信号检测驾驶人是否按下驻车开关，并操作换档控制执行机构通过机械锁止变速驱动桥。

11）碰撞时控制。发生碰撞时，如果 HV ECU 收到安全气囊传感器总成发出的气囊张开信号，或变频器中断路器传感器发出的执行信号，则关闭系统主继电器以切断整个电源。

12）电动机驱动模式控制。仪表板上的 EV 模式开关被驾驶人手动打开时，如果所需要的各种条件满足，则 HV ECU 使车辆只由 MG2 驱动行驶。

13）巡航控制系统操作控制。当 HV ECU 中的巡航控制 ECU 收到巡航控制开关信号时，按照驾驶人的要求，将发动机、MG1、MG2 的动力调节到最佳的组合，以获得设定的目标车速。

14）指示灯和警告灯点亮控制。该功能使相应的指示灯和警告灯点亮或闪烁，以便驾驶人能够知道车辆的状况和各系统的故障信息。

15）诊断。HV ECU 检测到故障时，HV ECU 进行诊断并存储故障的相应信息。

16）安全保护。HV ECU 检测到故障时，HV ECU 根据存储的数据停止或控制执行机构和 ECU 的工作。

1. 结构

丰田普锐斯中 THS Ⅱ控制系统的结构如图 5-25 所示。

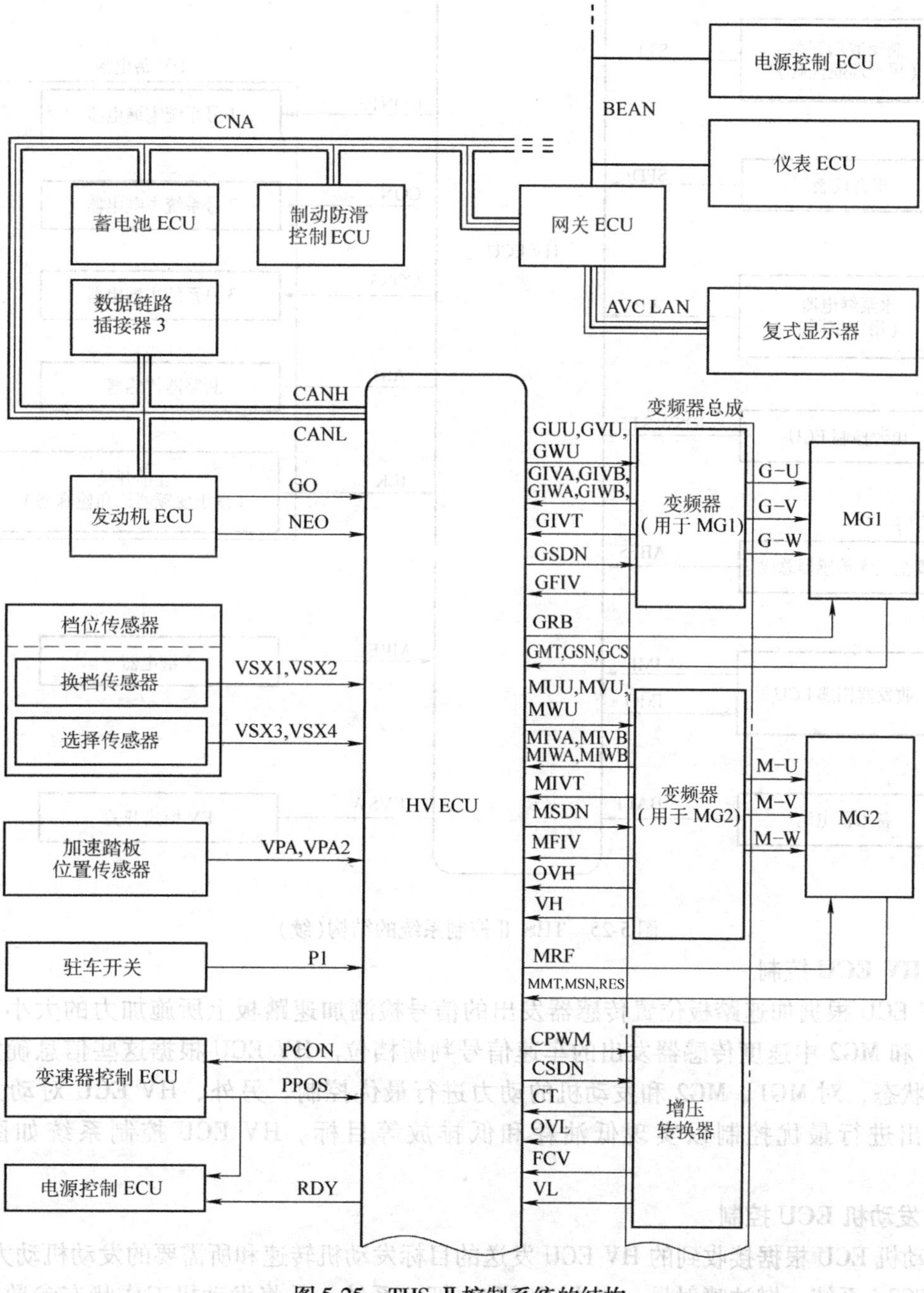

图 5-25　THS Ⅱ控制系统的结构

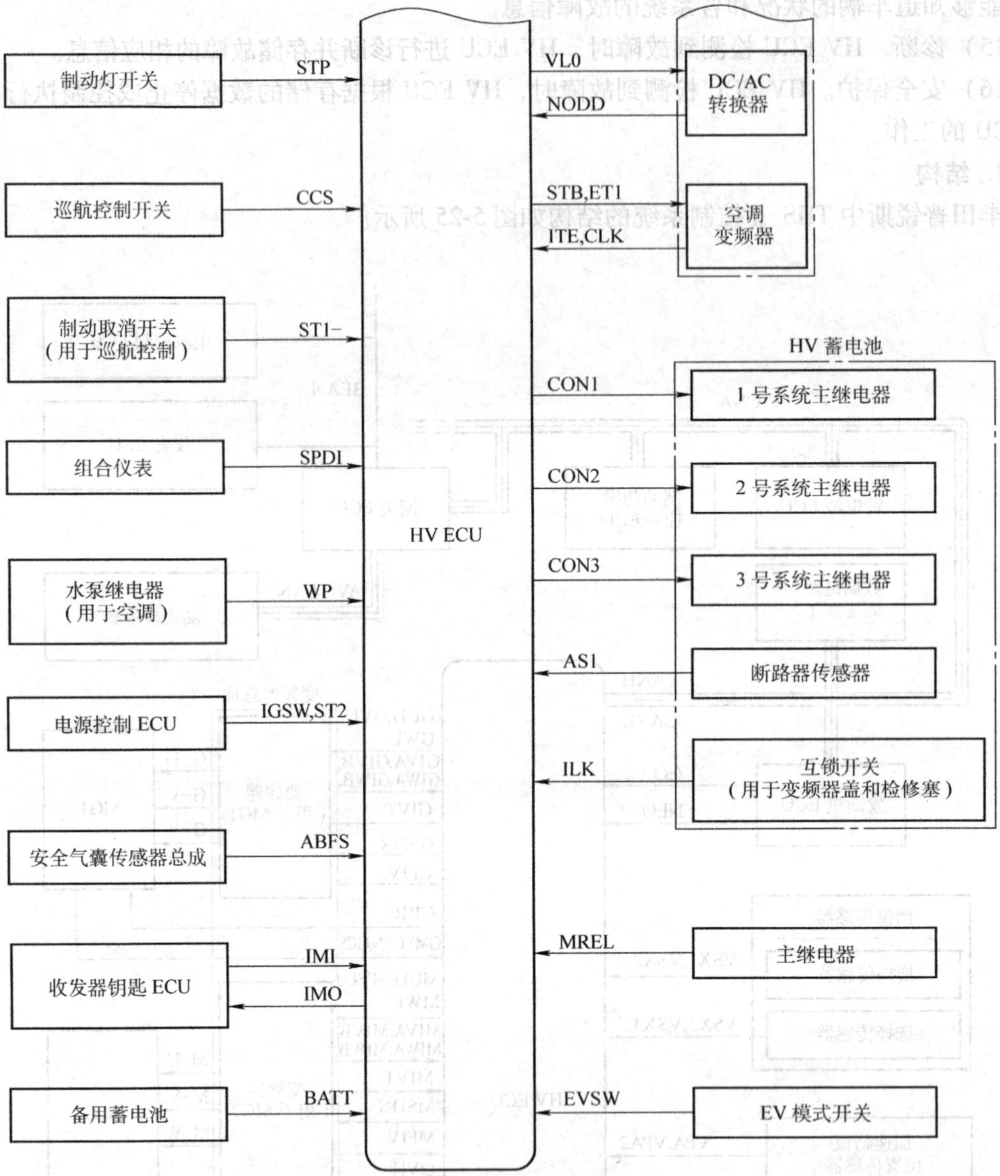

图 5-25 THS Ⅱ控制系统的结构(续)

2. HV ECU 控制

HV ECU 根据加速踏板位置传感器发出的信号检测加速踏板上所施加力的大小，并根据 MG1 和 MG2 中速度传感器发出的车速信号判断档位。HV ECU 根据这些信息确定车辆的行驶状态，对 MG1、MG2 和发动机的动力进行最优控制。另外，HV ECU 对动力的转矩和输出进行最优控制以实现低油耗和低排放等目标。HV ECU 控制系统如图 5-26 所示。

3. 发动机 ECU 控制

发动机 ECU 根据接收到的 HV ECU 发送的目标发动机转速和所需要的发动机动力信号，控制 ETCS-i 系统、燃油喷射量、点火正时和 VVT-i 系统，并将发动机工作状态参数发送给

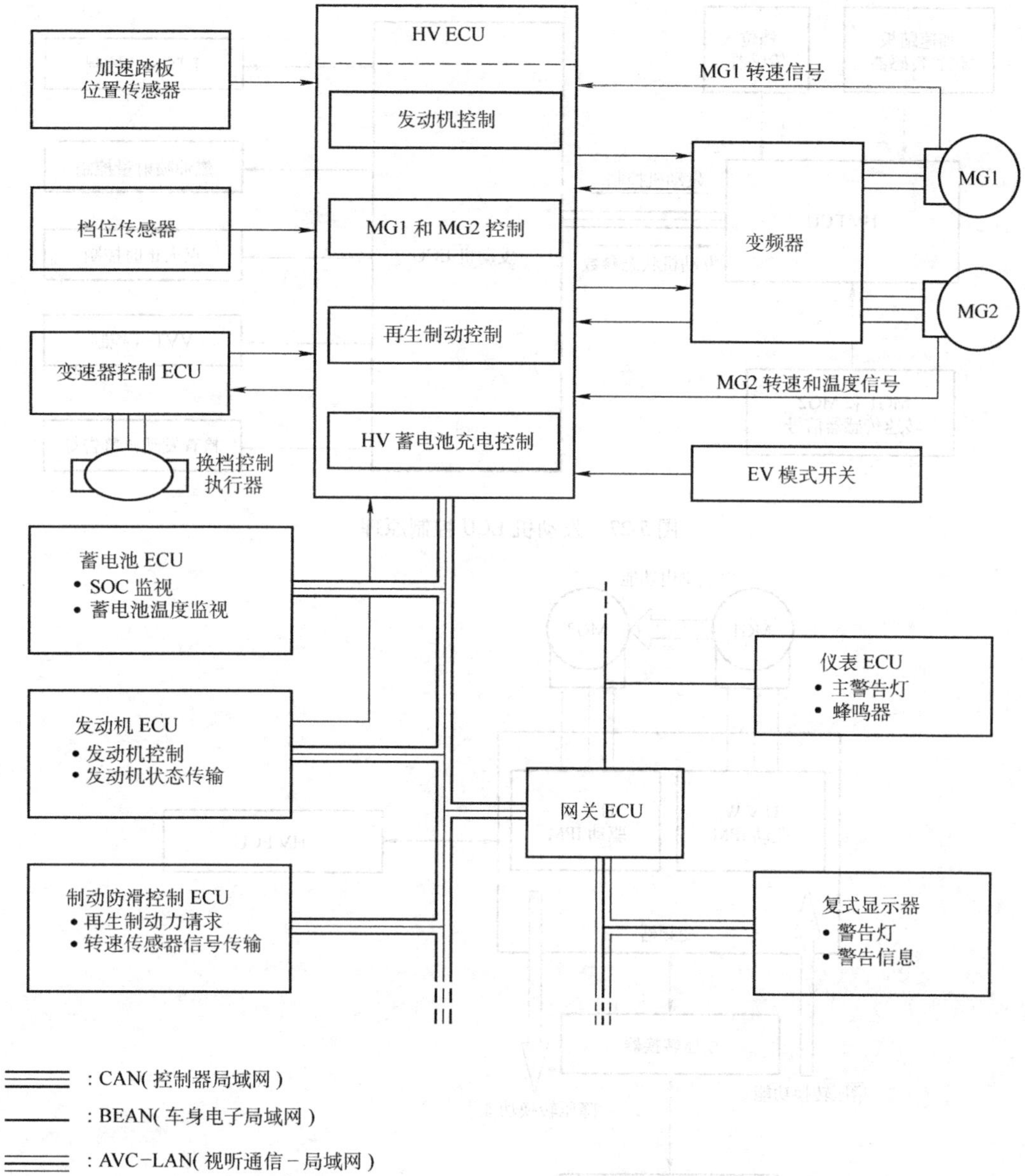

图 5-26　HV ECU 控制系统图

HV ECU。发动机 ECU 控制原理如图 5-27 所示。

4. 变频器控制

根据 HV ECU 提供的信号，变频器将 HV 蓄电池的直流电转换为交流电为 MG1 和 MG2 供电，或执行相反的过程；另外，变频器将 MG1 的交流电提供给 MG2。

根据 MG1、MG2 发送的转子信息和从蓄电池 ECU 发送的 HV 蓄电池 SOC 等信息，HV ECU 将信息发送到变频器内部的功率晶体管来转换 MG1 和 MG2 定子绕组的 U、V 和 W 相。关闭 MG1 和 MG2 的电流时，HV ECU 发送信号到变频器。系统控制原理如图 5-28 ~ 图 5-31 所示。

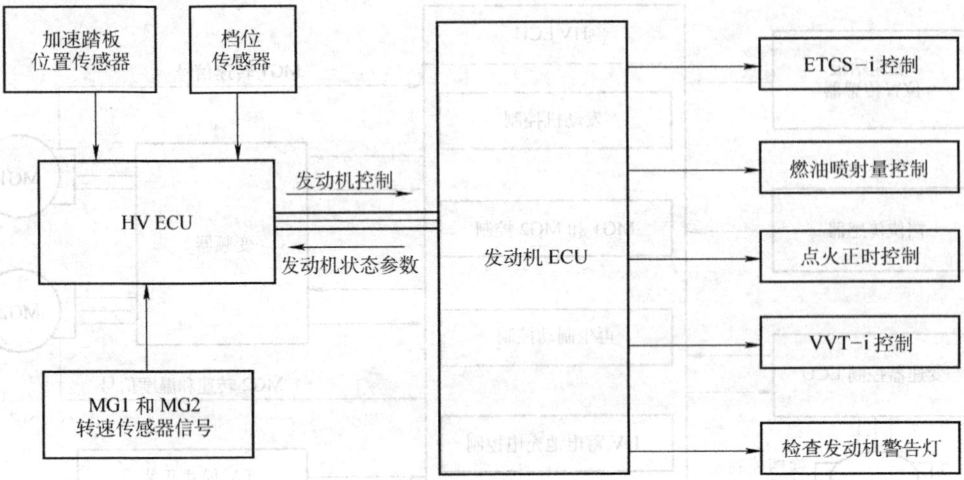

图 5-27　发动机 ECU 控制原理

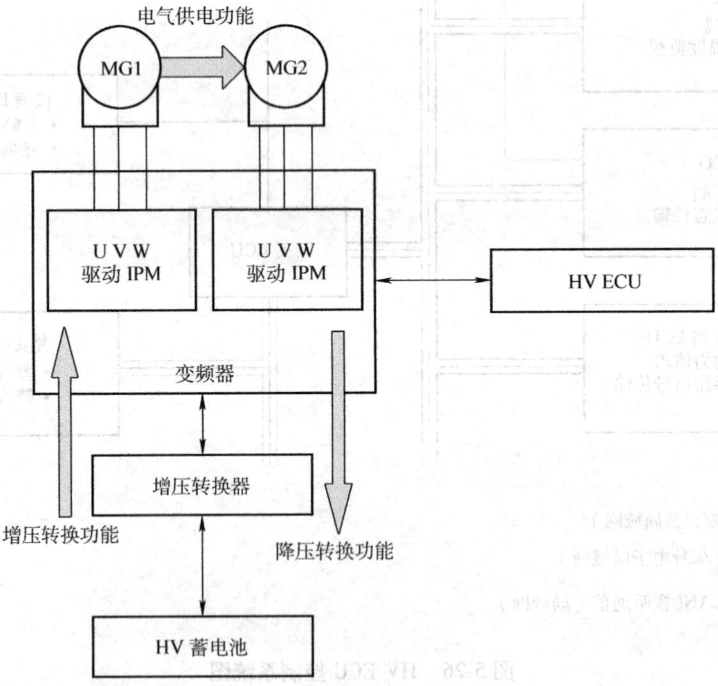

图 5-28　变频器控制原理

图 5-29　电气供电功能

5. 制动防滑控制 ECU 控制

制动防滑控制 ECU 根据驾驶人踩下制动踏板时制动执行器和制动踏板行程传感器的制

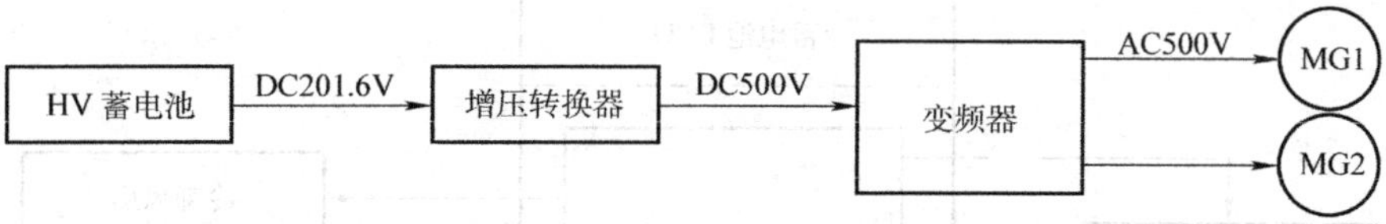

图 5-30　增压转换功能

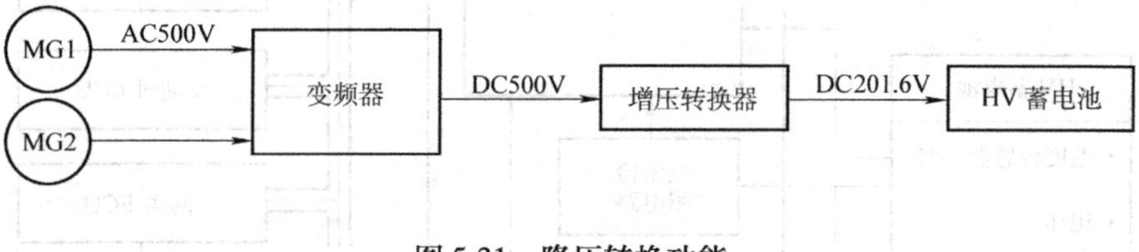

图 5-31　降压转换功能

动主缸压力计算出所需要的总制动力，并根据总制动力计算出所需要的再生制动力，并将计算结果发送给 HV ECU，HV ECU 起动 MG2 进行反方向转矩控制并执行再生制动功能。制动防滑控制 ECU 控制制动执行器电磁阀产生轮缸压力(该力大小等于总制动力减去实际再生制动控制的数值)。

在装配有车辆稳定控制(VSC)的车辆上，当 VSC 系统工作时，制动防滑控制 ECU 发送请求信号到 HV ECU 实施电动机牵引力控制；HV ECU 根据当前的车辆行驶状态控制发动机、MG1 和 MG2。控制原理如图 5-32 所示。

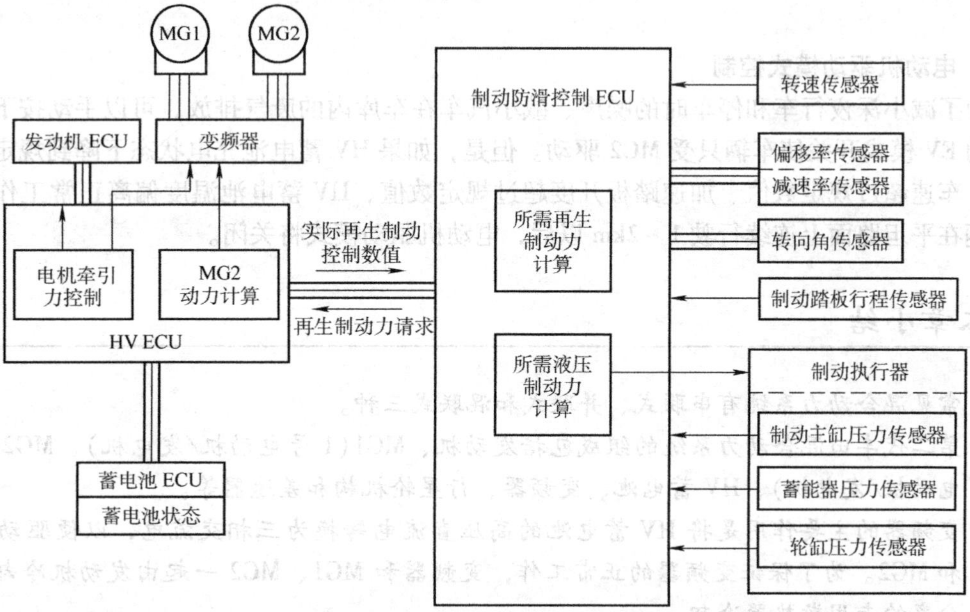

图 5-32　制动防滑控制 ECU 控制原理

6. 蓄电池 ECU 控制

蓄电池 ECU 检测 HV 蓄电池的 SOC(充电状态)、温度、是否泄漏和电压，并将这些信息发送给 HV ECU。蓄电池 ECU 通过 HV 蓄电池内的温度传感器检测其温度，并操作冷却风扇来控制温度。控制原理如图 5-33 所示。

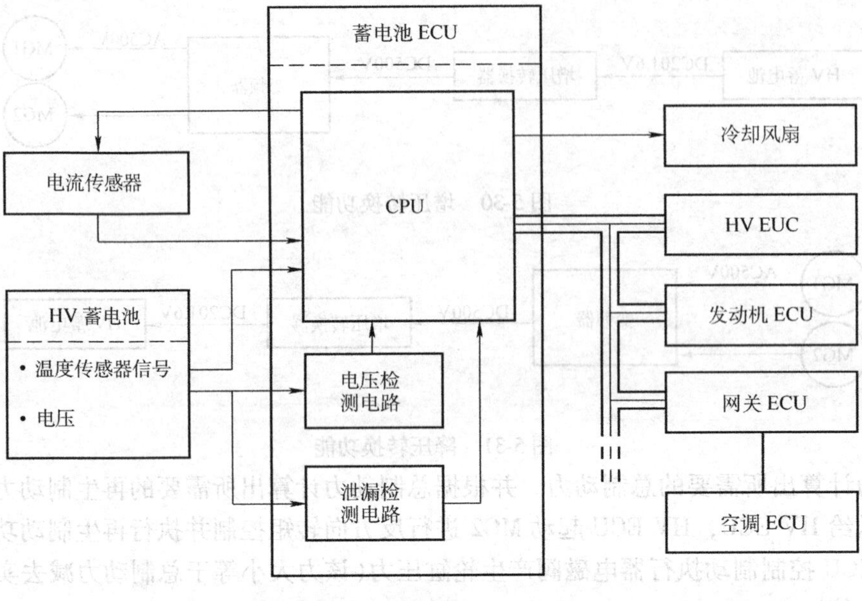

图 5-33 蓄电池 ECU 控制原理

7. 碰撞时控制

当车辆发生碰撞时，如果 HV ECU 接收到安全气囊传感器总成发出的安全气囊张开信号或变频器中的断路器发出的执行信号，HV ECU 将关闭系统主继电器从而切断总电源以确保安全。

8. 电动机驱动模式控制

为了减小深夜行车和停车时的噪声、减小汽车在车库内的废气排放，可以手动按下仪表板上的 EV 模式开关使车辆只受 MG2 驱动。但是，如果 HV 蓄电池充电状态下降到规定水平以下、车速超过规定数值、加速踏板开度超过规定数值、HV 蓄电池温度偏离正常工作范围或车辆在平坦路面上连续行驶 1 ~ 2km 以后，电动机驱动模式将关闭。

本章小结

- 常见混合动力系统有串联式、并联式和混联式三种。
- 第二代丰田混合动力系统的组成包括发动机、MG1（1 号电动机/发电机）、MG2（2 号电动机/发电机）、HV 蓄电池、变频器、行星轮机构和差速器等。
- 变频器的主要作用是将 HV 蓄电池的高压直流电转换为三相交流电，以便驱动 MG1 和 MG2。为了保证变频器的正常工作，变频器和 MG1、MG2 一起由发动机冷却系统分离的专用散热器冷却。
- 变频器主要由增压转换器、DC/DC 转换器、空调变频器和断路器传感器组成。
- 当车辆在小负荷起步或缓慢加速时，发动机保持停止状态，MG1 以反方向旋转而不发电，车轮由 MG2 驱动。
- 发动机微加速时，发动机的动力一部分经过行星轮传到车轮，一部分用于 MG1 发电，并经过变频器传到 MG2 作为动力输出。

- 车辆在重负荷下加速行驶时，在加速期间MG2提供附加的驱动力补充发动机动力，MG1产生的电流供给MG2，HV蓄电池也会根据加速的程度给MG2提供电流。
- 车辆在D位减速行驶时，发动机停止工作。此时，MG2靠车轮驱动作为发电机发电，并为HV蓄电池充电。但是，如果车辆从较高速度开始减速时，发动机以预定转速继续工作以起到保护行星轮的作用。
- 车辆以B位减速行驶时，车轮驱动MG2，MG2产生的电能提供给MG1，然后MG1驱动发动机。同时，发动机燃油切断，MG1保持发动机转速并施加发动机制动。
- 车辆倒车时仅仅由MG2为车辆提供动力。此时，MG2反向旋转，只要HV ECU监测的各项指标正常，发动机就不工作；MG1正向旋转但并不发电。
- HV ECU根据加速踏板位置传感器发出的信号检测加速踏板上所施加力的大小，并根据MG1和MG2中速度传感器发出的车速信号判断档位。HV ECU根据这些信息确定车辆的行驶状态，对MG1、MG2和发动机的动力进行最优控制。
- 发动机ECU根据接收到的HV ECU发送的目标发动机转速和所需要的发动机动力信号，控制ETCS-i系统、燃油喷射量、点火正时和VVT-i系统，并将发动机工作状态参数发送给HV ECU。

习题

1. 简述混合动力系统的类型和特点。
2. THS Ⅱ的组成包括哪些部分?
3. 简述变频器的组成及各部分的功用。
4. 画图说明THS Ⅱ在各工况的工作原理。
5. THS Ⅱ控制系统的控制内容有哪些?
6. 简述HV ECU的控制过程。
7. 简述发动机ECU的控制过程。
8. 简述变频器的控制过程。
9. 简述制动防滑控制ECU的控制过程。

深度阅读　混合动力汽车搭电方法

蓄电池电压不足，一般情况下需要“搭电”起动。随着混合动力汽车保有量越来越多，如何对混合动力汽车“搭电”成了必须面对的一个现实问题。以下以雷克萨斯CT200h为例说明如何搭电起动。

按照正常的搭电方法，首先应找到电池的位置，再通过连接线“搭电”来起动。但一般混合动力汽车的蓄电池都位于行李箱或车身地板下，如雷克萨斯CT200h和丰田普锐斯蓄电池就位于行李箱。

麻烦的是由于蓄电池没电，行李箱门无法打开，只能从后排座椅的地方入手。放倒座椅、翻开行李箱垫、外壳，几经波折才能找到电池所在的位置，而且搭起线来也相当不便。很明显，这种方法操作起来非常费力，不是一般的车主能完成的，而且也存在很大的安全隐患。因为混合动力汽车电池电压较高，如普锐斯镍氢电池电压为 DC201.6V。

对于混合动力汽车，正确的搭电方法无须动用行李箱，只需在发动机舱就能完成。对雷克萨斯 CT200h 来说：

1）打开发动机舱，找到右侧方形熔丝盒。

2）打开熔丝盒外壳，找到蓄电池正极位置，负极可以通过车身搭铁，如图 5-34（见书后彩插）和图 5-35（见书后彩插）所示。

第6章 新能源技术车辆

学习目标

☑ 了解新能源车辆的类型和发展现状。
☑ 了解混合动力汽车关键技术及应用情况。
☑ 了解燃料电池汽车关键技术及应用情况。
☑ 了解纯电动汽车关键技术及应用情况。
☑ 了解代用燃料汽车相关技术及应用情况。
☑ 了解智能车辆发展现状和相关技术。

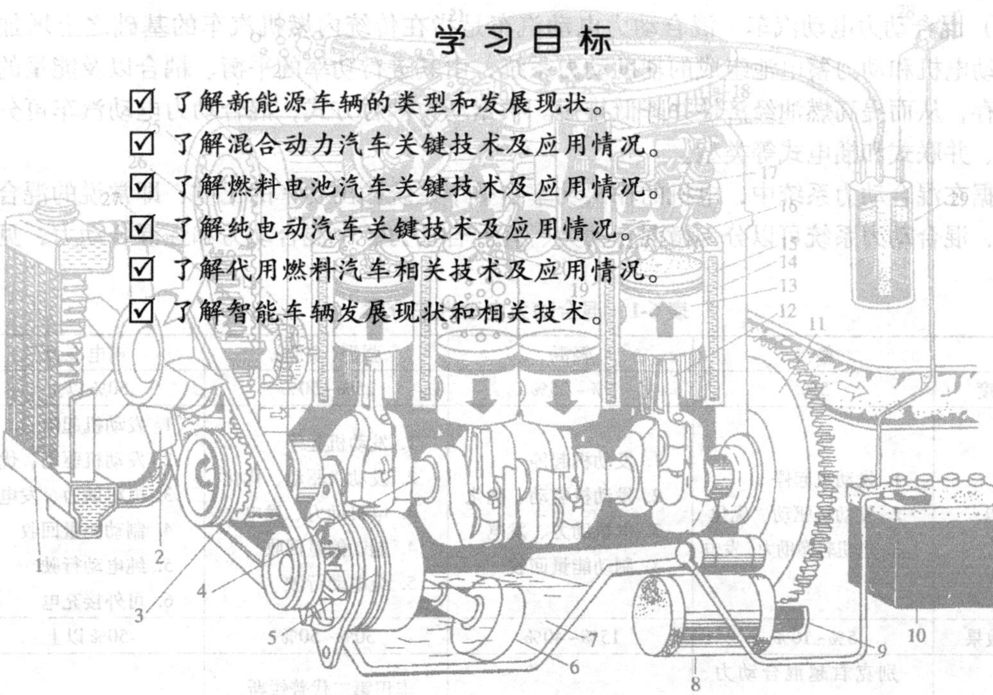

6.1 概　　述

> **重点掌握**
> - 新能源汽车的种类
> - 新能源汽车的发展现状

根据我国《新能源汽车生产企业及产品准入管理规则》，新能源汽车(New Energy Vehicles)是指采用非常规的车用燃料作为动力来源，或采用常规的车用燃料，但采用新型车载动力装置，综合车辆的动力控制和驱动先进技术，形成的技术原理先进、具有新结构与新技术的汽车。

6.1.1 新能源汽车的类型

新能源汽车包括的范围较广，一般可分为电动汽车、气体燃料汽车、生物燃料汽车、氢燃料汽车和太阳能汽车等。

1. 电动汽车

电动汽车是主要以电池为能量源、全部或部分由电动机驱动的汽车，是涉及机械、电子、电力和微机控制等多学科领域的高科技技术产品。根据目前的技术状态和车辆驱动原理的不同，电动汽车一般包括纯电动汽车(Electrical Vehicle,EV)、混合动力电动汽车(Hybrid Electrical Vehicle,HEV)和燃料电池电动汽车(Fuel Cell Electrical Vehicle,FCEV)三种类型。

(1) 纯电动汽车　纯电动汽车的动力系统主要由动力蓄电池、驱动电机及其控制系统组成。动力电池组输出电能驱动电机，从而驱动车辆行驶，电池通过充电系统进行充电。纯电动汽车是混合动力和燃料电池车辆的基础，具有零排放、噪声小、结构简单等优点。

(2) 混合动力电动汽车　混合动力电动汽车是指在传统内燃机汽车的基础之上增加一套由驱动电机和动力蓄电池组成的辅助动力系统，由其进行功率的平衡、耦合以及能量的再生与储存，从而提高燃油经济性并降低排污。根据动力耦合方式，混合动力电动汽车可分为串联式、并联式和插电式等类型。

根据在混合动力系统中，电机的输出功率占整个系统输出功率的比重，即常说的混合度的不同，混合动力系统可以分为微混合动力、轻混合动力、中混合动力和强混合动力，见表6-1。

表 6-1　混合动力电动汽车分类

	微混	轻混	强混(全混)	插电混合
混合度	5%	5%~25%	25%~50%	50%以上
功能	1. 发动机起停 2. 发动机驱动、优化 3. 电机轻微助力、发电	1. 发动机起停 2. 发动机驱动、优化 3. 电机助力、发电 4. 制动能量回收	1. 发动机起停 2. 发动机驱动、优化 3. 电机助力、发电 4. 制动能量回收 5. 纯电动行驶	1. 发动机起停 2. 发动机驱动、优化 3. 电机助力、发电 4. 制动能量回收 5. 纯电动行驶 6. 可外接充电
节油效果	5%~10%	15%~40%	30%~50%	50%以上
应用车型	别克君越混合动力、东风风神 S30 BSG、奇瑞 A5 BSG、中华骏捷 FSV 起停版	本田 Insight、奇瑞旗云 3 ISG	丰田第二代普锐斯、大众途锐、雷克萨斯 CT200h 和 RX450h	比亚迪 F3DM、丰田第三代普锐斯

1）微混。微混合动力系统是指在传统内燃机起动机上加装了带传动起动电动机（即常说的 Belt-alternator Starter Generator，BSG）。该电动机为发电起动一体式电动机，用来控制发动机的起动和停止，从而降低了发动机怠速运转工况的油耗和排放。从严格意义上来讲，这种微混合动力系统的汽车不属于真正的混合动力汽车。因为，它的电动机并没有为汽车行驶提供持续的动力。东风风神 S30 BSG、奇瑞 A5 BSG、中华骏捷 FSV 起停版车型即属于该类型。

2）弱混。弱混（轻度混合）动力系统是指采用了集成起动电动机的系统（Integrated Starter Generator，ISG）。它除了能够实现用电机控制发动机的起动和停止，其还能够实现：在减速和制动工况下，对部分能量进行回收；在行驶过程中，发动机等速运转，发动机产生的能量可以在车轮的驱动需求和电机的充电需求之间进行调节。奇瑞旗云 3 ISG 即属于该类型。

3）中混。中混合动力系统同样采用了 ISG 系统，与轻度混合动力系统不同，中混合动力系统采用的是高压电动机。另外，中混合动力系统还增加了一个功能：在汽车处于加速或者大负荷工况时，电动机能够辅助驱动车轮，从而补充发动机本身动力输出的不足，从而更好地提高整车的性能。本田思域混合动力即属于该类型。

4）强混。强混（全混）指混合程度更高的混合动力系统，该系统采用高功率、高压起动电动机，混合程度更高。一般情况下，强混的混合度可以达到甚至超过 50%，如大众途锐、丰田普锐斯等。

5）插电式混合动力系统。插电式混合动力汽车（Plug-in Hybrid Electrical Vehicle，PHEV）是可以利用电网对动力电池充电的混合动力汽车，可以使用纯电动模式行驶，且续驶里程较长。电能不足时，车辆仍然以强混合模式行驶。插电式混合动力系统的电动机功率比纯电动汽车稍小，动力电池的容量介于强混和纯电动车辆之间。

（3）燃料电池电动汽车　其动力系统主要由燃料电池发动机、燃料箱、驱动电机和动力蓄电池等组成，采用燃料电池发电作为主要能源，通过电机驱动车辆行驶。燃料电池是利用氢气与氧气在催化剂作用下直接经电化学反应产生电能的装置。奔驰燃料电池汽车动力系统如图 6-1 所示。

图 6-1　奔驰燃料电池电动汽车动力系统

2. 气体燃料汽车

气体燃料汽车是指利用可燃气体作为能源驱动的汽车。汽车的气体代用燃料种类很多，常见的有天然气和液化石油气。根据汽车使用可燃气体的形态不同，燃料可分为 3 种：压缩天然气(Compressed Natural Gas,CNG)，主要成分为甲烷；液化天然气(Lique-fied Natural Gas,LNG)，甲烷经深度冷冻液化；液化石油气(Liquefied Petroleum Gas,LPG)，主要成分是丙烷和丁烷的混合物。

气体燃料汽车一般有3种，即专用气体燃料汽车、两用燃料汽车和双燃料汽车。专用气体燃料汽车是以液化石油气、天然气或煤气等气体为发动机燃料的汽车，如天然气汽车、液化石油气汽车等，这种汽车可以充分发挥天然气理化性能特点，价格低、污染少，是最清洁的汽车。两用燃料汽车是指具有两套相对独立的供给系统，一套供给天然气或液化石油气，另一套供给天然气或液化石油气之外的燃料，两套燃料供给系统可分别但不可共同向气缸供给燃料的汽车，如汽油/压缩天然气两用燃料汽车、汽油/液化石油气两用燃料汽车等。双燃料汽车是指具有两套燃料供给系统，一套供给天然气或液化石油气，另一套供给天然气或液化石油气之外的燃料，两套燃料供给系统按预定的配比向气缸供给燃料，在气缸混合燃烧的汽车，如柴油—压缩天然气双燃料汽车、柴油—液化石油气双燃料汽车等。

3. 生物燃料汽车

燃用生物燃料或燃用掺有生物燃料的燃油的汽车称为生物燃料汽车。与传统汽车相比，生物燃料汽车在结构上无重大改动，但排放总体上较低，如乙醇燃料汽车和生物柴油汽车等。

4. 氢燃料汽车

氢燃料汽车是指以氢为主要能量驱动的汽车。一般汽车使用汽油或柴油作为内燃机的燃料，而氢燃料汽车则使用气体氢作为内燃机的燃料，如马自达氢转子发动机汽车。

6.1.2 新能源汽车发展现状

1. 国际新能源汽车发展现状

近年来，为应对世界能源危机，各国纷纷加快发展新能源汽车的步伐。全球各国都在出台规划或相关法案。2009年，美国政府提出到2015年实现美国道路上行驶的插电式电动汽车达到100万辆的目标，并将拨款24亿美元，用于补贴新型电动汽车及其电池、零部件的研发。德国也高度重视新能源汽车产业工作，2009年，德国发布《国家电动汽车发展计划》，其核心目标是到2020年拥有电动汽车100万辆，尽快将电动汽车普及到日常生活之中。日本政府也宣布将会耗资17亿美元，开发便宜的混合动力车型以及更环保的燃料，以求降低原油用量和二氧化碳废气排放量。

新能源汽车技术研发也不断推进。目前，车载锂离子动力电池领域投资日益活跃，各项电池材料资源得到鼓励研发，车载驱动电机呈现高效率、小型化与低成本发展态势，增程发动机技术研发备受关注。电动汽车动力总成电子需求不断增长，微控制、汽车电子诊断、充电管理系统等技术研发积极推进。同时，新能源汽车领域的标准化工作步伐不断加快。在电动汽车标准化方面，国际电工标准委员会(IEC)、国际标准化组织(ISO)、国际汽车工程师学会(SAE)积极进行插电式混合动力汽车及其与充电设施连接的标准化工作。在车载充电电池标准化方面，德国较早就开始设计与提交车用锂电池规格方案，日本汽车研究所和日本电动汽车快速充电协会积极进行电池相关性能测试标准化工作与快速充电装置规格的统一和普及。我国提出了关于镍氢电池、锂离子电池、铅酸电池和超级电容器的四个国家强制性行业标准等。

2. 我国新能源汽车发展现状

在新能源汽车领域，我国已拉开新能源汽车的产业化大幕，通过实施863计划，初步取得了一些进展，体现在以下四个方面：

1）初步建立了混合动力、纯电动和燃料电池“三纵三横”的研发布局和技术体系。

2）在技术研发方面，部分产品基本能满足整车要求。

3）在产业化方面，部分产品实现了小批量的生产和示范运营，正在向产业化推进。

4）初步形成了新能源汽车技术标准体系和测试评价能力。

此外，我国电动汽车充电站也在不断跟进建设。从建设数量看，目前已有30多个直辖市或地级市建有电动汽车充电站，大部分城市建设数量为一座，深圳、北京、上海、杭州和临沂等城市则有较多电动汽车充电站。目前，还有不少城市在选址和开工建设中。

目前存在的问题主要有：

1）我国新能源汽车研究起步较早，但政府投入长期不足，企业投入更少，我国新能源汽车长期处于试验阶段。近年来虽然加大投入，有了很大发展，但仍与国际先进水平有一定的差距。

2）电动汽车关键零部件的产业链尚未形成，产业化能力亟待提高。

3）动力电池在性能和成本方面离整车要求还存在很大差距，成为纯电动汽车产业化发展的瓶颈。

4）燃料电池关键技术突破的困难很大，近中期没有产业化可能。

5）混合动力整车关键技术亟待攻关。

6）动力电池基础原材料、电机及电控系统用电力电子元器件依赖进口，存在受制于他人的风险。

7）新能源汽车有关配套鼓励政策措施及标准体系建设有待完善。

3. 产业发展趋势

在能源形势严峻和低碳经济的时代背景下，发展新能源汽车已是大势所趋。纵观美、日、欧等发达国家新能源汽车发展技术路线，可以看到新能源汽车发展的顺序是混合动力汽车、纯电动汽车、燃料电池汽车。混合动力汽车是目前产业化的重点，纯电动汽车是研发的重点，燃料电池汽车是远期发展的重点。因此，我国新能源汽车的发展重点是推进混合动力汽车的产业化，并以混合动力的市场化应用为基础，带动电池、电机等关键零部件的技术发展。

6.2 混合动力汽车

重点掌握

- 混合动力汽车的关键技术
- 各主要汽车公司混合动力技术

混合动力汽车(Hybrid Electrical Vehicle, HEV)是指同时装备两种动力来源—热动力源(由传统的汽油机或者柴油机产生)与电动力源(电池与电机)的汽车。通过在混合动力汽车上使用电机，使得动力系统可以按照整车的实际运行工况要求灵活调控，而发动机保持在综合性能最佳的区域内工作，从而降低油耗与排放。

6.2.1 混合动力汽车概述

由于各种混合动力汽车结构上的差异，因而需要不同的控制策略来调节和控制功率流在不同元件间的流动，其目的是为了实现最佳的燃油经济性、最低的排放和较好的驱动性能等。混合动力汽车控制策略的设计主要考虑以下几点：

1）优化发动机的工作点和工作曲线。

2）优化发动机的工作区。

3）最小的发动机动态波动。缓慢调整发动机工作转速以减小发动机波动，避免由于发动机的动态波动带来的燃油经济性变差。

4）限制发动机最低转速。当发动机低速运行时，燃油效率很低，因而当发动机转速低于设定的限值时，应关闭发动机。

5）适当减少发动机的起停次数。过于频繁地起停发动机，会引起油耗和排放恶化。

6）合适的动力电池荷电状态。动力电池的容量须保持在适当的水平，以便在汽车加速时提供足够的功率，在汽车制动或下坡时能回收能量。若动力电池的容量过高，应关闭发动机或怠速运转。

7）安全的动力电池电压。在放电、发电机充电和制动回收充电时，动力电池的电压会发生很大变化，应避免动力电池电压过低或过高，否则动力电池会产生永久性破损。

8）分工适当。在驱动循环中，发动机和动力电池应合理分担汽车所需功率。

9）合理确定纯电动模式运行条件。依据车速、电池荷电状态、汽车加速踏板开度等信息确定合理的发动机起停条件。

10）最大限度地回馈汽车制动能量。依据车速、汽车加速踏板和制动踏板等信息确定能量回馈的功率。

11）附件系统的控制。依据实时温度，控制发动机、电机及电池冷却风扇的转速。

12）工作模式平稳转换。在纯电动模式驱动、混合动力模式驱动和汽车减速制动等工作模式转换时，应保证过渡平稳。

1. 混合动力汽车的关键技术

对于混合动力汽车，动力耦合及控制系统、电机及控制系统、动力电池及管理系统是三项最为关键的核心技术。同时，与混合动力汽车相关的发动机、电力电子、制动、转向和空调技术也是需要解决的主要技术问题。

（1）动力耦合系统　动力耦合系统最关键的技术是其布置方案，不同结构的动力耦合方式不仅决定了混合动力系统的工作模式，而且也是制定动力分配策略的基础，它对整车的动力性、经济性、排放和制造成本都有重大影响。结构合理、制造容易、效率高的混合动力耦合机构，能够将燃油汽车与电动汽车的优点有机地结合起来，充分体现混合动力汽车的优越性。目前，采用的动力耦合方式有转矩耦合、速度耦合和功率耦合三种方式，以功率耦合方式为主要发展方向。具体结构方面，由变速器耦合、离合器耦合、主减速器耦合等向行星轮耦合方向发展。

（2）动力总成控制系统　汽车动力总成控制系统是车辆行驶的核心单元。混合动力汽车的控制需要根据驾驶人操纵状态、车速、电池荷电状态和相关设备的状态确定发动机与电机的功率分配策略，以保证满足汽车动力性、经济性、排放等性能指标要求。混合动力汽车发动机和电机要相互配合工作，并根据运行工况适时控制发动机起动和关闭，这使得发动机始终工作在低油耗区的整个控制过程十分复杂。因此，需要用成熟可靠的动力耦合装置以及先进的控制策略实现功率的合理分配，以达到油耗低和动力性好的目标。

(3) 电机及控制系统 用于混合动力汽车的驱动电机类型主要有交流感应电机、永磁电机和开关磁阻电机。对电机的要求包括：在较宽的速度范围内具有高转矩密度；高功率密度；高效率、高可靠性、良好的控制性能，能够适应发动机频繁起停和电机电动/发电状态的切换。目前，国外以永磁同步电机为主，国内应用较多的是交流感应电机，故需要开发高效率永磁电机。电机控制系统也很关键，一是保证电机在基速以下时，能够输出大转矩以适应汽车加速和爬坡时的驱动力需求；在基速以上时，能够以恒功率、宽范围运行以满足最高车速需要。二是保证系统在电机运行范围内的效率最优化。

(4) 动力电池及其管理系统 混合动力系统的动力电池需要频繁充放电，在充放电过程中，电压、电流会有较大变化。针对这一使用特点，混合动力系统对动力电池的要求有：一是具有大功率充放电能力和较高的比功率，以满足汽车加速和爬坡时的大功率需求；同时电池还要具有快速充电能力，以满足制动时的大功率能量回收需要。二是充放电效率，高的充放电效率对保证整车效率具有至关重要的作用。三是电池在快速充放电的工况条件下保持性能的相对稳定。此外，还必须考虑热能控制管理、荷电状态判定、充放电模式选择、电池充放电均衡、电池过充电或过放电控制和电池组的工作温度控制等，这些都是电池管理系统的任务。整车能量管理策略的实施要依赖电池管理系统对电池状态的判别和对电池性能的维护。

(5) 混合动力系统专用发动机 经过100多年的发展，车用发动机在动力性、经济性及排放控制方面获得了很大改善。近年来，电控燃油喷射、废气再循环、增压中冷、可变进气涡轮、柴油机高压共轨和三元催化转化等技术的应用，使汽车性能快速提高。作为一种成熟的动力设备，发动机在混合动力汽车上的应用难度不大，但仍然是影响混合动力整车效率和性能的关键部分。

在混合动力系统中，由于发动机的工况可以控制在一定范围内，因而可以进行优化设计，进一步提高其燃油经济性，降低排放。目前，采用发动机的混合动力系统基本上都对其发动机进行了重新设计或重大改进。例如，丰田采用阿特金森汽油机。

(6) 仿真分析技术 在混合动力汽车开发过程中，需要建立先进的驱动系统数学模型，这是计算机仿真和分析的基础。在研究和开发混合动力汽车的部件和选择结构时，需要很快缩小研究范围，找到技术突破口。在系统选择上，可依靠高效的建模工具，通过交替使用候选的子系统进行模拟仿真，从而找到最佳的方案。计算机模型为每个候选子系统提供了详细规格和设计参数，从而提高设计效率，而且还有助于为设计和制造样车制定工程目标和计划。

2. 混合动力汽车的发展现状

(1) 混合动力轿车的发展状况 丰田汽车公司1997年推出的混合动力轿车普锐斯目前已经开发至第五代，节油率达到50%以上。本田汽车公司推出的IMA混合动力系统成功应用于本田思域和Insight等车型上。通用汽车公司以Escalade为代表的双模式深度混合动力SUV深受欢迎。福特汽车公司的Escape和Mariner两款混合动力SUV累计销售也超过了10万辆。大众途锐混合动力、奔驰S400和ML450双模式混合动力汽车都已经正式量产销售。对于混合动力轿车产品结构和技术，高电压、高转速、集成化和深度混联是明显的发展趋势。混合方式方面，由串联、并联形式向混联形式发展，由变速器耦合、离合器耦合向行星轮耦合过渡。混合度方面，随着电池技术的进步，混合度得到提升，并发展到插电式混合动力结构。

国内混合动力轿车方面，一汽、东风、上汽、长安、比亚迪、奇瑞、吉利和北汽等公司都投入了大量资源进行开发。在国家科技计划和相关措施的引导和推动下，部分混合动力汽车已经进入市场，如长安的杰勋 HEV(ISG + MT + 单离合器)，比亚迪的双模 F3DM、秦和 e6，奇瑞的 BSG，北汽 E150 等混合动力车型都已经上市。但是，应该清晰地认识到，我国混合动力汽车技术与发达国家相比还有较大差距，主要表现在缺乏混合动力汽车用发动机技术和自动变速器技术。同时，电池、电机、控制器等关键零部件的性能和可靠性也有待提高。

（2）混合动力客车的发展综述　国外混合动力客车技术经多年发展，经历了从串联到并联再到混联的发展过程。如丰田 Coaster HEN 车型早期的串联系统、日野公司的 HIMR 并联系统、美国 Eaton 公司的并联系统、美国通用汽车公司的混联系统以及欧洲 BAE Systems 公司的混联系统等，都是具有代表性的产品。混联系统中，BAE Systems 公司的方案是采用行星齿轮机构和离合器，通过控制离合器、制动器和两个电机的工作状态，实现多种工作模式。通用汽车公司的混联方案是采用两套或三套行星齿轮机构和两个电机，通过湿式离合器和电机的控制，实现混合动力系统的工作状态切换和换档。

国内混合动力客车技术从“九五”开始起步，经过“十五”和“十一五”的发展，在混合动力客车开发方面取得了较大的进步，已有一汽、东风、金龙、金旅、福田、南车、中通、宇通和黄海等企业开发出混合动力客车样车和试运行产品。一汽客车的混合动力系统采用双轴并联结构。深圳五洲龙采用单轴双离合器混联结构动力总成和单轴双电机混联结构，属于混联、离合器耦合方式，通过控制离合器工作状态，实现串联工况与并联工况的转换。南车时代采用与 BAE Systems 类似的方案。湘潭电机公司、厦门金旅以及丹东黄海都采用混联、离合器耦合方式，通过离合器实现串联工况与并联工况的转换。从混合动力汽车的技术水平上来看，我国仍与国外有较大差距。最大的问题在于动力耦合传动模式方面没有重大突破，缺少性能优良的动力耦合执行机构，缺乏对关键零部件的控制和集成设计能力，国内各主流汽车企业在结构方案上几乎都采用变速器耦合或离合器耦合方式。相比之下，国外的动力总成系统方案较多，其混联方案多采用行星齿轮机构，其经济性改善效果也比较明显。因此，对国内汽车行业来说，迫切需要开发出性能优越、成本较低的混合动力总成。

（3）动力电池及管理系统的发展现状与趋势　现在混合动力汽车中应用最为广泛的是镍氢电池和锂电池，其中锂电池优势较大，许多国家竞相投入巨资大力发展动力锂电池技术。目前，全球生产汽车锂电池的大企业有 20 多家，A123、江森自控、LG 化学、东芝、日立和日本电气(NEC)等都先后生产电动汽车用锂离子电池系统。我国新能源汽车的电池产业起步较晚，目前生产厂家主要有中信国安盟固利、力神、星恒、万向、比亚迪和比克等，它们都已经建成了锂离子动力电池生产线并进行了小批量生产和装车试验。

由于钛酸锂为零应变材料，可以避免由于电极材料的伸缩而导致结构破坏，从而大幅度提高了锂离子动力电池的使用寿命。2008 年，Altairnano 公司开发的 1MW 钛酸锂储能电池系统，可输出 250kW · h 的能量，能量转换效率大于 90%。Enerdel 公司开发的锰酸锂-钛酸锂电池在温度 55℃、5C 充放电循环 2500 多次，容量几乎没有衰减。2009 年，东芝公司宣布将采用钛酸锂负极材料开发超级锂电池(SciB)，它具有快速充电、大电流工作性能(5min

可以充到 90% 的电量)，功率密度可以达到 3000W/kg，能量密度达到 50W · h/kg。盟固利动力科技有限公司于 2010 年开发出的 35A · h 储能电池，该电池循环寿命已接近 8000 次，可以 5C 倍率充放电，安全性能可靠。另外该公司已经开始开发混合动力汽车用的钛酸锂产品，该产品主要用于轻混和中混的 8A · h 电池和用于重混的 35A · h 电池。

(4) 车用电机及控制系统的发展现状与趋势　近年来车用驱动电机的永磁化已成为业界共识和现实的选择之一。主力车型中，混合动力轿车几乎全部采用了永磁同步电机，采用锂离子电池的纯电动轿车也基本采用了永磁同步电机。目前，车用永磁同步电机的功率范围涵盖了 9 ~ 90kW，匹配弱混、中混、重混等混合动力车型，及纯电动汽车等所有的车型。

目前，我国尚没有实现纯电动汽车或混合动力汽车的批量生产，也没有成熟可靠的车用永磁同步电机驱动系统供应商。电机驱动系统，特别是永磁同步电机驱动系统的主要研制单位均处在样机研制和小批量试制阶段，产品技术参数指标、工艺水平、产品一致性等方面与国外先进产品均存在明显差距。电机系统的安全管理、故障自诊断及故障运行管理需要有完善的检测装备及测试技术，以及高度可靠的控制技术，以满足整车产品的安全运行要求。

(5) 混合动力系统控制技术的发展现状与趋势　目前，控制策略主要有四种，即逻辑门限值控制策略、瞬时优化控制策略、全局优化控制策略和智能控制策略，其中逻辑门限值控制策略在实际商品化的混合动力汽车中得到了应用。实用化研究涉及最多的依然是基于规则的控制策略，其优点在于它的执行效率高，但不能保证车内能量流获得最佳匹配。基于判断规则的控制策略，分为恒温器控制策略和功率跟随控制策略两种，二者各有特点，发展趋势是将二者结合。其他控制策略目前还都处于研究阶段。控制策略的优化研究分为两大类：一类是对控制参数的优化，另一类是对动力系统效率的优化。

6.2.2　丰田 LS600hL 混合动力技术

丰田从 1995 年开始研发混合动力技术，随着 1997 年普锐斯的成功上市和在欧美市场的畅销，混合动力技术的环保优势逐渐显现。2005 年开始，丰田逐渐推出雷克萨斯 RX400h 和 GS450h 两款混合动力车型，2006 年推出 LS600hL，LS600hL 延续了新一代 LS 车系的设计。LS600hL 装载了一台最大输出功率为 290kW 的 5.0L V8 发动机，和一台峰值功率为 165kW 的电动机。由于这两个动力源是交替辅助工作，因此，实际最大综合功率为 327kW，发动机最大输出转矩为 520N · m，电动机的最大输出转矩为 300N · m。从静止加速到 100km/h 只需 6.4s，从 80km/h 加速到 120km/h 只需 4.3s。动力电池组电压为 288V。车辆起步和低速行驶时由电动机提供动力，不需要起动发动机，如图 6-2 所示。

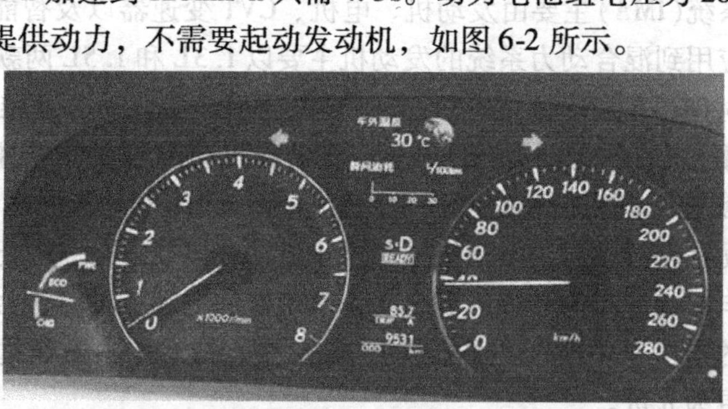

图 6-2　车辆起步和低速行驶时不需起动发动机

LS600hL 是搭载 V8 混合动力发动机的全驱车型。LS600hL 的混合动力系统是以 5L V8 汽油发动机为基础，配合高输出的电机组和电压为 288V 的大容量电池组共同组成的。LS600hL 的混合动力系统使用 288V 镍氢电池组，安装在后座后面，该电池箱还包括 12V 辅助电池，为音响导航和其他系统提供动力。电力系统还包括升压和交流/直流变换器，由 ECU 控制。LS600hL 的动力系统使用两个电机 MG1 和 MG2，既可作为电动机也可作为发电机。其中 MG1 用作起动电机，不提供驱动力。MG1 由发动机驱动时作为发电机发电，可以给电池组充电，或在需要时给驱动电机 MG2 提供动力。LS600hL 变速驱动桥如图 6-3 所示，MG1 和 MG2 是其核心。

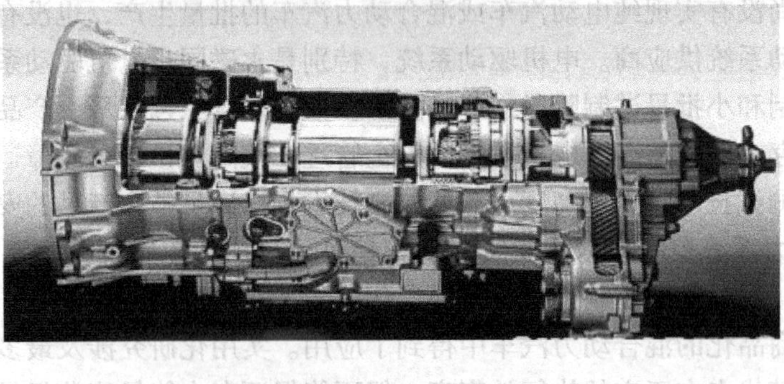

图 6-3　LS600hL 变速驱动桥

LS600hL 的关键部件是一个起动力切换作用的双向差速式行星齿轮机构，动力通过两条路线在发动机、发电机、驱动电机和输出轴之间相互传递，实现发动机单独驱动及发电、电机单独驱动、制动能量回收和混合驱动等各种工况切换。在动力输出端安装有两级行星齿轮减速机构，低速档起到了增加转矩的作用，使得驱动电机尺寸可以大大减小，即使后面加上了提供全时四驱功能的托森差速器，整套混合动力传动系统的体积也非常紧凑。

6.2.3　本田混合动力技术

本田混合动力系统(Integrated Motor Assist，IMA)于 1997 年首次面世，并广泛运用在 Insight、思域、第 7 代雅阁、飞度以及 CR-Z 等车型上，如图 6-4 所示。目前，本田 IMA 已经发展至第 5 代产品，但基本设计思路与理念还是一脉相承的，即是以发动机提供动力为主，电机作为辅助动力的混合动力结构，特点是结构设计简单、重量轻、布局紧凑。

本田混合动力系统(IMA)主要由发动机、电机、CVT 变速器以及智能动力单元(IPU)四部分组成。其中，应用到混合动力系统的发动机主要以 1.3L 和 1.5L 两款自然吸气四缸发动机为主，曾经也有 3.0L V6 发动机 +144V 电机的组合用于混合动力版雅阁车型。电机则是三相超薄型 DC 无刷电机，作为动力辅助装置，安装在发动机与 CVT 变速器之间。

本田 IMA 系统实现纯电动行驶的前提是闭缸技术，因为发动机曲轴与电机是连在一起的，当车辆以纯电动状态行驶时，发动机虽然停止供油，但气缸与曲轴仍保持运转，或多或少会消耗电能。而丰田、日产等品牌的混合动力系统以纯电动行驶时，会通过行星轮或离合器将发动机与电机的连接“中断”，对电能的消耗更少，技术比本田通过可变气缸管理系统所实现的闭缸技术更为先进。

智能动力单元(Intelligent Power Unit，IPU)由一个动力控制单元(Power Control Unit，

图6-4　本田混合动力系统(IMA)应用车型

PCU)、一组高性能镍氢电池和一个制冷单元组成。汽油机和电机布置在车的前部，智能动力单元布置在车的后部。

按照混合动力系统中混合度分类，本田IMA系统属于中度混合动力，电机可以与发动机共同驱动车辆行驶，并在一定条件下可实现纯电动行驶。虽然从技术层面来看不及采用重度混合动力系统的丰田系列车型先进，也无法实现相对较长距离的纯电动行驶，但本田IMA系统的结构简单、紧凑，制造成本相对较低，对车内空间占用较少而且对整车重量影响不大。

本田IMA一共有5种工况模式：

1）起步加速工况、急加速以及高速行驶工况时，发动机与电机共同工作，可以提升车辆的动力性能。

2）低速行驶时，发动机气缸关闭，车辆能进行全电力驱动，但速度不能高于约40km/h。

3）普通加速工况时，完全由发动机驱动，电机退出工作，并用发动机的动能进行充电。

4）减速制动时，发动机停止工作，车辆进行能量回收，为电池组充电。

5）怠速时，发动机也会自动停止工作，从而降低油耗，当然，此时车辆的空调系统也将不会提供冷气，而只是送风。

1. 本田思域混合动力

本田思域混合动力是采用并联式混合动力的典型车型，其布置如图6-5所示。并联式混合动力(Parallel Hybrid Electrical Vehicle, PHEV)以发动机作为主要动力，电机作为辅助动力，主要以发动机驱动行驶。利用电机所具有的在起动时即可产生强大动力的特征，在汽车起步、加速等发动机燃料消耗较大时，用电机辅助驱动来降低发动机油耗。这种方式结构简单，只是在传统汽车上增加电机和电池。思域混合动力工作过程如下：

图6-5 思域混合动力系统布置

1）车辆静止，发动机自动停止，零燃油消耗和零排放。当驾驶人释放制动踏板时发动机自动起动。

2）起步加速时，发动机采用低速模式，电动机辅助加速。

3）缓慢加速时，发动机处于低转速状态驱动汽车行驶。

4）当车速巡航在40km/h左右时，只靠辅助电机驱动行驶。

5）加速时，发动机低速运转，电机辅助加速。

6）急加速时，发动机高速运转，电机辅助加速。

7）高速巡航时，发动机运转在低速模式驱动车辆行驶。

8）减速时，IMA电池充电，发动机停止动力输出。

思域混合动力的核心部件包括超薄DC无刷电机、双螺杆混合动力空调压缩机、内装控制装置的蓄电池。电池内置动力控制单元（PCU），在电池内部设计了单独的通风和减振系统，保证电池具有良好的可靠性。全新智能动力单元（IPU）体积更小，由上一代的68L减小到59L，而重量还维持在55kg，但输出却提升了1.5倍。大功率镍电池的存储量提高了30%。图6-6（见书后彩插）所示为智能动力单元。

空调系统采用混合动力双涡轮压缩机，由电机及发动机联合或单独驱动。当发动机停机时由电动机驱动，如果需要快速制冷则发动机和电机共同驱动，当车内温度达到恒定时由电机驱动。混合动力空调系统提升了驾驶舒适性和燃油经济性。

2. 本田全新混合动力系统

相比略显落后的IMA混合动力系统，本田推出了全新混合动力系统。它根据集成电机数量的差异，从单电机到三电机分别是i-DCD（Intelligent Dual-Clutch Drive）、i-MMD（Intelligent Multi-Mode Drive）、Sport Hybird SH-AWD混动系统。从该混合动力的原理看，它依然属于并联混合动力系统。

1）i-DCD混动系统。i-DCD混动系统适用于紧凑级车型，该系统用于飞度混合动力车型。根据日本JC08工况法检测，油耗为2.7L/100km，相比目前的IMA车型，加速性能提升15%以上，节油效果达30%以上。

i-DCD混动系统采用1.5L阿特金森循环发动机和集成电机的7档双离合变速器。阿特金森循环发动机采用了VTEC和VTC技术、高效冷却废气再循环系统、电动空调和电动水泵等。

2）i-MMD混动系统。i-MMD混动系统适合中型车，雅阁即采用了该系统。雅阁混合动力车型由发动机和电动CVT组成，如图6-7所示。该车型可实现三种驾驶模式（纯电动、混合驱动和发动机驱动），可支持转变为外插电式混合动力系统。

该系统依旧由直列四缸阿特金森循环汽油发动机和电机构成驱动单元，但与之前的i-DCT所不同的是i-MMD采用了排量更大的2.0L发动机。然而，如果让电机的功率变得更大，那么电机的尺寸也会随之变大，相应的还需要为车辆配置更大的电池组，这与轻量化和追求操控性能的研发理念相悖。为了解决这一问题，本田工程师提出了双电机混合动力系统方案。

3）Sport Hybird SH-AWD 混动系统。Sport Hybird SH-AWD 混动系统适合大型车。讴歌 RLX 配置了该系统，它通过 V6 3.5L 发动机和 3 个大功率电机一起实现超过 V8 发动机的动力性和相当于四缸发动机的燃油经济性。

图 6-7　本田雅阁 i-MMD 混动系统

本田针对大型车设计搭载 3 电机的全时四驱混合动力系统 SH-AWD。该系统以 V6 发动机与 3 台高功率电机组合而成。SH-AWD 系统前置一台 3.5L V6 汽油直喷发动机与 1 台装载于 DCT 7 速变速器中的电机相结合驱动前轮，另外两台电机装载于两个后轮上并驱动后轮，从而实现全时四驱。

6.2.4　通用混合动力技术

通用汽车公司采用双模混合动力技术（Dual-mode 或 2-mode Hybrid）。虽然与丰田和本田的研发理念不同，但通用汽车的双模混合动力系统依旧采用了两组电机，如图 6-8 所示。当处于低档位时，第一台电机会将动力传递给第二台电机，然后由它们与发动机一同向车辆传递动力；在重载或处于高档位时，发动机依旧处于运转状态，这与丰田和本田混合动力系统可关闭发动机或减少工作气缸数的技术不同。通用双模混合动力系统应用的典型是凯雷德越野车。图 6-9（见书后彩插）所示为凯雷德混合动力系统在车上的布置，图 6-10 所示为凯雷德混合动力系统，图 6-11 所示为通用混合动力系统驱动模式显示屏。

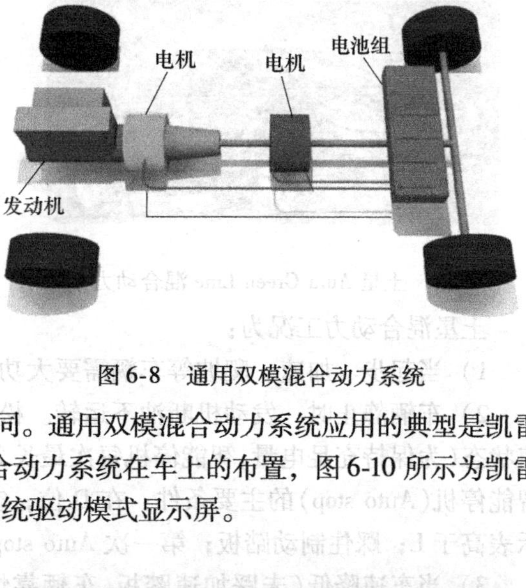

图 6-8　通用双模混合动力系统

图 6-10　凯雷德混合动力系统

图 6-11　通用混合动力驱动模式显示屏

车辆加速时，第一台电机并不会向车轮传递动力，而第二台电机还是以发动机的工作模式为电池组充电；车速进一步提升后，第一台电机开始将电能传递给第二台电机，同时第二台电机停止向电池组充电，并与发动机一起驱动车辆。

早在2007年，通用就推出了混合动力车型土星 Aura Green Line，如图6-12所示。该车型配备了通用汽车研发的BAS混合动力技术。该技术是集带传动起动和发电两种技术于一身的轻度混合动力技术，对现有内燃机汽车的改造成本最低，且效果比较明显，能够满足当前市场对混合动力技术应用的需求。BAS混合动力系统能够在停车时及时关闭发动机，减速时及早中断发动机燃油，加速时由2.4L Ecotec VVT发动机和36V电压驱动的电机作为混合动力源。通用的这套混合动力系统能通过运转电机提供更强的动力，它还能进行再生制动能量的回收。因此，降低了车辆的燃油消耗。图6-13所示为土星 Aura Green Line发动机和镍氢电池组，图6-14(见书后彩插)所示为混合动力系统布置。

图6-12 土星 Aura Green Line 混合动力车型

图6-13 土星 Aura Green Line 发动机和镍氢电池组

土星混合动力工况为：

1）当起步、加速、爬坡等车辆需要大功率输出时，电机辅助驱动车辆。

2）车辆静止时，发动机断油不运转。松开制动踏板瞬间，发动机自行起动并恢复至怠速状态(为保持充足电量,智能停机每次最长2min。到达2min后,发动机即自动起动)。实现智能停机(Auto stop)的主要条件：在D位；空调在OFF或ECO模式下；电池电量(SOC)指示表高于L；踩住制动踏板；第一次Auto stop之前，最高车速大于20km/h。

3）当车速降低(未踩加速踏板,车辆靠惯性滑行或车辆制动时)，燃油供应自动切断，电机作为发电机发电，为镍氢蓄电池充电，实现能量回收。当车辆降低至一定车速或再次踩下加速踏板，发动机将自动起动，恢复至正常燃油状态。在进行能量回收时，车辆处于断油状态，即瞬时油耗为零，此时ECO指示灯会自动亮起。而每当车辆的瞬时油耗小于4L/100km时，ECO指示灯也会亮起，指示灯亮起的频率越高、持续时间越长，表示车辆越省油。通过观察ECO指示灯，可以帮助驾驶人养成良好的驾驶习惯。

4）发动机运转时，电机作为发电机发电，为镍氢蓄电池充电。匀速行驶或重新踩加速踏板时，产生的多余能量被回收。镍氢蓄电池会在能量回收和智能充电这两种情况下自动充电。此外这套混合动力系统还被设计成可满足其他附属功能的需要，包括车辆停下时空调的运转。

上海通用在国内推出的君越混合动力车型也同样采用了该混合动力系统，厂家资料显示，其和非混合动力车型相比，油耗和排放都可降低 15%。因此即使采用轻度混合，效果也不错。

6.2.5　F1 赛车 KERS

F1 赛车动能回收系统(Kinetic Energy Recovery Systems, KERS)的基本原理是通过技术手段将车身制动能量存储起来，并在赛车加速过程中将其作为辅助动力利用。KERS 组成和在赛车上的安装位置如图 6-15 所示。

图 6-15　F1 赛车动能回收系统组成

为了解决汽车工业发展中所遇到的节能与环保等问题，各汽车公司默认的发展思路是先从混合动力入手，然后向氢动力或纯电动过渡。F1 赛车也适时推出了动能回收系统。因为，目前 F1 的技术发展方向已经与社会脱节。过去，F1 赛车被认为是汽车工业的试验田、先进民用技术的发源地；而现在，随着技术发展趋势的变化，它的这项功能已越来越弱。在这种情况下，改革势在必行，而且刻不容缓。KERS 正是 F1 顺应这一社会趋势，保持先进性迈出的第一步。

为了鼓励和推动 KERS 技术的发展，国际汽联(International Auto Federation, FIA)给予车队充足的发挥空间。在 2008 年 7 月 11 日发布的 2009 版 F1 技术规则中，国际汽联只对

KERS几项技术指标做了规定，其余所有环节都是开放的。按照当时国际汽联主席马克思·莫斯利(Max Mosley)的说法，KERS的发展几乎不受限。2009年F1规则中关于KERS的规定有：

1）KERS的最大输出和输入功率不得超过60kW，每圈的能量释放总量不得超过400kJ。

2）赛车在进站加油的过程中，不得向KERS系统增加能量存储。

3）赛车发动机、变速器、离合器、差速器和KERS及所有的相关机构，必须由FIA指定的ECU供应商提供的ECU控制(即迈凯轮提供的标准ECU)。

在FIA宽松的规则框架下，存在两种技术原理的KERS系统：飞轮动能回收系统和电池-电机动能回收系统。

（1）飞轮动能回收系统　该系统是雷诺采用的技术方案。2007年，受雷诺汽车公司的支持，雷诺F1车队的两位工程师乔恩·希尔顿和道格·克罗斯离开总部恩斯托(enstone)专门在银石组建了一家名为“Flybrid Systems LLP”的公司。Flybrid是飞轮(Flywheel)和混合动力(Hybrid)的组合词。该公司在2007年年中开发出了一套高效率的飞轮动能回收系统，如图6-16所示。该系统结构紧凑，长30cm，质量24kg。

图6-16　飞轮动能回收系统

图6-17所示为飞轮动能回收系统原理，图6-18所示为飞轮动能回收系统结构。系统由一套高转速飞轮、两套固定传动比齿轮组、一台CVT无级变速器和一套离合器构成(离合器2)，其中无级变速器由Torotrak公司提供，Xtrac公司负责传动系统制造。系统工作过程如下：

当赛车在制动过程中，车身动能会通过无级变速器传入飞轮，此时处于真空盒中的飞轮被驱动，高速旋转储存能量。而当赛车直线行驶时，飞轮储存的能量可以通过无级变速器释放，并在主变速器的输出端和发动机动力汇合后，作为推动力传递给后轴。整套系统结构简单紧凑，由标准ECU的配套程序进行控制。

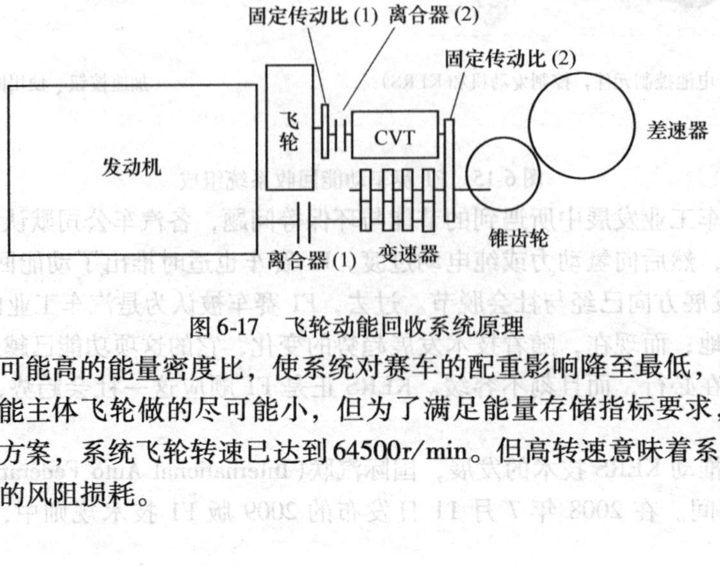

图6-17　飞轮动能回收系统原理

为了达到尽可能高的能量密度比，使系统对赛车的配重影响降至最低，采用飞轮动能回收方案需要将蓄能主体飞轮做的尽可能小，但为了满足能量存储指标要求，Flybrid公司采用了提高转速的方案，系统飞轮转速已达到64500r/min。但高转速意味着系统会产生巨大的热量和面临巨大的风阻损耗。

希尔顿和克罗斯最终决定将飞轮包装在一个真空盒内部。按照该公司的说法，内部气压可达 1×10^{-7}Pa。将飞轮置身真空盒的确可以解决发热和风阻损耗的问题，但如何防止轴承在向飞轮输入和输出动力的过程中，气密性不被破坏呢？两位工程师发明了创新的轴密封技术。

图 6-18 飞轮动能回收系统结构

图 6-19 所示为飞轮动能回收系统采用的无级变速器，图 6-20 所示为系统使用的高速飞轮，由碳纤维和钢制造，质量 5kg。

Flybrid 公司飞轮动能回收系统的优点有制造成本低、效率高、结构简单、体积紧凑、重量轻、工作温度范围广、安全稳定、寿命长、可重复使用和环保。飞轮动能回收系统与电池-电机动能回收系统相比有如下优势：

图 6-19 飞轮动能回收系统采用的无级变速器

图 6-20 飞轮动能回收系统使用的高速飞轮

1）功率相同，飞轮动能回收系统的尺寸和重量只有电池-电机动能回收系统的一半。

2）功率相同，成本只有电池-电机动能回收系统的 1/4。

3）采用常规制造材料，易回收。

飞轮动能回收系统的不足主要是转矩输出小和能量存储有限。

（2）电池-电机动能回收系统 电池-电机动能回收系统即常说的油电混合动力系统，该系统是主流方案，很多公司都采用该系统。该系统技术原理与前面介绍的丰田混合动力、本田混合动力、通用混合动力等充放电技术原理相同，但技术和运行程序较复杂，效率也更高。

电池-电机动能回收系统面临的第一个问题是电池的技术瓶颈。目前，大多数油电混合动力车型仍然采用的是镍氢电池，这种电池虽然技术成熟，但是弱点也非常明显，即能量密度和功率密度低。丰田普锐斯的电池为保证使用寿命，充电幅度不能大于 80%。虽然 F1 赛车的电池可能不需要考虑像民用车一样的长寿命，但这个充电幅度已经是镍氢电池的极限了。

因此，现在各大汽车公司都将目光转向锂电池，几乎所有选用电池-电机动能回收系统的F1车队都使用锂离子电池。对于F1赛车来讲，使用锂电池的技术瓶颈主要有：

1）如何简化管理。为了满足汽车行驶的需求，锂电池需要采取蓄电池组的形式进行链接以获得更高的电压。但因锂电池允许的放电电压幅度区间小，因此必须对电池组电压、电流和温度进行严密监控。与镍氢电池不同，锂电池不能进行统一管理，而是需要对每个电池进行单独监控，因此，系统复杂，成本较高。

2）锂电池对电化学过程的温度敏感，必须在25～40℃才能发挥最大作用。温差大于5℃不仅会影响其性能，还会缩短使用寿命。民用车上，工程师拿出的解决方案是专设一个水循环来保持电池的工作温度，但如此一来就增加了电池的重量。这对于在质量能量比上，本来就处于劣势的电池-电机动能回收系统（相对于飞轮动能回收系统）无异于雪上加霜。

电池-电机动能回收系统面临的另一难题是安全，包括：

① 自燃危险。锂离子电池本身是很不安全的，如果温度过高，比如当充电过量时，将导致电池内混合材料自燃。解决这一问题需要寻找新的电极材料，但这又会陷入恶性循环，导致成本增加。

② 高电压。FIA有关KERS规则部分没有对系统的工作电压作限制，但FIA规定，除KERS外，赛车各电路的额定电压不得超过DC17V。这使得很多车队为了提高输出功率，会采用较高电压。但高压意味着高危险。

③ 安装位置。对电池-电机动能回收系统来说，必须考虑电池应该安装在什么位置合适。首先，为了保持电池不出现泄漏，各队都决定采用能承受高能量冲击的外壳包装。其次，为了尽可能地避免在撞击中受到挤压，很多车队计划将其安置在油箱底部边缘。但即便如此，也不能保证100%安全。

3）如何实现高质量功率比、高质量能量比。电池-电机动能回收系统面临的第三个难题是如何实现高质量功率比。即使是在民用车上，油电混合动力系统仍面临着体积和质量大等问题，这一问题主要是针对电池。即使使用高能量密度的锂电池能有效降低系统质量，但宝马的KERS质量也有40kg左右，而Flybrid公司的飞轮动能回收系统只有24kg左右。

电池-电机动能回收系统的主要优点有输出转矩大、能量释放便于控制、技术成熟以及有民用车研发经验作为参考。另外，由于电池技术对未来汽车工业极为重要，因此F1电池-电机动能回收系统在电池方面的研究，对未来汽车工业的贡献极大。

电池-电机动能回收系统的不足有系统体积大、对F1车身布局和配重均带来较大的冲击、安全隐患多、成本高和电池对环境污染大等。

6.2.6 比亚迪混合动力技术

比亚迪最早推出的混合动力车型是F3DM，截至目前，上市销售的比亚迪混合动力车型还有e6和“秦”。

1. 比亚迪F3DM混合动力技术

2008年12月15日，比亚迪F3DM正式上市。F3DM使用比亚迪第一代双模混合动力技术（DM Ⅰ），1.0L发动机的最大功率为50kW，电机M1是25kW，M2是50kW。在急加速时，M1、M2两个电机同时高负荷运转，0～100km/h加速时间为10.8s。纯电动行驶就需要大电池，它的电池比丰田普锐斯重250kg。电池的瞬间功率可以超过100kW，瞬间放电电流可达800A。图6-21所示为比亚迪第一代混合动力系统。

2. 比亚迪混合动力系统电池技术

比亚迪混合动力系统采用磷酸铁锂电池，磷酸铁锂电池的全名是磷酸铁锂锂离子电池，使用磷酸铁锂($LiFePO_4$)材料作为电池正极。这种电池是2002年后推出的产品，是锂离子电池家族的新成员。

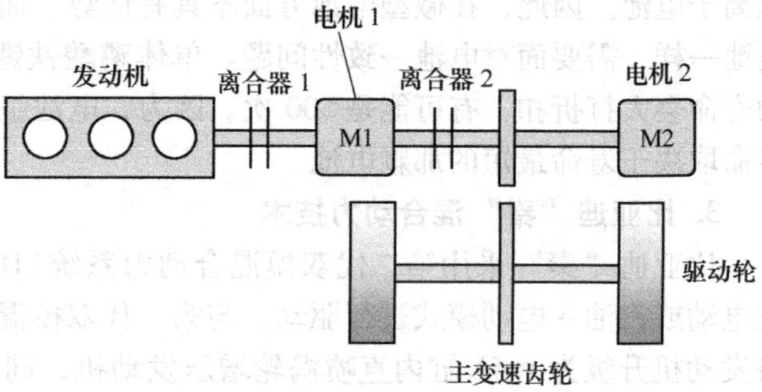

图6-21 比亚迪第一代双模混合动力系统(DM Ⅰ)

磷酸铁锂电池是一种可充电电池，其容量高、输出电压高，具有良好的充放电循环性能、电化学稳定性能，使用安全、工作温度范围宽，对环境无污染等，特别在大放电率放电(5～10C放电)，放电电压平稳安全，是目前最好的大电流输出动力电池。

磷酸铁锂电池的内部结构如图6-22所示。图中左边是橄榄石结构的$LiFePO_4$作为电池的正极，由铝箔与电池正极连接，中间是聚合物的隔膜，它把正极与负极隔开，但锂离子(Li +)可以通过，电子(e-)不能通过，右边是由碳(石墨)组成的电池负极，由铜箔与电池的负极连接。电池的上下端之间是电池的电解质，电池由金属外壳密闭封装。

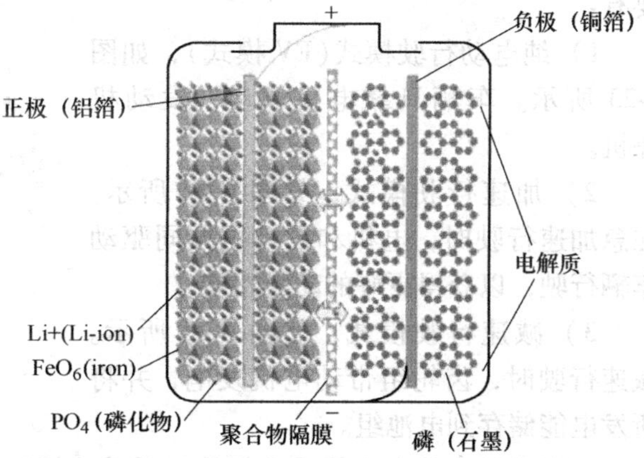

图6-22 磷酸铁锂电池结构

磷酸铁锂电池在充电时，正极中的锂离子(Li +)通过聚合物隔膜向负极迁移；在放电过程中，负极中的锂离子(Li +)通过隔膜向正极迁移。锂离子电池就是因锂离子在充放电时来回迁移而命名的。

磷酸铁锂电池是用来做锂离子二次电池(又称充电电池,是指在电池放电后可通过充电的方式使活性物质激活而继续使用的电池)，现在主要方向是动力电池，相对镍氢和镍镉电池有很大优势。

1）安全。磷酸铁锂的安全性能是目前所有材料中最好的，使用磷酸铁锂做电池，不用担心爆炸问题的存在。

2）稳定性高。包括高温充电的容量稳定性好、储存性能好等。

3）绿色环保。磷酸铁锂电池不含任何重金属与稀有金属(镍氢电池需稀有金属)，无毒，无污染，符合欧盟RoHS规定，为绝对的绿色环保电池。

4）价格便宜。目前市场上的锂离子电池正极材料主要是氧化钴锂($LiCoO_2$)，另外还有少数采用氧化锰锂($LiMn_2O_4$)及氧化镍锂($LiNiO_2$)作正极材料的锂离子电池，一般将后两种正极材料的锂离子电池称为锂锰电池及锂镍电池。采用$LiFePO_4$正极材料做成的锂离子电池应是最便宜的。

磷酸铁锂电池的缺点主要有低温性能差，正极材料振实密度(指在规定条件下容器中的粉末经振实后所测得的单位容积的质量)小，等容量的磷酸铁锂电池的体积要大于钴酸锂等锂离子电池。因此，在微型电池方面不具有优势。而用于动力电池时，磷酸铁锂电池和其他电池一样，需要面对电池一致性问题。单体磷酸铁锂电池寿命目前超过2000次，但电池组的寿命会大打折扣，有可能是500次。因为，电池组由大量单体电池串并而成，电池组整体寿命取决于寿命最短的那颗电池。

3. 比亚迪“秦”混合动力技术

比亚迪“秦”采用第二代双模混合动力系统（DM Ⅱ），属于并联模式，即系统可以以纯电动或汽油+电动模式进行驱动。与第一代双模混合动力系统（DM Ⅰ）相比，DM Ⅱ系统将发动机升级为1.5L缸内直喷涡轮增压发动机，同时采用了6速干式DCT双离合变速器，系统电压由330V提升到500V。

比亚迪“秦”混合动力工作模式主要有：

1）纯电动行驶模式（EV模式），如图6-23所示。车辆只靠电机驱动，发动机停机。

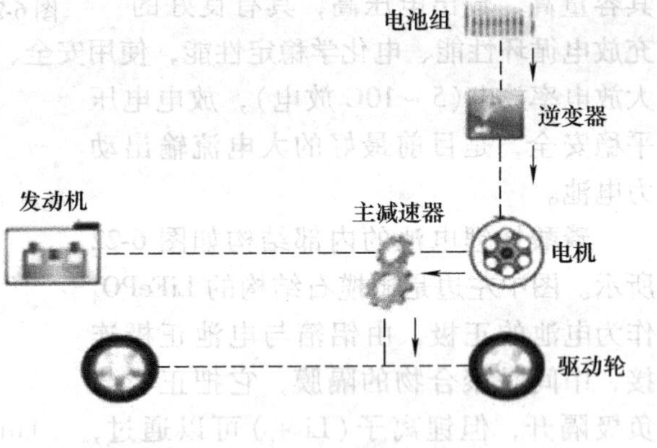

图6-23　纯电动行驶模式

2）加速行驶模式，如图6-24所示。在急加速行驶时，电机和发动机共同驱动车辆行驶，以获得更好的动力性能。

3）减速行驶模式，如图6-25所示。减速行驶时，齿轮组带动电机发电，并将所发电能储存到电池组。

可以通过中控台上模式选择旋钮手动选择纯电动模式（EV模式）或混合动力模式（HEV模式）。

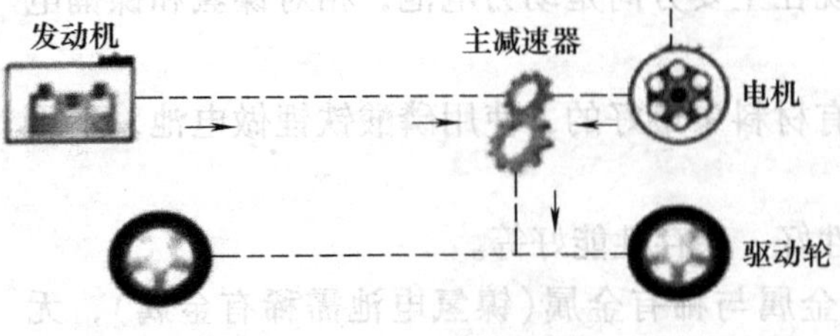

图6-24　加速行驶模式

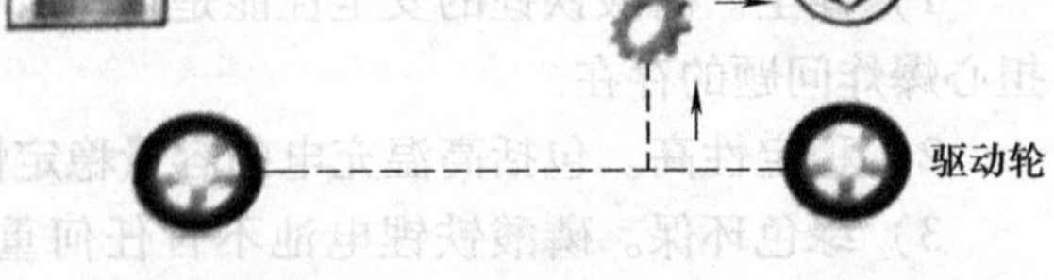

图6-25　减速行驶模式

DM Ⅱ将DM Ⅰ中的双电机变为了单电机，这台全新的高转速、大功率电机的最高转速为12000r/min，最大功率110kW，最大输出转矩200N·m。在纯电动模式下，它可以驱动车辆行驶50km，最高车速可达150km/h。它同时还可作为一台发电机，在车辆减速和制动时回收能量并给电池组充电。此外，DM Ⅱ与DM Ⅰ相比还有以下变化：

1）第二代DM动力总成的动力输出达到甚至超越3.5L自然进气发动机的水平。

2）第二代 DM 系统采用比亚迪最新开发的铁电池技术。这种新型的铁电池在体积能量密度、质量能量密度以及最大充放电能力上都比第一代 DM 系统采用的有所提高。

3）第二代 DM 系统的电动机控制器体积更小、重量更轻、效率及防护等级更高。

4）第二代 DM 系统的电源管理器采用分布式电池管理系统，体积更小、重量更轻。所谓分布式系统就是在每个电池单体上集成电池信息采集器，由电池管理模块对电池统一进行能量管理、充放电管理以及高压安全管理。

6.2.7　沃尔沃可充电混合动力技术

沃尔沃于 2007 年法兰克福车展展出了 C30 增程式电动车，并于 2011 年在美国向世界展示纯电动车实车碰撞结果。在 64km/h 正面碰撞的条件下，C30 电动车碰撞后蓄电池和电气系统中的电缆完好无损，可以有效保护乘客免受伤害。C30 的充电过程比较简单，电压要求在 110 ~ 230V 之间，如果电流能达到 16A，充满电的时间低于 8h，如果电流为 10A，充电时间为 10h。而且不需要特殊的改装电路，普通家用电就可以。充满电的 C30 可以行驶 150km 以上。此外，C30 电动车也保持了杰出的动力表现，0 ~ 70km/h 加速仅需 5.9s，最高时速可达 125km/h。

2011 年，C30 量产超过 250 辆。2012 年 7 月 20 日，在上海国际汽车城“电动 E 年来”周年庆典活动上，15 辆沃尔沃 C30 纯电动车正式交付上海电动汽车国际示范区，并成为示范区“电动 100”实路测试项目的首支试驾车队。在同日举办的“新动 2012 第四届中国新能源汽车盛典”活动中，沃尔沃 C30 纯电动车以世界级安全和综合性能荣获“2012 最佳电动车型”大奖。

C30 增程电动车技术特点：

1）每个车轮都有独立的电机。4 个轮毂电机为每个车轮提供独立的牵引力，当蓄电池电量低于设定值时，1.6L 汽油发动机将会带动额外的发电机来为轮毂电机提供动力，即发动机不直接驱动车轮，而仅仅是发电。

2）发动机作为电力的辅助动力。当蓄电池电力不足以满足当前的行驶状况时，辅助动力单元（Auxiliary Power Unit，APU）就会介入。APU 的作用是将电力分配到每个车轮的轮毂电机，而附加的发动机为 APU 提供电力。APU 除了对动力进行最佳控制外，还会控制排放。

3）驾驶人可以选择动力源。当蓄电池的电力消耗量达到 70% 时，汽油发动机就会自动起动。驾驶人也可以通过仪表板上的按钮人工起动发动机。例如，在高速公路上行驶时，为了保证电量能维持到目的地，驾驶人可以提早起动发动机来对电池进行充电。

4）设计独特的电机。每个车轮均有一个单独的轮毂电机，重力分布、机械效率以及牵引控制都被最优化。由于没有传动系统，机械齿轮的摩擦被消除，也没有变速杆。传统的制动系统被电子制动系统取代，这将最大限度地减少制动时的动力摩擦消耗，而且当制动时，产生的能量还被传输到蓄电池存储。图 6-26（见书后彩插）所示为 C30 电动车动力系统布置。

1. 轮毂电机的工作原理

由于电机直接安装在车轮内部，从而减少了传动机构，相应也减少了 10% ~ 20% 的能量损失。一个带有一系列独立控制电磁铁的内盘片安装在轮胎轴承上，这些电磁铁会根据通过电流的大小产生强弱不等的磁场。在这些电磁铁外面是带有永磁体的外圈。根据驾驶人踩踏板的程度，内盘片中的电脑会迅速切换电磁铁的极性，排斥或者吸引永磁体。电磁铁极性的改变速度越快，则电机带动车轮旋转的速度也越快。

但最大的困难在于如何控制四台独立的电机保持动作一致，假如其中一台旋转稍快，汽车就会出现危险情况。另一个需要改进的是控制软件。

2. 工作情况

1）电量充足，不需要起动发动机，靠电池组向轮毂电机提供驱动车辆行驶所需的电力，如图 6-27 所示。

2）车辆行驶过程中，如果电池组电量低于 70%，发动机起动，带动发电机发电，并向轮毂电机提供电力，如图 6-28 所示。如果车辆所受负荷不大，剩余电量向电池组充电。

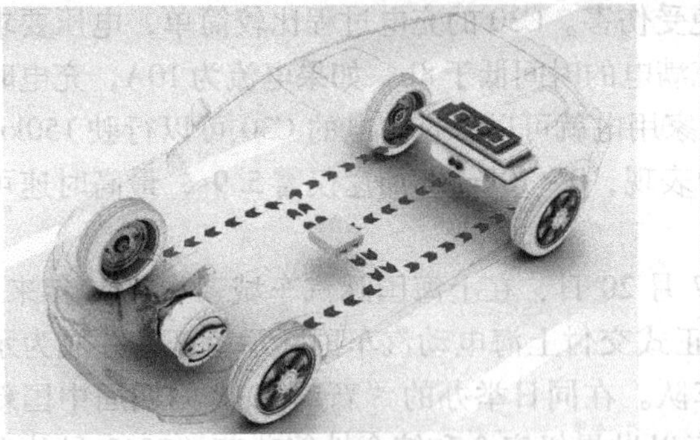

图 6-27　电池组提供行驶所需电力

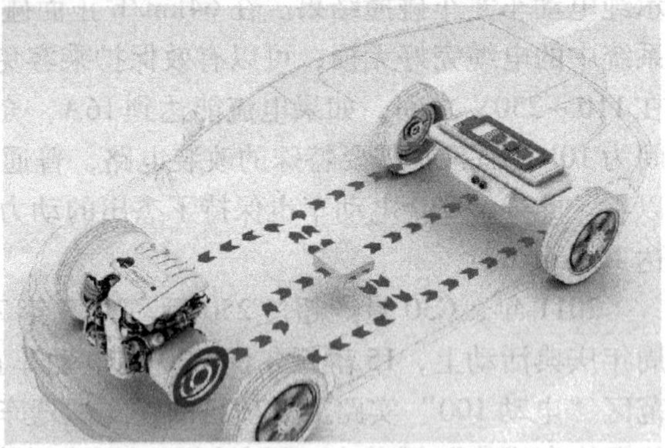

图 6-28　发动机提供行驶所需电力，并向电池组充电

3）当减速行驶时，轮毂电机作为发电机使用，并向电池组充电，如图 6-29 所示。

3. 沃尔沃 V60 插电混合动力

2011 年，沃尔沃汽车公司推出了世界上首款柴油混合动力车型 V60 Plugin。V60 Plugin 通过小排量柴油机向四台轮毂电机供电。

V60 插电式混合动力的前轮由一款 2.4L 5 缸 D5 涡轮增压柴油机驱动，输出功率 160kW，最大转矩 440N · m。后桥采用 ERAD 式电力传动，配有一台 52kW 的电机，由 12kW · h 的锂离子电池组供电。该款车配备六速自动变速器。驾驶人可通过中控台上的三个按钮纯电动(Pure)、混合动力(Hybrid)和柴油动力(Power)选择想要的行驶模式。柴油机和电力之间的配合由控制系统处理。

V60 插电式混合动力工作模式：

1）在纯电动模式下，车辆以电机驱动行驶。如果电池使用回收能量充电，行驶里程可达 50km，CO_2 排放为零。

2）混合动力是汽车起动时的默认模式。柴油机与电机相互配合提供驾驶乐趣与低环境影响之间的最佳平衡。CO_2 排放为 49g/km，柴油机油耗为 1.9L/100km。车辆总续驶里程可达 1200km。

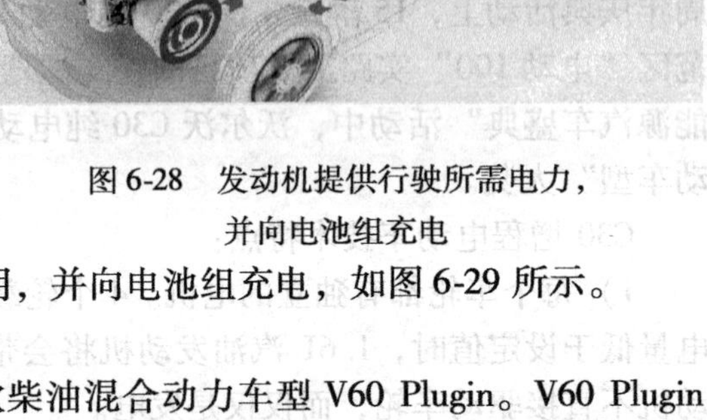

图 6-29　能量回收

3）在柴油动力模式下，对技术进行了优化，使汽车能达到最好的动力性能。柴油机和电机动力组合输出功率达210kW，最大转矩(440＋200)N·m。电机快速的转矩传递使汽车0～100km/h加速时间仅为6.9s。

除三种行驶模式之外，V60插电式混合动力车还有很多其他优点。驾驶人可以选择节省蓄电池电量的行驶模式，以保证在需要时可用清洁电力行驶，如在市区。为使蓄电池保持充足的电量，汽车可采用柴油机驱动。按下中控台上的AWD按钮就可激活电动四轮驱动。该车没有采用传统AWD的机械式动力传输，而是由中央控制器来管理柴油机驱动的前轮和电动后轴的转矩分配。驾驶人可通过汽车的设置菜单，输入计划的路线距离，控制系统会自动计算柴油机和电力驱动之间的平衡，以达到给定距离下尽可能低的CO_2排放。

沃尔沃V60插电式混合动力车可用家里或停车场中普通的电源插座(230V/6A,10A或16A)来充电，充电时间取决于电流的大小。用10A电流给电池充满电需要4.5h，使用16A可缩短至3h，如用6A则需要7.5h。为了增加舒适性，驾驶人可以选择在充电时给车内预热或制冷，这还意味着有更多的蓄电池电量可用来驱动车辆。这种预设可通过一个定时器编入汽车的设置菜单或通过手机远程设置。图6-30(见书后彩插)所示为V60插电式混合动力车。

4. 沃尔沃混合动力货车

由沃尔沃货车公司所生产的FE混合动力货车已经在特定的范围内开始销售，该款混合动力货车最高节油效果达30%左右，特别适用于市区配送以及环保垃圾清运的工作。这种混合动力技术特别适合在人口稠密的城市运输，因为在城市行驶过程中经常需要频繁起动和制动，而混合动力技术能够更好地实现油电之间的自动切换以达到节油目的。

沃尔沃FE混合动力货车能够减少CO_2排放15%～20%，其距离环保节油的目标越来越近，与传统的燃油货车相比有明显优势。据了解，2013年沃尔沃会从规定车型内试产约100辆混合动力货车，并且将会在特定的欧洲市场上向相应的用户销售。图6-31所示为沃尔沃混合动力货车。

图6-31 沃尔沃混合动力货车

6.3 燃料电池汽车

重点掌握
- 国内外燃料电池的发展现状
- 本田燃料电池车辆技术

6.3.1 燃料电池技术

在众多的新能源汽车中，燃料电池汽车因其具有零排放、效率高、燃料来源多元化和能源可再生等优势而被认为是未来汽车工业可持续发展的重要方向，是解决全球能源问题和气候变化的理想方案。因此，世界主要国家和组织投入大量资金用于燃料电池汽车关键技术研究。目前，国际燃料电池汽车现已进入技术与市场示范阶段。在国际竞争日趋激烈的环境中，随着技术研发和试验考核不断深入，我国燃料电池汽车面临着发展后劲不足、技术创新突破难、产业化基础薄弱和专业人才缺乏等难题，严重阻碍了我国燃料电池汽车技术进步。因此，我国要抓住新能源汽车战略性新兴产业培育和发展的政策机遇，发挥政策引导作用，聚焦重大、重点突破燃料电池汽车关键技术和共性技术，稳步推进燃料电池汽车技术进步。

1. 国外燃料电池汽车发展现状

长期以来，世界各国政府和主要汽车集团都高度重视燃料电池汽车研发，投入大量资金用于燃料电池汽车及氢能研发、试验考核和市场培育。继在第六框架计划中拿出大量资金用于燃料电池汽车和氢能研究后，2009 年，欧盟批准燃料电池和氢能技术项目行动计划，计划从欧盟第七框架计划中拿出 4.7 亿欧元，持续资助燃料电池汽车及基础设施技术研发。德国政府高度重视燃料电池汽车及氢能研发，交通部、环境署、经济部等部门联合启动燃料电池及氢能国家创新计划，拟与企业联合资助 14 亿欧元，用于燃料电池汽车、氢能等关键技术研发，以确定德国在燃料电池汽车领域的国际领先地位和竞争力。以经产省为代表的日本政府高度重视并持续开展燃料电池汽车和氢能开发，在过去 30 年时间内先后投入上千亿日元用于燃料电池汽车和氢能的基础科学研究、技术攻关和示范推广。

隶属于经产省的燃料电池商业化组织(FCCJ)先后于 2009 年 7 月和 2010 年 7 月发布了《燃料电池汽车和加氢站 2015 年商业化路线图》，明确指出 2011 ~2015 年开展燃料电池汽车技术验证和市场示范，随后进入商业化示范推广前期。为落实燃料电池汽车在日本的推广，2011 年 1 月，包括丰田、本田、日产三大汽车厂商在内的日本 13 家汽车和能源企业共同签订协议，决定在东京、大阪、名古屋和福冈四大都市圈的市区和高速公路上建立 100 座加氢站，并通过完善设计、改善生产技术等方法大幅降低燃料电池汽车生产成本，培育燃料电池汽车市场。美国政府对燃料电池汽车支持在布什任职期间达到顶峰，在奥巴马政府期间，美国能源部宣布从美国振兴计划(American Recovery and Reinvestment Act Funding)中拨款 4190 万美元支持燃料电池特种车的研发和示范，另在 2011 年美国财政预算中安排 5000 万美元用于燃料电池和氢能技术研发。

此外，加拿大、韩国、澳大利亚、巴西、法国和英国等国家政府积极支持燃料电池汽车和氢能研发。2009 年，戴姆勒、福特、通用、丰田、本田及现代汽车公司签署备忘录，持续开展燃料电池汽车研发，计划于 2015 年大力推广燃料电池汽车，并快速形成几十万辆燃料电池汽车保有量。与此同时，在德国交通部长见证下，德国巴夫能源公司、奥地利 OMV 石油公司、壳牌公司、法国道达尔公司和瑞典 Vattenfall 等全球大型能源公司签订备忘录，决定在德国建设燃料电池汽车基础设施以促进燃料电池汽车在德国的推广。

经过长时间、持续稳步的支持，国外燃料电池汽车产品的可靠性、环境适应性(如低温起动性能)取得了重大突破，示范运行不断深入，并陆续推出用于租赁商业化示范的先进燃料电池汽车，燃料电池汽车进入技术与市场示范阶段。产品成本控制与配套基础设施建设成为制约燃料电池汽车商业化推广的主要因素。

2. 国内燃料电池汽车发展现状

在国家“十五”和“863”计划电动汽车关键技术重大科技专项和“十一五”节能与新能源汽车重大项目支持下，我国燃料电池汽车技术研发取得重要进展，基本掌握了整车、动力系统与关键零部件的核心技术；建立了具有自主知识产权的燃料电池汽车动力系统技术平台，形成了燃料电池发动机、动力电池、DC/DC变换器、驱动电机、储氢与供氢系统等关键零部件配套研发体系，具有百量级燃料电池汽车动力系统平台与整车生产能力。

3. 国内外燃料电池汽车技术状态对比分析

（1）燃料电池整车集成技术　我国自主开发的燃料电池汽车在车型开发、整车动力性、续驶里程和燃料电池发动机功率等方面与国外存在一定的差距，在等效燃料经济性水平和车辆噪声水平与国外基本处于同一水平，见表6-2。

在燃料电池汽车车型平台开发方面，国外已经由基于传统车辆平台改造形成燃料电池汽车模式走向为燃料电池汽车打造全新整车平台阶段。如本田汽车公司Clarity、丰田汽车公司FCHV、戴姆勒奔驰公司F-Cell和通用公司Chevrolet Equinox等均是为燃料电池汽车动力系统技术平台而全新打造的专用化整车平台。在国内，以上海大众、一汽、长安和奇瑞等公司为代表开发的燃料电池轿车均基于传统内燃机车辆进行改制，尚未掌握燃料电池汽车专用车身开发、底盘开发、底盘动力学主动控制等关键技术。

在车辆动力性能方面，主要受限于燃料电池功率输出水平和整车集成及轻量化技术水平，我国燃料电池汽车整车加速性能明显低于世界主流燃料电池汽车加速性能。

在车辆续驶里程方面，到目前为止，我国基本掌握了35MPa高压储氢和加注系统关键技术，实现高压氢气瓶等部件国产化开发。但某些关键阀门、传感器还依赖进口，70MPa氢气存储关键技术和关键部件仍然处在研发阶段，直接制约了我国燃料电池汽车续驶里程的提高。

在整车燃油经济性水平、车外噪声水平上，我国燃料电池汽车与国外同类型汽车处于同一水平甚至领先。

表6-2　燃料电池车辆性能对比

	上海牌燃料电池车	奔驰 B F-Cell	本田 Clarity	丰田 FCHV	雪佛兰 Equinox
整备质量/kg	1833	1700	1625	1880	1978
0～100km/h 加速时间/s	15	10	11	/	8.5
最高车速/(km/h)	150	170	160	155	160
续驶里程/km	300	600	570	830	483
发动机最大功率/kW	55	80	100	90	88
储氢最大压力/MPa	35	70	70	70	70
冷起动温度/℃	0	-25	-30	-30	-25
电机功率/转矩/(kW/N·m)	90/210	100/290	100/260	90/260	150/-

（2）燃料电池发动机技术　在燃料电池发动机集成度方面，我国轿车用燃料电池发动机输出功率等级、功率密度等性能参数明显低于国外同类型燃料电池汽车用燃料电池技术性能（国外燃料电池电堆质量功率密度已超过1600W/kg，体积功率密度已超过2700W/L；而国内燃料电池电堆质量功率密度维持在700W/kg左右，体积功率密度维持在1000W/L左右）。

在燃料电池发动机环境适应性，尤其是低温冷起动性能方面，国外燃料电池汽车已经实现及冷环境中冷起动，并在瑞典地区开展冬季寒冷工况下实车道路实验。相比国外，我国燃料电池汽车冷起动性能基本上还处在低水平，燃料电池电堆也仅在实验室中实现起动。

在燃料电池发动机可靠性、寿命方面，国外燃料电池电堆2010年寿命水平比2003年提高两倍，其中燃料电池质子交换膜已经超过7300h，电堆实验室寿命提高到5000h以上，安全性和可靠性水平基本达到了传统内燃机汽车同等水平。在整车可靠性和寿命方面，其性能已经基本满足整车产品需求。奔驰汽车开发的F-Cell系列样车已经进行了总共超过450万km的路试。

美国UTC公司通过改进燃料电池系统控制策略，规避或减缓由起停、动态加载、低载怠速、零下储存与起动等过程导致的燃料电池寿命衰减，其与AC Transit运输公司合作在加州奥克兰市开展燃料电池汽车示范运行，截至2010年6月底，其120kW的燃料电池系统在没有更换任何部件情况下运行了7000h，远远超过了美国能源部制定的2015年5000h寿命目标。相比国外，我国燃料电池汽车虽然经受住了北京奥运会、美国加州示范运行和上海世博会等大型国际活动的高温、高强度示范运行考验，但燃料电池电堆及关键部件寿命仍然无法满足整车产品寿命要求，低压燃料电池单堆动态循环工况试验运行时间仅突破1500h，预测寿命仅2000h。

在燃料电池发动机成本控制关键技术研究方面，国外一方面研究低铂燃料电池技术，减少催化剂用量，另一方面研究催化剂抗毒性，降低其运行成本，同时还开发非铂催化剂来代替贵重金属Pt。在低铂燃料电池技术方面，目前国外已经研制出低铂用量燃料电池电堆。通用公司通过采用核壳型合金催化剂、有序化MEA等技术，不但提高了燃料电池性能，而且Pt用量也得到了大幅度降低，一台燃料电池发动机中贵金属催化剂Pt的用量从上一代的80g降低到30g，并计划于2015年降低到10g。丰田公司开发的燃料电池电堆Pt用量也降低到原来的30%。催化剂抗毒性已经成为国际研究热点，国外科研机构试图通过提高催化剂抗毒性，使燃料电池可以直接利用粗氢发电，从而降低其运行成本。在非铂燃料电池技术方面，国际积极开发其他类型如碱性聚合物膜燃料电池，实现催化剂材料非Pt化，从而降低燃料电池发动机成本。

2010年4月，美国洛斯阿拉莫斯国家实验室宣布，该研究机构已经开发出由碳、铁、钴组成的催化剂，其成本非常低，而其性能可以和铂基燃料电池电堆最高水平相比，且在遏制过氧化氢产生等方面明显优于铂基燃料电池电堆。一系列研究成果直接推动燃料电池汽车成本的降低，据美国DOE估计，燃料电池系统成本已由2002年的275美元/kW降低至2009年的62美元/kW。近期丰田公司高层公开宣布，2015年将实现燃料电池汽车零售价5万美元/辆的目标。此外，随着新研制非铂催化剂的大量使用，燃料电池汽车成本还将进一步降低。我国于“十一五”末期已经开始开展燃料电池汽车成本控制研究，受限于燃料电池发动机和氢气存储系统成本，燃料电池轿车成本仍然很高。

（3）高压储氢系统技术从表6-2可知，国外主流燃料电池汽车车型均采用70MPa的氢气存储和供给系统，而国内燃料电池汽车的高压氢气存储系统压力仍然维持在35MPa水平，在一定程度上影响了我国燃料电池汽车整车续驶里程能力。与此同时，国内35MPa的氢气存储和供给系统中的传感器、阀门等零件还依赖进口，直接导致氢气存储与供给系统成本过高。

4. 燃料电池汽车与纯电动汽车技术对比分析

与纯电动汽车相比，燃料电池汽车具有续驶里程长、低温冷起动性能好和能量补充快等优点。但产品成本高和基础设施稀缺。燃料电池汽车性能基本满足用户需求，必将成为未来高端纯电驱动车辆主体车型。随着新型非铂催化剂的研制成功和应用，燃料电池汽车成本将进一步降低，燃料电池汽车市场化进程将大幅提速。

5. 氢燃料电池发电的基本原理

氢燃料电池发电的基本原理是电解水的逆反应，燃料电池的产物是电和水。具体反应过程为：电池正极上的氢在催化剂作用下分解为质子和电子，带正电荷的质子穿过隔膜到达负极，带负电荷的电子则在外部电路运行，从而产生电能。在负极上的氧离子在催化剂作用下和电子、质子化合反应成水，如图6-32所示。电池组通过这样大量串联的燃料电池，就可以产生足够的电能来驱动汽车。

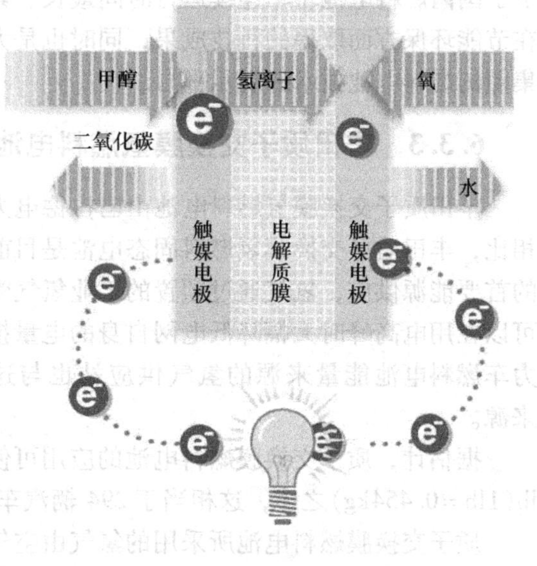

图6-32 燃料电池工作原理

6. 氢燃料电池的应用

20世纪60年代，氢燃料电池就已经成功地应用于航天领域。往返于太空和地球之间的“阿波罗”飞船就安装了这种体积小、容量大的装置。进入20世纪70年代以后，随着人们不断地掌握多种先进的制氢技术，氢燃料电池被运用于发电和汽车上。

早在2004年，奥迪就推出了第一款以燃料电池混合驱动系统为基础的概念车A2H2，并成为该技术领域的先驱者之一。该技术的最新研究成果集中体现于奥迪Q5HFC车型，该车型以Q5为基础，配备两个高压气瓶，以70MPa的压力存储3.2kg的氢气，低温氢燃料电池系统可提供89kW的动力输出。作为混合驱动系统的另一动力来源，锂离子电池的电量达到1.3kW·h。安装在车轮附近的两个电机负责驱动，并提供90kW的最大功率以及高达420N·m的峰值转矩。奥迪Q5HFC从0~100km/h加速时间只需13.4s，最高时速160km/h。

使用氢燃料电池发电，是将燃料的化学能直接转换为电能，不需要进行燃烧，能量转换率可达60%~80%，而且污染少、噪声小，装置可大可小，非常灵活。

氢的化学特性活跃，可同许多金属或合金化合。某些金属或合金吸收氢之后，形成一种金属氢化物，其中有些金属氢化物的氢含量很高，甚至高于液氢的密度，而且该金属氢化物在一定温度条件下会分解，并把所吸收的氢释放出来，这就构成了一种良好的储氢材料。

随着制氢技术的发展，氢燃料电池离我们的生活越来越近。到那时，氢气将像煤气一样通过管道被送入千家万户，每个用户则采用金属氢化物的储罐将氢气储存起来，然后连接氢燃料电池，再接通各种用电设备。

6.3.2 帕萨特领驭燃料电池汽车技术

2008年北京奥运会期间，20辆上海大众帕萨特领驭燃料电池轿车投入运营服务，开启了国内汽车行业利用氢能源的先河。帕萨特领驭燃料电池轿车动力总成系统如图6-33(见书后彩插)所示。

在上海市政府的支持下，上燃动力联合上汽集团、同济大学等单位成功研制了具有完全自主知识产权的燃料电池轿车动力系统技术平台。历经2003年到2005年的三代燃料电池轿车的开发，到2006年，最新一代燃料电池轿车动力系统研制成功，并将该技术平台应用于上海大众帕萨特领驭车型。与第三代燃料电池车辆动力系统相比，新一代燃料电池轿车各项指标均有了大幅提高，最高车速达到150km/h，0～100km/h加速时间15s，最大爬坡度20%，一次加注续驶里程达到300km，城市工况的氢气燃料消耗率小于1.2kg/100kg。

在奥运会期间，由20辆上海大众帕萨特领驭燃料电池轿车组成的燃料电池示范车队创下了国内燃料电池轿车连续运行时间最长、累计行驶里程最长的纪录，也让世界了解了中国在节能环保方面取得的科技成果，同时也是大众汽车集团的绿色能源战略和同济大学、上汽集团的燃料电池技术的展示平台。

6.3.3 丰田质子交换膜氢燃料电池

丰田质子交换膜氢燃料电池由巴拉德电力系统公司设计制造，与同类别的其他燃料电池相比，丰田质子交换膜氢燃料固态电池是目前最大的质子交换膜燃料电池。作为氢燃料电池的首要能源供应，氢气通过预置的工业氢气管道与燃料电池直接相连。这种直接的供能方式可以在用电高峰时大幅降低电网自身的电量损耗。另外，作为丰田燃料电池以及其他混合动力车燃料电池能量来源的氢气供应站也与这些工业氢气管道相连接，为其直接提供氢气来源。

据估计，质子交换膜燃料电池的应用可使得CO_2排放量在夏季用电高峰时期减少330万lb(1lb=0.454kg)之多，这相当于294辆汽车一年的CO_2排放量总和。

质子交换膜燃料电池所采用的氢气由空气化工产品公司提供，其中氢气是由天然气转换而得到的。与购买垃圾填埋场产生的可再生生物气体方法相比，氢气质子交换膜燃料电池方法具有零废气排放的优点。因此，降低了转换过程中的废气排放。

通过采用氢气质子交换膜燃料电池，丰田公司从南加州爱迪生能源公司购买能源总额预计将每年节约1.3万美元左右。

质子交换膜燃料电池发电作为新一代发电技术，其广阔的应用前景可与计算机技术相媲美。经过多年的基础研究与应用开发，质子交换膜燃料电池用作汽车动力的研究已取得实质性进展。微型质子交换膜燃料电池便携电源和小型质子交换膜燃料电池移动电源已达到产品化程度，中、大功率质子交换膜燃料电池发电系统的研究也取得了一定成果。图6-34所示为丰田质子交换膜燃料电池车型。

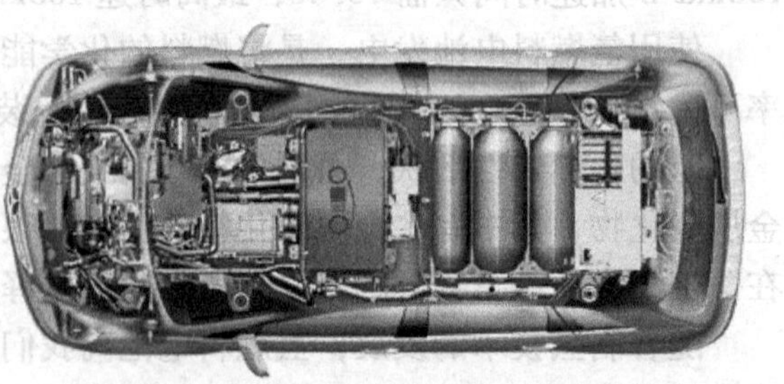

图6-34　丰田质子交换膜燃料电池车型

质子交换膜燃料电池(PEMFC)工作温度低，适于较频繁起动的场合，并具有起动快、功率密度高以及续驶里程长等优点。因此，它被认为是车用燃料电池的最佳选择，有望成为取代目前汽车动力源的方法之一。但质子交换膜燃料电池汽车的成本高、寿命短以及燃料问题严重制约了其商业化。

1. 电极

迄今为止，PEMFC 负极和正极的有效催化剂仍以铂(Pt)为主，而电极的载铂量过高一直是阻碍 PEMFC 发展的重要因素。为了降低 Pt 的使用量，世界各大公司进行了许多研究工作。经过大量的研究工作，已经证明用氢气/空气工作的 PEMFC，在载铂量比 $40mg/cm^2$ 低很多的情况下，燃料电池性能仍然不错。当正极用纯氢气作燃料时，降低铂负载量不存在大的技术问题。在高电流密度下工作，正极催化剂载铂量低至 $0.025mg/cm^2$ 就足够了。但质子交换膜燃料电池汽车几乎一定要用天然气、甲醇、汽油或柴油等含碳燃料重整产生的氢气作正极燃料。由于正极会因新制取的氢气重整产品中存在微量 CO 而中毒，所以用这类燃料获得满意的燃料电池工作性能和使用寿命是困难的。CO_2 的毒性和稀释作用也会使燃料电池性能降低。对 CO 和 CO_2 耐毒性均较好的催化剂是铂/钌 Pt/Ru(原子百分比 50∶50)。已证明，对含铂 $0.4mg/cm^2$ 的铂/钌正极，完全可承受 90℃和 48.27kPa 下氢气中 100mg/L 的 CO 的毒性。实验证明，用 Pt/Ru 作催化剂，燃料电池性能是稳定的，工作寿命可超过 5000h。目前，这种低载铂量的 Pt/Ru 正极催化剂在汽车方面应用尚需进一步提高正极催化剂的耐毒能力，才能获得高的功率密度。

根据国际研究的最新进展，电极铂载量已降至 $0.02mg/cm^2$，大大降低了成本。

近几十年来，膜电极上铂的负载量从 $10mg/cm^2$ 降到了 $0.02mg/cm^2$，降低了近 200 倍。今后，铂的负载量可能还会降低，但不会降低太多。而且，铂催化剂有一个致命的缺点是它易被 CO 和其他杂质引起中毒。所以，降低电催化剂中铂的用量，寻求廉价催化剂，提高电极催化剂性能是目前电极催化剂研究的主要目标。对于负极催化剂，研究重点一方面是改进电极结构，提高催化剂的利用率，另一方面是寻求高效廉价的可替代贵金属的催化剂。正极催化剂则主要是研究具有抗 CO 中毒能力的催化剂。

2. 电解质膜

质子交换膜是 PEMFC 的核心部件。作为一种厚度仅为 50～180μm 的极薄膜片，质子交换膜是燃料电池电解质和电极活性物质(催化剂)的基地。其主要功能是在一定的温度和湿度条件下，具有选择透过性，即只容许 H 离子(质子)透过，而不容许 H2 分子及其他离子透过。同时，具有适度的含水率，对燃料电池工作过程中的氧化、还原和水解反应具有稳定性。质子交换膜具有足够高的机械强度和结构强度，以及膜表面适合与催化剂结合等性能。

目前，质子交换膜燃料电池中大量采用的是 Nafion 膜。Nafion 膜电解质早已应用于氯碱工业中的盐水电解，由于它在腐蚀性环境下的使用寿命长达 50000h，备受人们关注。多年以来，PEMFC 的开发工作所取得的许多重要进展与 Nafion 膜的使用密切相关。Nafion 是一种过氟磺酸聚合物，具有氟化共聚物骨架，磺酸基团与其化学连接，并有固定位置，质子则连接自由，可起导电作用。当前市场上质子交换膜的价格还相当昂贵，美国杜邦公司生产的全氟磺酸型膜(Nafion)的价格是 800 美元/m^2。

巴拉德(Ballard)公司已开发出一种不完全氟化的膜材料，可能适用于汽车。这种膜初期的工作性能至少与 MarkV 型单体电池中的 Dow 膜和 Nafion112 膜相当，而且已证明这种巴拉德膜的性能可满足汽车应用的要求，工作时间达 4500h 以上。由于这种膜的加工费用较低，而且生产部分氟化的聚合物产量更高，如果需求量大，膜的成本可降至 50 美元/m^2。

Nafion 膜电解质有很好的燃料电池性能和使用寿命，但其制备工艺非常复杂，价格也很昂贵。而正在研制的部分氟化磺酸膜由于具有合理的价格和良好的化学、热稳定性等优点，使其具有良好的应用前景，但其最主要的缺点是在脱水后容易变脆。

3. 双极板

双极板是燃料电池堆的主要部件，其作用是分隔反应气体、收集电流、将各个单体电池串联起来和通过流场为反应气进入电极及水的排出提供通道。通常 PEMFC 双极板的材料是石墨、石墨与聚合物复合或金属。

目前，应用最广泛的双极板是机加工石墨板，由于纯石墨板硬度大且脆，需要精密的机械加工，因而造价较高，约占燃料电池堆成本的60%左右。石墨双极板技术已相当成熟，但很难降低其材料成本和加工成本。因此，寻求一种价格低廉、导电性好、易加工的双极板材料是降低双极板成本和使其商品化的关键所在。

金属材料具有良好的导电性、机械强度高、阻气性好、容易加工以及易于批量生产。而且，厚度可以大大降低，能大幅度提高燃料电池堆的体积功率密度等，是双极板材料的候选材料之一。但是，通常的金属板（如不锈钢、铝合金和钛板等）在 PEMFC 的工作环境中易被腐蚀（包括负极氧化膜加厚、正极腐蚀等），结果导致接触电阻增大、电极催化剂和膜受到污染，燃料电池性能降低。因此，在采用金属为 PEMFC 的双极板材料时，必须对金属的表面进行改性。

6.3.4 本田燃料电池汽车技术

本田燃料电池轿车如图 6-35 所示，其发展历史如下：

1）1999 年，本田 FCX V1 采用氢燃料并配备 Ballard Power System 公司生产的燃料电池堆。

2）1999 年，FCX V2 采用本田自制甲醇燃料电池堆，并采用本田自行开发的重整器萃取氢气。

3）2000 年，FCX V3 实现了具有综合性控制系统、更加紧凑的驱动电机和足够容纳 4 人空间的燃料电池系统，该车型与前两代相比提高了起动和降噪操作性能。

图 6-35 本田燃料电池轿车

4）2001 年，FCX V4 性能与传统量产汽车接近，最大行驶速度和加速性能、续驶里程等都有所提高，此外，还配备了碰撞安全系统。

5）2002 年，本田 FCX 成为世界首款获得美国政府认证的燃料电池车型，为燃料电池车的商业化使用铺平了道路。图 6-36 所示为 2002 款本田 FCX。

6）2003 年，本田宣布开发成功体积更加紧凑、性能更佳的新一代燃料电池堆，该电池堆能在 -20℃ 的低温下工作，安装该电池堆的 2003 款本田 FCX 已通过日本国土交通省的认证。

7）2004 年，配备本田燃料电池堆的 FCX 得到日本国土交通省的批准，可以在公路上行驶，本田宣布从 2005 年开始在各地区租售 FCX。

8）2006 年，本田 FCX Concept 配备了 V 型燃料电池平台，首次采用中央管路的布置方式，使设计出的汽车底盘更低，外观更加时尚典雅，如图 6-37 所示。

图 6-36　本田 2002 款 FCX

图 6-37　本田 FCX Concept

本田 FCX Concept 驱动电机和齿轮箱同轴布置，从而使外观设计更加紧凑，并且输出功率提高了 15kW，发电装置同之前的 FCX 相比重量约减少了 180kg，提高了能量的使用效率和工作性能，扩大了车内空间。

更加紧凑的燃料电池平台、中央管道布置方式以及驱动电机的位置一同构成了 FCX 概念车低底盘、短车头的车身外形。

新开发的 V 流动式燃料电池堆有三种主要功能：垂直流向，利用重力作用排出产生的水；垂直布置方式，在内外部设计上实现灵活性；节约体积，更加便于包装。图 6-38 所示为本田 FCX 概念车电池堆结构形式。

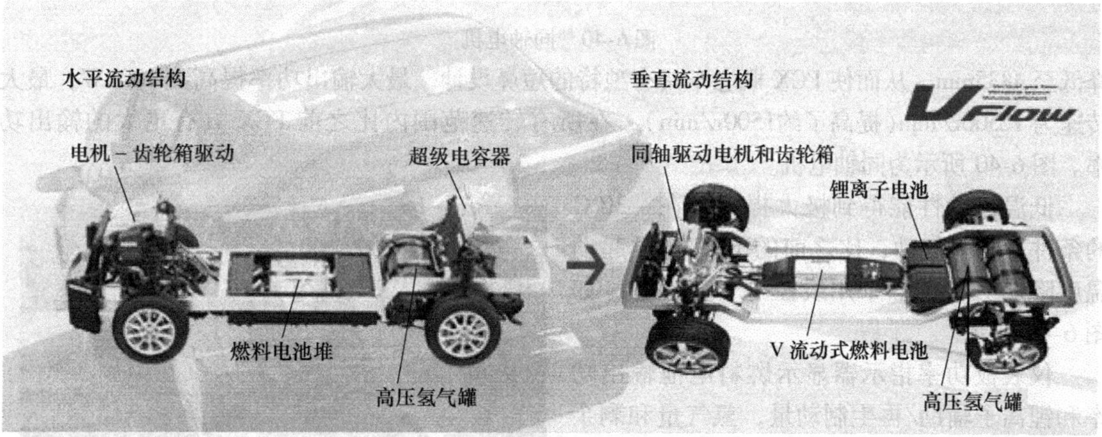

图 6-38　本田 FCX 概念车电池堆结构形式

9）2007 年，本田在洛杉矶车展上发布新型燃料电池车 FCX Clarity，并于 2008 年在美国面向个人租售。FCX Clarity 电机功率提高到 100kW，动力单元整体的输出密度与以前的 FCX 相比，重量输出密度达到原来的 2 倍，容积输出密度达到原来的 2.2 倍，实现了轻量化、小型化、高功率的高度统一，燃料经济性提高 20%，续驶里程提高 30%。

本田 FCX Clarity 以本田独创的垂直流向电池堆（V Flow FC Stock）技术为核心，实现了燃料电池车所特有的设计，划时代的外观线条以及超凡的驾驶感觉，不仅实现了超级清洁性，而且还赋予了燃料电池车独特的新价值和新魅力，如图 6-39 所示。

本田 FCX Clarity 采用“V Flow FC Stock”燃料电池堆通过质子交换膜燃料电池（PEMFC）来发电，利用氢气和氧气之间的电化学反应直接将化学能转化为电能。“V Flow FC Stock”不仅采用了本田独创的氢气和氧气垂直流动的“V Flow 电池单元构造”，还采用了使氢气和空气波状流动的“wave 通道隔离板”，使电池堆在性能上得到了飞跃性的提高，同时在整体外观上实现了轻量化和小型化。

通过提高动力装置的效率和良好的能源管理等方法，FCX Clarity 行驶中的能量利用率达到 60%（约是混合动力汽车的 2 倍）。凭借高能效、减轻的车身重量以及优秀的空气动力性能，燃料经济性比 FCX 提高 20%（约是汽油机的 2 ~ 3 倍，混合动力汽车的 1.4 倍）。

图 6-39　本田 FCX Clarity

新开发的同轴电机和齿轮箱设计使车辆长度

图 6-40　同轴电机

降低至 4835mm，从而使 FCX 概念车具有独特的短鼻设计，最大输出功率提高到 100kW，最大转速为 12500r/min（提高了约1500r/min），在所有转速范围内比之前 FCX 具有更大的输出功率。图 6-40 所示为同轴电机。

低温起动性能得到极大提高，在 –30℃ 的条件下仍能起动，比之前的 FCX 低温起动温度降低了 10℃。采用线控电子变速杆，如图 6-41 所示。

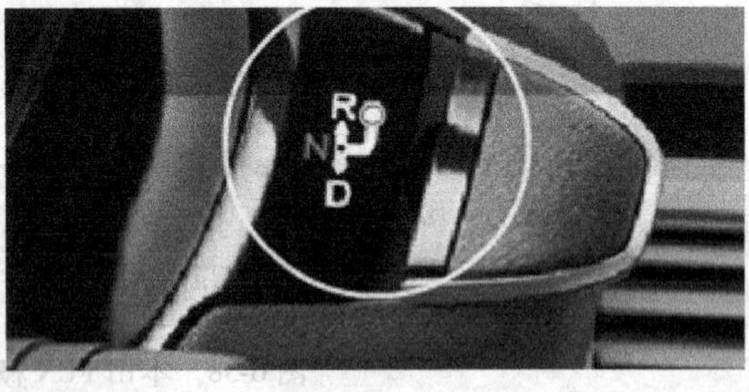

图 6-41　线控电子变速杆

仪表板功率指示器显示燃料电池输出功率和锂离子辅助/再生制动量，氢气量和剩余范围以一种便于阅读的大格式显示，氢气指示球能够改变尺寸和颜色，从而对氢气的使用量提供连续的视觉反馈，如图 6-42（见书后彩插）所示。

匀速行驶时，氢气指示球体积小，呈蓝色，说明氢气燃料用量小。在局部加速条件下，指示球变大并转为绿色，说明氢气燃料用量提高。在全力加速阶段，指示球体积更大，呈红色。氢气指示球如图 6-43（见书后彩插）所示。

FCX Clarity 参数见表 6-3。

本田家用能源综合供给站发展情况：

1）2003 年 10 月 2 日，由本田与美国 Plug Power 公司共同研制出第一代家用能源供应站（Home Energy Station I），可利用天然气产生供燃料电池汽车用的氢气，同时为家庭提供电力和热水。该系统设置在 Honda R&D Americas 洛杉矶研究所内，进行对燃料电池车 FCX 填充氢气的实验。

表 6-3　本田 FCX Clarity 参数

电　机	最大功率	100kW
	最大转矩	256N · m
	类型	交流同步电机
燃料电池堆	类型	质子交换膜燃料电池
	输出功率	100kW
燃料	类型	压缩氢气
	储氢方式	高压氢气罐(35MPa)
	容量	171L
尺寸(长×宽×高)	4835mm×1845mm×1470mm	
最高车速	160km/h	
整备质量	1625kg	
能量储存	锂离子电池	
续驶里程	570km	

家用能源综合供给站由以下几部分构成，能制造足够的氢气，只需几分钟就可加满本田燃料电池汽车的氢气罐。

- 一个从天然气中提取氢气的转化器。
- 一组燃料电池，利用提取的部分氢气，作用后产生家庭用电和热能。
- 一个氢气提纯器。
- 一个氢气压缩机。
- 一个储存氢气的高压罐。

第一代家用能源综合供给站情况：

地址：加利福尼亚州托兰斯市 Honda R&D Americas 研究所

氢气储藏容量：156 L(50MPa)

2）2004 年 11 月，由本田与美国 Plug Power 公司共同研制出第二代家用能源供应站(Home Energy Station Ⅱ)投入试运行，第二代产品把天然气转化器和加压装置统一成一个紧密组件，使总体数量减少了约 50%。第二代家用能源综合供给站结构如图 6-44 所示。

3）2005 年 11 月 15 日，由 Honda R&D Americas 与 Plug Power 公司共同开发，综合氢燃料供应和热电供应功能的第三代家用能源供应站(Home Energy Station Ⅲ)在美国加利福尼亚州投入试运行。

Home Energy Station Ⅲ采用新开发的小型高性能改质器，与 Home Energy Station Ⅱ相比，体积减小了约 30%，发电量提高了约 25%，起动时间缩短为 1min。而且，氢气的制造、储藏能力也提高了 50%。此外，还可根据一般家庭的使用情况，增加了随耗电量的变化而改变发电量，以及在停电时利用氢气罐里氢气应急发电等功能，在正常的紧急情况可为家庭提供高达 5kW 的电量。第三代家用能源综合供给站结构如图 6-45 所示。

4）2007 年 11 月 15 日，由 Honda R&D Americas 与 Plug Power 公司共同研制的第四代家

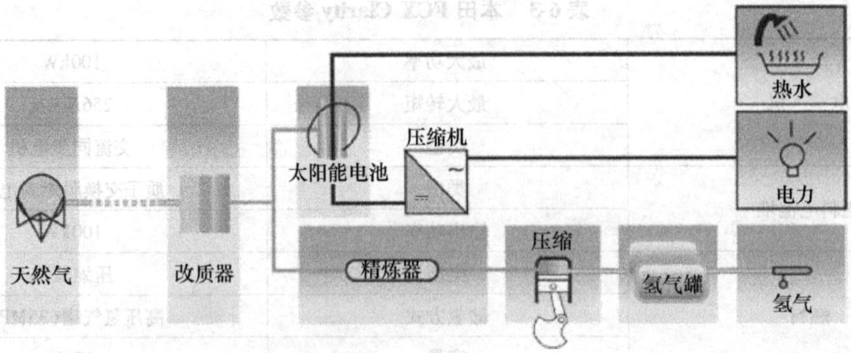

图6-44　本田第二代家用能源综合供给站结构

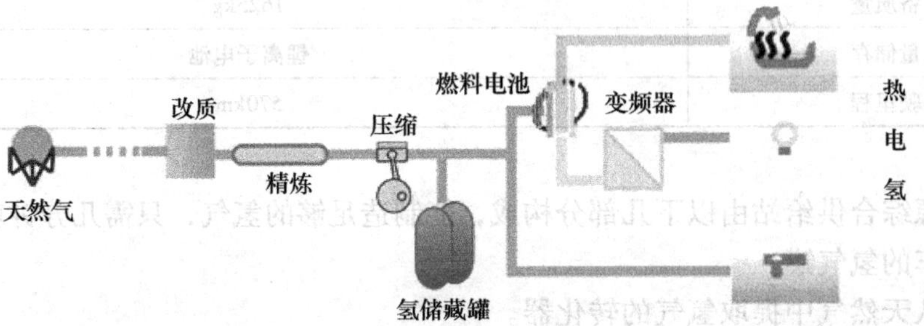

图6-45　本田第三代家用能源综合供给站结构

用能源综合供给站(Home Energy Station Ⅳ)在美国加利福尼亚托兰斯正式投入测试。

本田的目标是将第四代家用能源综合供给站在普通家庭得到实际应用，和上一代产品相比，新一代系统的开发重点放在了提高效率和小型化方面。与汽油车和使用商业电网的普通家庭相比，CO_2的排放量大约可减少30%，车辆的使用成本降低约50%。此外，该系统还将一直以来独立使用的氢燃料精炼装置和家用发电的燃料电池整合在一起，采用了在氢燃料精炼和发电互相切换的方式，系统体积比第一代产品减小了约70%。第四代家用能源综合供给站结构如图6-46所示。

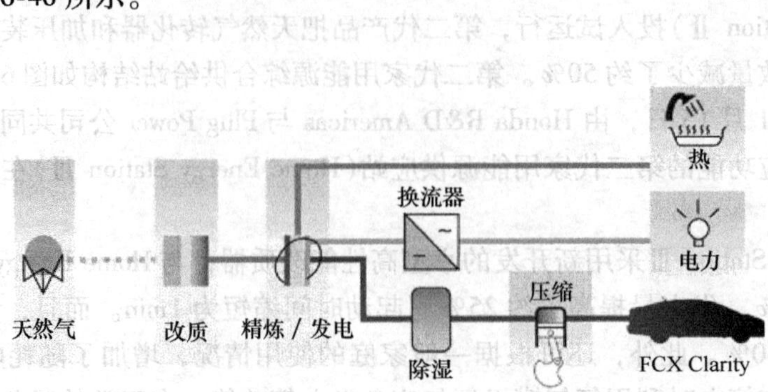

图6-46　本田第四代家用能源综合供给站结构

6.4 纯电动汽车

重点掌握
- 宝马i8电动汽车技术
- 特斯拉纯电动汽车技术

早在19世纪后半叶的1873年，英国人罗伯特·戴维森(Robert Davidsson)制造了世界上最初的可供实用的电动汽车。这比德国人戈特利布·戴姆勒(Gottlieb Daimler)和卡尔·本茨(Karl Benz)发明汽油发动机汽车早了10年以上。

戴维森发明的电动汽车是一辆载货车，长4800mm，宽1800mm，使用铁、锌、汞合金与硫酸进行反应的一次电池。其后，从1880年开始，应用了可以充放电的二次电池。从一次电池发展到二次电池，这对于当时电动汽车来讲是一次重大的技术变革，由此电动汽车需求量有了很大提高。在19世纪下半叶电动汽车成为交通运输的重要产品，写下了电动汽车在人类交通史上的辉煌一页。1890年，法国和英国伦敦的街道上行驶着电动大客车，当时的车用内燃机技术还相当落后，行驶里程短，故障多，维修困难，而电动汽车却维修方便。

在欧美，电动汽车最盛期是在19世纪末。1899年，法国人考门·吉纳驾驶一辆44kW双电动机为动力的后轮驱动电动汽车，创造了时速106km/h的记录。

1900年美国制造的汽车中，电动汽车为15755辆，蒸汽机汽车1684辆，而汽油机汽车只有936辆。进入20世纪以后，由于内燃机技术的不断进步，1908年，美国福特汽车公司T型车问世，以流水线生产方式大规模批量制造汽车使汽油机汽车开始普及，致使在市场竞争中蒸汽机汽车与电动汽车由于存在着技术及经济性能上的不足，使前者被无情的岁月淘汰，后者则呈萎缩状态。

最近几年，由于各国关注环保和节能等问题，世界主要汽车生产公司积极投入资金研究混合动力、纯电动车辆。

6.4.1 宝马i系列纯电动汽车

2011年2月，宝马汽车公司在慕尼黑发布了全新子品牌宝马i，这是宝马集团继宝马、迷你和劳斯莱斯之后，最新的第四品牌。近日，宝马官方发布了i品牌两款新车：i3和i8的官方图片，两款新车在2011年9月法兰克福车展已实车发布。

与迷你和劳斯莱斯不同，宝马i不会使用全新车标，还会继续沿用宝马车标，而在车身的部分区域将使用全新发布的“i”标识，该标识以蓝色表框包围，如图6-47所示，意为宝马i品牌旗下的所有产品都是以节能环保作为主打方向的新能源车型。

图6-47 宝马i标识

宝马i系列车型将主要以插电式混合动力和纯电动技术作为驱动技术。从已经公布的两款车型信息看，与目前宝马任何一款混合动力车型都不同，i3和i8车型分别应用了纯电力驱动和插电式混合动力系统驱动，在对传统能源的利用方面，i系列车型作为宝马集团下最环保的车型，达到了一个全新的高度。

除了对宝马来说全新的驱动技术，i系列车型另一个比较独特的部分就是宝马近几年不断研发应用的个体机动性信息服务系统，相比传统的车载信息服务系统，该系统可以在驾驶人离开车辆之后独立使用。目前，宝马已经在美国成立了一家名为 BMW i Ventures 的风险投资公司，投资 1 亿美元用于该系统的研发，重点包括如何提高现有停车场的使用率，如何将导航系统与当地的交通信息相结合等。

1. 宝马 i3 城市电动车

为了在莱比锡工厂进行生产宝马 i 系列的新车型，该工厂的相关设备更新耗费约 4 亿欧元。为了实现研发与生产的协同效应，i3 和 i8 的电机、工业电子元件以及高压锂离子电池组都将采用相同的部件。宝马 i3 电动车如图 6-48 所示，宝马 i8 混合动力跑车如图 6-49 所示。

图 6-48　宝马 i3 电动车

图 6-49　宝马 i8 混合动力跑车

2013 年 11 月 18 日，第一批宝马 i3 交付用户，正式上市。

宝马 i3 基于智能 eDrive 技术，其电池设计只需每隔两到三天充电一次，可续驶里程为 130～160km。此外，使用各种驾驶模式可将最大续驶里程提高 25%。宝马 i3 Eco 模式和 EcoPro + 模式可让驾驶人轻松将纯电动行驶里程延长到 200km。作为世界上第一款完全网络化的电动车，宝马 i3 可为驾驶人反复更新实际估算里程。

宝马 i3 的动力来自一款位于后轴的电机，宝马 i3 搭载 22kW · h 锂离子电池，功率 125kW，转矩 250N · m 的电机，加速到 100km/h 仅需 7.2s，最高时速 150km/h。宝马 i3 续驶里程为 130～160km。

宝马 i 品牌车型与普通车型最大的区别就是其采用的“架构原理”，宝马称之为 LifeDrive。该系统由两个模块构成，Drive 模块和 Life 模块。以 i3 为例，Drive 模块包括承载动力总成、悬架、电池以及提供碰撞安全性的铝制车架；而 Life 模块主要是乘客舱和车身面板，采用高强度但质量更轻的 CFRP 碳纤维增强塑料制造。

图 6-50　宝马 i3 动力组件

宝马 i3 动力组件如图 6-50 所示。

2. 宝马 i8 插电式混合动力跑车

宝马 i8 的动力结构包括汽油发动机、电池组、一台前置电机和一台后轴布置的电机。一前一后两套动力系统可构成四驱模式。大多数情况下，中置发动机起到驱动后轮的作用。该款代号为 B38 的发动机也将服役于 2014 款第三代迷你以及宝马 Compact Active Tourer。搭载于宝马 i8 的 B38 是宝马首款横向布置的发动机。宝马 i8 底盘如图 6-51（见书后彩插）所示。

1.5L 涡轮增压三缸 12 气门 B38 发动机缸体由全铝合金制造，采用电子可变气门正时及气门升程系统。搭载一款六速自动变速器，B38 可输出峰值功率 170kW，峰值转矩 320N·m，升功率可达 113kW/L。

宝马 i8 前置电机用作驱动前轮，该电机能够输出峰值功率 96kW、峰值转矩 250N·m。配合后轮驱动，宝马 i8 四驱模式能够输出总峰值功率 266kW 以及总峰值转矩 570N·m。经过实测，宝马 i8 百公里加速时间仅 4.5s，最高车速可达 250km/h。纯电动模式下最高速度可达 120km/h，最大续驶里程 500km，纯电动行驶里程 35km，平均油耗小于 2.5L/10km。

宝马 i8 布置在发动机旁边的后置电机不直接参与车轮驱动，主要用作给电池充电，在车辆减速或制动时能够回收制动能量。当三缸涡轮增压发动机出现涡轮迟滞的时候，后置的电机也能够消除该现象，使得汽车起步或者低速行驶的时候更加顺畅。表 6-4 所示为宝马 i8 与保时捷 911 卡雷拉 4 性能对比。

表 6-4 宝马 i8 与保时捷 911 卡雷拉 4 对比

性能对比	宝马 i8	保时捷 911 卡雷拉 4
0～100km/h 加速时间	4.5s	4.9s
最高车速	250km/h	285km/h
百公里油耗	2.0L/100km	7.8L/100km
二氧化碳排放量	59g/km	219g/km
发动机类型	1.5L 三缸涡轮增压发动机	3.5L 水平布置自然吸气
输出功率	273kW	258kW
输出转矩	570N·m	390N·m
整备质量	1490kg	1430kg

宝马 i8 采用铝铁合金电池，使用 220V 电压仅需 1.5h 即可充满，使用 120V 则需 3.5h。

宝马 i8 有一个特别的地方，其后车窗使用了大猩猩玻璃。直至 2010 年，大猩猩玻璃已经运用在全球 20% 的手机屏幕上。第二代大猩猩玻璃在 2012 年正式亮相，截至 2012 年 10 月 24 日，大猩猩玻璃厂家——Corning Inc 正式宣布全球使用大猩猩玻璃作为手机屏幕的手机超过 10 亿台。通过离子交换方法使玻璃表面的残留应力消失，从而使玻璃不容易碎裂，这就是大猩猩玻璃起作用的关键所在。更轻、更薄并且不容易受损的大猩猩玻璃除了广泛应用于手机屏幕上之外，类似于笔记本电脑屏幕，平板电视屏幕等电子设备也会用到。直到现在，大猩猩玻璃大家庭又多了一位成员——宝马 i8。

与宝马 i3 类似，宝马 i8 使用了大面积的碳纤维和铝合金材料，轻量化材质的运用使得宝马 i8 整备质量仅 1490kg。宝马 i8 的车架以及车门框都用碳纤维制造，用这种材质构造的车架，在保证轻量化的同时，刚度以及强度远高于钢制材质。车顶也运用碳纤维，发动机盖使用铝合金，保险杠以及挡泥板材质为塑料。

宝马 i8 底盘为前双摇臂式、后五连杆式的悬架形式，如图 6-52（见书后彩插）和图6-53 所示。铝合金材质后副车架用以支撑发动机和后方电机。据 i8 的项目经理 Carsten Breitfeld

介绍，宝马 i8 的底盘模块构造是按照 50:50 比例进行设计的，i8 的电力转向系统由宝马 X3 借鉴而来，可精确判断驾驶人的转向意图。

图 6-53　宝马 i8 五连杆后悬架

总之，双电机、智能手机屏幕玻璃以及碳纤维车架等新技术的运用，无不昭示着作为工业之子的宝马在行业改革中处于绝对领先地位。由于新技术的运用，宝马 i8 在油耗以及动力表现上甚至超越保时捷 911。

6.4.2　特斯拉(TESLA)电动汽车

特斯拉汽车公司是一家在美国纳斯达克证券交易所上市的硅谷公司，主要从事设计、生产和销售电动汽车以及电动汽车动力总成。特斯拉成立于 2003 年，虽然其生产的电动汽车产品节能环保性能较好，但没找准市场，因而销量不足以让公司盈利。2013 年第一季度，特斯拉终于扭亏为盈，而主要原因就是 2012 年 6 月 22 日上市的特斯拉 Model S 车型。特斯拉 Model S 车型是一款纯电动后驱四门豪华运动轿车。

特斯拉 Model S Performance 车型电机最大功率 310kW，最大转矩为 600N · m；电池容量为 85kW · h，最大续驶里程为 480km；0 ~96km/h 的加速时间为 4.2s。特斯拉 Model S 有三款不同的动力总成配置，见表 6-5。

表 6-5　特斯拉 Model S 配置

	低配	中配	顶配
电池容量/kW · h	60	85	85
88km/h 续驶里程	370	480	480
最大功率/kW	225	270	310
峰值转矩/N · m	430	440	600
最高车速/(km/h)	193	201	209
0 ~100km/h 加速时间/s	6.2	5.6	4.4
电池组保修里程	8 年/20 万 km	8 年不限里程	8 年不限里程

截至 2013 年 4 月，特斯拉 Model S 车型在北美地区已销售 4900 辆，领先于雪佛兰沃蓝达(4421 台)及日产聆风(3695 台)。

1. 电池类型

特斯拉电动车的电池采用了松下提供的 NCA 系列(镍钴铝体系)18650 钴酸锂电池，单颗电池容量为 3100mA · h，如图 6-54 所示。

85kW · h 的 Model S 电池组一共使用了 8142 节 18650 锂电池，工程师首先将这些电池以砖、片形式逐一平均分配，最终组成一整个电池包，电池包位于车身底板。图 6-55 所示为电池组合方式，图 6-56 所示为车身底板，图 6-57 所示为特斯拉 Model S 底盘。

图 6-54 松下 18650 电池

特斯拉 Model S 主要由车身、底盘和电池三部分组成，电池平铺在车地板内且有坚固的护板覆盖，但如果外力大于护板的抵御能力也会带来一定安全隐患。

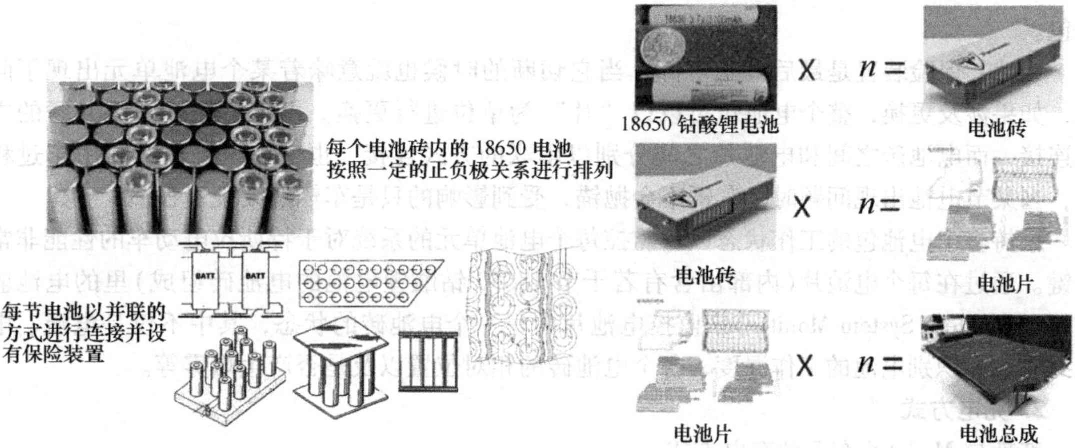

图 6-55 电池组合方式

虽然 18650 钴酸锂电池能满足较高续驶里程的要求，但在高温状态下的稳定性相比镍钴锰酸锂(NCM)和磷酸铁锂电池则要稍差些。因此，在安全性方面需要技术的有力支撑。

电池包内的保险装置分布到每一节 18650 钴酸锂电池，每一节 18650 钴酸锂电池两端均设有熔丝，当电池出现过热或电流过大时，熔丝会切断，以此避免因某个电池出现异常情况(过热或电流过大)时影响到整个电池包。

图 6-56 特斯拉 Model S 车身底板

如前所述，每个电池包由若干个电池片组成，一个电池片由若干个电池砖组成，而一个电池砖又由若干节 18650 钴酸锂电池组成。除了每节 18650 电池设有保险装置外，每个电池片和每个电池砖也都有保险装置，一旦发现某一单位内部出现问题，保险装置都会切断与其他电池单元的联系，从而避免

图 6-57　特斯拉 Model S 底盘

殃及池鱼的情况出现。另外，每个电池片之间都有相对独立的空间并由防火墙相隔，即便是单个电池片内部出现了起火的情况，火势也可得到一定控制，不至于迅速蔓延至整个电池包。

当然，保险装置是最后一道屏障，当它切断的时候也就意味着某个电池单元出现了问题，如果涉及更换，整个电池包可以以“片”为单位进行更换。每节电池之间以并联的方式连接，而电池砖之间和电池片之间分别以串联的方式连接，也就是说，在实际用车过程中，当某节电池出现问题时，车辆不会抛锚，受到影响的只是车辆的续驶里程。

维持整个电池包的工作状态以及监控每个电池单元的系统对于特斯拉电动车的性能非常关键。通过在每个电池片(内部由含有若干节 18650 钴酸锂电池的电池砖组成)里的电池监控装置(Battery System Monitor)来监控电池片内每一个电池砖的状态，其中不仅是电流、电压，它还能识别电池的工作温度、各个电池砖的相对位置以及是否产生烟雾等。

2. 充电方式

特斯拉 Model S 有 5 种充电方式：

1) Mobile Connector。采用普通 110V/220V 市电插座充电，30h 充满。

2) Single Charger。集成 10kW 充电器，10h 充满。

3) Twin Charger。集成 20kW 充电器，5h 充满。

4) High Power Wall Connector。一种快速充电器，可以安装在家庭墙壁或停车场，5h 可充满。

5) SuperCharger。快速充电装置，45min 可充 80% 的电量。

6.5　代用燃料汽车

目前汽车上使用较为普遍的清洁代用燃料有液化石油气、天然气、氢气、醇类和醚类等。之所以称为清洁代用燃料，是因为它们的相对分子质量比汽油、柴油小得多，其排放 CO、HC、CO_2等污染物比汽油、柴油低得多。此外，醇类燃料含氧，还可促进燃料燃烧更完全，燃烧温度降低，使 NO_x排放量减少。

6.5.1　马自达氢转子发动机汽车

氢能作为可循环利用的非常洁净的环保型能源，今后将成为取代终究会枯竭的传统燃料石油等途径之一。氢转子发动机是由水蒸气代替了废气的环保型发动机。早在 2006 年，马自达就已经开始在日本国内进行马自达 RX8 氢转子发动机车的租赁销售业务。图 6-58 所示为氢转子发动机，图 6-59 所示为马自达氢转子发动机车型。

氢转子发动机的特点：在不损失内燃机特有的转矩、加速特性及排气声的前提下，成功降低了石油资源的消耗，并实现了 CO_2零排放，几乎不产生 NO_x等废气，还带有内燃机所特有的自然舒畅行驶性能。由于转子发动机的低温进气室与高温燃烧室是分离结构，它可以有效避免氢气在进气行程中所发生的回火现象，并使燃烧更加充分。

马自达新一代转子发动机以实现提升热效率和提高全域转矩为目标，通过旋轮线转子形状等尺寸的全面变更，在扩大行程的同时增大排气量。另外，在氢燃料转子发动机上采用了最新直喷技术以及铝制侧外壳等技术，使转子发动机体积小、重量轻的特长和优点更加突出、更具魅力。

图 6-58　氢转子发动机

图 6-59　马自达氢转子发动机车型

在制造上充分利用了 RX-8 零部件和生产设备资源，相对降低了生产成本。实现了双燃料系统，使车辆既可以使用氢气行驶，又可以使用汽油行驶，无须担心行驶途中没有氢燃料加气站。

在 2005 年与氢转子发动机研发的同时，在马自达厂区内的氢燃料加气站也正式投入运行。马自达从 2009 年开始向挪威开展约 30 辆 RX-8 氢燃料转子发动机汽车的租赁业务，该国政府正在推进以实现氢燃料社会为目标的国家工程。

马自达不仅认识和看到了氢燃料发动机汽车有着极其良好的发展前景，而且还独自致力于对搭载了氢转子发动机混合动力车型的研发。混合动力系统将氢气燃烧能高效转换成电能来驱动电机，不但实现了高效率和灵敏操控性能，还在节约燃油的同时可以直接感受到强劲的行驶性能。

马自达 5 氢燃料转子发动机混合动力汽车是在继承 RX-8 氢燃料转子发动机汽车双燃料系统的基础上增加混合动力系统的车型，提高了性能与实用性。马自达 5 氢燃料转子发动机混合动力汽车最高功率为 110kW，除了在动力性能方面比 RX-8 氢燃料转子发动机汽车提升了 40%，大幅提高了加速性能外，使用氢燃料时的续驶距离也增加了一倍，达到了 200km。

混合动力系统主要由氢转子发动机、发电机、转换器、电机和电池组成，如图 6-60 所示。根据行驶状况将发电、充电和放电控制调整在最佳状态。与转子发动机相匹配的混合动力系统，通过燃烧氢能迅速而高效地将其转换为电能来带动电机。同时，电力驱动技术的不

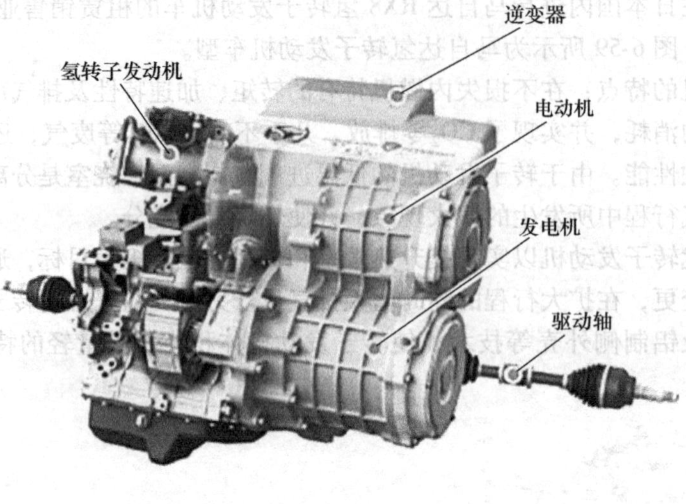

图 6-60　马自达氢转子混合动力系统

断进步，也提高了动力系统的能源效率，实现操控系统的灵敏度。在低油耗的基础上，踩下加速踏板即可感受到发动机和电机同时提供的线性加速的强劲动力。图 6-61（见书后彩插）所示为氢转子混合动力系统。

6.5.2　宝马氢燃料技术

宝马推出的氢动力轿车 Hydrogen 7 将清洁能源与豪华高性能结合在一起，在车辆结构变动不大的情况下为新能源汽车打开了一条路径。

宝马 7 系 Hydrogen 7 轿车采用了 191kW 的 12 缸发动机，0～100km/h 加速时间 9.5s，最高车速电子限定为 230km/h。如果不能保证氢的充分供应，宝马 Hydrogen 7 采用双模发动机，可以迅速而方便地切换为用普通高级汽油作燃料的工作方式。

氢燃料发动机基于汽油动力单元，宝马发动机专家们按照双模驱动的要求对发动机进行了改进。在汽油模式下燃油通过直喷供应，同时在发动机进气系统中集成了氢供应管路。关键技术是喷射阀需要提供相应的燃料/空气混合气，在几毫秒内将适量氢气送入进气系统。

氢的燃烧速度比普通燃油快 10 倍，实现了更高的效率水平。为确保充分利用这一潜能，V12 动力单元需要由 Valvetronic 电子气门和 Double-VANOS 双凸轮轴可变气门正时系统来保证极为灵活的发动机管理系统，使气体循环和喷射节奏与氢/空气混合气的特殊特性完美匹配。

宝马 Hydrogen7 的动力单元在理想条件下全负荷运转，意味着氧和氢完全平衡（空燃比 =1）。在氢动力模式下，这一混合比也可以提供最高的性能水平和低排放下的理想输出功率。在极高的燃烧温度下主要会产生氮氧化物（NO_x）。为了抑制 NO_x形成，发动机部分负荷时在氧含量较高的状态下运行，相应地使空燃比系数大于 2。

氢燃料罐是氢动力汽车的关键部件。氢燃料罐采用双层壁式结构，包括在 2mm 厚的不锈钢板以及内罐和外罐之间 30mm 厚的真空超隔热层。高效的隔热作用可使在 0.3～0.5MPa 压力作用下的液态氢长时间保持在约 -250℃的恒定温度。

驾驶人可以通过多功能方向盘上一个单独的按钮手动完成从氢动力到汽油动力模式的转换，不管处于怎样的运行状态下，发动机功率和转矩都不会有任何改变。模式转换也不会对宝马 Hydrogen 7 的行驶状态和性能造成影响。驾驶人只需按下转向信号灯操纵杆上的一个按钮，就可以检查两个燃料系统的燃料液位和剩余燃料可达里程，测得的液位显示在驾驶区域的车速表下方。当在氢动力模式下行驶时，显示屏上不再显示车外温度和时间，而是显示分子氢的化学符号(H2)，以明确地告知驾驶人汽车目前在利用氢燃料行驶。

宝马早在 1978 年就开始研究氢动力，在此后的几十年内，通过几代的氢动力汽车使这项技术得到不断的发展和改进。在氢动力不断发展的同时，宝马集团与道达尔联合建立了几家加氢站以满足客户的需求，相信随着氢动能车辆的增加，加氢站也会越来越多。宝马 Hydrogen 7 技术参数见表 6-6。

表 6-6 宝马 Hydrogen 7 技术参数

项 目	技术参数	项 目	技术参数
长/mm	5179	前悬	多连杆独立悬架
宽/mm	1902	后悬	多连杆铝制整体后桥
高/mm	1489	转向系统	齿轮齿条式
轴距/mm	3128	前制动	348mm × 30mm 通风盘
前轮距/mm	1578	后制动	345mm × 24mm 通风盘
后轮距/mm	1582	轮胎规格	245/50 R18
整备质量/kg	2460	最小转弯直径/m	12.6
动力系统	V12 汽油/氢双燃料发动机	综合油耗，汽油/(L/100km)	13.9
驱动形式	前置后驱	综合油耗，液氢/(kg/100km)	3.6
排量/ml	5972	排放	EU4
每缸气门数	4	汽油模式续驶里程/km	500
最大功率/[kW/(r/min)]	191/5100	液氢续驶里程/km	200
最大转矩/[N·M/(r/min)]	390/4300	总续驶里程/km	700
缸径×行程/mm×mm	80.0×89.0	0～100km/h 加速时间/s	9.5
压缩比	9.5	最高车速/(km/h)	230
变速器	6 速自动变速器		

2009 年 12 月，宝马公司负责人宣布，鉴于电动汽车技术日趋成熟和被全球市场所看好，该公司将不再研制新的氢燃料汽车，而全力研发新型电动汽车。

6.6 智能驾驶汽车技术

重点掌握

- 智能驾驶汽车的发展现状
- 谷歌自动驾驶汽车技术
- 比亚迪遥控驾驶技术

智能驾驶汽车即常说的无人驾驶汽车，主要依靠车内以计算机系统为主的智能驾驶仪来实现无人驾驶。它一般是利用车载传感器来检测车辆周围环境，并根据检测到的道路、车辆位置和障碍物信息，控制车辆的转向和速度，从而使车辆能够安全、可靠地在道路上行驶。

无人驾驶汽车从根本上改变了传统的“人-车-路”闭

环控制方式，将不可控的驾驶人从该闭环系统中排除，从而大大提高了交通系统的效率和安全性。

从20世纪70年代开始，美国、英国、德国等发达国家开始进行无人驾驶汽车的研究，在可行性和实用性方面都取得了突破性的进展。

我国从20世纪80年代开始进行无人驾驶汽车的研究，国防科技大学在1992年成功研制出我国第一辆真正意义上的无人驾驶汽车。

1. 无人驾驶汽车的发展情况

国外发达国家从20世纪70年代开始进行无人驾驶汽车研究，在可行性和实用性方面，美国和德国走在前列。美国是世界上研究无人驾驶车辆最早、水平最高的国家之一。

早在20世纪80年代，美国就提出自主地面车辆(ALV)计划，这是一辆8轮车，能在校园环境中自动驾驶，但车速不高。由于技术上的局限和预期目标过于复杂，到20世纪80年代末~90年代初，各国都将研究重点逐步转移到问题相对简单的高速公路上民用车辆的辅助驾驶项目上。

1999年，一辆由美国卡耐基梅隆大学研制的无人驾驶汽车Navlab-V，完成了横穿美国东西部的无人驾驶试验。在全长5000km的美国州际高速公路上，整个实验96%以上的路程是车辆自动驾驶，车速达50~60km/h。

2000年，丰田汽车公司开发出无人驾驶公共汽车。这套公共汽车自动驾驶系统主要由道路诱导、车队行驶、追尾防止和运行管理等组成。安装在车辆底盘前部的磁力传感器根据埋设在道路中间的永久性磁铁进行导向，控制车辆行驶方向。

2007年，德国汉堡一家公司应用先进的激光传感技术把一辆普通轿车改装成无人驾驶汽车，并可在错综复杂的城市公路系统中行驶。这辆无人驾驶智能汽车名为“路克斯”(Lux)，Lux车内安装了无人驾驶设备，包括激光雷达、摄像机、GPS和智能计算机。

我国在无人驾驶汽车的开发方面要比国外稍晚。国防科技大学从20世纪80年代开始进行该项技术研究。

1989年，我国首辆智能小车在国防科技大学诞生。

1992年，国防科技大学研制成功了我国第一辆真正意义上的无人驾驶汽车。

2000年6月，国防科技大学研制的第四代无人驾驶汽车试验成功，最高时速达76km/h，创下国内最高纪录。

2007年，国防科技大学机电工程与自动化学院和一汽集团联合研发的红旗旗舰无人驾驶轿车，其总体技术性能和指标已经达到世界先进水平。

2012年11月24日上午，我国自主研发的无人驾驶汽车“军交猛狮号”从京津高速北京台湖收费站出发，在“无人驾驶”情况下行驶114km，历时85min，安全抵达目的地天津东丽收费站。该车由军事交通学院改装而成，从外观上看，这辆无人驾驶汽车与普通汽车没有明显差异，只是车顶有一套包括5个雷达、3个摄像头和1个GPS传感器的复杂视听感知系统，能帮助无人车识别路况，精确判断与前后左右障碍物的距离。

根据测试要求，智能车行驶的车道包括四车道、三车道、二车道和匝道；主要测试科目为循线行驶、跟车行驶、自主换道、邻道超车、自主超车和人工指令行驶六个部分。全程行驶中，无人车共实现自主超车12次，被动超车21次，换道36次，总自主行驶时间85min，平均时速79km/h，最高时速105km/h。本次测试在国家自然科学基金委和北京理工大学等第三方认证团队的见证下完成，专家组认为，此次无人驾驶测试的智能化水平已接近世界先进水平。

2012 年 10 月 31 日至 11 月 1 日，来自全国的十余支无人驾驶汽车在内蒙古赤峰市翁牛特旗，进行第四届“中国智能车未来挑战赛”的比赛。2013 年 11 月，在江苏常熟进行了第五届无人驾驶汽车比赛，北京理工大学与比亚迪合作研发的速锐智能车获得冠军。

2. 无人驾驶汽车技术

无人驾驶汽车开发的关键技术主要有两方面：车辆定位和车辆控制技术。这两方面相辅相成，共同构成无人驾驶汽车的基础。

1）车辆定位技术。车辆定位常用的技术包括磁导航和视觉导航等。

2）车辆控制技术。常用的方法是经典的智能 PD 算法，如模糊 PD、神经网络 PD 等。

除以上两个方面，无人驾驶汽车作为智能交通系统的一部分，还需要一些其他相关技术的支持，如车辆调度系统、通信系统和人机交互系统等，最终得以实现整个交通系统的高效、安全运行。

（1）与无人驾驶汽车相关的现有技术　如制动防抱死系统（ABS）、车身稳定控制系统、自动泊车系统等。

（2）无人驾驶汽车将采用的技术

1）雷达技术，如奔驰 Dsitronic Plus 技术在保险杠旁安装有传感装置，当检测汽车盲点有障碍物时发出警告。

2）车道保持辅助系统。

3）激光雷达。Google 采用 Velodyne 公司的车顶激光探测和测距系统，包括 64 束激光，以 900r/min 的速度向上发射，形成点云，赋予汽车 360°视野。

4）红外照相机。奔驰夜视辅助系统采用两盏前照灯向前方道路发射不可见的红外光。安装在前风窗玻璃上的照相机监测红外信号，将标注出危险区域的图像显示到仪表板上。

5）立体视觉。奔驰一款概念车用两台安装在前风窗玻璃上的照相机构成前方道路的实时 3D 图像，以发现潜在危险，如行人、自行车等，并预计其行走方向。

6）卫星定位系统。目前主要采用 GPS。

3. 无人驾驶汽车的发展方向

1）高速公路环境无人驾驶系统。

2）城市环境无人驾驶系统。

3）特殊环境无人驾驶系统。

4. 各国无人驾驶汽车介绍

1）英国无人驾驶汽车 ULTra。在英国伦敦希斯罗机场有许多自动驶离、抵达车站的无人驾驶汽车“优尔特拉”（ULTra）。该无人驾驶汽车有 4 个座位，形状似气泡，看起来就像一艘外星人飞船。这种汽车依靠电池产生动力，乘客可以通过触摸屏来选择他们的目的地。ULTra 时速可达 25mile/h，会自动沿着其狭长的道路系统行驶。一旦乘客选择好了目的地，控制系统会记录下要求，并向 ULTra 车发送一条信息，随后 ULTra 车会遵循一条电子传感路径前进。ULTra 如图 6-62 所示。

2）法国无人驾驶汽车 Cycab。法国 INRIA 公司花费 10 年心血研制出“赛卡博”（Cycab）无人驾驶汽车，外形看起来像未来的高尔夫球车。该车使用类似于给巡航导弹制导的全球定位技术，通过触摸屏设定路线，“赛卡博”就能把你带到想要去的地方了。只不过给 Cycab 带路的全球定位系统要比普通的全球定位系统功能强大许多。普通 GPS 系统的精度只能达到几米，而 Cycab 却装备了名为“实时运动 GPS”的特殊 GPS 系统，其精度高达 1cm。

图 6-62 伦敦无人驾驶汽车 ULTra

这款无人驾驶汽车装有激光传感器，能够避开前进道路上的障碍物，还装有双镜头的摄像头，来按照路标行驶。人们甚至可以通过手机控制驾驶 Cycab。每一辆 Cycab 都能通过互联网来进行通信，这意味着这种无人驾驶汽车之间能够做到信息共享，这样多辆 Cycab 能够组成车队，以很小的间隔顺序行驶。Cycab 也能网上冲浪并获取实时交通信息来防止交通阻塞的发生。在行驶过程中，Cycab 还会自动发出警告，提醒过往行人注意。Cycab 如图 6-63 所示。

3）美国 Google 无人驾驶汽车，详见 6.6.1 内容。

4）沃尔沃无人驾驶汽车。

2005 年，沃尔沃便推出第一款盲点警报系统，当有车进入驾驶人盲点时就会发出警报。到 2009 年，行人监测系统面世。2013 年，沃尔沃还进一步提升了自动泊车技术，让汽车在无人驾驶状态下自动寻找车位并停好。另据报道，沃尔沃将在 2014 年量产车型上搭载全球第一个自动驾驶技术——堵车辅助系统，该系统将会帮助车辆在车流行驶速度低于 50km/h 的情况下脱离方向盘，并根据车载探测系统让车与前方保持一定车距，自动往前行驶，以真正实现车辆“无人驾驶”状态。虽然沃尔沃的自动驾驶技术研发还在初级阶段，但这些基础设计，目前已有部分被美国德尔福应用到了若干高端车型上。

图 6-63 法国无人驾驶汽车 Cycab

6.6.1 谷歌自动驾驶汽车技术

2009 年，有媒体曝光了谷歌(Google)自动驾驶汽车的雏形图片。

2010 年 10 月 9 日，谷歌公司在官方博客中宣布，正在开发自动驾驶汽车，目标是通过改变汽车的基本使用方式，协助预防交通事故，将人们从大量的驾车时间中解放出来，并减少碳排放。

2011 年 10 月，谷歌在内华达州和加州的莫哈韦沙漠作为试验场对汽车进行测试。同年，美国内华达立法机关允许自动驾驶车辆上路，这也是美国首个类似法律。该法律 2012 年 3 月 1 日正式生效。

2012 年 4 月，谷歌宣布自动驾驶汽车已行驶 20 万 km 并已经申请和获得了多项相关专利。

2012 年 5 月 7 日，内华达州机动车辆管理局(DMV)批准了美国首个自动驾驶车辆许可证。在颁发牌照前，有关官员此前曾在高速公路、卡森城街区和拉斯维加斯大道检验过这款汽车，并宣称，先前在高速公路、市内街道和拉斯维加斯闹市区域的测试显示，自动驾驶汽车可以安全行驶，甚至比人工驾驶更加安全。

在 2011 年举行的 IEEE 智能机器人和系统国际会议上，谷歌自动驾驶汽车项目负责人、斯坦福大学教授 Sebastian Thrun 和谷歌工程师 Chris Urmson 终于透露了这个系统的更多细节。

从 Sebastian Thrun 的发言得知，该系统起源于美国政府举办的一项名为 DARPA 的比赛。若参与队伍的自动驾驶车辆能在比赛中成功穿越沙漠，就能得到美国政府的资助。而到了最后，只有斯坦福研制的自动驾驶汽车能完成穿越并赢得比赛。这个项目后来被谷歌看中，演变成了现在一辆辆奔驰在美国公路上在丰田普锐斯基础上改装的自动驾驶汽车。

为了使这些普锐斯在无人驾驶情况下安全往返于各种路况之中，谷歌在其顶部安装了 HDL-64E LiDAR 激光测距仪和高分辨率摄像机，能实时生成周围环境的详细 3D 地图，然后将激光测量和高分辨率地图结合起来，让智能驾驶汽车能避开障碍和遵守交通规则。

而安装在前后保险杠上的四个雷达，则可以让汽车能应付快车道上的各种情况。位于后视镜附近的摄像机用于探测交通灯。GPS、惯性测量单元和车轮编码器用于判断汽车的位置和维持运动轨迹。谷歌自动驾驶汽车如图 6-64 所示。

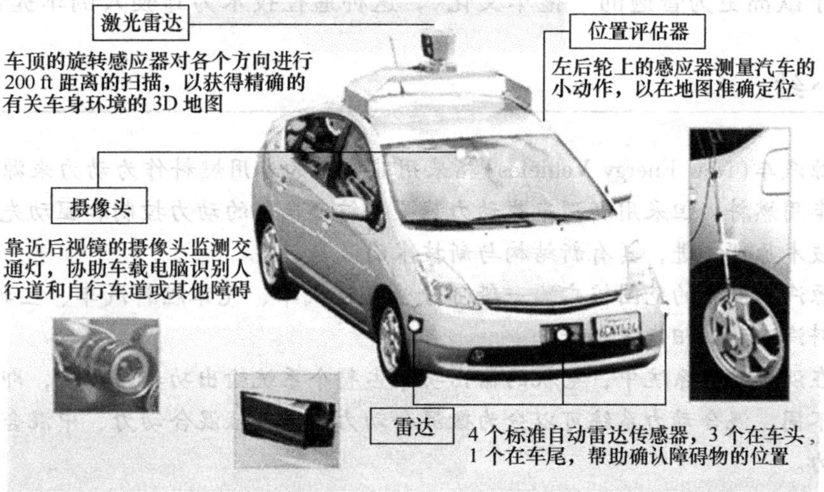

图 6-64　谷歌自动驾驶汽车

6.6.2　比亚迪遥控驾驶技术

目前，自动泊车技术已成熟，而比亚迪在速锐车型上装备了可站在车外遥控车辆行驶至预定位置的遥控驾驶技术。采用埃孚所研发的这套遥控驾驶技术，能够更为直观地通过应用软件来完成相应操作，最为重要的是其可以对有拖拽的车辆完成相对复杂的倒车动作。

作为体验，厂家将该技术安装在一辆宝马 5 系上(E60)，同时 5 系后面还拖拽了一个拖车，而这种情况在欧洲是较为常见的。

与比亚迪速锐通过车钥匙来完成相应操作不同的是，埃孚的这项技术通过一个移动终端上的 APP 软件来进行操作，由于车辆和拖车直接在 APP 上显示出来，所以遥控操作可谓更为简单、直观，就像玩游戏一样容易，如图 6-65 所示。

在这套 APP 软件上，可以对车速、档位进行选择，操控者只需一直触摸屏幕上的汽车或者拖车的图案，并按照自己的意愿进行相应的滑动，即可使车辆完成前进、后退和转弯。

整套系统最难的是针对倒车的控制逻辑，当你要控制拖车移动到指定位置时，由于车辆与拖车间存在一个自由的铰接点，所以前方车辆的转向角度及方向并不像我们平时驾驶车辆倒车那样容易，因为有时需要反打方向并控制好相应的转向角度。

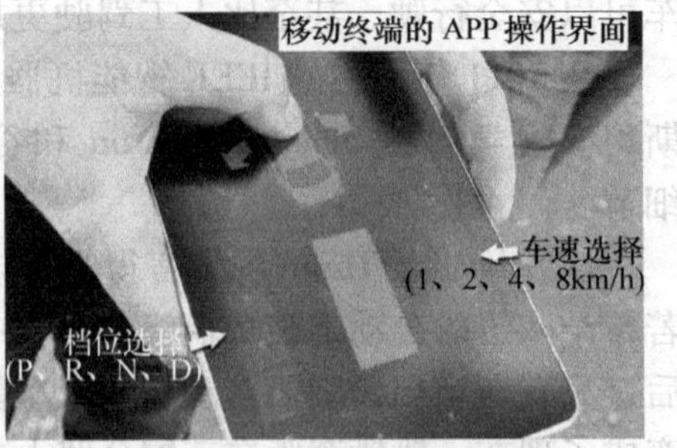

图 6-65　埃孚遥控驾驶操作

要想实现遥控驾驶，对车辆本身的硬件也是有一定要求的。例如，需要电动助力转向、电子变速杆，这样才可以实现自动切换档位和转向的功能。此外，车辆需要额外安装一个接收和控制装置，或者可以将其集成在车载多媒体系统中。

据测试，通过APP操作最终反映到车辆移动的过程几乎是没有延迟的，在APP上转弯的幅度与车辆实际的转弯幅度的匹配也恰到好处，既不夸张也不保守，操作起来十分顺手。根据埃孚工作人员的介绍，目前该技术还处在研发测试阶段，距离真正量产还有一段时间。应该说，对于欧洲更为普遍的“拖车文化”，这种遥控技术为驾驶人倒车提供了更多的便利。

本章小结

- 新能源汽车(New Energy Vehicles)指采用非常规的车用燃料作为动力来源，或采用常规的车用燃料，但采用新型车载动力装置，综合车辆的动力控制和驱动先进技术，形成的技术原理先进，具有新结构与新技术的汽车。
- 新能源汽车包括的范围较广，一般可分为电动汽车、气体燃料汽车、生物燃料汽车、氢燃料汽车和太阳能汽车等。
- 根据在混合动力系统中，电机的输出功率占整个系统输出功率的比重，即常说的混合度的不同，混合动力系统可以分为微混合动力系统、轻混合动力、中混合动力和强混合动力。
- 对于混合动力汽车，动力耦合及控制系统、电机及控制系统、动力电池及管理系统是三项最为关键的核心技术。
- 本田混合动力系统(IMA)主要由发动机、电机、CVT变速器以及智能动力单元(IPU)四部分组成。
- 通用汽车公司采用双模混合动力技术(Dual-mode或2-mode Hybrid)。
- F1赛车动能回收系统(Kinetic Energy Recovery Systems)的基本原理是通过技术手段将车身制动能量存储起来，并在赛车加速过程中将其作为辅助动力利用。
- 比亚迪秦采用第二代双模混合动力系统(DM Ⅱ)，属于并联模式，即系统可以以纯电动或汽油+电动模式进行驱动。
- 2011年，沃尔沃汽车公司推出了世界上首款柴油混合动力车型V60 Plugin。V60 Plugin通过小排量柴油机向4台轮毂电机供电。
- 宝马i8的动力结构包括汽油发动机、电池组、一台前置电机和一台后轴布置的电机。一前一后两套动力系统可构成四驱模式。

- 智能驾驶汽车即常说的无人驾驶汽车，主要依靠车内以计算机系统为主的智能驾驶仪来实现无人驾驶。它一般是利用车载传感器来检测车辆周围环境，并根据检测到的道路、车辆位置和障碍物信息，控制车辆的转向和速度，从而使车辆能够安全、可靠地在道路上行驶。

习题

1. 新能源汽车包括哪些？
2. 根据混合度的不同，混合动力汽车可分为哪些？
3. 混合动力汽车的关键技术有哪些？
4. 对比分析丰田、本田、通用和比亚迪等汽车公司混合动力技术异同。
5. 简述燃料电池工作原理。
6. 特斯拉纯电动汽车创新技术有哪些？
7. 汽车实现自动驾驶需要哪些技术？

第7章 汽车相关知识

学习目标

☑ 了解 ABT 改装的基本知识。
☑ 了解自动变速器汽车的雪地模式。
☑ 了解汽车标准和协议。
☑ 掌握雷达测速原理。

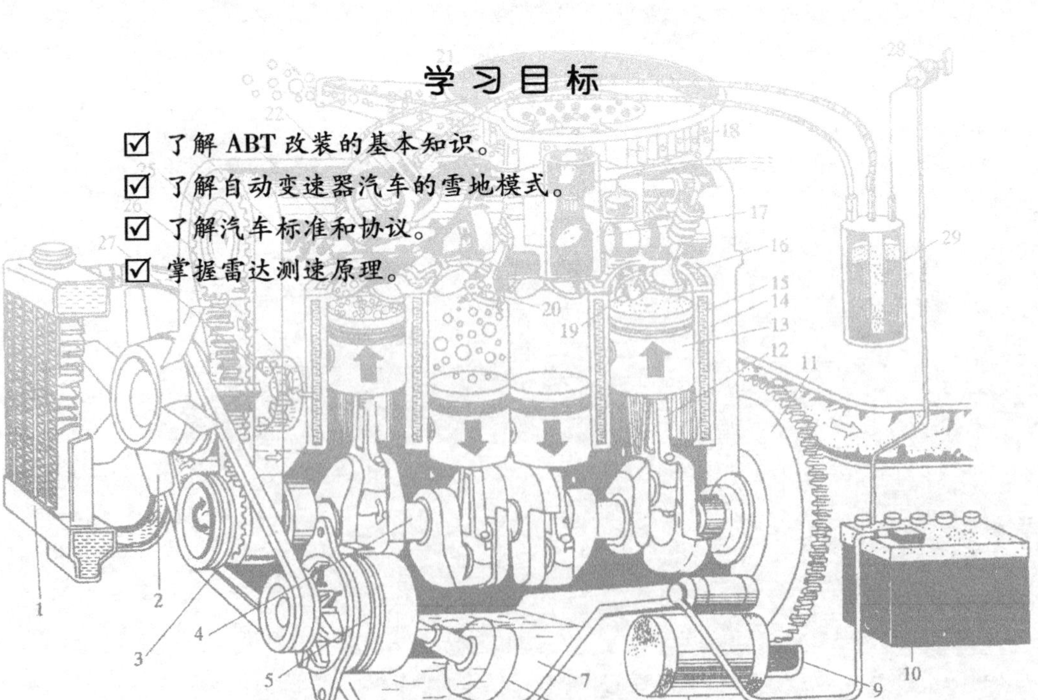

7.1 ABT改装

重点掌握
- ABT的发展历史
- ABT改装的成果

ABT Sportsline作为大众集团改装第一大厂，长期以来致力于赛车及汽车改装市场，提供动力、制动、悬架、空气动力学套件和轮毂等改装配件、精品及服务。在不失原厂设计的理念下，满足改装车迷对个性化的需求。目前，在全世界六十几个国家皆有代理商销售其独家为奥迪、大众、西亚特、斯柯达及保时捷卡宴提供的改装精品及配件，树立了高性能、高品质的口碑。

在德国专门从事大众集团车系改装工程的厂商很多，但也正因为有着如此的良性竞争与相互激励，使得强者愈强。ABT Sportsline便是其中的佼佼者。目前，在德国无论是大众集团车系的改装主流，或是在各项赛事中脱颖而出的大众集团竞技用车，几乎都与ABT有着直接的联系，ABT堪称拥有赛车的灵魂。

1. ABT的发展历史

ABT Sportsline为一家族企业，ABT就是这个家族的姓氏，1896年创立于巴伐利亚坎普顿(Kempten)。ABT的历史可以追溯到1896年一家制造马车零件的小铁工厂，随着汽车工业的蓬勃发展，以及赛车的兴起，这家工厂的规模也日益扩大。

1952年，约翰·阿伯特(Johann Abt)赢得了第一座奖杯：德国巴伐利亚汽车登山赛冠军，从此展开了ABT家族辉煌的赛车战绩。约翰·阿伯特(Johann Abt)一共在赛车场上活跃了25年，单单计算知名的赛事，约翰·阿伯特就赢得了300座以上的冠军奖杯。

1975年，约翰·阿伯特从他双亲手中继承了ABT公司，开始倾全力从事车辆改装的事业，为大众与奥迪的车款进行动力提升，并设计制造各种空气动力套件、跑车化悬架与进排气系统。来自坎普顿的“狂傲小子”(The young wild one from Kempten)是众人在他的赛车生涯中给予的封号，道出了他对赛车的热情与执着，这一位纵横欧洲赛车界的传奇人物结合汽车工业与科技，将车辆的性能发挥到淋漓尽致，满足了广大的车迷。

约翰·阿伯特的小儿子克里斯堤昂·阿伯特(Christian Abt)继承了父亲的遗志，在1990年成为德国家喻户晓的赛车手。他不负众望地延续了ABT家族的传统，由越野机车的常胜军，转战到汽车竞技，拿下Formula Junior和Formula 3的冠军头衔，房车赛事战绩更是耀眼，夺得了2003年度德国超级房车赛的奖杯！

今天的ABT已跃升为大众集团车系专业改装厂，总部位于坎普顿，工厂占地12000m²，产品涵盖大众集团所有车种，包括大众、奥迪、西亚特、斯柯达及保时捷卡宴改装套件。多年来，ABT除了拥有自己的赛车车队及赛车手为其夺下多次奖项外，每年由ABT总部坎普顿调教改装的车更超过2000部。目前，成立的新大楼成为其高科技中心，更展现公司为发展更高性能车所作的准备。从ABT改装车在赛车场上的表现及ABT在其发源地坎普顿具备制造属于自己车系的设备，更展现出ABT在改装领域中的技术与野心。

ABT Sportsline深信，世界上最好的汽车测试中心就是赛车场。无疑，ABT对于如何通过赛车场的试练，早已成竹在胸。ABT Sportsline参与赛车已有超过五十年的历史，在大众的心目中，ABT与赛车竞技早已画上等号。而在2000年的DTM赛事中，ABT更创造了两项空前的记录。首先，ABT首次尝试由无到有的全新赛车开发工作，由基础草图、发动机及机械构造，到全套的车身动力组件，均由 ABT 设计制造。其次，在极短的一百天内，完成研发并且制造一部 DTM 赛车的工作，顺利参与赛事。此外，目前许多统一规格赛事如 ADAC 等，所有参赛车辆的赛前赛后整备工作，均由 ABT 一手包办。由此可见，ABT 几乎已经具有与各大车厂并驾齐驱的研发能力，对于赛车整备的经验和技术，更是独树一帜。

ABT 成功的原因，就在于 ABT 的经营理念，并不仅止于创造与众不同的外观，或是无与伦比的动力，而是要时时研发最新的改装科技，通过 CAD 的辅助设计、严格挑选的尖端制造厂商，以及持续反复的测试，确保最精密的制造品质与最稳定的产品动态表现。ABT Sportsline 的工程师团队坚信“维持现状就是落伍”，唯有持续研发，坚持满足每一位客户的个别喜好与需求，才是 ABT 永续经营的不二法门。

2. ABT 的科技实力

ABT Sportsline 的产品，可以涵盖大众集团所有车种，相同的 ABT 的产品种类也是由内而外。无论是提升发动机动力的各类组件，改变车身外观的空气套件及各式轮毂，增加车辆主动安全性的悬架系统、制动等套件，车辆内外各种改装产品，以及琳琅满目的竞技用品，乃至于制作精美令人爱不释手的各类精品，只要车主喜欢，ABT 几乎无所不备，无所不改。

ABT 除了改装实力受到大众集团充分肯定之外，ABT 所有制品也都通过最严苛的德国 TUV 认证，符合欧盟所有的环保及改装法规，无论是动力提升机件的稳定性，或是空气套件的安全性，都可以让 ABT 的使用者倍感安心。

ABT 以丰富的参赛经验与传统开发全车空气套件，因此在车身外观的空气套件造型上均在赛车流体力学的概念下设计，动感十足，蕴含浓厚跑车气息。

内装方面：ABT 喜欢采用具有赛车科技感的铝合金和碳纤维材质，来增添其改装车的性能特质，在质感及精致度各方面均领先业界。

动力方面：ABT 在发动机排气量与基本结构不变的情况下，通过电脑控制喷油，点火程式的改写，涡轮增压器与进气冷却器尺寸的加大，以及周边进、排气系统的更换，发展出多种不同的动力输出规格套件，不仅降低了改装的成本，提升的动力也更为可观，相当符合经济效益，轻轻松松即可让爱车动力输出升级。

悬架方面：底盘悬架的改装也是 ABT 极为重视的环节。ABT 的悬架改装套件主要包括一组可降低车高的短弹簧与强化型减振器，部分车种并附 Hi-Low Kit 减振器及阻尼可调整的高档跑车化悬架。ABT 调校出的悬架套件倾向于韧中带硬，能够有效地提升车辆操控性，同时仍能兼顾一定程度的行驶舒适性。

3. ABT 在我国市场的情况

为了满足我国车迷对改装汽车的性能渴求，北京利达世佳汽车销售中心（V8 动力）积极部署，取得了 ABT Sportsline 在中国华北地区的独家代理权，提供大众集团车系原厂品质、原厂服务的整合性改装服务。未来 V8 动力将利用既有的营销及售后服务体系服务于大众集团车迷，并将在我国北方建立完善的经销体系，设立 ABT 改装套件专营店，并提供专属的改装技术顾问为车迷设计及咨询规划以提供全面性的服务。V8 动力计划成立 ABT 车迷俱乐部，并邀请 ABT 赛车手来中国表演及技术指导，或在国内举办业余车手赛，并引进 ABT 原厂车以满足车迷的需求。

4. ABT改装成果

早在1974年第一代高尔夫推出起，ABT的工程人员及设计师即参与每一代的高尔夫发展，并贡献多达1000多项的开发灵感。但全新高尔夫的推出，却为车厂与改装厂的依存关系情况带来一大逆转。ABT总裁汉斯尤根·阿伯特（Hans-Jurgen Abt）表示："ABT的改装设计在新一代的高尔夫身上达到了前所未有的开创性。在以前，改装厂仅能受限于原厂的发动机车型进行动力与空气动力套件等改装，在新一代高尔夫里，ABT早在产品开发初期即与大众原厂密切合作，使我们领先全球的ABT改装科技与这辆全世界最畅销车款能有更密切的结合，使得新一代高尔夫改装充满着无限的可能"。

VS4在原有的高尔夫四缸TDI发动机上进行改良，其排气量较原有2.0L增加了200mL，最大功率为125kW，较原有的103kW增加了22kW。这个升级动作在ABT丰富的发动机科技后盾下，仅需更换芯片，即可完成所有升级程序，经济效益显著。经由升级高尔夫VS4不仅输出功率强大，更具有强大的转矩与更敏捷的反应，性能强悍无比。

尽管高尔夫全车已具备丰富的跑车线条，在ABT的设计下，高尔夫VS4全车装上了碳纤维空气动力套件，低伸的前后扰流板与全车精致大包围显得更加动感有力，并均烙有银色的ABT徽式以供识别，而排气尾管更换上直径7.6cm的四圆筒排气尾管，无论精致度与完成度皆非常优异。

配合动力的暴增，高尔夫VS4悬架系统亦经过特别的强化，且高度可调，轮胎则换上德国马牌的235/35R19高性能跑车胎，搭配ABT的19in五幅式锻造铝圈，视觉效果十分壮观。

7.2 汽车的雪地模式

重点掌握
- 自动变速器汽车的雪地模式有哪些
- 雪天行车注意事项

现在的自动变速器轿车中，大都有为雪天行车所设计的雪地模式，为的是增加雪天行车的稳定性。很多人误认为雪地模式是一种简单的自动变速器采用高档起步的模式，实际上这只说对了一小半。只有早期的一些自动变速器轿车上面采用这种方法来减少动力输出。如今，很多高档轿车上配备了电子节气门、ESP、TCS等电子系统，雪地模式多是这些设备共同发挥作用，且并不一定采用高档位起步。

轿车自动变速器常见有两种形式，分别是液力自动变速器（AT）和机械无级自动变速器（CVT）。目前，轿车普遍使用的是AT，几乎已经成为了自动变速器的代名词，和手动变速器相比，液力自动变速器（AT）在结构和使用上有很大的不同。手动变速器主要由齿轮和轴组成，通过不同的齿轮组合产生变速变矩，而AT由液力变矩器、行星轮和液压操纵系统组成，通过液力传递和齿轮组合的方式来达到变速变矩的目的。

CVT采用传动带和可变槽宽的棘轮进行动力传递，传动带一般用橡胶带、金属带和金属链等。CVT是真正的无级变速器，它的优点是重量轻、体积小、零件少，与AT比较具有较高的运行效率，油耗也较低。

1. 早期的自动变速器轿车的雪地模式

早期的自动变速器轿车普遍采用AT，一般没有电子节气门。因此，节气门开度完全取决于加速踏板的位置，即驾驶人的操作意图。但从动力性和经济性角度来看，发动机并不总是完全处于最佳运行工况。而且，驾驶人的误操作也给安全性带来隐患。当然，也不能实现诸如巡航控制等功能。如果属于这类车型，那么变速杆附近多一个雪地模式的按钮，一般采用雪花的图案，或是注明“Snow”，遇到路面积雪的时候，可以将其按下以启动雪地模式。在这种模式下，车辆会以2档甚至3档起步，减少动力的输出，防止打滑，但是依然要轻踩加速踏板，缓慢行车，避免急打方向。

如果没有雪地模式，那就只能和手动机械变速器的操作方法一样，一般这类变速器的档位排列从上至下依次为P，R，N，D，2，1，可将变速杆推至2位，此时车子的档位只会在1档和2档之间跳转，缓踩加速踏板即可起步，但是效果要差很多。

2. 现代中高档自动变速器轿车雪地模式

现代中高档自动变速器轿车一般配置有电子节气门、TCS和ESP。电子节气门又称为节气门柔性连接，它取消了传统的机械连接，通过电控单元控制节气门快速精确的响应。它的优点在于能根据驾驶人的需求以及整车各种行驶状况确定节气门的最佳开度，保证车辆最佳的动力性和燃油经济性，并可在车上配置牵引力控制、巡航控制等控制功能，提高汽车的行驶安全性和乘坐舒适性。尤其是在混合动力车中，由于发动机和电池组成多能源动力系统，刚性连接方式不能实现各动力源之间的能量分配管理。

通过电子节气门实现的牵引力控制系统又称驱动防滑系统，本身就可以实现普通雪地模式的所有功能，所以此类车辆有时候没有雪地模式的按钮。当然，如果有的话，在雪地行车时也一定要按下。这种雪地模式通过减少节气门开度来降低发动机功率从而达到控制目的。首先，ECU采集加速踏板的位置、车轮转速和方向盘转向角度等信号，通过计算得到车轮滑移率，并产生相应的控制电压信号。此时，节气门受控于这些信号，不受驾驶人意图的影响，并对加速踏板的响应降低，发动机输出的功率比正常情况下小，车轮不易打滑，再加上ESP系统，通过对四个车轮中相应的车轮施加制动力，不仅车子起步时可以达到防滑效果，行车时也会有相当高的稳定性。

如果是电子节气门，但是没有TCS、ESP等辅助电子系统，那么此类轿车的雪地行车就和普通自动变速器轿车的方式一样，高档起步或按下雪地模式按钮。

3. 雪天行车注意事项

（1）注意轮胎的性能　在一般城市，车主没有必要换冬季轮胎。在北欧的一些国家中，雪天是一定要换上冬季轮胎的。现在车辆一般配备的都是四季轮胎，汽车公司在考虑提升附着力的同时也要兼顾舒适性，所以在湿滑路面，现有轮胎并不能保证具有最强的附着力。其次，车辆的驱动形式也有很重要的作用，一般轿车大都为前置发动机、前轮驱动，从力的传动角度来看，有利也有弊，好的方面是干地表现较好，雪地则比较吃力。当然，即使是前置后驱，雪地行驶时也容易产生侧滑，只是在起步时有一些优势。

（2）车辆的雪地表现跟车辆的自重也有一定的关系　自重较轻的车辆遇到冰雪路面，即使有一些好的电子配置，也只是起辅助作用，效果提升一般，自重大一些的车辆，再配备一些高级电子系统，雪地的表现会稍好一些。

（3）驾驶技术是关键　雪地行车最关键的还是驾驶人，在雪天行车时由于不可预测的因素太多，所以开车时慢行可以给自己留出更多的时间判断，从而做出正确的操作。制动时对于没有 ABS 的车辆来说要采用点制动的策略，防止车轮抱死失去转向能力。对于手动变速器车辆来说，尽量避免空档滑行，制动时也要在适当时机挂入低档以利用发动机进行制动，熄火停车时也要挂入档位避免溜车。

7.3 汽车标准和协议

重点掌握
- 汽车标准和协议的作用
- 汽车标准和协议的种类
- SAE 标准和 ISO 标准如何统一

1905 年年初，美国汽车工程师学会(SAE)认识到必须标准化。那个年代的汽车制造商都是小公司，从供应商购买零部件，然后组装成整车。当遍及全国的独立经销商销售各种车辆时，车辆需要经常维修。如果不返回汽车或零部件的原制造厂，就很难找到合适的配件，因此，修理车辆难度较大。

1912 年，美国汽车工程师学会公布了在会长 Howard Coffin 先生指导下的第一个标准。在接下来的几年里，标准委员会制定了各种材料、润滑剂、配件、紧固件和元件的标准。一个最重要的标准是锁紧垫圈。在当时，工业上使用 300 多种锁紧垫圈。按照 SAE 的标准，数量减少了近 90%。到 1921 年，超过 200 种 SAE 标准在工业领域使用，节约 7.5 亿多美元，或者说负担所售车辆 15% 的价值。

今天，SAE 委员会制定的标准覆盖汽车制造和维修的每一个领域。包括维修时使用的工具。从简单扳手到电子诊断和编程仪器，各种参数均由 SAE 的标准引导。

国际标准组织(ISO)是 151 个国家的国家标准协会组成的网络，每个国家一个成员，秘书处设在瑞士的日内瓦，是一个协调机构。ISO 是非政府组织，它的成员不像联合国那样代表国家政府，而来自国有工业协会的专门机构。美国汽车工程师学会和国际标准组织已经开始合作，以便产生各种全球标准。

1. SAE 诊断标准

SAE 标准几乎覆盖维修技师每天接触的每一个元件和工具。SAE 的 J 标准是专家委员会针对特定领域内起草的文件。专家委员会完成项目的研究后，推荐报送到标准委员会，然后表决采用标准或将文件返回专家委员会进一步修改。SAE 的 J 标准特别适用于驾驶性能或排放诊断。以下是最常使用的诊断标准。

(1) J1850-Class B 数据通信网络接口　建立适用于所有陆地行驶的公路或越野车辆的 Class B 数据通信网络接口技术规范。规范设定各个 PCM 和解码器的串行数据传输标准。文件最初设定两个标准：可变脉冲宽度(VPW)信号控制在 10.4kbit，脉冲宽度调节(PWM)信号控制在 41.6kbit。

(2) J1930-电气/电子系统的各种诊断术语、定义、缩略语和简称　标准化汽车术语、名称、定义、缩略语和简称。重点在电气/电子的诊断术语，同时也包括相关的机械术语、定义、缩略语和简称。这个文件的特别应用包括诊断、服务和维修手册、技术通报及其更新、培训手册、维修数据库、发动机舱盖下排放标签和排放认证的使用。

(3) J1962-诊断接头　标准化诊断接头(DLC)的形状和针脚数量。同时也标准化了 16

个针脚中的7个针脚功能。制造厂按照它们的愿望可以使用剩余的针脚。稍后，J2201的章节包括在了J1962中，并做出修改，允许ISO 9141-2针脚也可用于ISO 14230-4(口令协议2000)。国际标准组织(ISO)预留针脚6用于高速控制器局域网(CAN Hi)，预留针脚14用于低速控制器局域网(CAN Lo)。

(4) J1978-OBDⅡ解码器　这个标准为遵守OBDⅡ解码器接口标准的通用功能建立各种技术规范。1999年，取消J2201和J2205的标准。2001年，修改了这个标准，以便适应ISO 14230-4(口令协议2000)。

(5) J1979-电气/电子(E/E)诊断测试模式　标准化读取故障码(DTCs)、冻结帧和数据流的有关信息。2001年4月，修改了这个标准，以便适应ISO15031-5。

(6) J2008-车辆服务信息的组织　开发满足SAE标准的信息和产品，制作成一本手册。手册经常再版，以便紧跟技术的改变。

(7) J2012-各种诊断故障码的定义　定义并标准化OBDⅡ带字母的诊断故障码数字系统。2002年4月，修改了这个标准，以便适应ISO15031-6。

(8) J2186-电气/电子(E/E)数据链路安全　为了防止通过诊断链路接头(DLC)未经授权就访问车辆元件，建立统一的规则。这个标准为车辆和解码器制造厂定义一个安全系统。

(9) J2190-加强型电气/电子(E/E)诊断测试模式　SAE J1979定义的是诊断测试模式的补充。为了读取SAE J1979标准以外的与排放有关的测试数据，以及与排放无关的数据，定义这个模式。

(10) J2201-OBDⅡ解码器的通用接口　为SAE J1978的OBDⅡ解码器，定义车辆通信接口的最小技术规范。1995年1月，取消这个标准，标准的有关章节并入J1962。

(11) J2205-OBDⅡ解码器扩展的诊断协议　为使用通用(J1978)解码器的车辆诊断，开发满足加州大气资源局(CARB)的技术规范。因为车辆制造厂、解码器厂商以及技师不支持这个协议，CARB改变它的规则。1999年7月，SAE从J1978中取消J2205的标准，停止这个标准。

(12) J2223-车载电气线束的连接　由三个子文件组成，规定扁平插片及单柱接头的尺寸特性、单柱和多柱接头的测试方法和通用性能的技术规范，以及扁平插片及多柱接头的尺寸特性。J2284-乘用车辆的高速控制器局域网(HSC)由三个子文件组成，定义高速控制器局域网的各个参数：125kbit/s、250kbit/s和500kbit/s。

(13) J2534-通过车辆编程的推荐规则　提供架构，从所有车辆制造厂到多个解码器厂商的多个车辆数据链路接口的工作，允许使用再编程软件。

2. SAE的各种空调标准

SAE已经开发出应用于汽车空调的许多标准，包括制冷剂、检测设备、荧光剂、元件及维护事项。事实上，汽车制造和维修没有像其他领域被SAE标准强制检查。但在汽车空调工业，因为必须警告维护注意事项和处理废料，SAE标准很苛刻。这里列出了用于汽车空调系统的各种SAE标准，包括以前的标准，有些标准可能已不使用了。需要注意的是，在使用中R-12和CFC-12是相同的，就像R-134a和HFC-134a相同一样。

(1) J051-汽车空调软管　不再生效，被后来的一些文件取代。

(2) J639-汽车空调系统使用的机械式蒸气压缩系统的安全和制冷剂容量　为制冷剂容积和安全提供向导。

(3) J1627-电子制冷剂检漏仪的性能标准 适用于电子探头式检漏仪。标准不涉及检漏仪设计或使用的安全问题。

(4) J1628-使用电子制冷剂检漏仪维护汽车空调系统的技术步骤 使用电子检测泄漏的方法。J1629-汽车空调维护期间，处理HFC-134a(R-134a)的警告陈述。包括所有当前和将来涉及R-134a制冷剂的维护事项和维护设备的标准。

(5) J1657-汽车空调系统内，选择新式制冷剂替代R-12的标准 在原设计使用R-12的汽车空调系统，用新型制冷剂代替R-12的标准。

(6) J1658-汽车空调系统使用替代的制冷剂粘度指标 打算使用制冷剂混合物作为新型制冷剂，用来更换汽车空调系统的R-12。只有与J1657的技术规范组合时，这个标准才完全。

(7) J1659-CFC-12(R-12)汽车空调系统更换制冷剂的车辆检测技术规范 建立专门指标，选择更换R-12系统制冷剂。只有与J1657的技术规范组合时，这个标准才完全。

(8) J1660-R-12汽车空调系统转换到R-134a，管接头和标签的改进 当R-12系统改进到R-134a时，描述管接头和标签所需的特殊测量，符合建立的标准。只有与J1657的技术规范组合时，这个标准才完全。

(9) J1661-R-12汽车空调系统改进到R-134a的步骤 提供R-12系统改进到R-134a的维护步骤，保持性能并完善系统。只有与J1657的技术规范组合时，这个标准才完全。

(10) J1662-新型制冷剂与空调系统材料的兼容性 提供标准，决定系统材料/元件与将要替代R-12的新型制冷剂的兼容性，系统原设计使用R-12。为R-134a回收到制冷剂回收设备提供设备技术规范。

(11) J1770-CFC-12(R-12)和HFC-134a(R-134a)都使用的汽车制冷剂循环设备 为将要使用R-12和R-134a的回收/循环设备建立专门的最小设备技术规范，两种制冷剂都可以从通用的制冷剂管路直接回收，并在汽车空调系统重复使用。这个标准不适用于带通用附件的R-12和R-134a设备，每种制冷剂的附件使用单根管路。

(12) J1771-汽车空调系统使用制冷剂鉴别设备的标准 要鉴别R-12和R-134a，或者鉴别容器中的制冷剂，应该使用制冷剂鉴别设备。设备制造厂可以选择鉴别其他制冷剂。

(13) J1989-R-12容量的推荐维护步骤 维修车辆或操作J1990定义的操作设备时，为技师提供维护向导。

(14) J1990-汽车空调系统的抽真空和循环设备 为R-12循环设备提供技术规范。

(15) J1991-汽车空调系统使用的纯度标准 维护R-12系统时使用的制冷剂。

(16) J2064-R-134a制冷剂汽车空调软管 包括R-134a软管和软管接头。

(17) J2099-汽车空调系统循环使用的HFC-134a(R-134a)纯度标准 维护R-134a系统时使用的制冷剂。

(18) J2196-汽车空调系统维护软管 包括增强橡胶、增强热塑性塑料或其他结构的软管、软管总成以及从空调系统到维护设备或者加注维护设备内部使用的制冷剂维护接头。

(19) J2197-汽车空调系统维护软管接头 按照SAE J2196标准，包括从系统到诸如歧管压力表、真空泵和空调加注、回收和循环设备的连接维护软管接头。

(20) J2209-汽车空调系统的CFC-12(R-12)回收设备 为R-12回收到制冷剂再生设备

提供设备技术规范。

（21） J2210-汽车空调系统的 HFC-134a(R-134a)循环设备　为循环 R-134a 建立专门的最小设备技术规范，制冷剂可以直接回收，并在汽车空调系统重复使用。

（22） J2211-HFC-134a(R-134a)容量推荐的维护步骤　为技师维护汽车空调系统和操作 J2210 中所描述的 R-134a 制冷剂循环设备提供向导。

（23） J2219-汽车空调系统工业标准和向导　给汽车空调工业提供有关制冷剂的议题。

（24） J2296-制冷剂罐重新检测　检测维护汽车空调系统设备使用的制冷剂罐，包括制冷剂回收/循环和加注设备使用的压力罐。

（25） J2297-汽车 R-134a 空调系统使用的制冷剂荧光检漏剂的稳定性和兼容性　适用于荧光剂注入系统制冷剂管路的紫外线泄漏检测。

（26） J2298-紫外线泄漏检测　使用制冷剂泄漏检测荧光剂维护汽车空调系统的步骤。适用于紫外线泄漏检测。

（27） J2299-汽车空调系统后市场维护使用的制冷剂检漏荧光剂喷射设备的性能技术规范　适用于使用紫外线检漏的制冷剂泄漏检测荧光剂的喷射设备。

（28） J2727-R-134a 汽车空调系统泄漏曲线　提供当前使用的不同技术的额定值。

7.4 雷达测速原理

重点掌握
- 雷达与激光的区别
- 常用测速频率和原理

7.4.1 雷达与激光

雷达的基本原理是利用雷达波来侦测移动物体的速度，其理论基础是多普勒效应理论，也就是一般常说的多普勒雷达(Doppler Radar)。

多普勒的理论基础是时间。电波由频率及振幅所构成，而无线电波是随着地形而前进的。当无线电波在行进的过程中碰到物体时，该无线电波会被反弹。而且，其反弹回来的电波，频率及振幅都会随着所碰到的物体的移动状态而改变。

若无线电波所碰到的物体是固定不动的，那么，所反弹回来的无线电波其频率是不会改变的。然而，若物体朝着无线电波发射的方向前进时，此时所反弹回来的无线电波会被压缩。因此，该电波的频率会随之增加。反之，若物体朝着远离无线电波方向行进时，则反弹回来的无线电波的频率则会随之减小。

激光的英文为 Laser，这个字由 Light Amplification by Stimulated Emission of Radiation 的第一个字母缩写而成。意思是指经由激发放射来达到光的放大作用。激光所激发出来的光，其光子大小与运动方向皆相同。因此，每个波束的频率都相等，再加上它们一束束紧密地排列着，彼此间分毫不差地互相平行，使整个光束发射至极远处也不会散开来。在 1962 年的实验中发现，从地球发射的激光在经过近 40 万 km 的太空之旅后，只在月球表面上投射出一片约 3km 直径大小的圆而已！此特性使得激光在焊接、切割、雕刻、穿洞等加工与医学(眼科、牙科、肿瘤)的应用更为广泛。

激光测速设备采用红外线半导体激光二极管，激光二极管有几个特点使它极适合用来测量速度。

1）激光二极管自微小范围中发射出极窄的光束，只有狭窄光束才能精确地瞄准目标。

2）激光二极管以小于十亿分之一秒的瞬间切换开关，大大提高精确度。

3）激光二极管发射率很窄，其侦测器极易接收到精确的波长。因此，在日间有强烈阳光时，仍能正常操作。

4）激光二极管只发射电磁光谱中的红外线部分，而红外线是眼睛看不见的，不会影响驾驶人的注意力。

激光测速枪以测量红外线光波传送时间来决定速度。由于光速是固定的，激光脉冲传送到目标再折返的时间会与距离成正比。以固定间隔发射两个脉冲，即可测得两个距离。将此二距离之差除以发射时间间隔即可得到目标的速度。理论上，发射两次脉冲即可测量速度。实际使用时，为避免错误，一般激光测速器（枪）在瞬间发射高达七组的脉冲波，以最小平方法求其平均值，去计算目标速度。

目前测速距离多在150～400m。

雷达测速器需经常以固定频率之音叉加以校正，而激光测速器则无此必要。

另一重要差别在测速的时间，用雷达测速要2～3s，而使用激光则只需要约0.3s。

7.4.2 世界的测速频道及测速系统介绍

美国联邦电信委员会（Federal Communication Commission，FCC）规定世界警用测速频道有S、X、K、Ka和Laser五种，各频道的频率分别为：

S band：2.445GHz（在20世纪50～60年代使用）

X band：10.525GHz

K band：24.150GHz

Ka band：33.40～36.00GHz（频宽2.6GHz，又称Super-Wind Ka band）

Laser：红外线800～1100nm

另外欧规频道有Ku band（13.450GHz）（即所谓Gatso 24Ku及Gatso 33Ku两种测速频道，而所谓的K band与Ka band并不是新的Ku测速频道）和K band（24.125GHz）。

1. 各频道之下对应的部分测速系统

（1）X band：10.525GHz

1）美制Muni Quip警车测速拦截雷达。

2）美制MPH K-55警车测速拦截雷达。

3）美制Decatur Hunter，MV715警车测速拦截雷达。

4）美制Decatur Hunter HH手持雷达枪。

（2）Ku band：13.450GHz

1）荷制GATSO 13流动雷达测速照相系统。

2）荷制GATSO 13固定式雷达测速照相系统。

（3）K band：24.125GHz

1）荷制GATSO 24流动雷达测速照相系统。

2）荷制GATSO 24固定式雷达测速照相系统。

3）流动式Traffipax Speedophot测速照相系统。

4）固定式Traffipax Speedophot Station测速照相。

（4）24.150GHz

1）美制 MPH K-15 测速拦截。

2）美制 Decatur MV724 警车测速拦截雷达。

3）美制 Kustom Trooper、Hawk 警车测速拦截。

4）美制 Kustom KR-10SP、KR-11 警车测速拦截。

5）美制 Kustom Falcon、HR-12 手持雷达枪。

6）澳制 AWA Fairey 流动雷达测速照相系统。

（5）Ka band：33.30GHz　荷制 GATSO 33 流动雷达测速照相系统。

（6）Ka 33.80GHz　美制 MPH Bee 36A 流动雷达测速系统。

（7）Ka 34.30GHz　瑞制 Multanova 6F 三脚架流动雷达测速系统。

（8）Ka 34.60GHz　美制 AST PR-100 流动测速照相系统。

（9）Ka 34.70GHz　美制 Stalker 手持雷达测速枪。

（10）Ka 34.94GHz　美制 Stalker 手持雷达测速枪。

（11）Ka 36.00GHz　美制 MPH Bee 36 流动雷达测速系统。

（12）Ka 33.4～34.4GHz　美制 Stalker 雷达测速系统。

（13）Ka 34.2～35.2GHz　美制 Stalker 雷达测速系统。

2. 国内目前测速系统频道以及其出现的方式

国内目前测速系统可分为美规及欧规以及固定式照相系统。美规频道有 X、K、Ka band 以及 Laser，欧规有 Ku band，固定式照相系统有 X、K、Ku band 以及 S 感应绕组（俗称 P band）。

（1）X band（10.525GHz +/－50MHz）　此种测速雷达通常外挂在警车后车窗之外，有时也可以放在车内。采用测速拦截的方式对超速车辆进行举证告发。雷达形状为圆形，采用连续波发射，测速距离为 150～4750m，但 X band 拦截式雷达无法在车阵中锁定车辆，所以通常都是车阵中第一台被警方拦检。X band 雷达不受阴雨天影响，可全天候执行测速工作，是目前世界上使用率最高的警用测速雷达。但因为此频道使用率极高，所以干扰也最多，干扰源有电信局发射站、第四台强波器、高压电线、无线电通信器、遥控器、电动门控制器和道路流量计数器等。目前，X band 雷达较少与照相系统搭配使用，X band 固定测速照相系统属于较早期的照相系统。目前，X band 警车外挂式以及 X 雷达枪其最高测速范围介于 200～300km/h。

（2）K band（24.150GHz +/－100MHz）　K band 测速雷达可以几种方式出现：警车测速拦截、固定式测速照相、手持雷达枪以及流动三脚架测速照相。警车拦截通常外挂在警车后车窗之外，有时也可以放在车内。警车拦截式雷达形状为八角形，采用连续波发射，最短测速距离为 150m，K band 拦截式雷达可采用目测超速而开机的方式（Instant On radar），遇到警方采用此方法进行测速勤务，反测速仪侦测距离较正常持续开机短很多。反测速仪接收到此种信号时信号强度会马上增强，警告声通常会较急促。此种 K band 雷达则较易受降雨及湿度影响。手持激光测速枪机动性强，警方人员可目测超速后直接开机测速执行取缔。K band 雷达较 X band 机种先进，也可以搭配照相机直接照相举证，固定式 K band 测速照相与 K band 流动式三脚架即为此种搭配。但目前国内较少使用 K band 流动测速照相系统，大都为 K band 固定式照相，K band 流动式测速照相系统及固定式照相系统因为功率又较 Ku 弱，所以侦测距离非常短，即使正统的美规机种有时侦测距离仍不到100m。K band 雷达波穿透力较强，反射力较弱，所以侦测距离较短，虽然 K band 雷达测速距离较短，但可以锁定车阵中的车辆，功率大小可调，且不易被干扰。K band 测速照相系统可加装闪光灯于夜晚执行工作。目前，国内警方已经引进 Gatso 24(24.125GHz)与新型 TraffiPax K band 流动测速系统，有少数系统上路执勤。目前，K band 警车外挂式以及 K 雷达枪以及 K band 流动照相系统其最高测速范围介于 200 ~320km/h。

（3）Ku band(13.450GHz) 通常我们听到流动三脚架伪装车即为装设此 Ku band 测速雷达。Gasto 13 Ku band 雷达测速系统由三大部分组成：测速雷达、判读速度电脑主机以及 ROC 照相机。其中雷达可调为“去向”以及“来向”两种模式，其架设方式有可落地型、三脚架型以及伪装车(警车)型。将主机、雷达、相机都架设在三脚架上为 Gatso 13 最标准的配置方法，通常架设地点在路肩护栏下方或是停放在路肩的伪装车前及车上、招牌等各种伪装物之后。而所谓落地型就是只需用砖块将相机架设高于地面 30 ~40cm，并将主机以及雷达用各种报纸、杂草隐蔽，这种架设方式更较三脚架型隐蔽，用反测速仪抓到时若不注意搜寻有时还找不到。通常此种架设方式都是出现在高速公路上。中南部有些大队还有自行订制小型的携带铁架，可以将主机、雷达以及相机都固定在其上，不需要每次架设时拆装主机、雷达以及相机，便利性大大提高，不仅隐蔽性高，而且带到哪里照到哪里。另外，所谓伪装车(警车型)型，是将 Ku band 雷达架设在车顶上，其特征是在伪装车或警车车顶警告灯前方有一白色长方形测速雷达，而与车内主机以及相机连线执勤超速照相举证的工作。若是黑白警车架设 Ku band 雷达执勤测速工作时，有时在其后会有一辆轿车掀起后行李箱盖作为掩护。当然，有时连雷达也架设在伪装车内，从外面完全看不到有任何测速系统。目前，警方架设 Ku band 雷达的车辆大致上可分为以下数种：①黑白警车；②蓝色侦防车；③福特天王星车种；④宝马旧 3 系列。Ku band 测速照相可加装闪光灯在夜晚执行工作且不受气候影响侦测准度。雷达侦测速度在 20 ~250km，最短侦测距离 18m，所以不要以为速度高于某车速就不会被照相的错误观念。目前 Ku band 雷达为国内流动照相系统的主流。

（4）Ka band(33.40 ~36.00GHz) Ka band 雷达有几种方式出现，第一是流动三脚架，第二是手持雷达枪，第三是与 X band 雷达相似的测速雷达。目前，国内只有前两者，所以第三者不再赘述。美规 Ka 流动三脚架架设方式与 Ku band 几乎相同，但其雷达有如火箭筒，极易与 Ku band 雷达区分。手持激光测速枪机动性强，警方人员可目测超速后直接开机测速执行取缔。Ka 雷达功率极小，反测试仪非常不易测得，而且侦测距离极短。Ka band 流动测速雷达侦测速度可高达 350km/h。

（5）Laser 测速系统 可分为测速枪以及测速照相系统。美规激光测速枪 LIDAR gun (Laser infrared detection and ranging)使用不易散射的激光红外线作为测速光源，且在极短的时间(0.3s)以内即可测得车辆的速度。其特性是使用者必须手持激光测速枪向一特定车辆测速，一般在开机之后持续发射雷达波对来往车辆进行测速。通常都是在目测车辆超速之后才进行激光测速，所以都是在肉眼可见的范围内进行激光测速。Laser speed detection gun 在使用上有许多限制，如其无法在隔着玻璃的条件下使用，以及必须遵守光线直线照射的条件下使用，易受气候影响是其最大缺点。目前，Laser 测速枪以及流动测速系统最高测速范围介于 300 ~480km/h。

（6）S 绕组以及 Ku、K band 固定式测速照相　固定式 S 绕组利用绕组感应可测得闯红灯、红灯越线以及超速。K band 固定测速系统利用 K band（24. 125GHz）雷达测速后照相，Ku band 固定测速系统利用 Ku band 雷达测速后照相，Traffipax K band 固定式超速照相系统几乎都是照车尾，而且功率极弱，连正统的美规机种有时侦测距离仍不到 100m。国内固定式测速系统（S 绕组，雷达系统）最高测速范围介于 200 ~ 270km/h。

固定式 S 绕组工作原理是利用重量感应，新设的 S 绕组通常有前后两条感应压条，可以针对闯红灯与超速车辆进行照相举证，如图 7-1 所示。其他测速原理如图 7-2 ~ 图 7-4 所示。

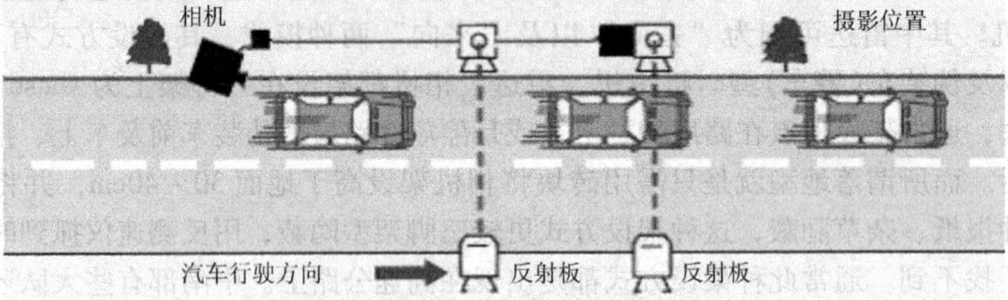

图 7-1　固定式 S 绕组工作原理

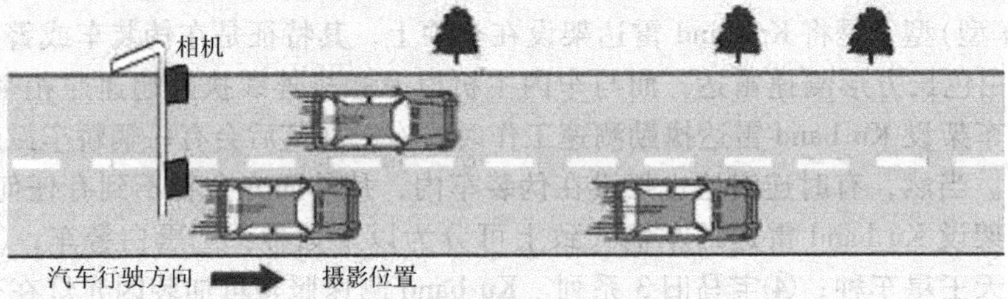

图 7-2　NH 系统测速工作原理

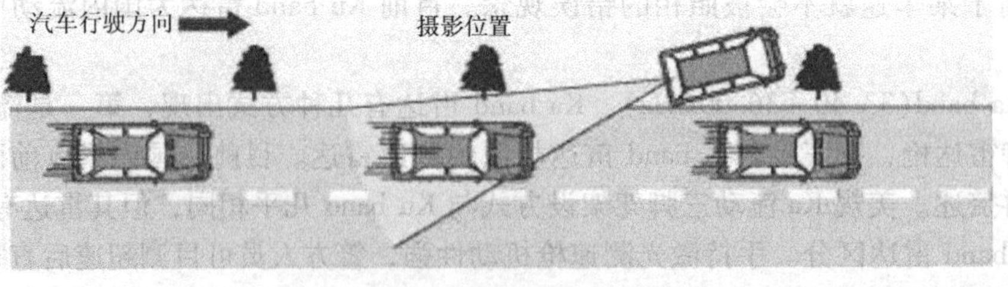

图 7-3　警车车载系统测速工作原理

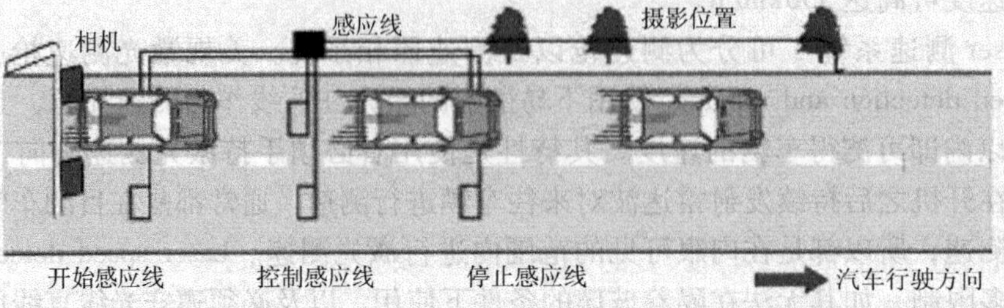

图 7-4　LH 系统测速工作原理

本章小结

- 通过电子节气门实现的牵引力控制系统又称驱动防滑系统，本身就可以实现普通雪地模式的所有功能。
- 雷达测速的基本原理是利用雷达波来侦测移动物体的速度，其理论基础是多普勒效应理论。
- 美国联邦电信委员会(Federal Communication Commission,FCC)规定世界警用测速频道有S、X、K、Ka和Laser五种。

习题

1. 简述ABT改装的成果。
2. 简述雷达与激光的区别。
3. 常用测速频率和原理有哪些?
4. 汽车标准和协议的作用有哪些?
5. 简述汽车标准和协议的种类。
6. SAE标准和ISO标准如何统一?

深度阅读 汽车生产平台

汽车生产平台是指由汽车制造厂设计、几个车型共用的产品平台。汽车生产平台的概念，还应该从汽车生产方式的演变说起。

汽车的大工业生产方式发生过三个转变：生产流水线方式、汽车平台式生产和“模块化”生产方式。

(1) 生产流水线方式 20世纪初，福特公司在制造T型车时创造出影响整个世界工业的生产工艺——生产流水线，大幅度降低了生产周期和成本，同时也降低了售价。流水线方式作为汽车生产的主流方式一致延续到20世纪80年代。

(2) 汽车平台式生产 随着科技进步和市场的变化，一个型号的产品生命周期越来越短，大批量生产方式逐渐变得不能适应竞争。在20世纪80年代，产生了一种称为“汽车平台”的概念。汽车平台与车辆的基本结构相关，出自于同一平台的不同车辆具有相同的结构要素，如车门立柱、翼子板、车顶轮廓等。同一平台的车型的轴距一般情况下是相同的，同时一些配件是通用的。有时候很多种不同品牌的车型在一个平台，而同一品牌的不同年度车型反而不在一个平台。

一个平台可以同时承载不同车型的开发及生产制造，带来的好处是显而易见的。一方面同一平台的产品采用通用化的零部件和总成，可以大大降低制造成本；另一方面一个平台上有了新的技术突破，就等于这个平台所搭载的所有产品实现了技术突破，降低了研发费用。因此，各大汽车厂商都建立了自己的汽车制造平台。

1) 大众PQ35平台。PQ35平台是指大众第五代A级车生产平台，代表了大众先进的生产技术和管理流程。PQ35平台主要技术特点包括前麦弗逊后四连杆独立悬架系统、激光无缝焊接、双面镀锌高强度钢板、Can-Bus 全车信息控制网络和全车多道涂装工艺等。

大众第五代高尔夫、大众途观、奥迪 TT、奥迪 A3、斯柯达明锐、西亚特 Altea 和 Toledo 等 A 级车都衍生自这个平台。当然，正如前面所说的，并不是出自 PQ35 平台的车都具有这些技术特点。

2）福特 C1 平台。福特 C1 平台是福特、马自达和沃尔沃三家汽车公司的工程师共同开发的，可是说是集各家之长，C1 平台拥有这三家公司的强项和专利技术的优势。如福特福克斯、马自达 3、沃尔沃 S40 都是产自这个平台，虽然底盘布局与车身结构有所不同，但是前后副车架、悬架、制动系统等都非常一致。

3）标致雪铁龙集团(PSA)的 2 号平台。PSA 的 2 号平台相对于德系和日系企业平台更倾向于平台“柔性化”，PSA 旗下的 2 号平台产品参数比较多变，尤其是轴距与轮距并非固定，而是随着产品的设计做出不同的设定。如基于 C4 设计的凯旋，其轴距明显大于原型车 C4。而东风标致 307 与雪铁龙世嘉等车型在轴距、轮距尺寸方面也有所不同。

即使使用相同平台的车型，也会表现出完全不同的特点。如高尔夫 6 是注重品质与成本间平衡的家用轿车，而奥迪 TT 是一款运动型双门跑车，增强的悬架、高强度的车身以及跑车底盘调校使其敏捷性更加出色。因此，虽然出自同一平台，但通过不同的车身设计以及底盘调校，使这两种车型呈现出迥然不同的风格。

再比如，采用福特 C1 平台的福特福克斯与沃尔沃 S40，定位上也是有着明显的差别的。福特福克斯定位的是售价 10 万元左右的普通家庭轿车，而沃尔沃 S40 则是定位于售价超过 20 万元的紧凑型高档轿车。虽然两车采用相同的悬架和发动机配置，但是沃尔沃 S40 在制造用料、安全配置、舒适性和工业设计上有更高的标准，因而具有了更高的产品定位。

不过在传统的汽车平台上，因为考虑到多种车型使用的兼容性问题，设计时会受到很多限制。如大众 PQ35 平台，就限定了只能在 A 级车范围内演变，这样在研发上还是不够灵活。如要想占领多个细分市场的话，那么又得开发出更细分的平台，这样就会增加成本。所以，为了满足现在汽车市场个性化的需求，在传统的汽车平台上进一步进化——汽车设计生产的“模块化平台”。如大众 MQB 平台，将覆盖旗下 A0 级、A 级、B 级等数十款车型。大众 MQB 平台如图 7-5(见书后彩插)所示。

(3)“模块化”生产方式　在“模块化”生产方式下，汽车技术创新的重心在零部件方面，零部件要超前发展，并参与汽车厂商的产品设计。例如，德尔福系统公司相继推出了座舱、接口盘制动、车门等模块。而汽车厂商方面则以全球范围作为空间，进行汽车模块的选择和匹配设计，优化汽车设计方案，将汽车装配生产线上的部分装配劳动转移到装配生产线以外的地方去进行。采用“模块化”生产方式有利于提高汽车零部件的品种、质量和自动化水平，提高汽车的装配质量，并缩短汽车的生产周期。

据媒体报道，大众将要在电动车领域采用模块化平台战略。这预示着大众将全面进入电动车领域。据内部人士称，大众致力于成为电动汽车的领导者。大众的模块化平台战略将会基于现在的三个平台打造，分别是 MQB 发动机横置平台、MLB 发动机纵置平台和 MSB 跑车豪华车平台。那么，在未来，大众的三个生产平台将既生产传统车型又生产电动车。

目前大众新一代的 MQB、MLB 平台就采用了“模块化”的设计概念，通过大量的数据模块支持来完成对车辆的设计。如全新的 MQB 平台整合之后，未来大众的车型平台将由现在的 PQ2X、PQ3X 和 PQ4X 整合为一个统一的 MQB 平台，该平台上将诞生 A0 级、A 级、B

级甚至 A00 级的车辆。

MQB 平台的发动机采用横向前置布局，在此基础上可调整轮距、轴距和悬架，开发出不同车型。不同车型可以通用大量零部件，可共线生产，从而大幅提高了生产灵活性并降低了成本。图 7-6(见书后彩插)所示为大众 MQB 平台底盘调整示意图。

大众 MQB 平台增强了不同车型间的零件通用性，即使是不同级别的车型也可以使用同样的部件，如图 7-7(见书后彩插)所示。

目前，大众集团已经亮相和上市的全新电动车包括 E-up、E-Golf、保时捷 918-Spyder、保时捷 Panamera S E-Hybrid 和 XL1。2014 年，将会有包括奥迪 A3 Sportback E-Tron 等至少 6 款电动车型亮相或上市。大众设计研发的发动机和电动组件模块将会被应用在生产所有车型的三个平台上，如果新战略能够成功地实施，那么对于大众来说，研发一辆全新电动车和短期内打开一个新的电动车市场将变得易如反掌。

读者沟通卡

一、申请课件

本书附赠教学课件供任课教师采用，可在机械工业出版社教育服务网（www.cmpedu.com）注册后免费下载；也可扫描二维码关注“机工汽车”微信订阅号获取课件。

机工汽车	**免费下载** 教学课件、学习视频、海量学习资料 ➢扫描二维码，关注“**机工汽车**” ➢点击“粉丝互动”→“视频课件”

二、机工汽车教师群

任课教师可加入“机工汽车教师群”，与教材主编、编辑直接沟通交流。“机工汽车教师群”提供最新教材信息、教材特色介绍、专业教材推荐、样书申请、出版合作等服务。

QQ群号码：7348129，本群实施实名制，请以“院校名称+姓名”的方式申请加入。

三、微信购书

车界瞭望	关注汽车分社微信订阅号“**车界瞭望**”，可直达机工社旗下网络购书平台“**汽车书院**”，第一时间购买新书，获取车界前沿资讯

四、意见反馈和编写合作

联 系 人：赵海青　齐福江　母云红

电　　话：010-88379353、88379160、88379439

电子信箱：13744491@qq.com、502135950@qq.com、2455675943@qq.com

地　　址：北京市西城区百万庄大街22号汽车分社

邮　　编：100037

图 1-12　FSI 发动机

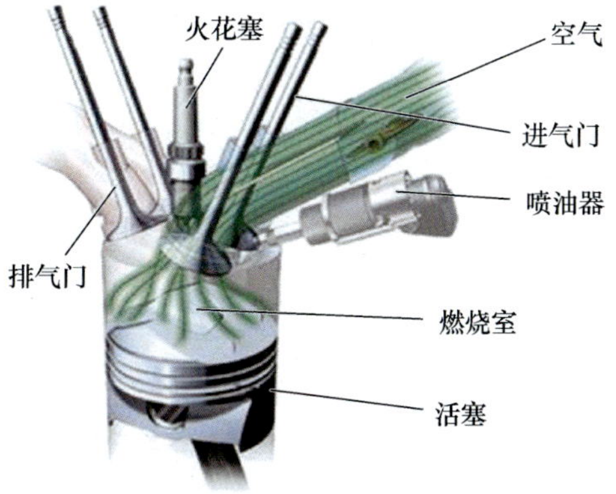

图 1-13　燃油缸内喷射示意图

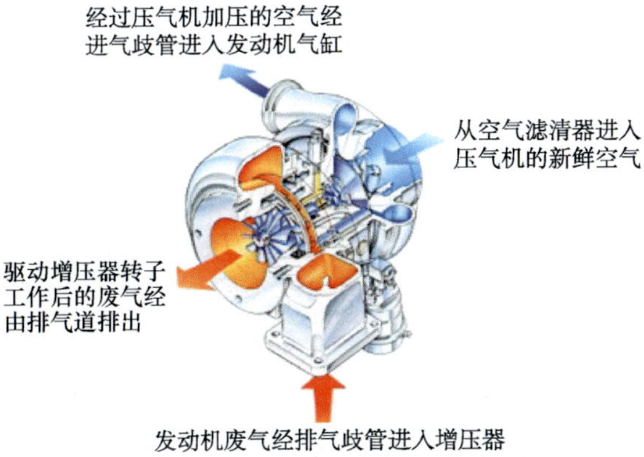

图 1-35　涡轮增压器的工作原理

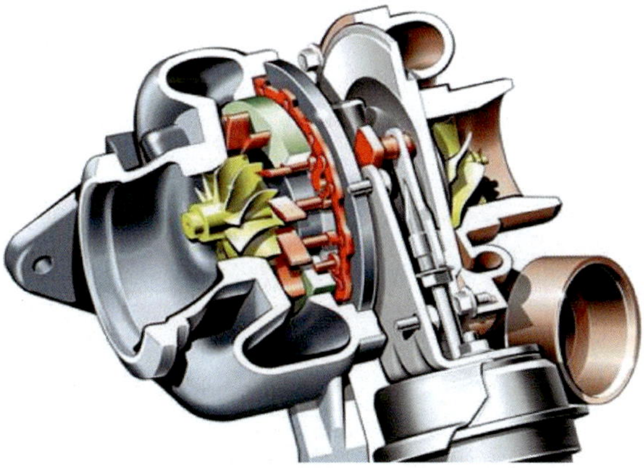

图 1-40　保时捷 VTG 涡轮结构

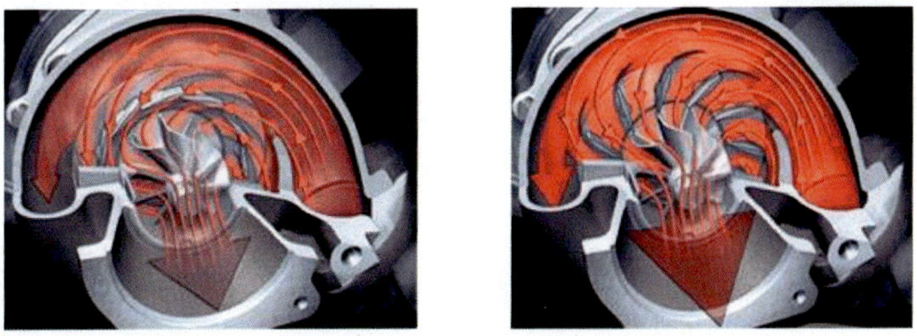

低转速叶片开度小　　高转速叶片开度大

图 1-41　保时捷 VTG 涡轮工作原理

图 1-50　安装在发动机上的气门挺柱剖面图(黄线为液压机油通道)

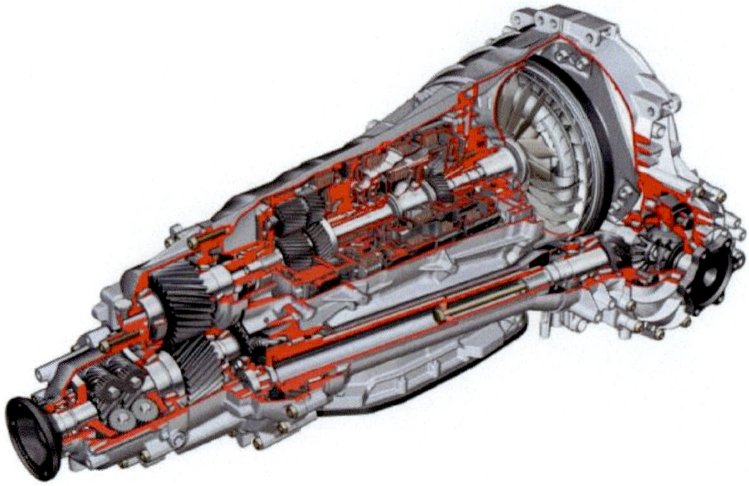

图 2-1　四驱系统使用的自动变速器

图 2-11　奔驰 4MATIC 差速器

图 2-18　无级变速器

图 2-19　无级变速器

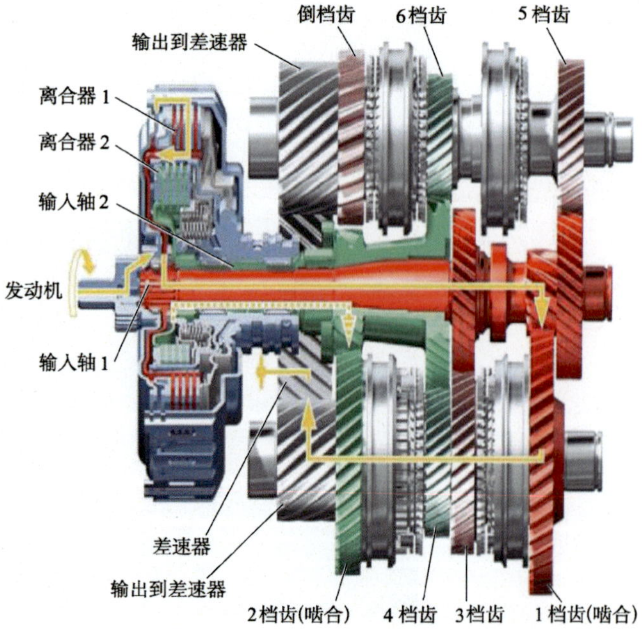

图 2-24　DSG 变速器的结构

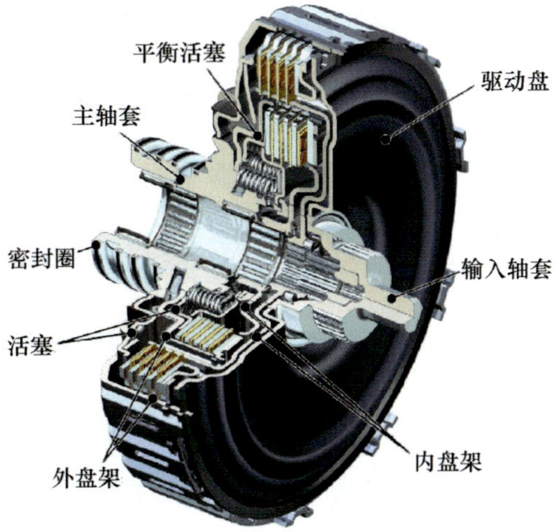

图 2-25　DSG 多片湿式离合器结构

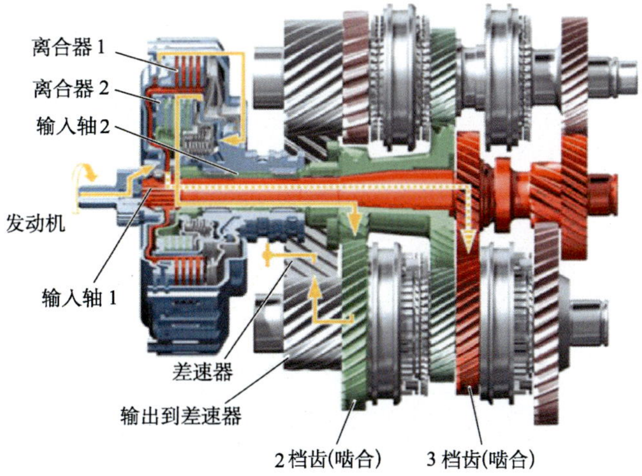

图 2-26　DSG 变速器在 2 档时的动力传递路线图

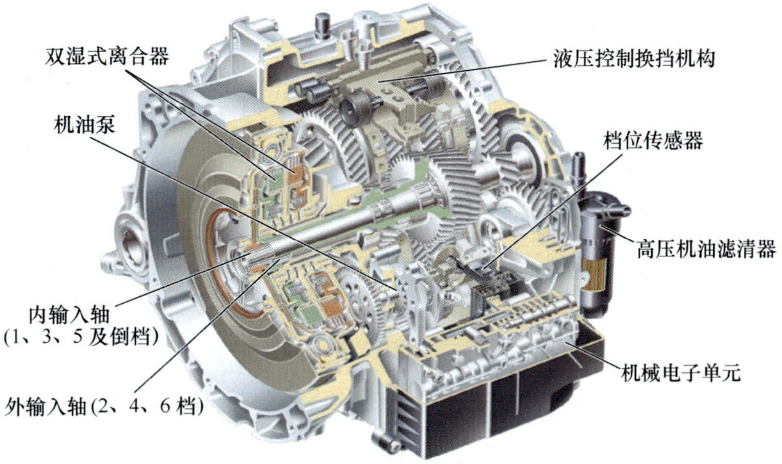

图 2-30　福特 Powershift 双离合变速器

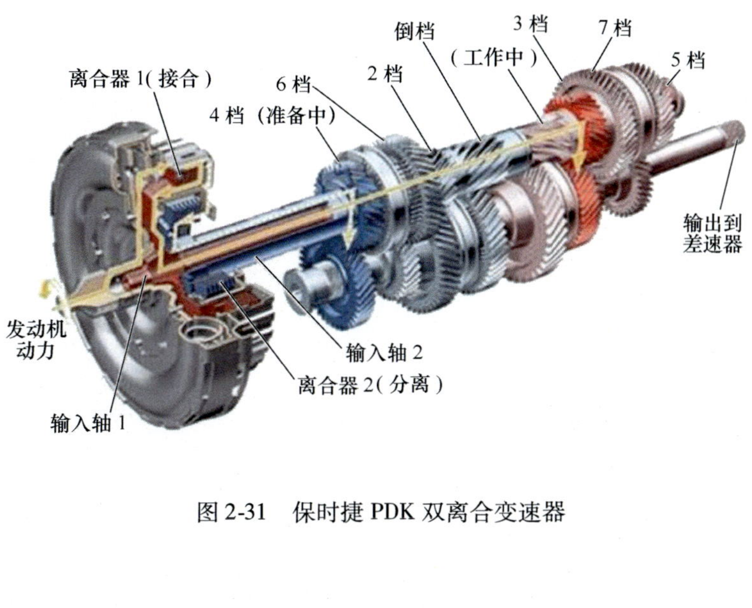

图 2-31　保时捷 PDK 双离合变速器

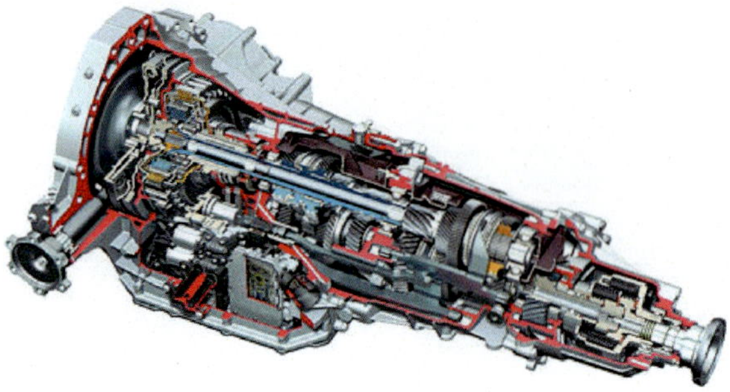

图 2-33　奥迪 S-Tronic 双离合变速器

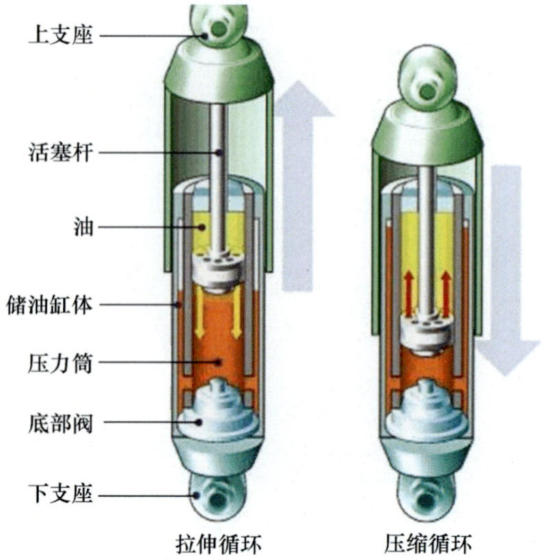

图 2-58　传统双筒减振器原理

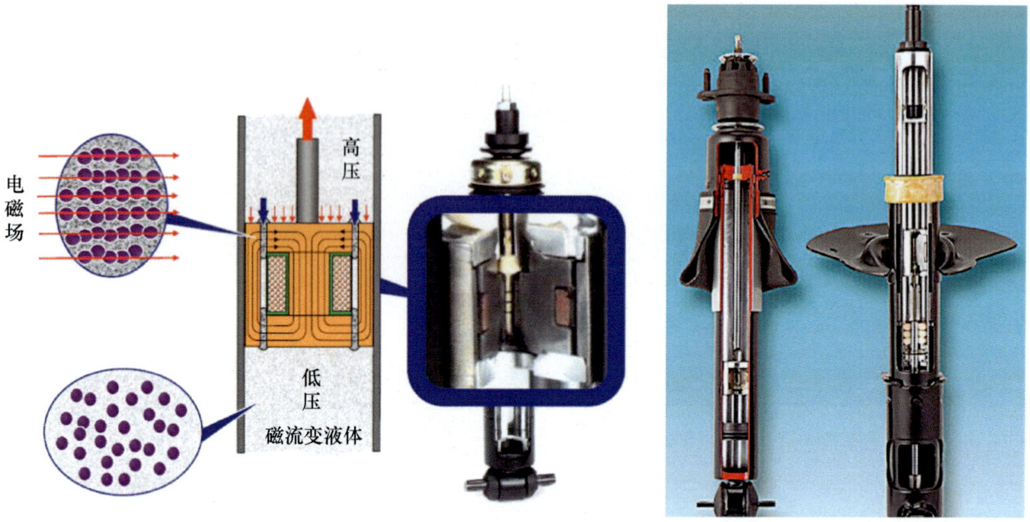

图 2-59　电磁悬架减振筒结构及活塞控制原理

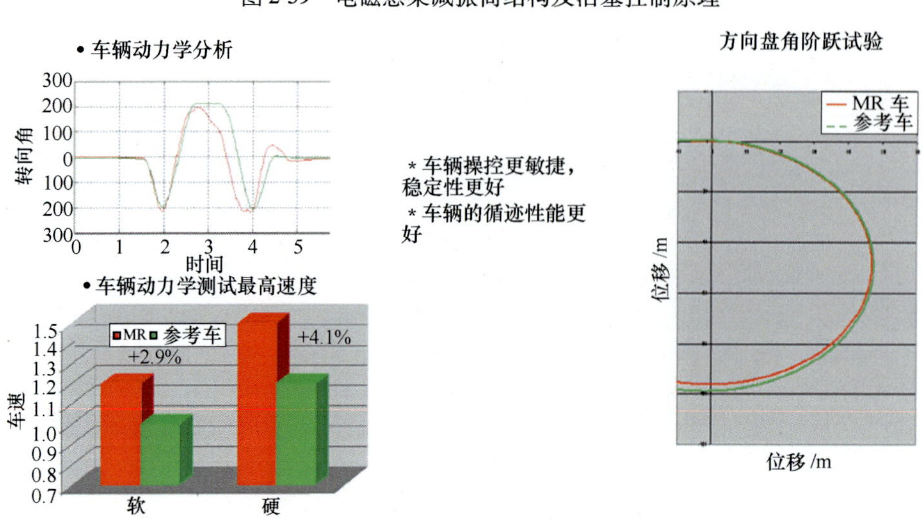

图 2-60　电磁悬架车辆操控性能

（红色表示使用电磁悬架车辆，绿色表示使用普通悬架车辆）

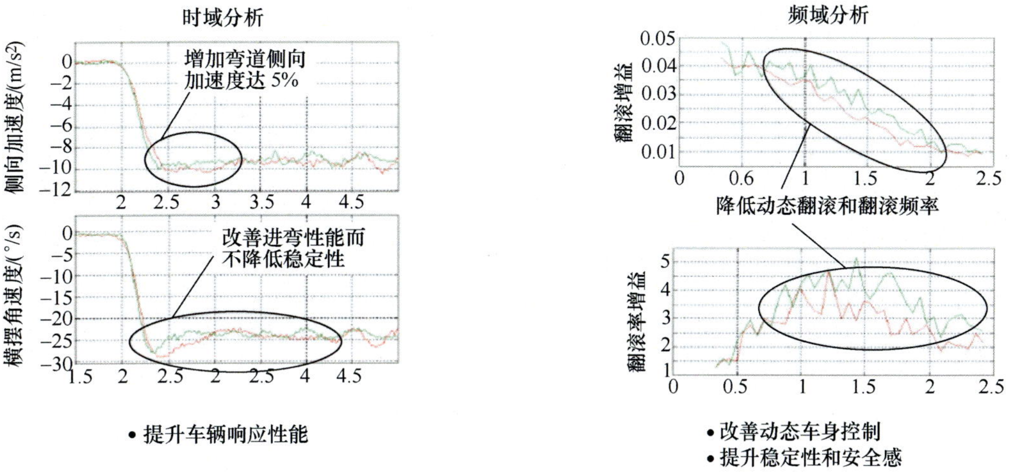

图 2-61　电磁悬架车辆弯道性能

（红色表示使用电磁悬架车辆，绿色表示使用普通悬架车辆）

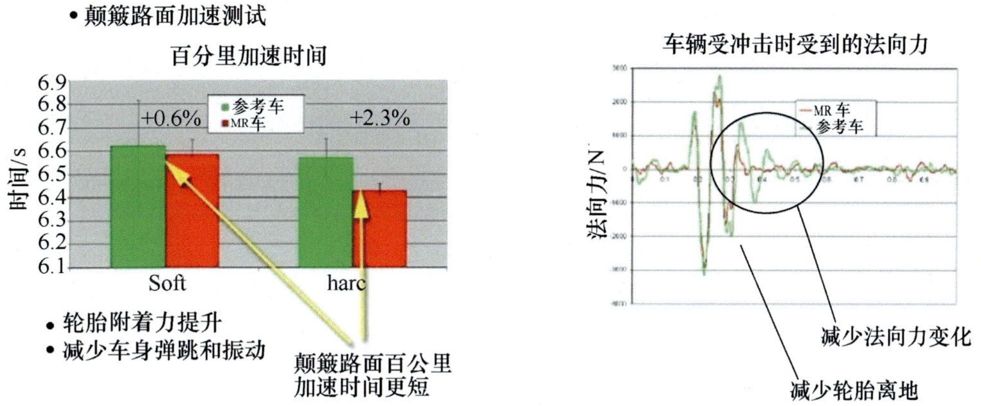

图 2-62　电磁悬架车辆颠簸路面性能

（红色表示使用电磁悬架车辆，绿色表示使用普通悬架车辆）

图 2-63　保时捷采用陶瓷制动技术的制动器

图 3-9　奔驰 CLS LED 前照灯

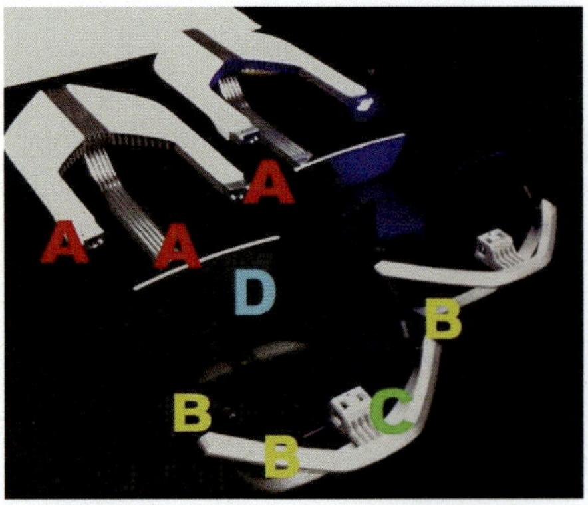

图 3-16　宝马激光前照灯结构

A—蓝色激光二极管　B—激光反射镜

C—荧光滤镜　D—反射碗

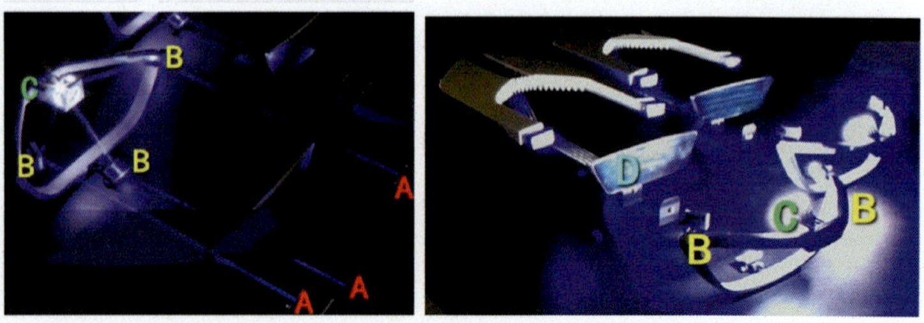

a)　　b)

图 3-17　激光前照灯工作原理

图 3-18　奥迪 Q7 激光后雾灯

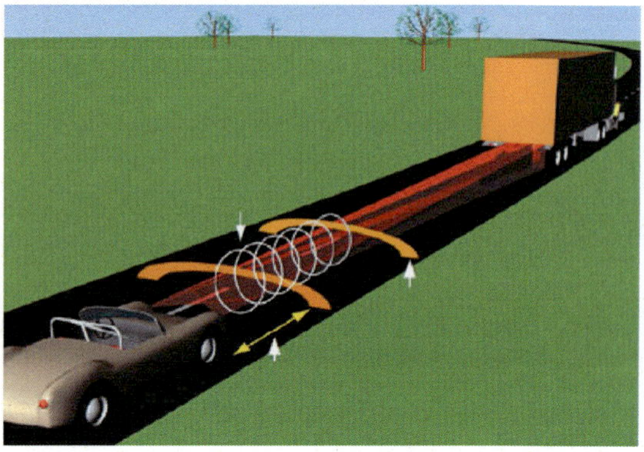

图 3-32　车距传感器持续扫描前方道路情况

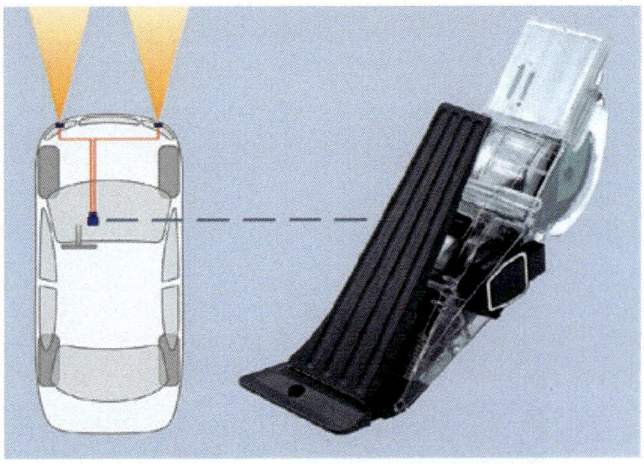

图 3-33　反馈式加速踏板

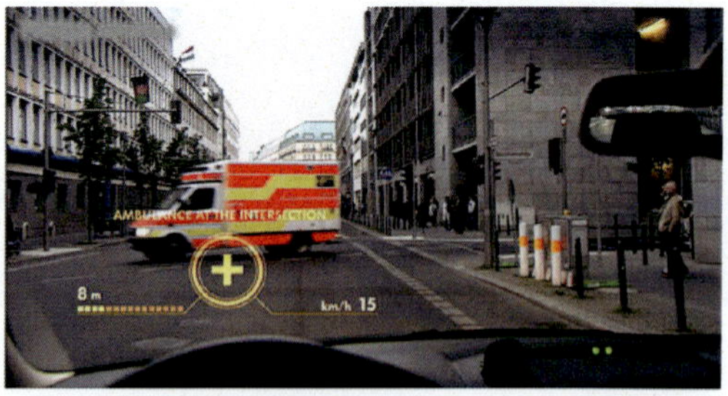

图 3-42　接收前方车辆信息(车型、距离、速度)

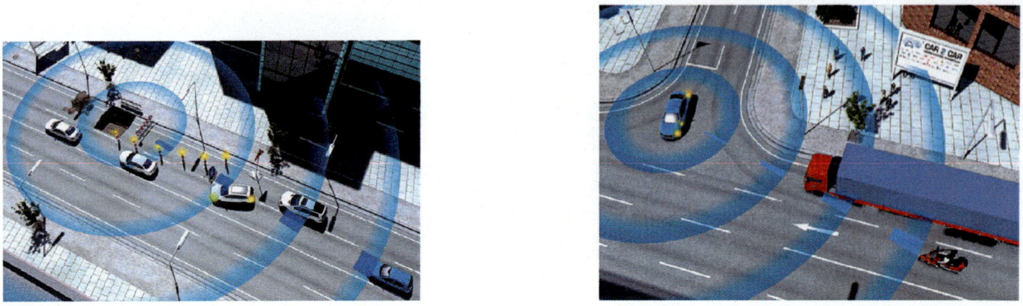

图 3-43　大众 Car-2-Car 系统测试

图 3-50　Opel-Eye 技术车道偏离提醒

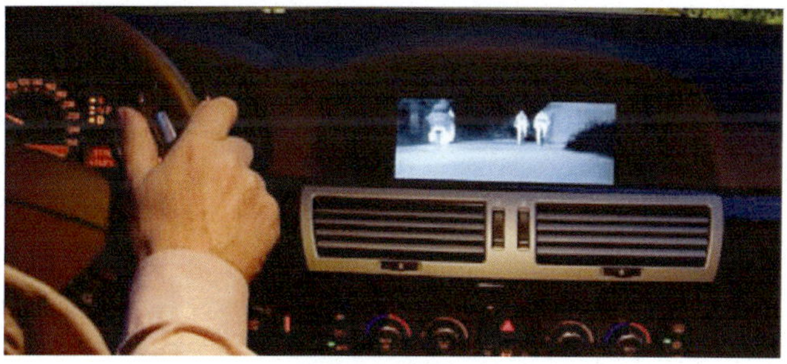

图 3-52　宝马夜视系统探测物体显示

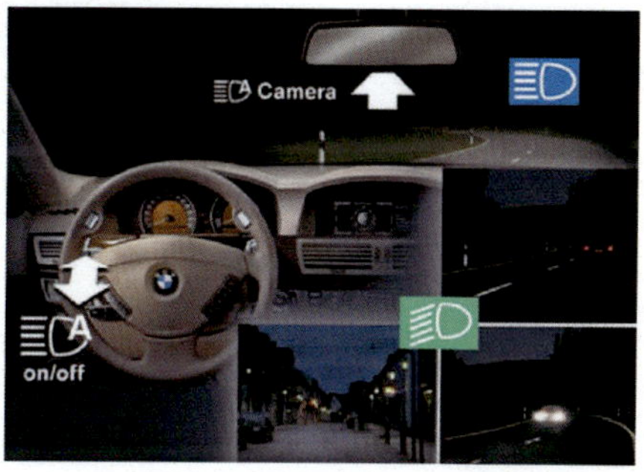

图 3-53　远光灯辅助系统开关、摄像头位置及应用环境

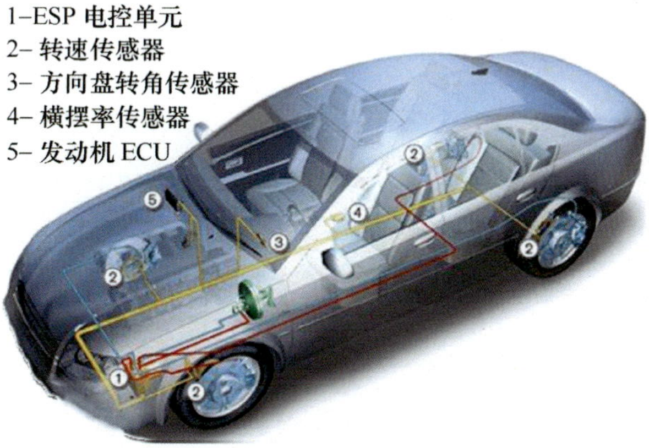

图 4-10　ESP 部件在车上的布置

图 4-11　安装 ESP 系统的车辆避让障碍情况

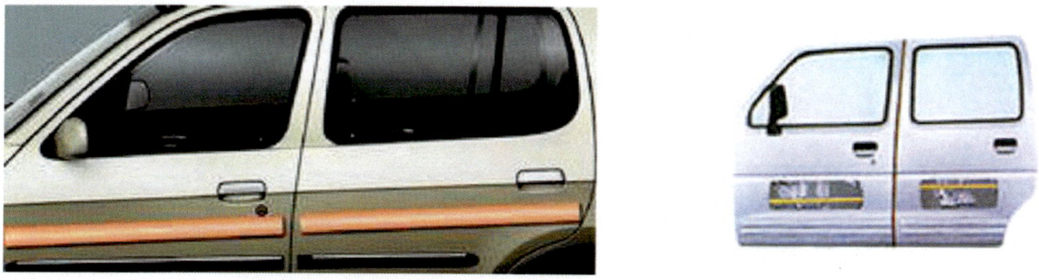

图 4-20　汽车侧门防撞杆

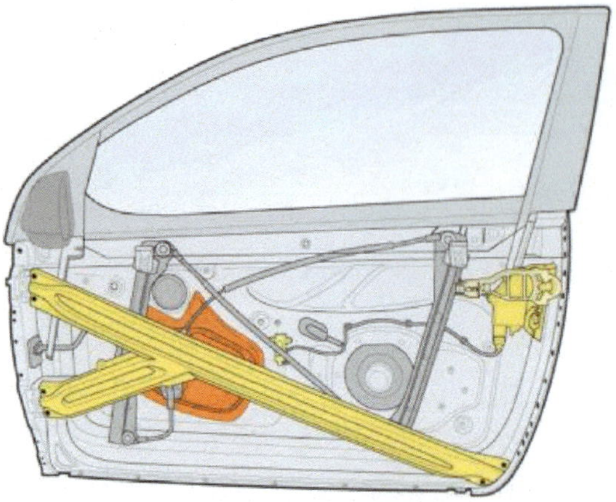

图 4-21　Y 形侧门防撞梁

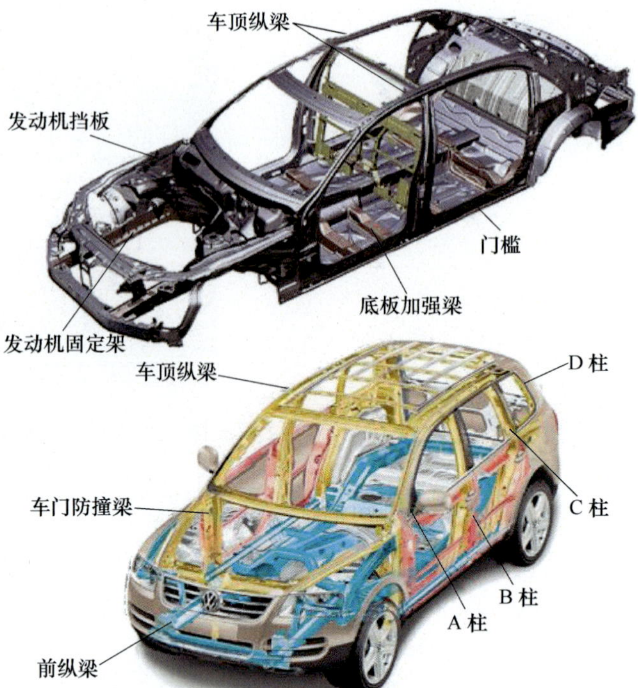

图 4-33　承载式车身结构

图 4-34　大众高强度车身碰撞时的受力原理

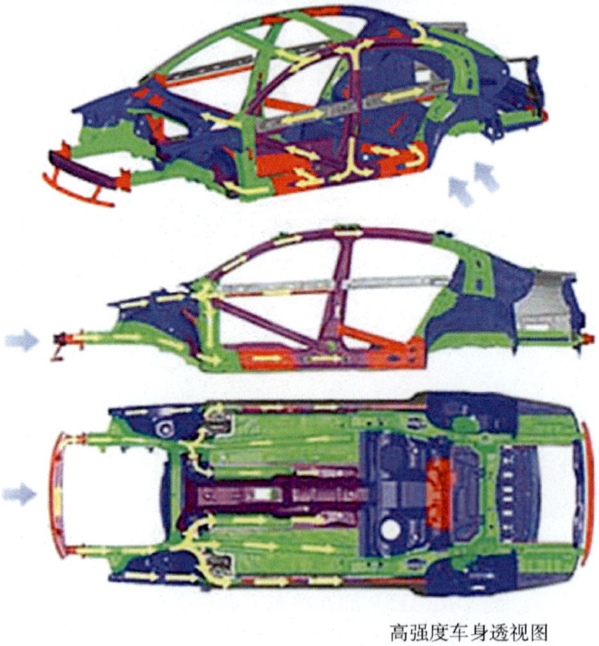

图 4-35　大众高强度车身碰撞时的受力方向

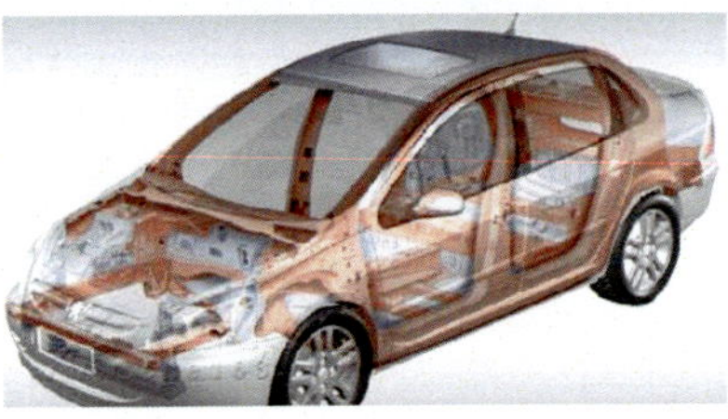

图 4-37　标致 307 高强度车身

图 4-38　帕萨特领驭高强度车身

图 4-40　激光焊接工作情况

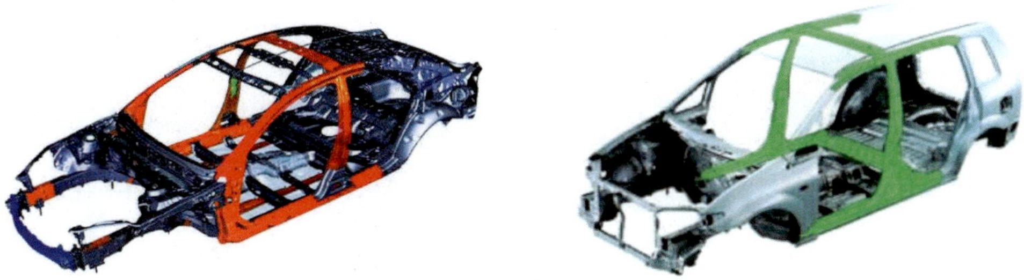

图 4-43　马自达 3H 车身结构

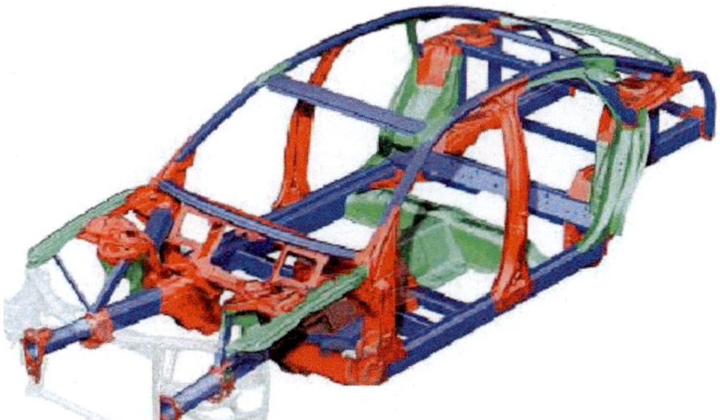

图 4-44　奥迪 A8 全铝合金车身结构

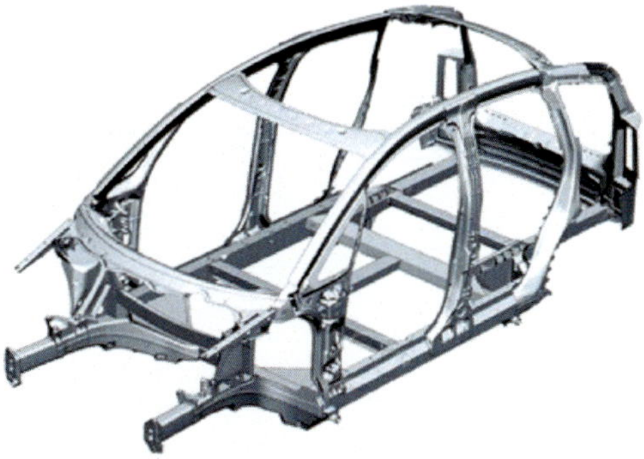

图 4-45　奥迪 A2 全铝合金车架

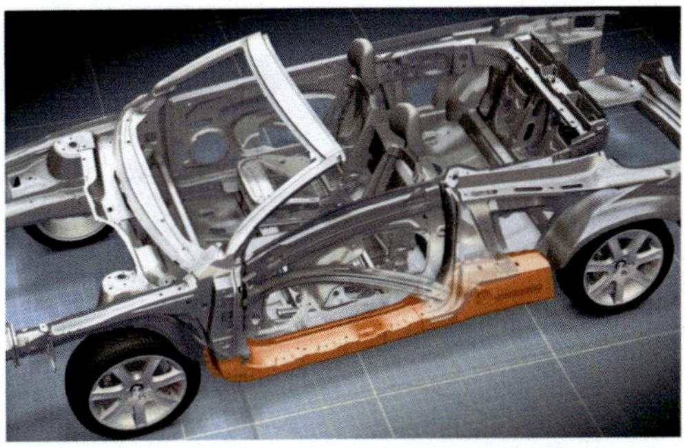

图 4-46　沃尔沃 C70 车身结构

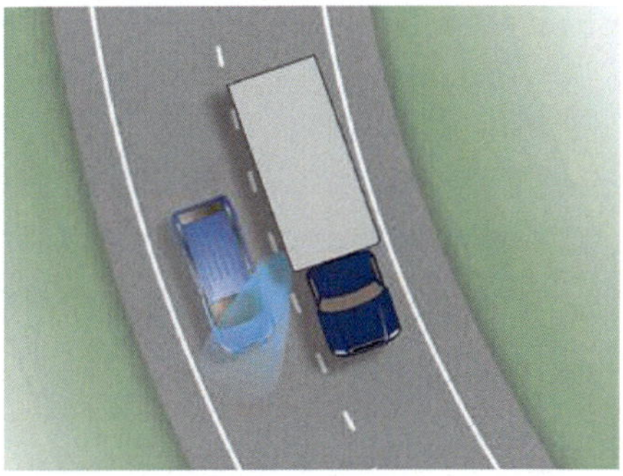

图 4-50　德尔福红外线侧向警报系统

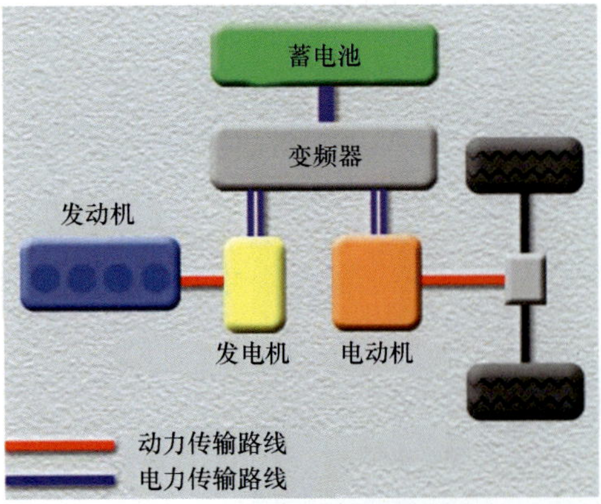

图 5-1　串联混合动力系统

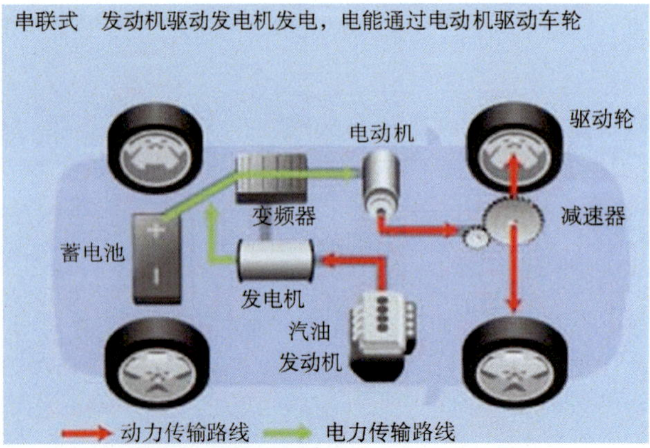

图 5-2　串联式混合动力系统工作原理

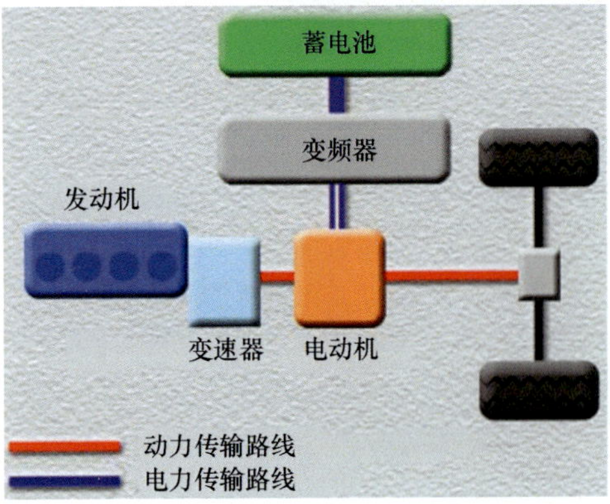

图 5-3　并联混合动力系统

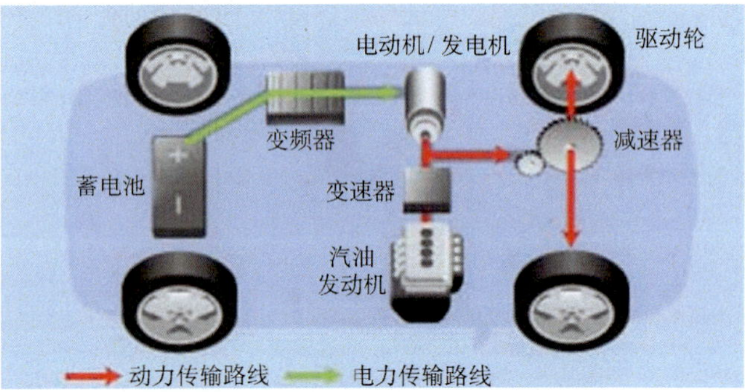

图 5-4　并联混合动力系统工作原理

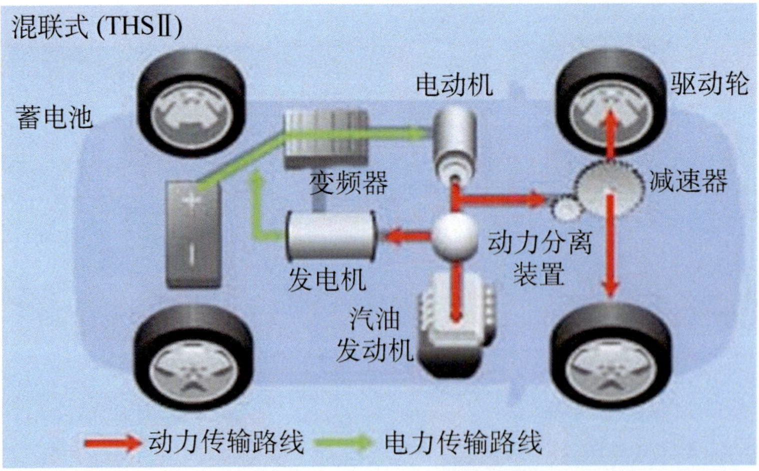

图 5-5　混联式混合动力系统

图 5-13　HV 蓄电池

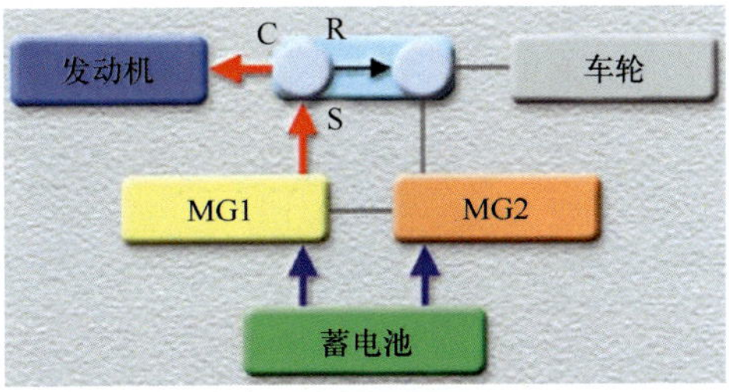

图 5-14　起动发动机原理

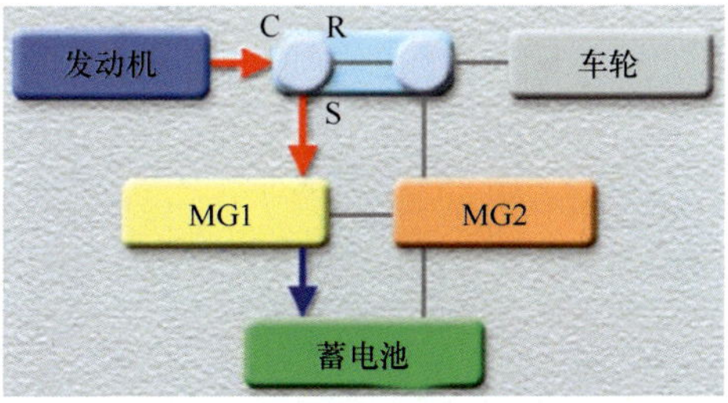

图 5-15　MG1 作为发电机给 HV 蓄电池充电

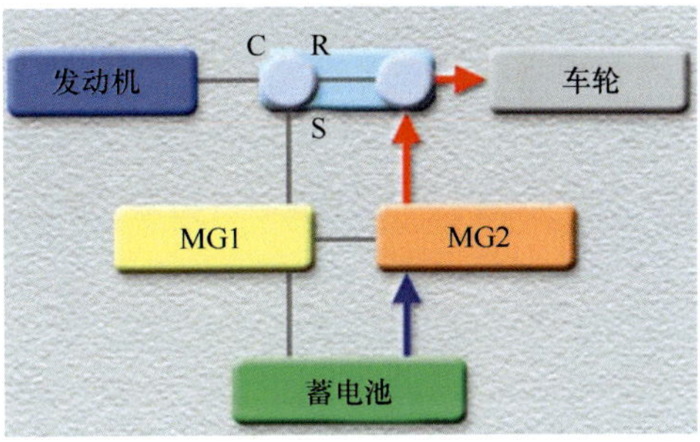

图 5-16　车辆小负荷起步或缓慢加速时

C—离合器　R—行星轮　S—太阳轮

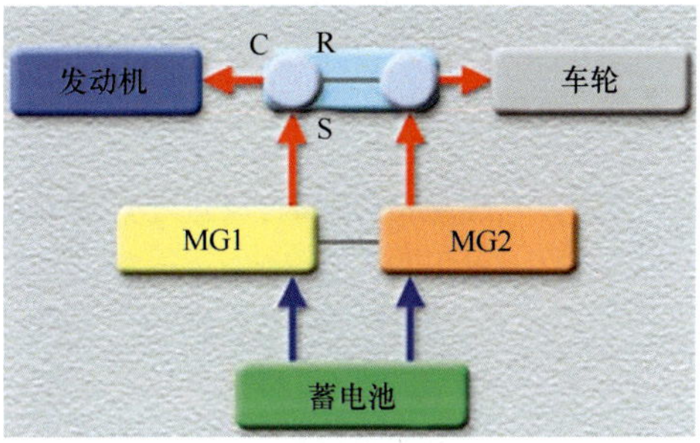

图 5-17　MG2 工作并起动发动机的情况

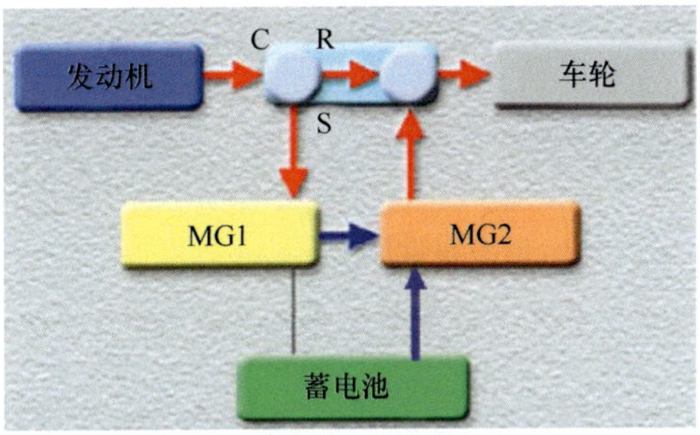

图 5-21　重负荷下加速行驶时

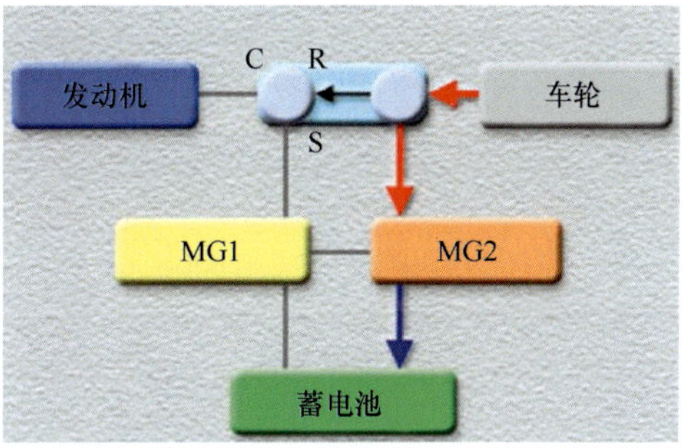

图 5-22　D 位减速行驶时

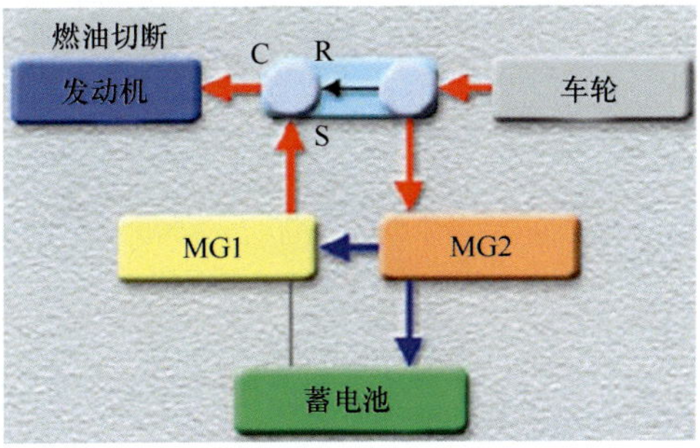

图 5-23　B 位减速行驶时

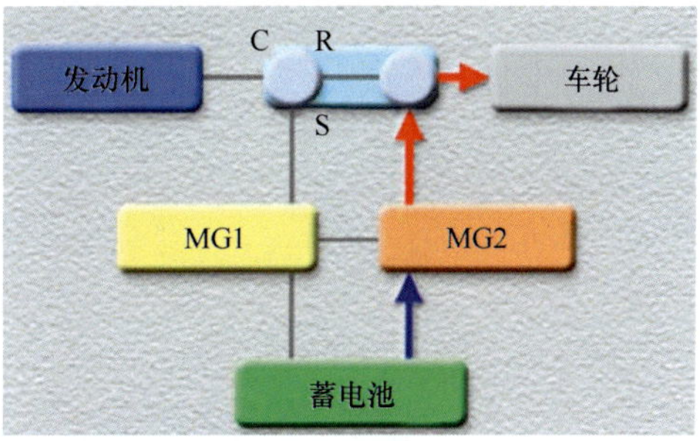

图 5-24　车辆倒车行驶时

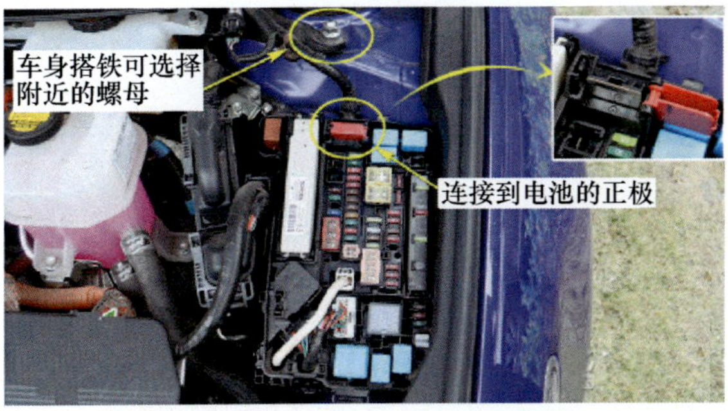

图 5-34　熔丝盒正极位置

图 5-35　搭电连接方法

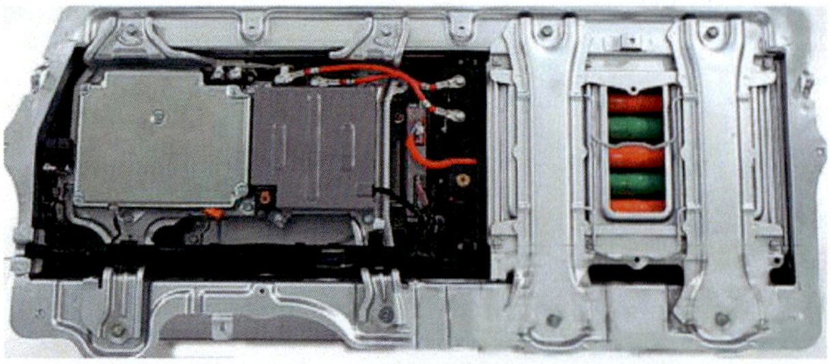

图 6-6　思域智能动力单元

图 6-9　凯雷德混合动力布置

图 6-14　土星 Aura Green Line 混合动力系统布置

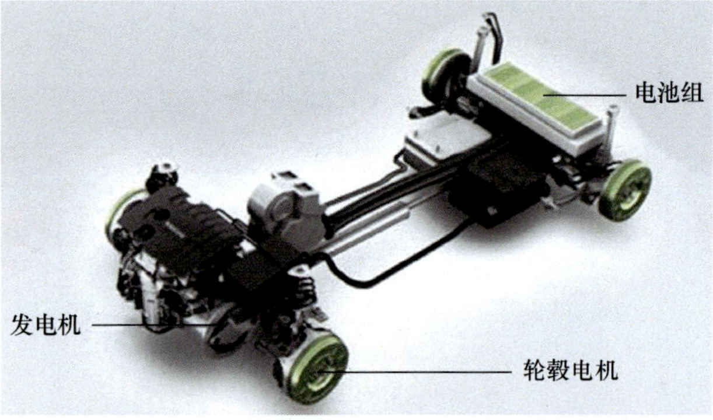

图 6-26　沃尔沃 C30 电动车动力系统布置

图 6-30　沃尔沃 V60 插电式混合动力车

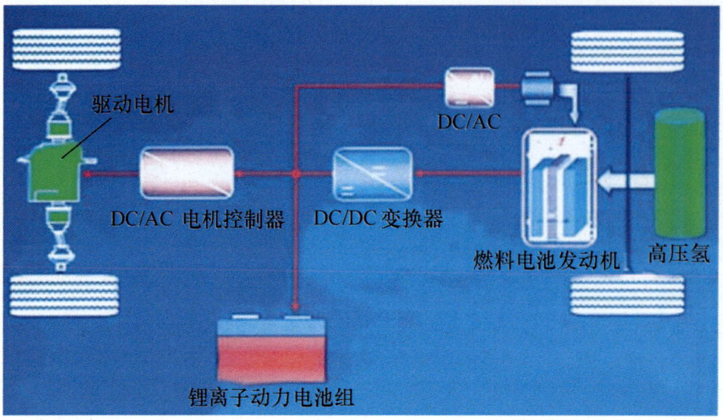

图 6-33　帕萨特领驭燃料电池轿车动力总成系统

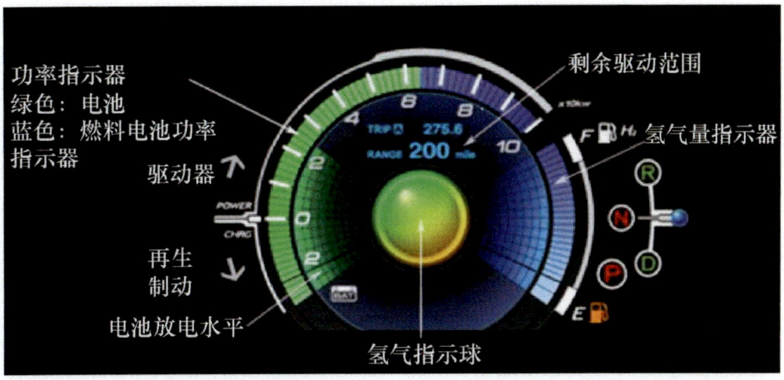

图 6-42 仪表显示信息

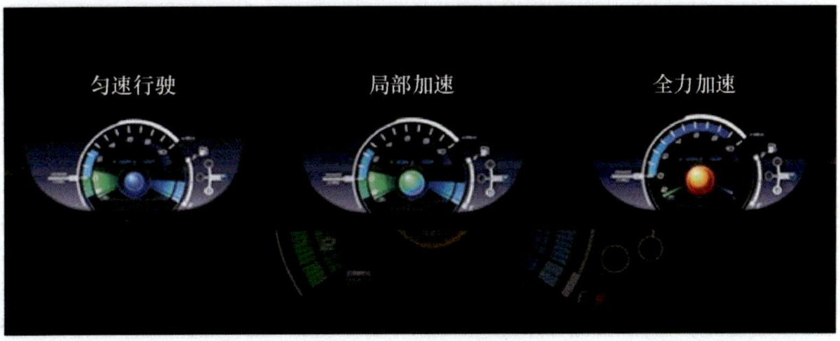

图 6-43 氢气指示球

图 6-51 宝马 i8 底盘

图 6-52 宝马 i8 双摇臂式前悬架

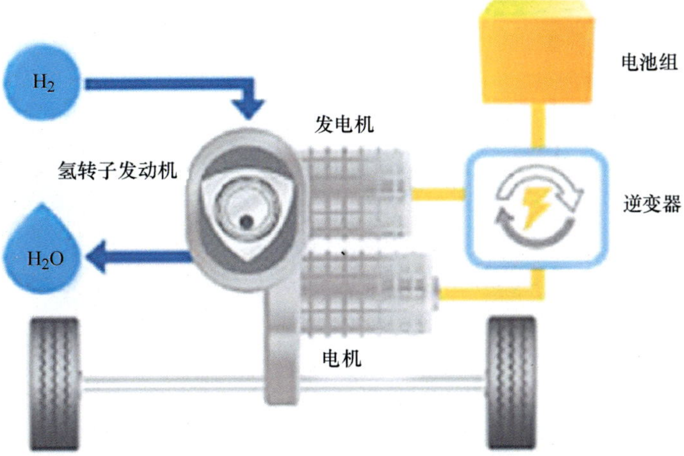

图 6-61 马自达氢转子混合动力系统

图 7-5　大众 MQB 平台

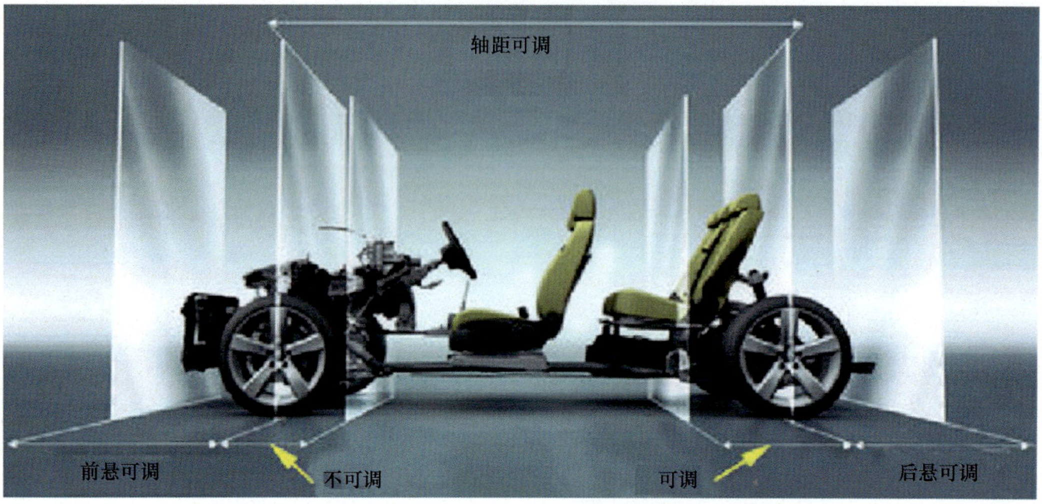

图 7-6　大众 MQB 平台底盘调整示意图

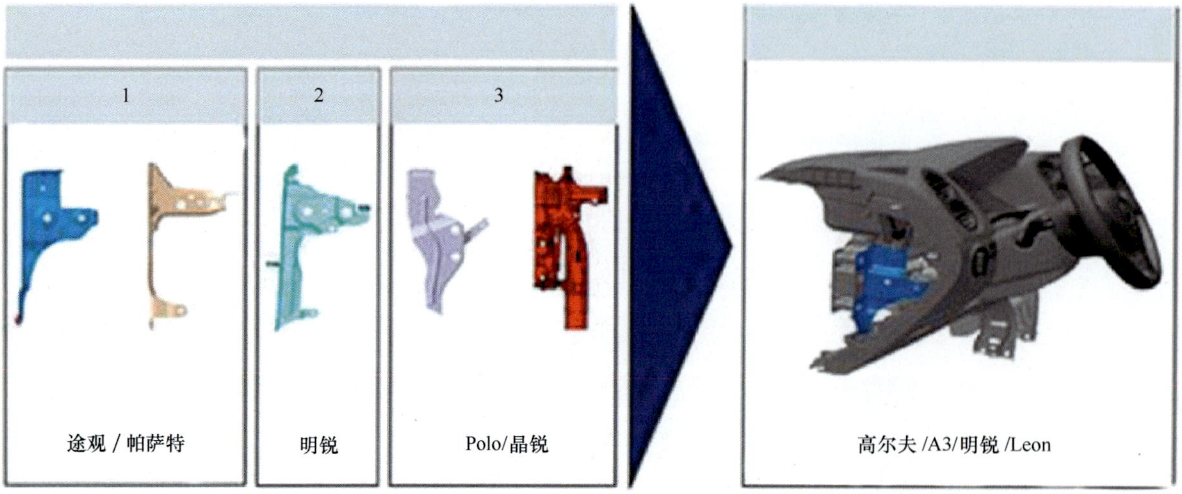

图 7-7　大众 MQB 平台可应用于不同级别车型

图 1-12　FSI 发动机

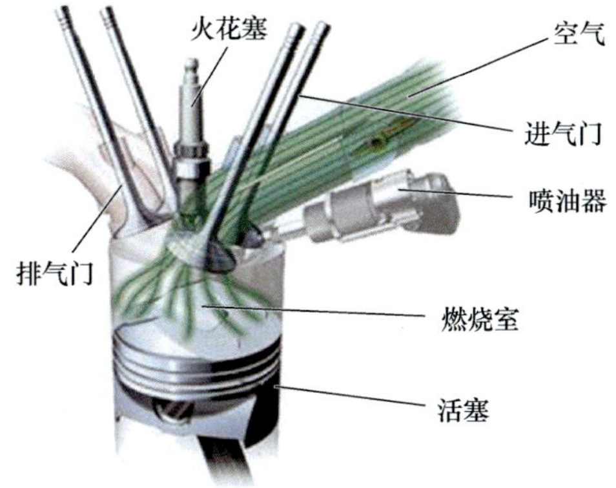

图 1-13　燃油缸内喷射示意图

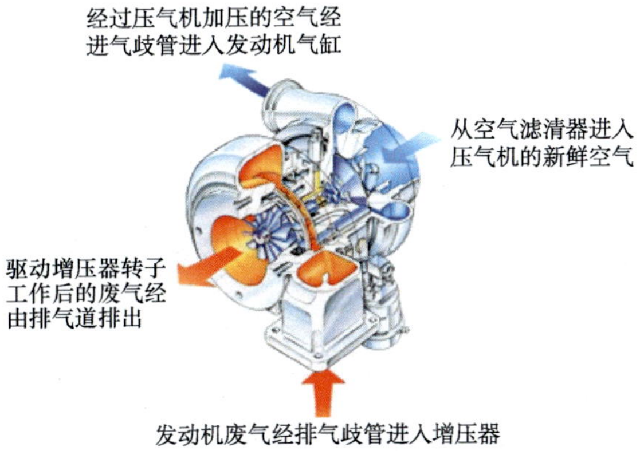

图 1-35　涡轮增压器的工作原理

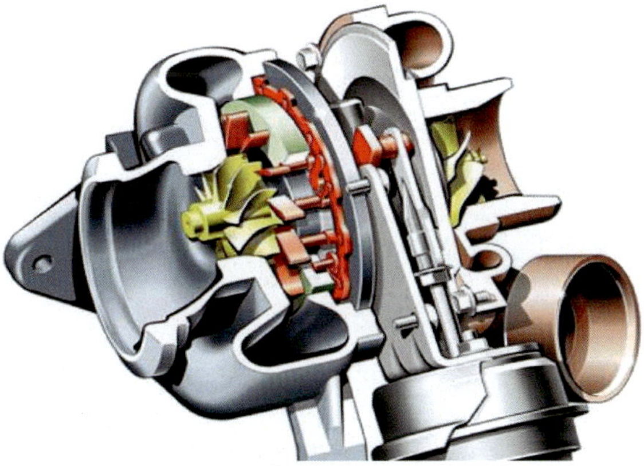

图 1-40　保时捷 VTG 涡轮结构

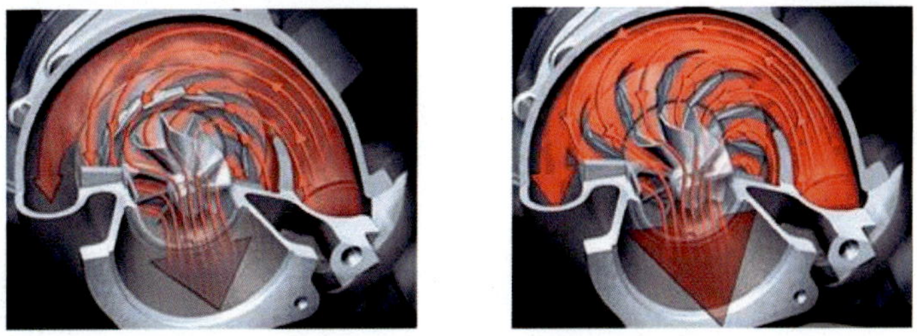

低转速叶片开度小　　高转速叶片开度大

图 1-41　保时捷 VTG 涡轮工作原理

图 1-50　安装在发动机上的气门挺柱剖面图(黄线为液压机油通道)

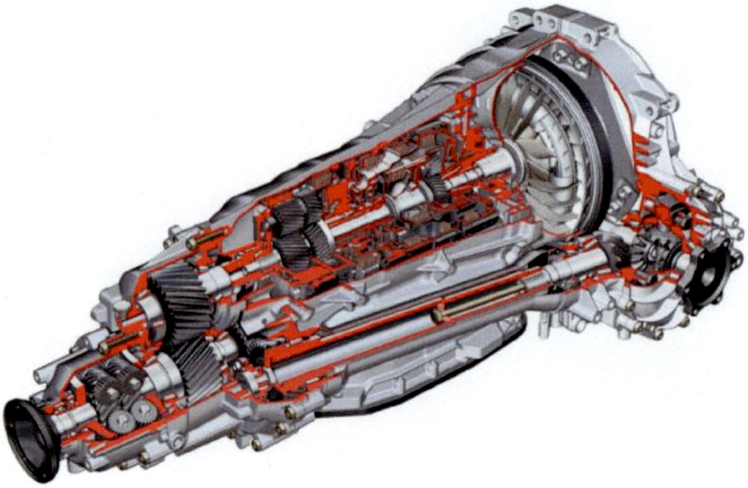

图 2-1　四驱系统使用的自动变速器

图 2-11　奔驰 4MATIC 差速器

图 2-18　无级变速器

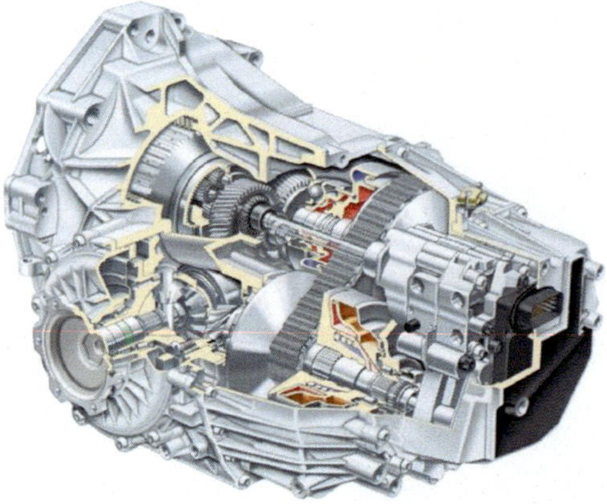

图 2-19　无级变速器

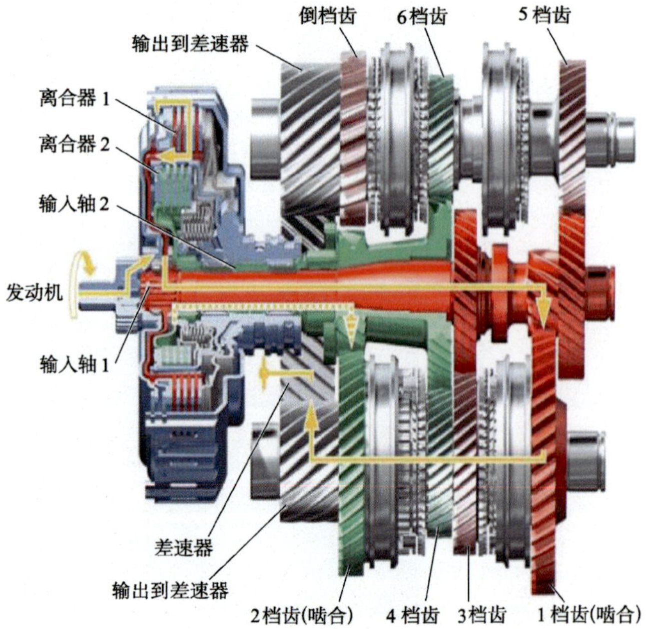

图 2-24　DSG 变速器的结构

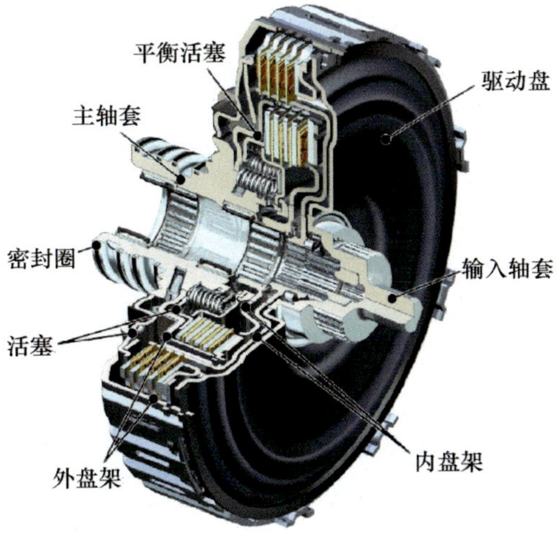

图 2-25　DSG 多片湿式离合器结构

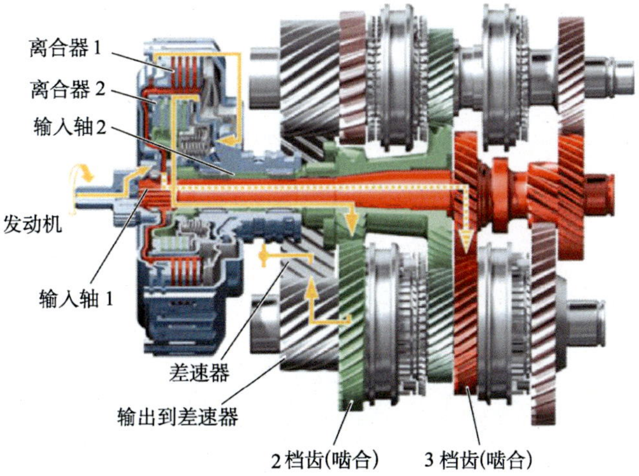

图 2-26　DSG 变速器在 2 档时的动力传递路线图

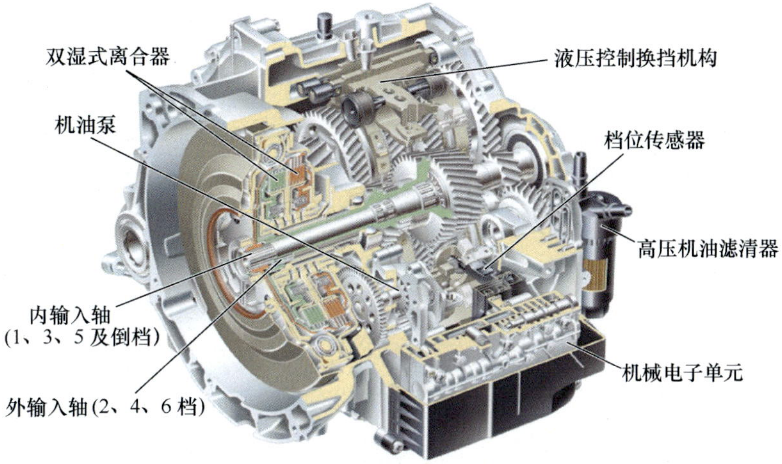

图 2-30　福特 Powershift 双离合变速器

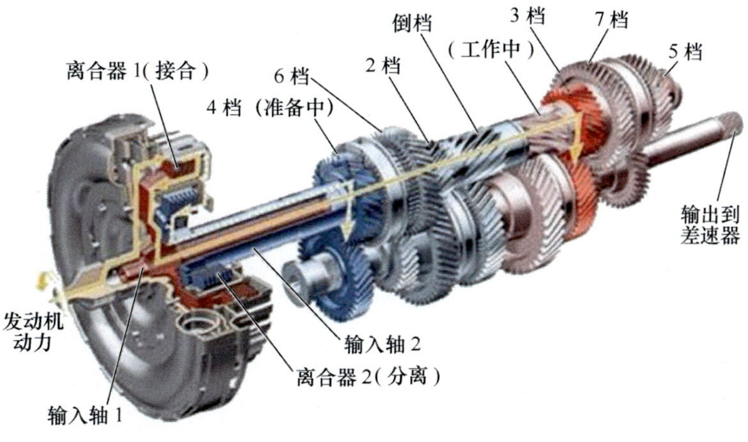

图 2-31　保时捷 PDK 双离合变速器

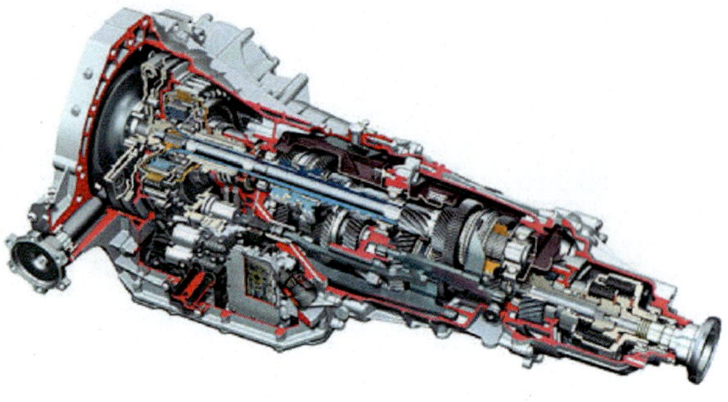

图 2-33　奥迪 S-Tronic 双离合变速器

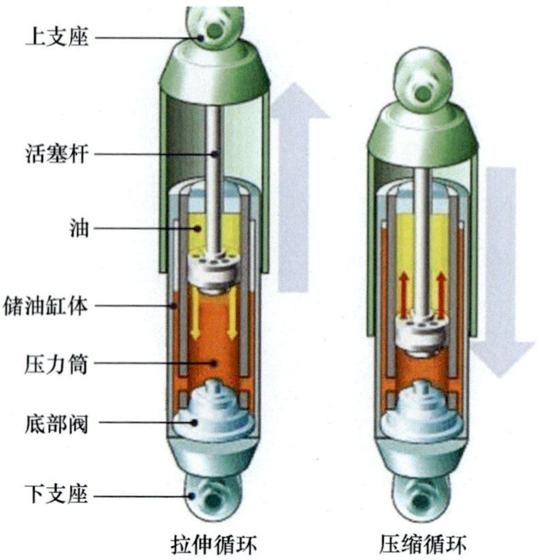

图 2-58　传统双筒减振器原理

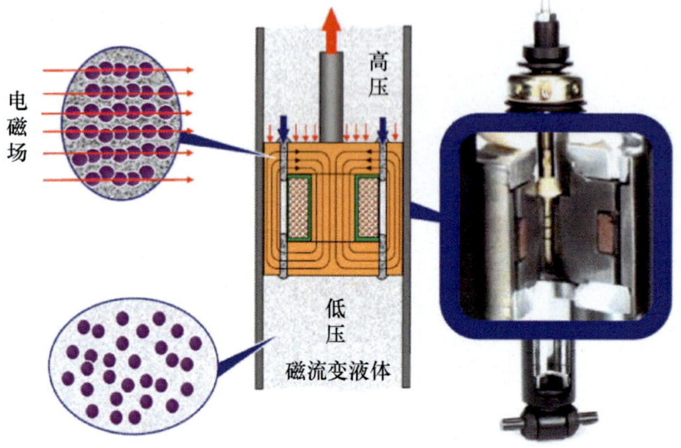

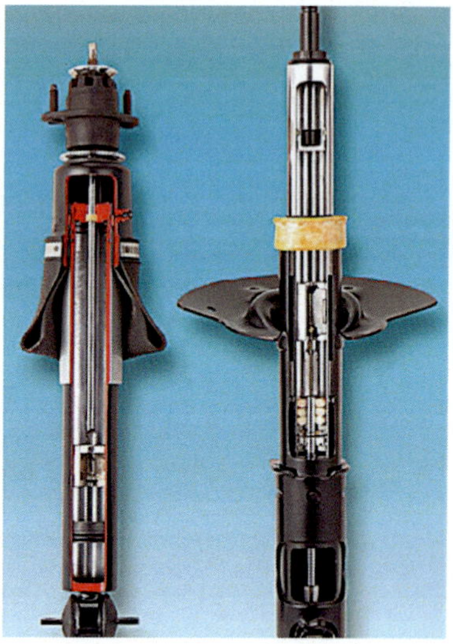

图 2-59　电磁悬架减振筒结构及活塞控制原理

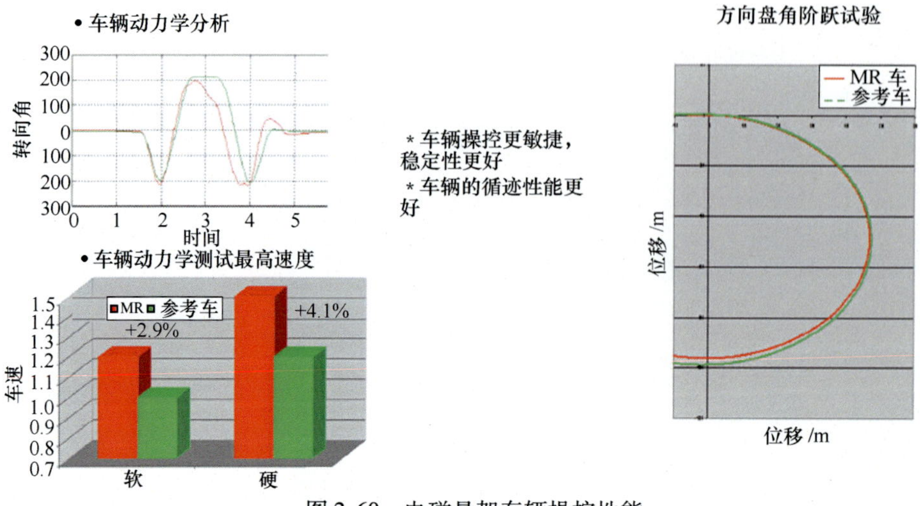

图 2-60　电磁悬架车辆操控性能

（红色表示使用电磁悬架车辆，绿色表示使用普通悬架车辆）

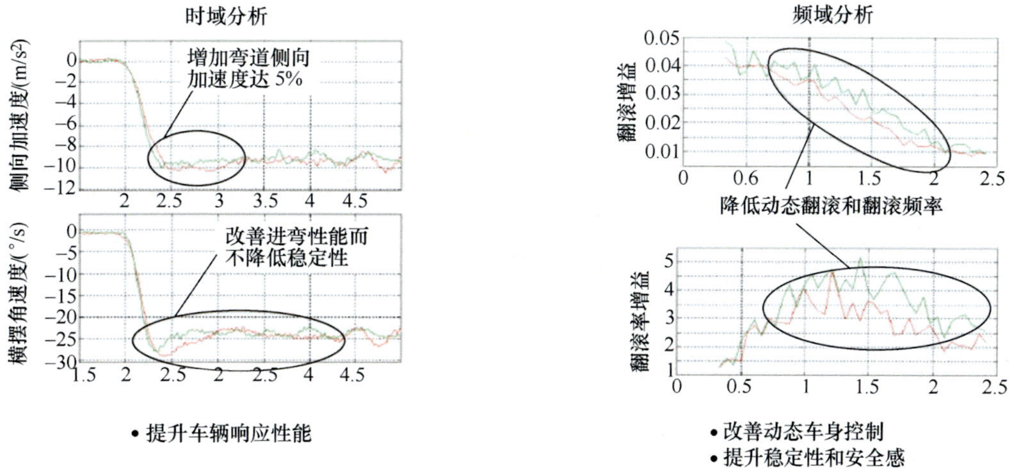

图 2-61　电磁悬架车辆弯道性能

（红色表示使用电磁悬架车辆，绿色表示使用普通悬架车辆）

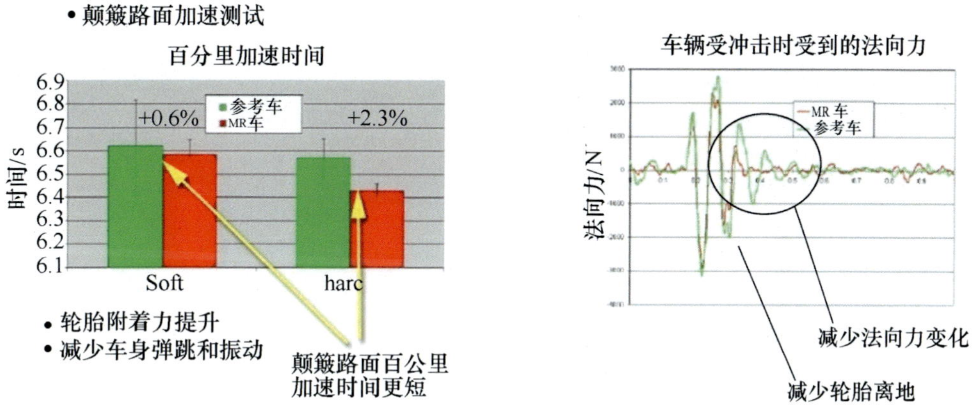

图 2-62　电磁悬架车辆颠簸路面性能

（红色表示使用电磁悬架车辆，绿色表示使用普通悬架车辆）

图 2-63　保时捷采用陶瓷制动技术的制动器

图 3-9　奔驰 CLS LED 前照灯

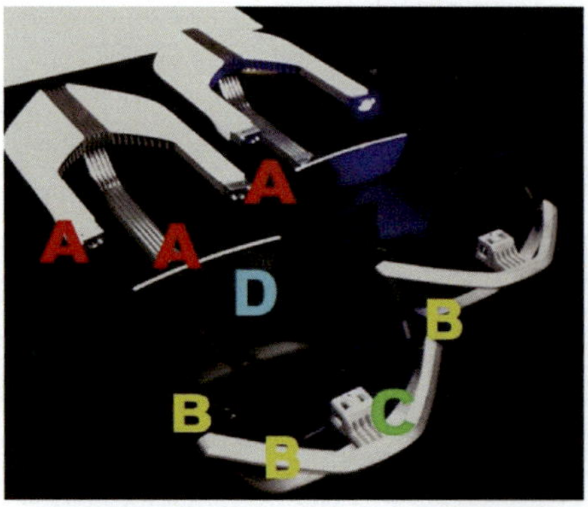

图 3-16　宝马激光前照灯结构

A—蓝色激光二极管　B—激光反射镜

C—荧光滤镜　D—反射碗

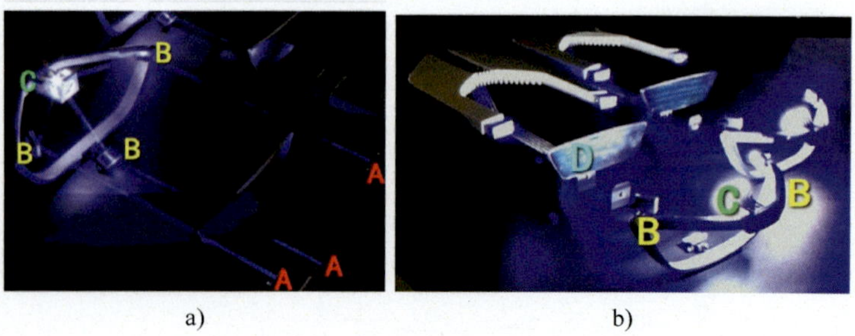

图 3-17　激光前照灯工作原理

图 3-18　奥迪 Q7 激光后雾灯

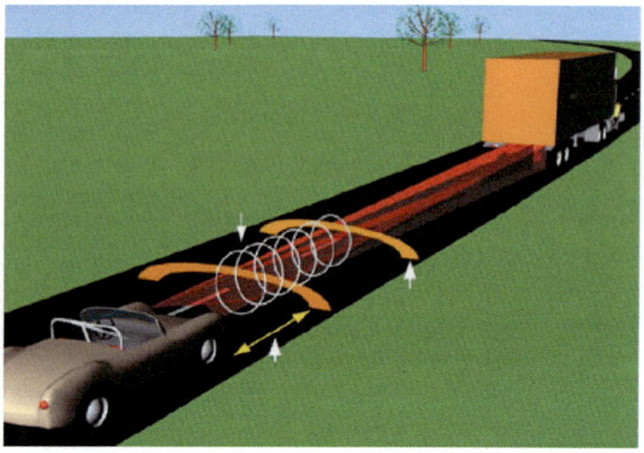

图 3-32　车距传感器持续扫描前方道路情况

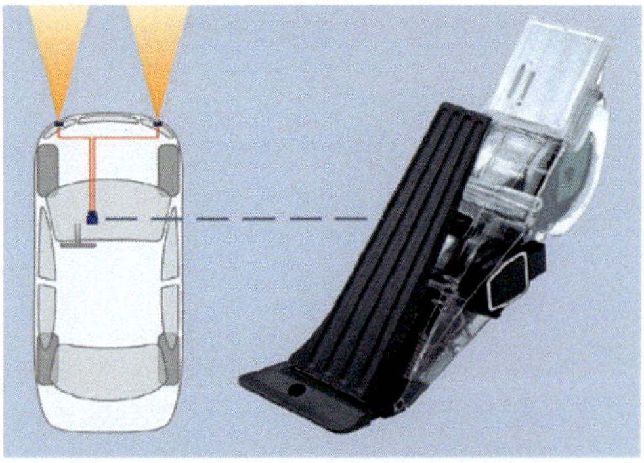

图 3-33　反馈式加速踏板

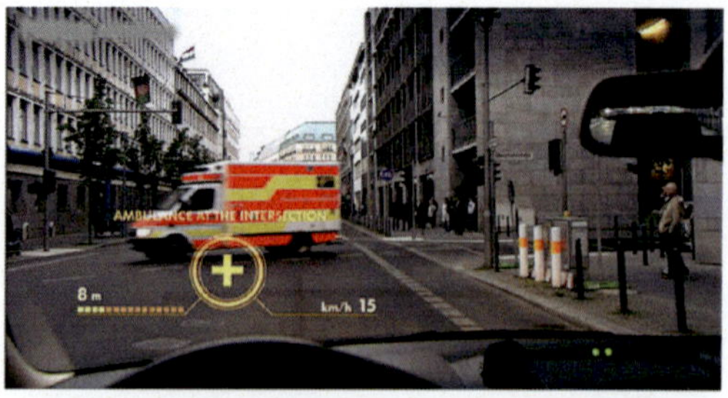

图 3-42　接收前方车辆信息(车型、距离、速度)

图 3-43　大众 Car-2-Car 系统测试

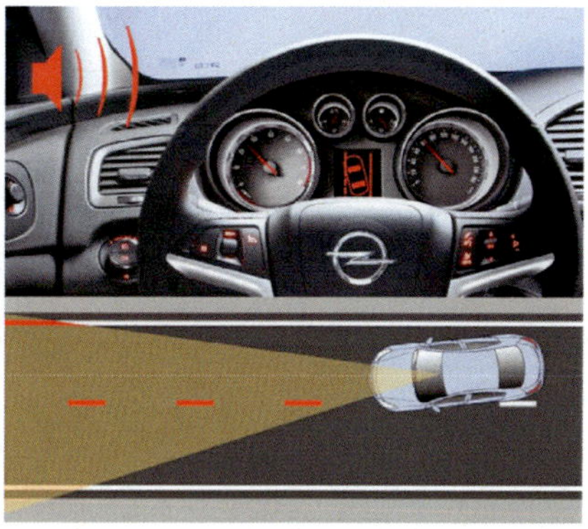

图 3-50　Opel-Eye 技术车道偏离提醒

图 3-52　宝马夜视系统探测物体显示

图 3-53　远光灯辅助系统开关、摄像头位置及应用环境

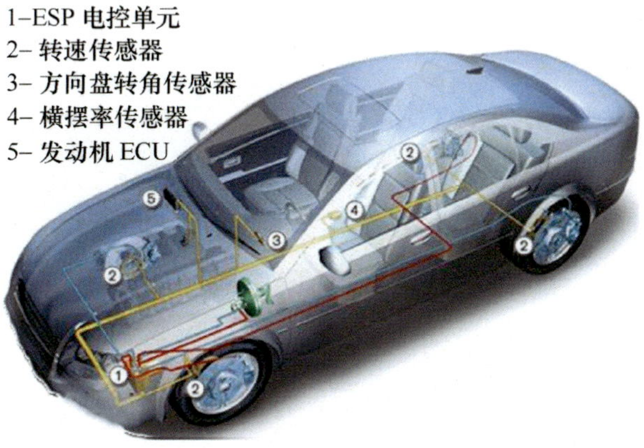

图 4-10　ESP 部件在车上的布置

图 4-11　安装 ESP 系统的车辆避让障碍情况

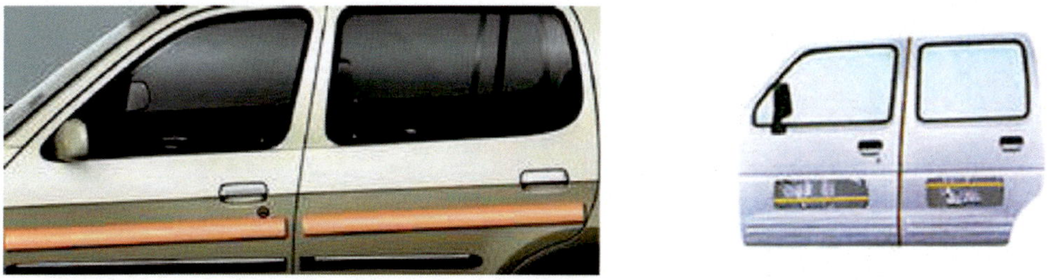

图 4-20　汽车侧门防撞杆

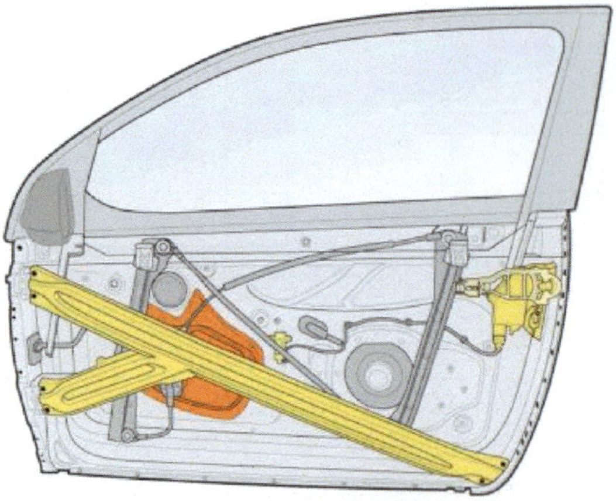

图 4-21　Y 形侧门防撞梁

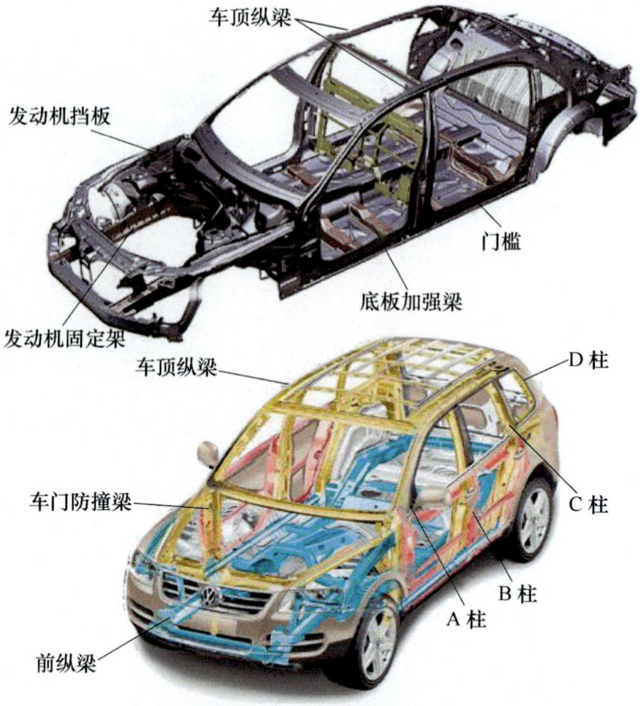

图 4-33　承载式车身结构

图 4-34　大众高强度车身碰撞时的受力原理

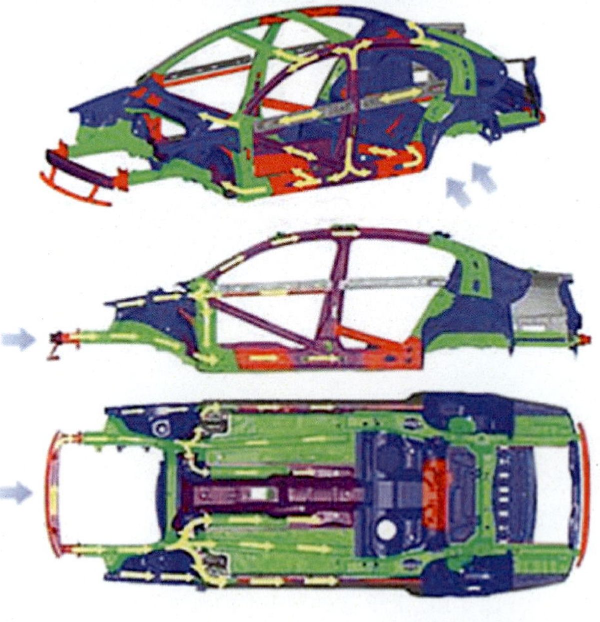

图 4-35　大众高强度车身碰撞时的受力方向

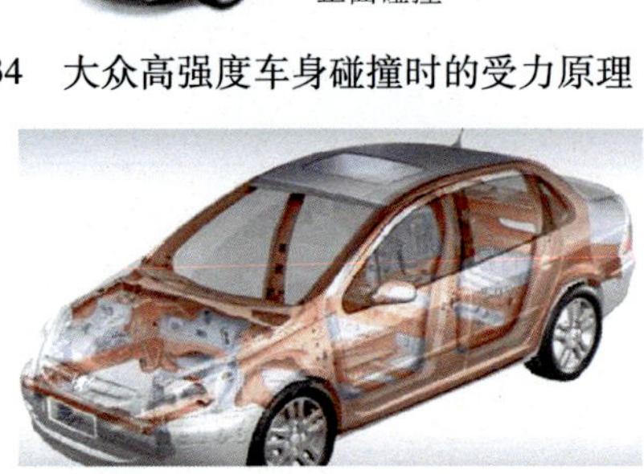

图 4-37　标致 307 高强度车身

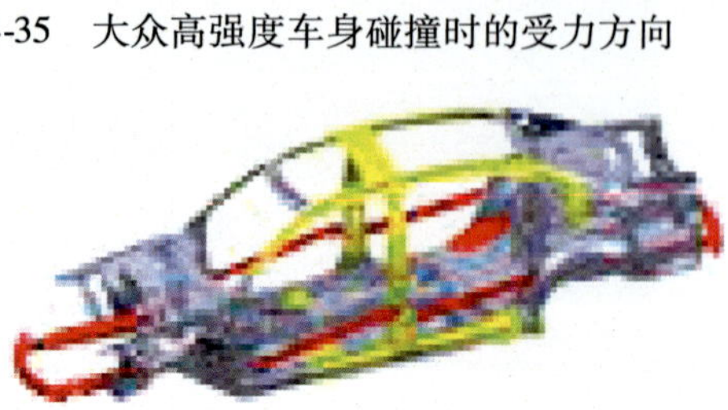

图 4-38　帕萨特领驭高强度车身

图 4-40　激光焊接工作情况

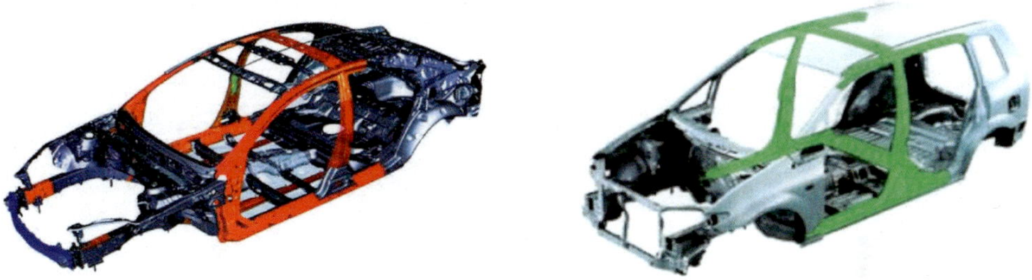

图 4-43　马自达 3H 车身结构

图 4-44　奥迪 A8 全铝合金车身结构

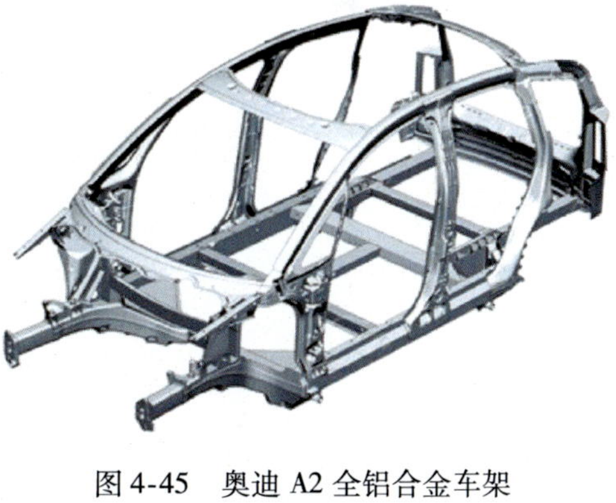

图 4-45　奥迪 A2 全铝合金车架

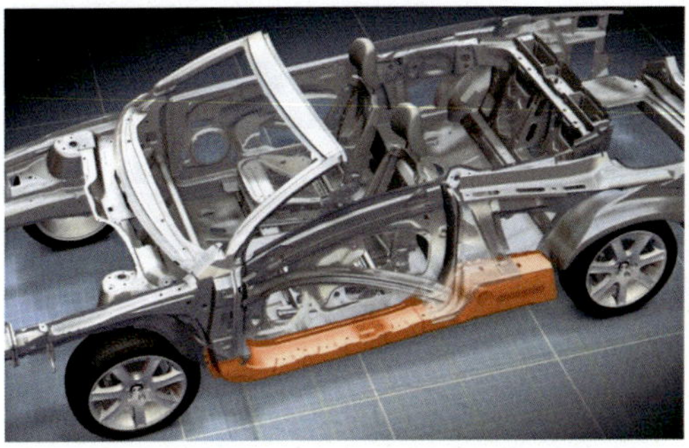

图 4-46　沃尔沃 C70 车身结构

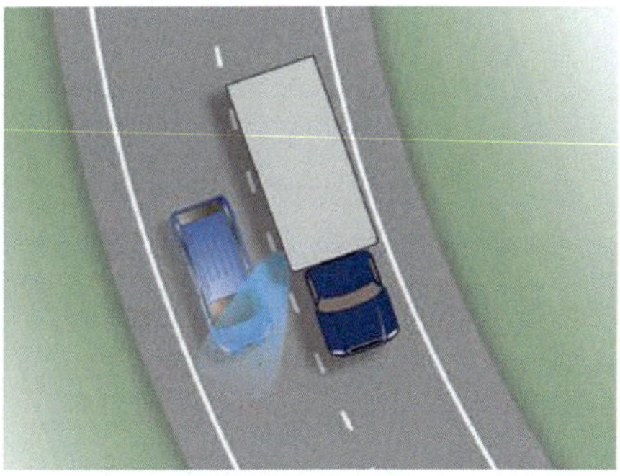

图 4-50　德尔福红外线侧向警报系统

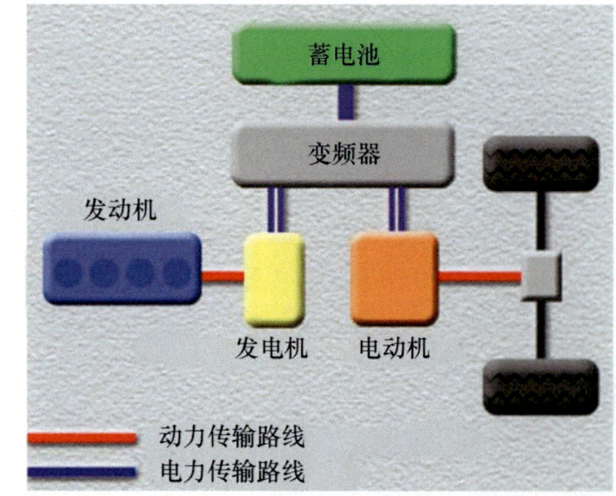

图 5-1　串联混合动力系统

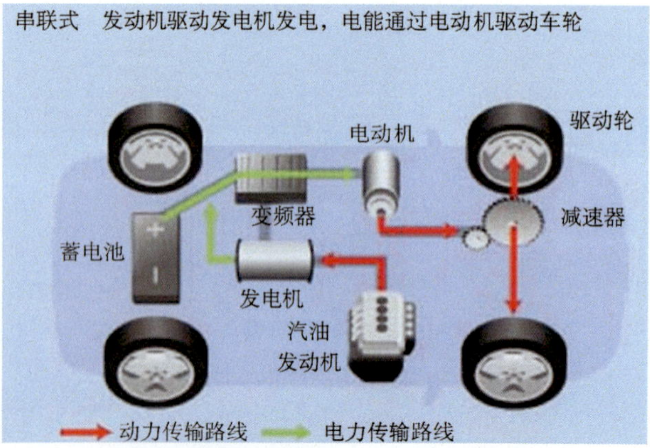

图 5-2　串联式混合动力系统工作原理

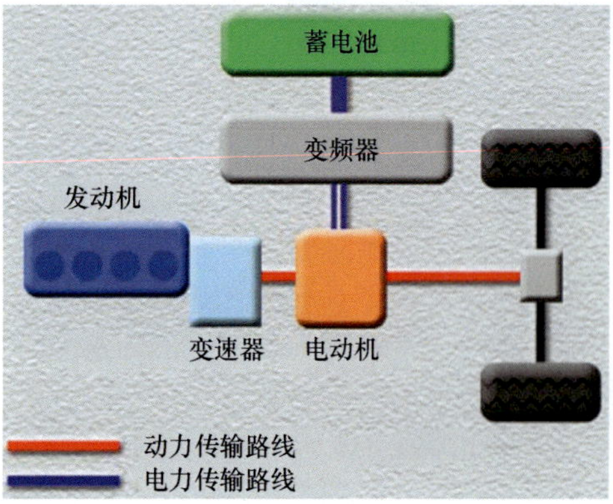

图 5-3　并联混合动力系统

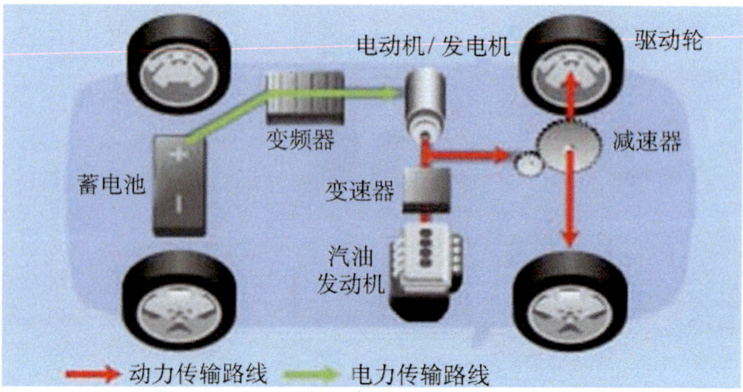

图 5-4　并联混合动力系统工作原理

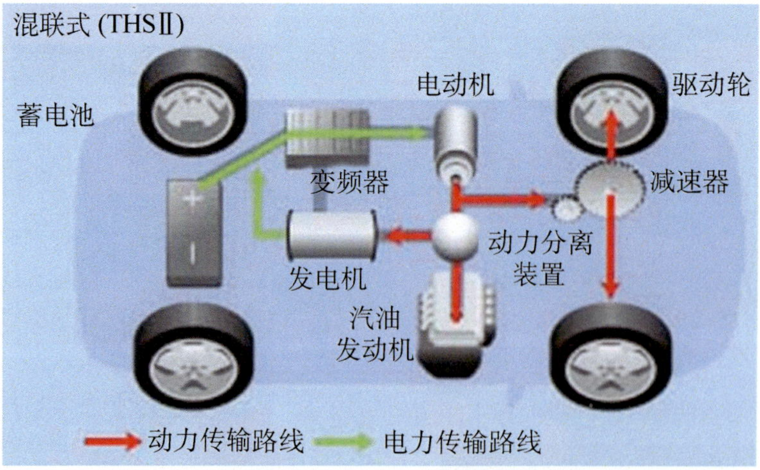

图 5-5　混联式混合动力系统

图 5-13　HV 蓄电池

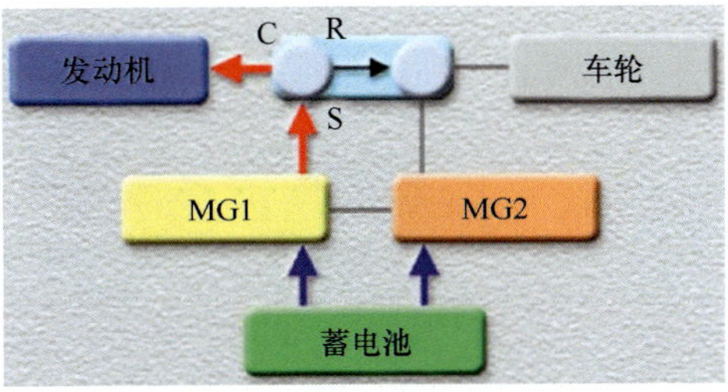

图 5-14　起动发动机原理

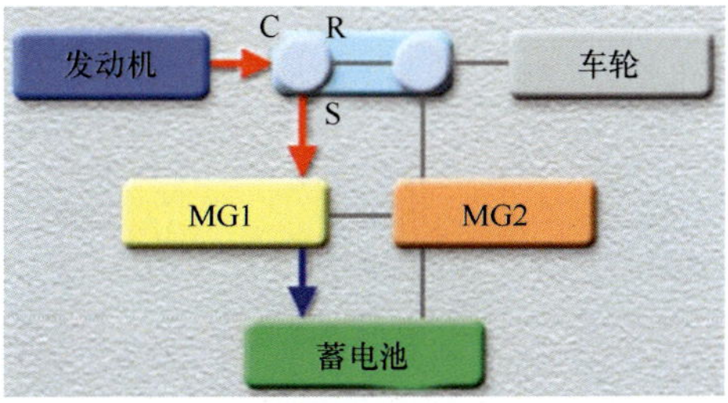

图 5-15　MG1 作为发电机给 HV 蓄电池充电

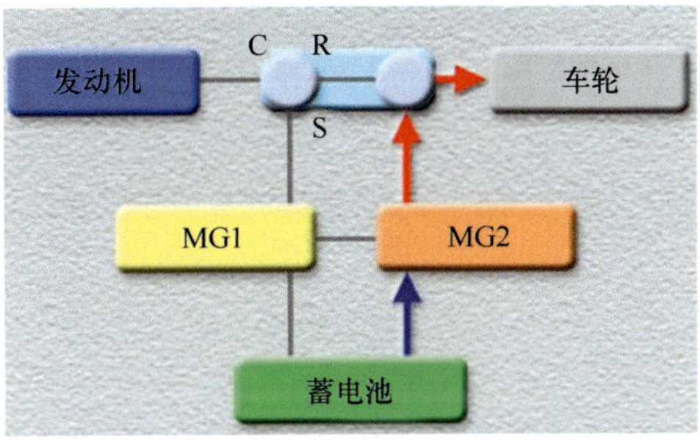

图 5-16　车辆小负荷起步或缓慢加速时

C—离合器　R—行星轮　S—太阳轮

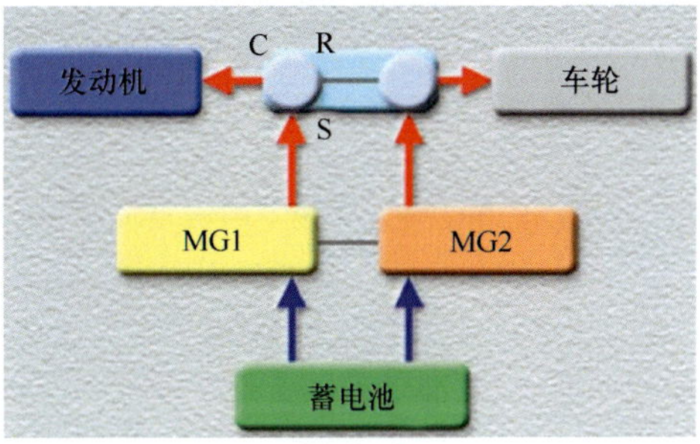

图 5-17　MG2 工作并起动发动机的情况

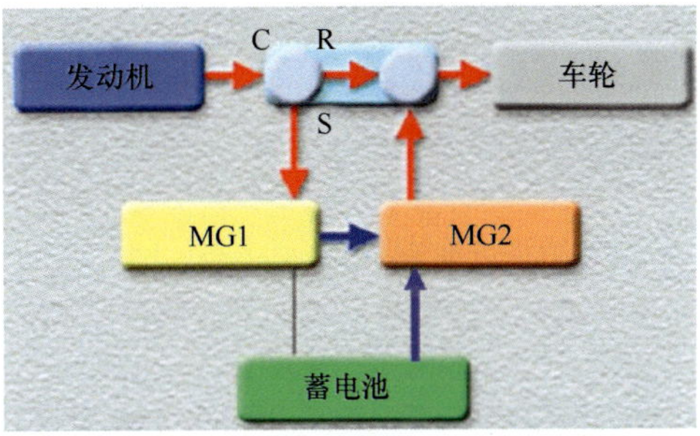

图 5-21　重负荷下加速行驶时

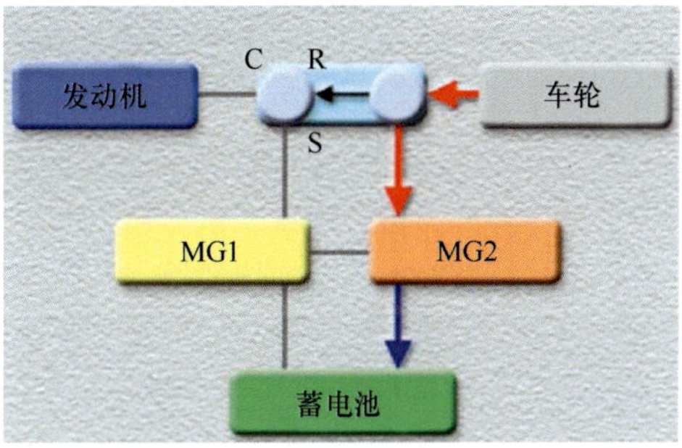

图 5-22　D 位减速行驶时

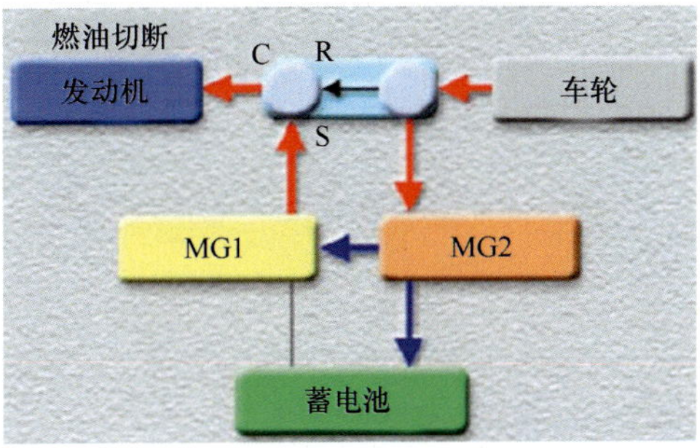

图 5-23　B 位减速行驶时

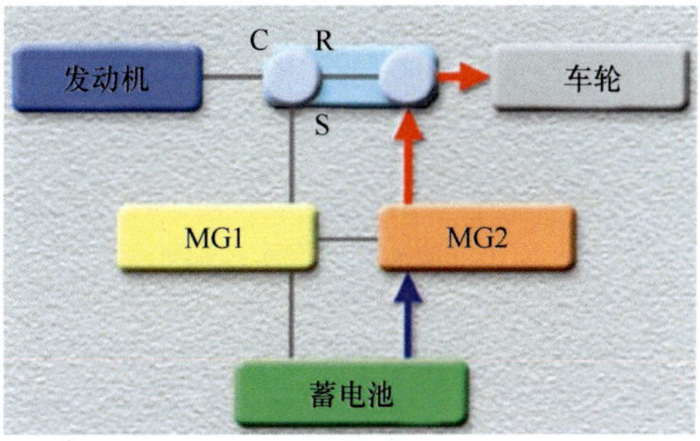

图 5-24　车辆倒车行驶时

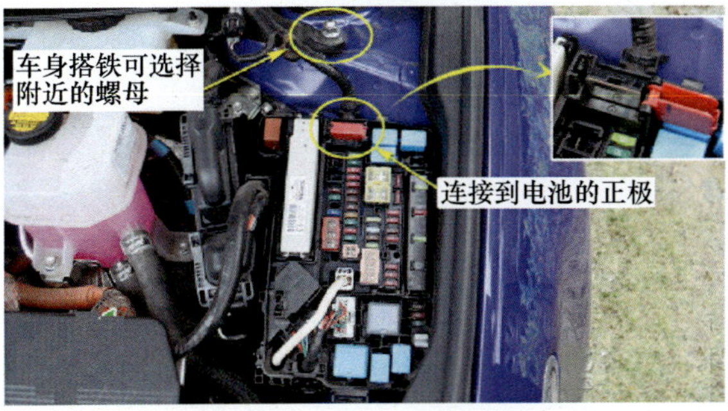

图 5-34　熔丝盒正极位置

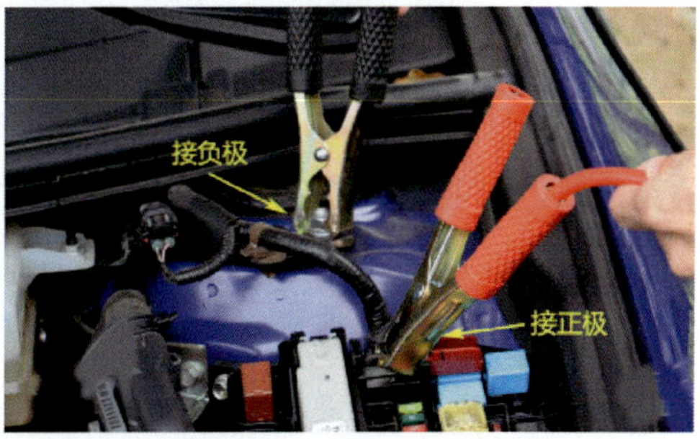

图 5-35　搭电连接方法

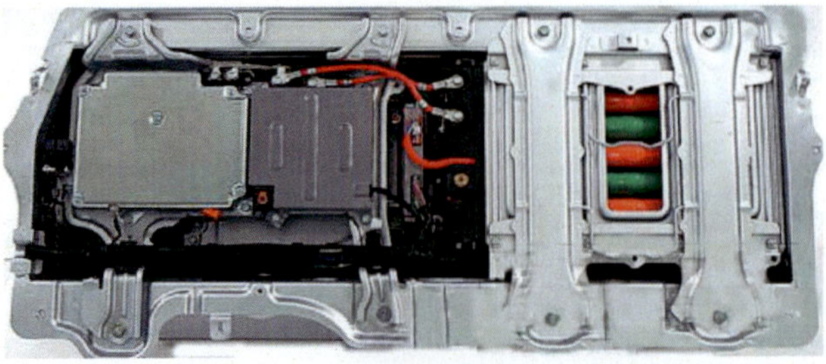

图 6-6　思域智能动力单元

图 6-9　凯雷德混合动力布置

图 6-14　土星 Aura Green Line 混合动力系统布置

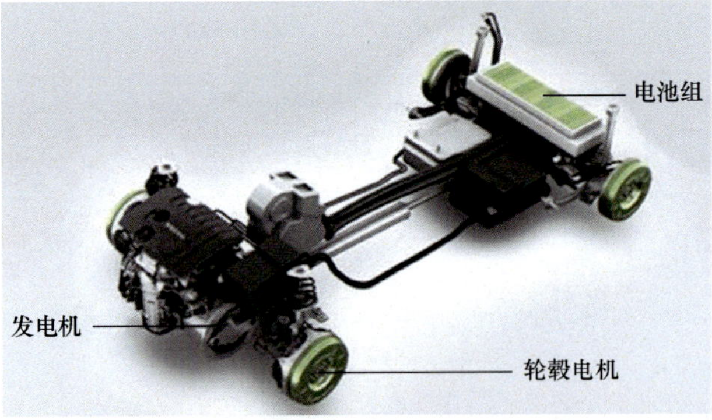

图 6-26　沃尔沃 C30 电动车动力系统布置

图 6-30　沃尔沃 V60 插电式混合动力车

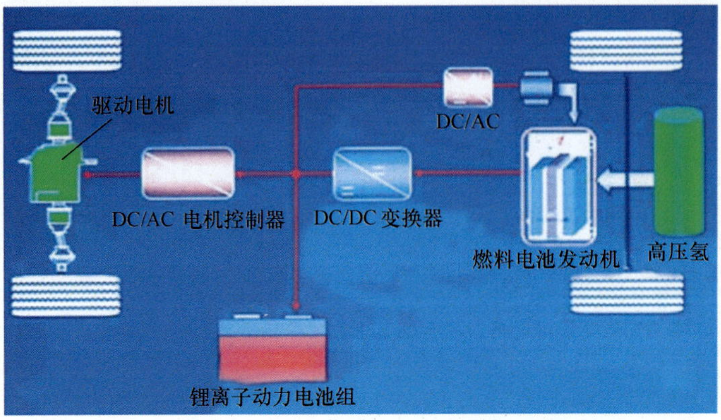

图 6-33　帕萨特领驭燃料电池轿车动力总成系统

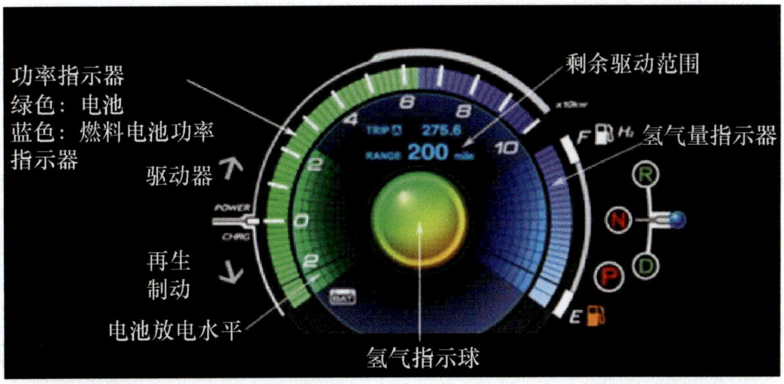

图 6-42　仪表显示信息

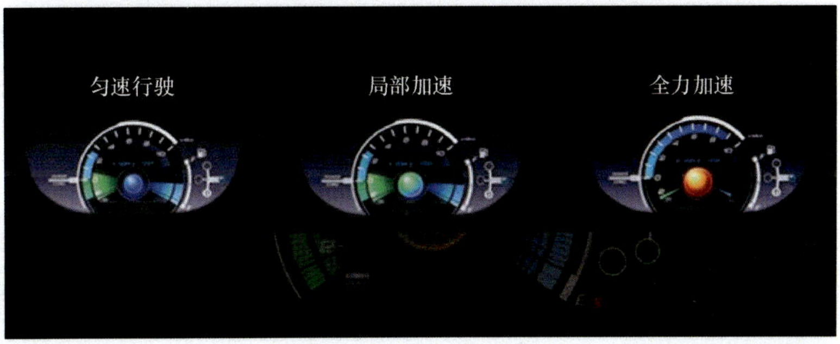

图 6-43　氢气指示球

图 6-51　宝马 i8 底盘

图 6-52　宝马 i8 双摇臂式前悬架

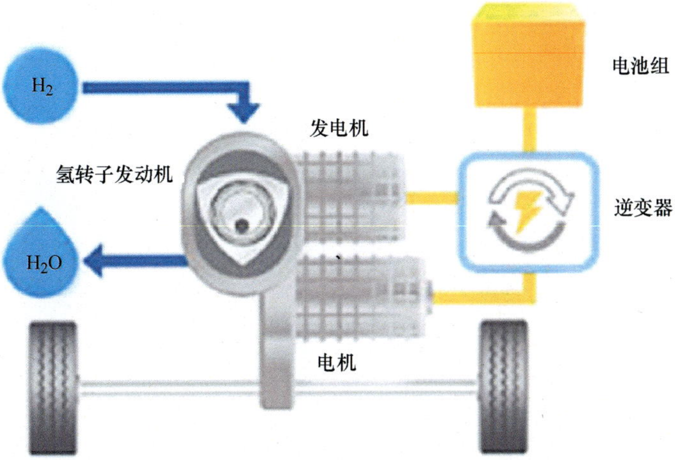

图 6-61　马自达氢转子混合动力系统

图 7-5　大众 MQB 平台

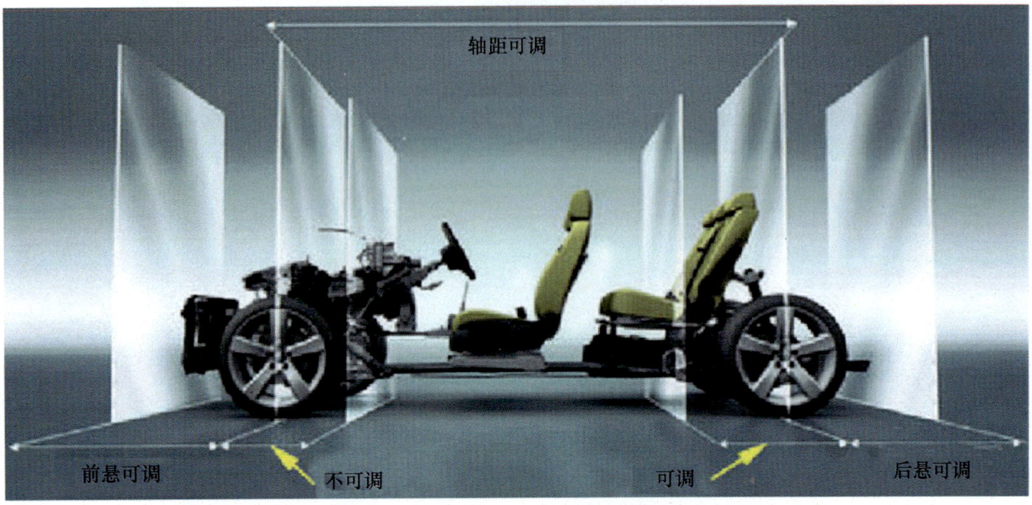

图 7-6　大众 MQB 平台底盘调整示意图

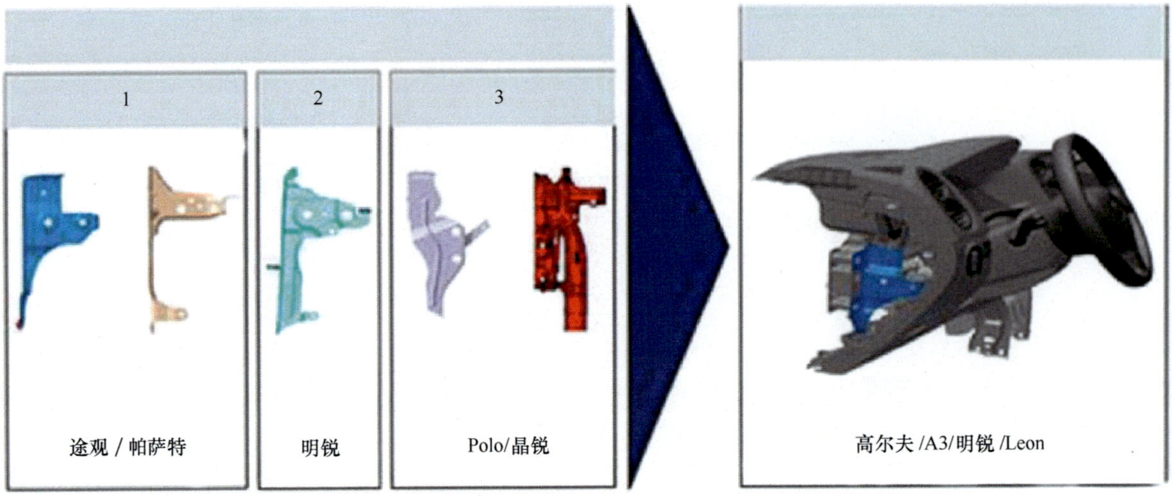

图 7-7　大众 MQB 平台可应用于不同级别车型